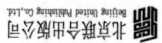

[日] 平野秀人 著

刘树娟 译

味道决定

渐渐变老的
味道

北京联合出版公司
Beijing United Publishing Co., Ltd.

译者序

> 如果把"民无信不立"视为政治的根本原则,那么是不是可以认为,安倍首相仍处于在民众的"信"与"无信"之间徘徊的阶段呢?[1]
>
> ——立花隆

一 《论语》在日本

上面引用的这段话,选自日本著名作家、评论家立花隆[2]发表在 2018 年 1 月号《文艺春秋》[3]的随笔专栏《日本再生》中的《终战的圣断与〈论语〉的进讲》一文。其中提到的

---

[1] 立花隆、「(日本再生・八十)終戦の御聖断と論語の御進講」、『文藝春秋』、2018 年 1 月号。本书脚注如无特别说明,均为译者所加。
[2] 立花隆(1940—),原名橘隆志,长崎人。毕业于东京大学,日本著名作家、评论家。1974 年在《文艺春秋》上发表了《田中角荣研究——其钱脉与人脉》一文,揭露田中角荣的金钱丑闻,最终导致田中内阁倒台。
[3] 《文艺春秋》是日本著名的综合性月刊杂志,创刊于 1923 年,目前由文艺春秋社出版发行。该杂志以登载政治、经济、文化等领域的评论为主,同时还刊载小说、随笔等。

"民无信不立"一语，出自《论语·颜渊》篇的"子贡问政"一章。

立花隆这篇随笔一开始先是提到在二战末期的1943年，坚信日本必然会战败的西晋一郎[1]教授在为昭和天皇进讲时，特意挑选了《论语·颜渊》篇的"子贡问政"章进行讲解。[2]"子贡问政"一章的大意是孔子的学生子贡请教孔子："在政治上最重要的是什么？"孔子回答道："食物充足，军备完善，以及信赖感，这三者都同等重要。"子贡又问："不得已而要在三者之间进行取舍呢？"孔子说："首先放弃军备，其次放弃食物。"子贡紧接着又问："没了吃的，人不就活不成了吗？"孔子回答道："自古以来，人皆有一死，没了食物人会饿死，这是避免不了的。但是信赖是政治的根本所在，至死都不可以放弃。因为如果人民和政府之间彼此没有了信赖，那么社会终究是会垮掉的。"就此看来，孔子认为上下之间的信赖关系乃是政治的要害。据说，昭和天皇在这次进讲后颇有触动，后来决定接受盟军的《波茨坦公告》，多少也跟当年听了西晋一郎进讲"子贡问政"一章有点关系。

1　西晋一郎（1873—1943），姓西，名晋一郎。日本伦理学家，大学教授。毕业于东京帝国大学哲学科，曾任教职于广岛高等师范学校、广岛文理科大学。著有《忠孝论》《东洋伦理》。
2　有关西晋一郎的御前进讲一事，可参看：山内廣隆、『昭和天皇をポツダム宣言受諾に導いた哲学者‐西晋一郎、昭和十八年の御進講とその周辺』、ナカニシヤ出版、2017年。

不过，立花隆写这篇文章的目的不光是回顾历史，更是在借古讽今。因为文章最后，立花隆批评当初在选举上由于获得民众信赖而上台的安倍晋三政权，现在却在修宪问题上罔顾民意，不断冒进，消耗民众的信赖。大概作者是希望安倍首相好好体味一下《论语》的智慧，因为假如失去了人民的信赖，政权也就不能长久了。

此外，文章中还谈到战后日本"和平宪法"的"第九条"明确了日本永远放弃军备，这一想法有人说是美国提出的，有人说是日本自己提出的，但是立花隆认为放弃军备的思想最早可以追溯到孔子那里。因为也是在"子贡问政"一章中，孔子回答子贡询问"军备""食物"和"信赖感"哪个可以先放弃的时候，孔子首先说的就是——放弃军备。

《论语》在日本大约有着什么样的影响，从上述事例中可以略知一二了。

日本自古以来颇受我国文化之恩泽，在古代，儒家思想自上而下进行传播，其影响逐渐深入到政治、经济、文化等各个领域，到了近现代，儒家的学说理念仍发挥着作用，无论是推动倒幕运动的"尊王攘夷"思想，还是明治时代颁布的《教育敕语》，其中都有儒学的影子。讽刺的是，甚至在1945年8月15日昭和天皇宣读的《终战诏书》里还引用了我国宋代理学家张载"横渠四句"[1]中的名言——"为万世开太平"。在众多儒家典籍中,《论语》在日本具有重要且独特的地位。千百年来,在《论语》的传承上,日本不仅形成了自己的历史脉络,而且还保留了很多从东亚大陆传来的《论语》古注、古钞、古刻,最为人称道的例子就是大约自南宋时期便在我国失传的皇侃[2]所撰《论语义疏》(又名《论语集解义疏》),也因为一直在日本流传,故得以于清代乾隆年间回传到我国;而在对《论语》的理解上,日本既吸收了我国和朝鲜半岛学者的观点,又产生了自己的看法,特别是到了江户时代,日本的《论语》研究大为兴盛,出现了伊藤仁斋[3]的《论语古义》、荻生徂徕[4]的《论语征》、

---

[1] "横渠四句"全文是:"为天地立心,为生民立命,为往圣继绝学,为万世开太平。"
[2] 皇侃(488—545),南朝梁吴郡(今江苏苏州)人。少好学,师从贺瑒(yáng)。学精《孝经》《论语》,撰有《礼记义疏》《礼记讲疏》《孝经义疏》《论语义疏》等。
[3] 伊藤仁斋(1627—1705),江户时代前期的儒学家,古义学派的创始人。名维桢,字源佐、源助,号仁斋,又号棠隐,中国式姓名为藤维桢。京都人,出生于商人之家。初学朱子学,后在京都堀川开设家塾"古义堂",据说门人弟子有三千余人,他与皇室交往颇深,曾受到多方大名聘请,却坚辞不受,终生不仕。他反对朱子注释孔孟的"古义",而主张直接从《论语》《孟子》中求取圣人之道,其学派被称为"古义学派"或"堀川学派"。著有《语孟字义》《大学定本》《中庸发挥》《论语古义》《孟子古义》《童子问》《古学先生诗文集》《古学先生和歌集》等。
[4] 荻生徂徕(1666—1728),江户时代中期的思想家、儒学家,被认为是江户时代最有影响力的学者之一。江户(今东京)人。名双松,字茂卿,幼名传二郎,通称惣(zǒng)右卫门,号徂徕,又曾号萱园。祖先姓物部氏,他的中国式姓名为物徂徕、物茂卿。荻生徂徕在经学上是萱园学派(又称古文辞学派)的创始人,他反对朱子学,主张直接阅读汉代以前的经典,从而求得真义。文学方面,他尊崇《唐诗选》,排斥宋诗,鼓吹明诗,针对朱子学的道学文学论,(转下页)

安井息轩[1]的《论语集说》等一大批非常有水准的学术专著，自明治时代以来，日本的《论语》研究又因融合了东西方学术之长，更是独具风貌。今天，《论语》仍受到日本广大民众的喜爱，传承不辍，社会上有专门的机构如"论语塾""寺子屋"等在讲诵《论语》，而正规的国民教育中，《论语》的内容也被节选到了中学语文教材里，至于想要在书店、图书馆，或是亚马逊（日本）等购物网站上找到《论语》相关的书籍，那也是很容易的。

二 关于作者[2]

本书作者宇野哲人（1875—1974），字季明，号澄江，熊本县熊本市人，他是一位日本汉学家，中国哲学的研究者。因为他在上初中期间阅读了《伊洛渊源录》[3]，感佩于程颢的思想，

（接上页）提出将诗文从道德的束缚中解放出来。而他本人的汉诗文不仅风靡日本，而且还传播到中国、朝鲜等地，颇受好评。此外，他对中国的音乐、度量衡等文物制度也有深入的研究，且颇多创见。著有《论语征》《太平策》《大学解》《萱园随笔》《徂徕先生答问书》《徂徕集》等。

[1] 安井息轩（1799—1876），江户时代末期的儒学家，昌平坂学问所教授。名衡，字仲平，号息轩。长于考证之学，经学上尊汉唐古注，尚清代考据之学。著有《论语集说》《左传辑释》《海防私议》等。

[2] 关于宇野哲人生平的详细情况，可以参看：（1）宇野哲人先生白寿祝贺纪念会编集、『宇野哲人先生白寿祝賀記念東洋学論叢』、宇野哲人先生白寿祝賀記念会、昭和49年。（2）宇野哲人著、『一筋の道百年』、集英社、1974年。（3）宇野精一著、『宇野精一博士米寿記念対談集：書香の家』、明治書院、平成9年。（4）江上波夫编著、『東洋学の系譜』第2集、大修館書店、1994年。

[3] 《伊洛渊源录》，宋朱熹编著，共十四卷。该书主要记载了宋代理学家（转下页）

故从此立志要成为如程颢那样的人物。上高中的时候,他进而下定决心要将汉学作为自己毕生的追求。

1897年,宇野哲人进入东京帝国大学文科大学汉学科学习。1900年大学毕业时,他的学位论文题目是《二程子之哲学》。大学毕业后,他在母校继续深造,攻读硕士学位,专业为近世中国哲学史。

1906年宇野哲人接到文部省的命令,为研究中国,先后前往中国和德国留学,1908年才返回日本。在华留学期间,他曾游历华夏各地,将所见所闻写进寄给家人的信中,后来他将这些书信整理成书,这就是《中国文明记》[1]。1919年,他晋升为东京帝国大学教授,同年底获得文学博士学位,其博士学位论文题目为《洙泗源流论》。此后他一直从事学术工作,在多所大学担任教职。

1936年宇野哲人从东京帝国大学退休。1939年经过有关方面的安排,他来到北京,出任伪北京大学文学院名誉教授一职。1945年11月,伪北京大学宣布解散,宇野哲人返回日本。

(接上页)周敦颐、程颐、程颢及其门下弟子的言行,其中尤其以二程言论最为详细。"伊洛"是指流经今河南境内的伊川和洛水,二程是洛阳人,其活动常在伊洛之间,所以其学派也被冠名为"伊洛之学"。
[1] 《中国文明记》在1912年(明治四十五年)由东京的大同馆书店首次出版,当时书名为《支那文明记》,1918年(大正七年)进行过改订,二战后更名为《清国文明记》,由讲谈社出版。该书中译本名为《中国文明记》,由南京大学张学锋教授翻译,中华书局2008年出版。

回国后，宇野哲人仍不时受到聘请，先后在明治大学等多所高校任教。此外，他积极参与学术活动，1947年他与羽田亨博士共同创立财团法人"东方学术协会"（后改名"东方学会"[1]），而在斯文会[2]的讲座中，他也常常作为主讲人出现。

1966年5月到1972年3月，宇野哲人受当时的美智子皇妃（即现在的美智子上皇后）之邀，担任其子浩宫德仁亲王[3]（即现在的德仁天皇）的老师，专门为德仁亲王讲授《论语》，当时使用的课本是朱子的《论语集注》。

1973年8月，九十九岁的宇野哲人在家中摔倒，导致右腿骨折，此后一直住在医院，最终于1974年2月19日离开了人世。去世后葬于东京大冢町护国寺，法号"文恭院忠恕澄江大居士"。

---

[1] 东方学会：这是日本的学术团体，以促进有关东方各国的研究为己任。其研究领域涵盖东方各国的历史、社会、经济、民族、思想、哲学、宗教、文学、语言、艺术、考古等。发行的学术刊物有《东方学》《东方学会报》。

[2] 斯文会：这是日本民间儒教学术团体，成立于1880年（明治十三年），由岩仓具视、谷干城等创立，创立时名为"斯文学会"，1918年（大正七年）斯文学会与孔子祭典会等合并改组为"斯文会"。斯文会现为汤岛圣堂管理单位，负责主持孔子祭祀，举行公开讲座，发行的学术杂志为《斯文》。"斯文"一词出自《论语·子罕》篇。

[3] 浩宫德仁亲王："浩宫"是日本明仁天皇的长子"德仁"年少时期所取的"称号"，虽然有个"宫"字，但"称号"有别于"宫家"（日本皇族中亲王以及诸位王结婚成家后才能设立宫家）可以世袭的"宫号"。比如明仁天皇第二子"文仁"，幼年时的称号为"礼宫"，他结婚时，其宫家名称为"秋筱（xiǎo）宫"，所以他现在的正式称呼是"秋筱宫文仁亲王"，但是长子德仁因为被立为皇太子，所以结婚后也是没有宫号的。"德仁"是其全名，日本皇族没有姓，只有名。"亲王"是天皇嫡出男性皇子及嫡出男性皇孙的敬称。

宇野哲人一生为人平和，气质儒雅，擅长弓道，醉心学术，又喜好旅行，交游广泛。就学术研究而言，他被认为是"日本官学'新儒学'中的经院派代表"。[1] 他的研究领域是中国哲学史和宋代哲学，其研究重在阐释。宇野哲人曾留学中国，又求知于德国，他采用欧洲哲学术语定义中国哲学的相关概念，并明确其思想构造，在日本确立了中国哲学史的近代科学研究法。宇野哲人是东京方面"汉学"式研究的主帅，他长期任教于东京帝国大学、庆应义塾大学、东洋大学、圣心女子大学等多所学府，在中国哲学史与宋学研究方面做了很多开拓性与普及性的工作，而且日本宋明理学研究的学者又多出其门，所以他对日本的中国哲学研究有着重要的影响。除了学术研究工作，他在传播、普及汉学方面也一直很热心。从少年时立志从事汉学研究开始，他就已经将传承汉学视为己任，因而当他学有所成的时候，便积极地从事于汉学普及工作，为此他不仅举办过不少面向普通人的学术讲座和演讲，还撰写过一些通俗读物，本书便是这些通俗读物中的一种。

---

[1] 严绍璗，《中国儒学在日本近代"变异"的考察——追踪井上哲次郎、服部宇之吉、宇野哲人的"儒学观"：文化传递中"不正确理解"的个案解析》，载《国际汉学》2012 年 2 期。

三 关于中译本的几点说明

(一) 翻译选用的底本

日文版《论语读本》有三种版本,第一种是1929年(昭和四年)由弘道馆出版的(以下简称为"昭和四年版"),当时该书是作为《大礼记念昭和汉文丛书》的一种而刊行于世。1953年(昭和二十八年)本书由弘道馆改版发行,这是第二个版本。1980年(昭和五十五年),讲谈社将此书作为《讲谈社学术丛书》中的一种重新排版刊行(以下简称为"讲谈社版"),讲谈社版调整了全书体例,修订了一些错误,开本为口袋书大小。这次翻译主要依据的就是这个讲谈社版,同时参考了昭和四年版等其他文献资料,订正了讲谈社版中一些文字上的讹误。

(二) 章节号

为了便于查找《论语》原文(即经文),中译本在本书《论语》各篇每章(节)的原文前都加上了章节号。例如本书《为政》篇第一章是这样写的:"9.1 子罕言,利与命与仁。"其中带有小数点的数字"9.1"便是章节号,"9"表示《子罕》篇是《论语》的第九篇,"1"表示该章是《子罕》篇的第一章,两个数字间用小数点作为区隔。

不过,需要提醒注意的是,自古以来《论语》有些篇的章(节)就存在多种不同的划分方法,所以同一个章节号在不同版本的《论语》中很可能对应的是不同的文句。比如说,同样是"14.2"这个章节号,在《论语读本》中对应的文句是《宪问》篇中的:"'克、伐、怨、欲不行焉,可以为仁矣?'子曰:'可以为难矣,仁则吾不知也。'"而在杨伯峻《论语译注》中对应的文句则是《宪问》篇中的:"子曰:'士而怀居,不足以为士矣。'"

(三)引文的翻译原则

本书日文版中,除了《论语》经文是古汉语外,正文都是日文。作者在"译解""注释""解说"中引用了很多中国和日本的文献、典故、事例、名言、谚语等,大部分被引用的文献其原文虽然是古汉语,但宇野哲人在引用时基本上都翻译成了日文。这次中译本在引文方面按照不同的情况做了如下几种方式的处理:

第一种方式,恢复为古汉语原文形式。本书中作为引文使用的《论语》经文,作者在引用时也翻译成了日文,这次中译本中对这种引文全部回译为《论语》原文;另外,对于一些即便在现代汉语中也经常使用的、明白易懂的,或者是约定成俗的成语、名言等,也回译为古汉语原文,如"树欲静而风不止,子欲养而亲不待"之类。

第二种方式,翻译为现代汉语。作者在书中——特别是在"解说"中——引用了不少古人的言论,这些引文的原文是古汉语,宇野哲人在引用时都翻译成了日语,这次在中译本中基本上依照宇野哲人的翻译将其译为现代汉语,而没有回译为古汉语原文,但在脚注中则尽量注明了该引文可能的出处及古汉语原文。这样做是出于以下几个方面的考虑:第一,体会到作者写作本书的初衷。宇野哲人写作这本小书的目的是为了让普通人也能读懂经典,秉承这样的理念,中文译者在翻译时也希望使中国的读者能够方便地阅读本书,而不想让引文中大段的古汉语、文言文把现代的读者吓住,从而放弃阅读相关的内容。第二,保持作者对引文的理解。作者在翻译其所引用的古汉语文献时,有时即便是注明了出处,打了引号,也是在意译,加入了很多自己的理解,如果简单回译为古汉语原文,就看不到作者的理解了。第三,保持学术的严谨性。日文版中的引文除了屈指可数的几处外,大部分并未注明出处,有些引文又很可能在多本书中出现过。例如朱子讲过的同一句话,在甲书中出现过,在乙、丙两书中也出现过,宇野哲人引用时究竟参考的是甲、乙、丙中的哪本书,无从知晓,如果同一句话在甲、乙、丙中又有文字出入的话,情况就愈加复杂。因此,如果想把这类引文回译为古汉语,我经常就会面临这样的疑问:我所选用的文献是否就是宇野哲人当初依据的那部文献呢?第四,本书中尚有零星几处的引文未能查询到出处。本书中约有三四处引文,由于我自身学识浅薄,加上手头掌握的文献资料比较匮乏,一时难以找到出处,故而连近似的古汉语原文都不知道是什么样的,所以只能老老实实地把这几处引文翻译成了现代汉语。

第三种方式,翻译为汉语文言文。日本人阅读古汉语时,会使用训读的方法,所谓训读,实际上算是把汉语文言文翻译为日语文言文,而为了阅读方便,日本人会把训读的结果按照日语语序,用汉字和日文假名混合书写的方式写出来,日语中称为"書き下し文"。例如,对"学而时习之"这句话,把日文训读的结果写出来,其"書き下し文"就是:"学んで時にこれを習ふ"。既然"训读"也算是一种翻译,那么由于对古汉语文意、语法的理解不同,同样一句古汉语,日文对其训读的结果可能也是不一样的,还是拿"学而时习之"这句话来看,其训读结果还有"学びて時にこれを習ふ""学びて時に習ふ""学んで而して時よりこれを習わす"等等形式。但是不管如何训读,按理说回译成中文后,应该还是同一句古汉语。不过,宇野哲人有时候为了说明日本学者对同一文句文意的不同理解,会列举出不同的训读结果,遇到这种情况,我没有将此类训读结果回译为古汉语原句形式,而是尽量按照贴近训读文句所表达的意思翻译成汉语文言文形式,以模拟出日文训读文句的古风古韵。

(四)关于"程子"和"朱子"的称谓

本书中引用了不少程颐、程颢,还有朱熹的言论。程颐和程颢二人均被尊称为"程子",而朱熹则被尊称为"朱子"。出于对先贤的景仰,宇野哲人在本书中对于"程颐"和"程颢"也尊称为"程子",而对"朱熹"则仍继续尊称为"朱子"。

"朱子"指的是朱熹,这自然是没有什么问题的,但是对于《论语集注》等书中出现的"程子",到底指的是程颐还是程颢,恐怕不是容易说清的。好在前人已经进行了相关的研究,近年日本学者土田健次郎译注的《论语集注》[1]对此又进行了详细的考察。这次在中译本中,正文中仍保留"程子"和"朱子"的称呼,但是对于"程子",我参考了土田健次郎先生的研究成果,尽可能在脚注中注明该处的"程子"是二程中的哪位。

(五)其他

日文版《论语读本》原书是没有脚注的,这次中译本中的所有脚注如无特别说明,均是译者所加。另外,讲谈社版《论语读本》中,在《论语》每章(节)经文的古汉语原文之前均有该章(节)经文完整的日文训读结果(即"書き下し文"),中译本中将这部分日文训读结果全部省略了。

---

1 土田健次郎訳注、『論語集注』(全4卷)、平凡社、2013—2015年。

***

《论语读本》是一本《论语》的普及性读物，属于"大家小书"，也就是由大学者撰写的通俗读物。虽然现在距离本书日文版首次出版也有九十年了，但即便是到了今天，这本小书仍不失为一本不错的《论语》入门读物。在中译本翻译过程中，我曾仔细阅读过钱穆先生的《论语新解》，发现在对《论语》的理解上，《论语新解》有很多地方与宇野哲人的这本书常常会有一致的看法，所谓"英雄所见略同"，大概说的就是这种情形吧。

这回翻译花了将近一年的时间。翻译工作通常是在晚上进行，有时会一直忙到深夜。每到子夜时分，万籁俱静，我摩挲着书本，敲击着电脑键盘，便不禁会想起江户时代日本学者菅茶山的七言诗《冬夜读书》里的诗句："雪拥山堂树影深，檐铃不动夜沉沉。闲收乱帙思疑义，一穗青灯万古心。"我有时甚至在想，宇野哲人当年撰写这本小书时，或许也曾熬过夜吧。现在，这本书翻译是翻译完了，可惜我能力有限，水平一般，草草翻译一通，必然有不足之处，所以还请各位读者见谅。

此次中译本能够完成翻译，首先需要感谢编辑黄杏莹小姐以及李梅小姐的指导和支持，感谢日文编辑王璐小姐的辛苦付出，同时还要感谢宗瑞冰博士的鼓励和帮助，感谢师兄綦中明博士在日文翻译上帮忙提供的意见，感谢王皓熙兄在行文方面的指正，感谢李鑫博士在资料查阅方面给予的便利。

刘　栋

2019 年 8 月于苏州昆山时代公园湖畔

序　文

宇野精一[1]

这本书是在昭和四年[2]由弘道馆首次出版的，当时为庆祝当今在位的天皇陛下[3]登基而策划刊行了一套《大礼记念昭和汉文丛书》，本书就是该套丛书二十四册中的一册，而其作者正是先父宇野哲人先生。

五十年前出版的旧书今天再次出版时仍叫作"新释"[4]，虽说感觉上难免有些怪怪的，但无非也只是沿用了原先的书名罢了。本书注释的原则，据原书《绪言》可知，几乎全部以朱

---

[1] 宇野精一（1910—2008），日本学者，东京大学名誉教授，本书作者宇野哲人的长子。1934年毕业于东京帝国大学（今东京大学）文学部中国哲学中国文学科。曾任教于东京大学、二松学舍大学。研究领域为儒学。著作有《儒教概说》《新释孟子全讲》《〈论语〉与日本的政治》《宇野精一著作集（全六卷）》等。宇野精一为之作序的这本讲谈社版《论语读本》，第一版发行于1980年。
[2] 昭和四年，即1929年。
[3] 当今在位的天皇陛下：日文原文为"今上陛下"，这里指的是昭和天皇。
[4] 本书日语版书名为《论语新释》，中文本将其作为"讲谈社·诸子的精神"系列的一种出版，在考虑原书文意的情况下，将其译为《论语读本》。——编者注

子的《论语集注》之说为主。在书中虽然也有父亲按照自己的见解进行的修订,但仍是忠实地遵循了朱子集注的精神。这么做的原因,大概是因为朱子的《论语集注》是对《论语》最普通的,并且也是最基本的解释。家父的这本书甫一出版便颇受好评,因此大约在当时就曾多次印刷。战后,昭和二十八年[1]本书曾由弘道馆再版。由于原书纸型[2]在战争中已被烧毁,故而那次再版,除了修正原版的误植之处,还进行了照相制版,删去了初版中的《绪言》,同时相应地增加了一篇新撰的《序文》。此外,在体裁方面,初版和那次再版在一些细节上还略有不同,但这些差别实在是微不足道,这里也就不再费笔墨详谈了。

这回,讲谈社提出希望把本书作为该社学术文库中的一种重新整理出版。虽然至今想来,仍会觉得这是一本已经很老的书了,但是父亲的著作能够再度问世,对于作为儿子的我来讲,还是很激动的;而且从另外一方面来考虑,依据朱子的集注而作的注解,就算是用日语表达出来,也会有显得古奥的地方,不过就内容而言,这本书倒并不过时。综上考虑,对于出版的事情,我也就欣然允诺了。话虽如此,从我个人的喜好来

---

[1] 昭和二十八年,即 1953 年。
[2] 纸型:是指印刷用的浇铸铅版的纸质模板,是保存书版的重要方式。

说，我不仅对日本使用当用汉字[1]和现代假名拼写法[2]是持反对态度的[3]，况且我也希望家父的著作被重新刊行时，依然能够按照初版时的原样，在书中全面保留使用繁体汉字和历史假名拼写法[4]。当然，想虽是这样想，考虑到这本书既然是作为文库全套丛书中的一种出版，我在这个问题上也不宜过于坚持己见，还是应该遵循文库的整体体例，在本书改版中加入当用汉字和现代假名拼写法。我大约是这样想的：一方面，父亲在这一点上，肯定会比我更开明些，为了让更多的读者能够方便地阅读本书，理应做出一定程度上的妥协；另一方面，只要自己能把好关，保证书的质量，那么即使做出一些让步也是可以的。更进一步来讲，在明治中期欧化思想早已独领风骚的时代，家父依然敢于选择汉学作为自己毕生的追求，就是试图在颓势之中挽救日本的汉学，而他自己也为此定下了令人感到悲怆的决心，父亲在世的时候时常念叨这些。因此，他对汉学的启蒙、普及都很热心。体会到父亲的良苦用心，我想这本书能够被文

---

[1] 当用汉字：日文为"当用漢字"，是指1946年日本政府公布的法定常用1850个汉字。1981年日本政府公布《常用汉字表》后，当用汉字遂被废止。"当用"是当前使用的意思。

[2] 宇野精一在这里提到的"现代假名拼写法"（日文为"現代かなづかい"），是指1946年日本政府公布的日语假名拼写法。

[3] 二战结束以后，由美国为首的盟军司令部主导对日本实施全面改造，包括限制使用汉字、对繁体汉字实行简化、对日语注音采用现代假名拼写法等等。

[4] 所谓"历史假名拼写法"，是指现代假名拼写法产生之前日文使用的拼写规范，在现代日本只有少数特定情况下才被使用。

库所收录，先父的在天之灵也一定会为此心悦不已。

这次既然是重新刊发，自然对初版中的排版错误进行了订正。另外，为了同文库丛书编修体例一致，对原书进行了如下的改动：

一、初版正文的顺序，首先是加上句读后的《论语》本文，接下来是训读文[1]；新版则调整为训读文在前，然后才是加了句读的古汉语原文（但是省略了返点符号[2]，以及汉字后面标注的"送假名"[3]）。

二、初版中"译解"之前有"叙说"，而"注释"之后又有"余论"，新版则将"叙说"和"余论"合并为"解说"，置于"注释"之后。

三、假名使用方面，除训读文中保留历史假名拼写法，书中其他部分则全部改用现代假名拼写法。在汉字使用上，只有古汉语原文中保留使用繁体汉字，书中其他部分则全部改用

---

[1] "训读文"是按古日语语法直译汉语文言文的阅读方式，写出来的时候汉字与假名同时出现。
[2] 返点符号：日文为"返り点"。这是日本人在训读古汉语时，标注在古汉语原文旁边，表示日语语法顺序的符号，也称为"返读符"。
[3] 这里的"送假名"（送り仮名），以及下面即将提到的"振假名"（振り仮名）、"全注音"（総ルビ）和"部分注音"（ぱらルビ），都是日文对汉语字词的注音方式。类似我们中国人在汉字上面加了汉语拼音，也是帮助阅读汉字的。"送假名"一般是为了避免误读，加在一个夹带汉字的词的汉字之后的假名，不过，文中所提到的"送假名"是指为了帮助训读古汉语，在汉字旁添加的小字号的片假名。如"明かり"一词中"明"这个汉字后的"かり"即是"送假名"。

当用汉字。但是训读文使用的当用汉字和古汉语原文的繁体汉字会有很大差异，而且训读文中完全使用当用汉字的话，可能会与其他字混同（例如：艺、余、预[1]等），遇到这类特殊情况时，为了避免产生歧义则仍使用繁体汉字。

四、关于汉字旁边标注读音的"振假名"[2]的部分，初版在全书中采用的是"全注音"的方式，即所有的汉字旁全部标注振假名，新版则只是在部分的汉字旁标注振假名（即采用所谓"部分注音"方式）。另外，关于训读文的汉字注音，训读是使用历史假名拼写法，而字音假名拼写的部分则是采用表音式的假名拼写法[3]。

五、初版中虽然放入了不少插图，但诚如原书《绪言》所说，这些插图是不够的，现在虽然也可以稍微增加一些插图，

1　艺、余、预：这三个字对应的繁体汉字分别是"藝""餘""預"，在日本当用汉字中分别简化为"芸""余""予"，这是日本的简化字。而在繁体汉字中，"芸""余""予""藝""餘""預"并列存在，且六个字均有着各自不同的字义。
2　"振假名"（振り仮名）：是指添加在日文单词或汉字边上，标注其读音的假名，日文中也称为"ルビ"。如"国境"一词中，"国境"上方所标示的"こっきょう"即是振假名。有时也使用在括号中注明假名的方式，例如："国境（こっきょう）"。如果是竖排版的话，振假名标注在单词或汉字的右侧，字号也会小于被标注的单词或字。
3　表音式假名拼写法（表音式仮名遣い）：也称为"发音式假名拼写法"（発音式仮名遣い），是指使用基于现代日语发音的假名标记单词读音的拼音方法，"现代假名拼写法"即是以此为基础的。例如"蝶々"一词，现代日语发音是"ちょうちょう"，使用"现代假名拼写法"标示这两个汉字的字音便写作"ちょうちょう"，可是训读时使用"历史假名拼写法"则写作"てふてふ"。

但又不敢随意添加,所以这部分就一仍其旧了。[1]

六、卷末附录的"事项索引"和依据训读文语句而编辑的"一句索引",是我亲自编写加入到新版中的。[2]

以上仅就本书的由来及有关新版刊行事宜略述一二。是为序。

(昭和五十四年[3] 八月)

---

[1] 本书日语版在文中附有少量插图,中文版出于此部分图片有限的辅助作用及篇幅等问题的考虑,则将其统一删去。——编者注
[2] 这里提到的"事项索引"和"一句索引",在本书讲谈社版正式发行后并未出现,取而代之的是"人名索引"和"语句索引"。不过这两个索引对中国读者来说参考意义不大,故在此次中文译本中均未译出。
[3] 昭和五十四年,即1979年。

绪 言

一、本书的分章、句读、解说等，原则上基本以朱子《论语集注》为依据。之所以如此，是由于在有关《论语》的注释中，朱子的《论语集注》是影响最广的一种，而且也是初学者必读的参考书。

二、注释《论语》的书可谓浩如烟海，对于《论语》的解释也绝非一本朱子的《论语集注》所能解释完的。因此，本书的读者如果能再找些其他注释《论语》的书来参考阅读的话，那当然是再好不过的了。

三、应出版发行商的要求，书中配有少量插图。[1]插图不乏杜撰的成分，而且还无法在全书每处都放入插图。虽然这样做不无遗憾，但是如果这少量的插图能对读者阅读本书有所助益的话，则是笔者幸甚之至。

昭和四年[2]六月一日

著 者

---

1 出于篇幅等问题的考虑，中文版中插图则已统一删去。——编者注
2 昭和四年，即1929年。

目 录

解　题	1
学而第一	5
为政第二	26
八佾第三	49
里仁第四	79
公冶长第五	100
雍也第六	130
述而第七	159
泰伯第八	196
子罕第九	221
乡党第十	252
先进第十一	277

颜渊第十二·················· 311

子路第十三·················· 343

宪问第十四·················· 380

卫灵公第十五················ 436

季氏第十六·················· 472

阳货第十七·················· 495

微子第十八·················· 530

子张第十九·················· 550

尧曰第二十·················· 578

附录《孔子年表》············ 589

出版后记···················· 592

解　题

　　《论语》是孔子的语录，同时还记录了孔子与弟子、时人的对话，记述了孔子的起居举止，此外还载有其弟子、弟子之间以及弟子与当时人的问答对谈等言行。在孔子去世后，《论语》由孔子的再传弟子撰写编辑而成，全书凡十卷二十篇。[1]

　　虽说也有其他由孔子编修的文献以及记录孔子言行的书籍，但是如果想直接了解孔子的思想，感受孔子的人格，《论语》无疑仍旧是最理想的读物。从古至今，《论语》业已成为尊奉孔子教诲、饱尝世间辛酸的人都爱读的书，被誉为"宇宙第一书"，又被称为"无法用人类语言赞美的杰出著作"。

　　在日本，早在应神天皇[2]时代，就由百济博士王仁[3]进献

---

[1] 这段话宇野哲人大概译自东汉班固所著《汉书·艺文志》，原文为："《论语》者，孔子应答弟子、时人，及弟子相与言而接闻于夫子之语也。当时弟子各有所记，夫子既卒，门人相与辑而论纂，故谓之《论语》。"

[2] 应神天皇，在位时间约为270至312年。

[3] 王仁（生卒年不详），又称和迩吉师，据日本史书《日本书纪》卷十记载，在应神天皇十六年（285年），王仁从朝鲜半岛的百济国来到日本，进献了《论语》（转下页）

了《论语》，此事明载于日本史书；进入王朝时代[1]，《论语》和《孝经》一起成为大学寮[2]学生的必修科目；到了镰仓时代[3]和室町时代[4]，《论语》仍不乏读者；而在德川幕府时期[5]，据说稍有学问的人没有没读过《论语》的。所以说自古以来，《论语》和日本国民道德之间已经形成了极为深厚的关系，即便是在新思想波荡起伏的当下，《论语》依然受到世人的尊崇。

孔子，名丘，字仲尼，春秋时期鲁国昌平乡[6]人。生于周灵王二十一年（公元前551年），殁于周敬王四十一年（公元前479年）。孔子被称为"生知安行"[7]的圣人，他纵然已经具有了非比寻常的天分，对于自身的修养却未曾有过一刻的懈怠，并渐渐地培养出完善的人格，最终取得了可谓是圣人中的圣人的地位。孔子品行卓异，好学不倦，这些从《论语》中好

（接上页）十卷和《千字文》一卷，传播了儒家思想，并受命成为应神天皇的皇子菟（tú）道稚郎子的老师。但是《千字文》成书于公元6世纪中国的梁武帝时期，比应神天皇时代晚了好几个世纪，所以对与王仁相关的史实也存在争议。

1　王朝时代：是指日本历史上天皇掌握实权的时期，通行的说法一般包括奈良时代（710—794）和平安时代（794—1185）。"王朝时代"是与从镰仓幕府时期至德川幕府时期的"武家政权时代"（公元12—19世纪）相对而言的。

2　大学寮：古代日本官方文件中又称作"大学"。是日本仿照中国古代的"国子监"而设立的中央层级的官方教育机构，存在时间大约从公元8世纪至12世纪晚期。

3　镰仓时代（1185—1333）。

4　室町时代（1336—1573）。

5　德川幕府时期（1603—1867）。

6　昌平乡：位于今山东省曲阜市。

7　生知安行：语出《礼记·中庸》，意思是不用学习就能明白道理，出于本愿从容不迫地就能实行。古人认为这是圣人方能具有的资质。

几处孔子有关其自身的描述中就可以看得出来；而通过学习和修养，孔子的人格逐渐得到提升，关于这一点又可以从孔子晚年时期回顾其人生经历的自述中（参见《为政第二》）得知。

孔子身处乱世，当时危害国家社会的思想流行，还不断出现为了谋取权势、满足利欲而弑君弑父之徒。在这样的一个时代，他欲明大义名分，以正世道人心。为此，孔子有直接投身到政治当中的必要。然而由于他在鲁国仕途受挫，遂周游列国，希望能够在他国得到重用，可惜这个目标最终也未能实现。于是孔子结束了十三年的漂泊之旅，返回故乡鲁国，在整理古籍、改订礼乐之中度过了晚年。

孔子作为政治家，辅佐鲁国国君，在齐鲁夹谷之会[1]上，弘扬了鲁国的国威；他治理鲁国，使得邻国齐国对鲁国产生了畏惧之心。虽然这些政治上的成绩确实值得一提，但是要论能够让孔子流芳百世的，应该还是他在教育和著述上的成就。被人称颂的如：孔门弟子三千，其中通礼、乐、射、御、书、数这"六艺"的有七十二贤；而像孔子整理的《诗》《书》《易》《春秋》，这些文献不仅成为儒教的经典，同时也是探究中国古代文化的重要典籍。

---

[1] 齐鲁夹谷之会：也称为"夹谷会盟"，发生在公元前 500 年。当时鲁国国君鲁定公与齐国国君齐景公在两国边界一个叫作夹谷的地方进行会盟议谈，孔子担任鲁定公的傧相，在会盟上维护了鲁国的尊严，而齐人也为孔子的气节所折服，故会盟后归还了侵占鲁国的郓（yùn）、灌（huān）、龟阴等地。

孔子在政治上是德治主义者，他认为为政者先正己而后方可临民。孔子教义思想的核心是"仁"。"仁"是囊括各种道德的圆满完美的"德"，领会到"仁"的人才算是人格完美的人。孔子对于理想型的"德"使用"仁"这一标志性的语词来称谓，而对于具有理想型人格的人则使用"君子"这一标志性的语词来称谓。

孔子的教义自汉代以来大行其道，几乎就像是中国的国教一般。而孔子也成为士大夫君子们膜拜的图腾，汉代首开天子赠予孔子封号之先例[1]，唐代以后开始广泛地建庙祭祀。所谓"释奠"或"释菜"[2]都是祭祀孔子的礼仪，今天在日本好多地方仍在举行这些祭孔活动。

---

1 西汉元始元年（1年）汉平帝赠封号为"褒成宣尼公"。而自汉平帝至清康熙皇帝，孔子共获得十多个不同的封号。
2 释奠、释菜：两者都是祭祀先师的礼仪，大致的区别在于释奠的礼仪较为隆重，而释菜的礼仪则较为简约。

学而第一

所谓"学而"是该篇的篇名。古书通常是取全篇第一章开头的两个字作为篇名,但这种篇名并不是对该篇内容的概括。《论语》全书二十篇,每篇的篇名都是用这种方法来命名的。而所谓"第一",意思是《学而》篇是《论语》二十篇中的第一篇。后面的各篇大体都依此原则起名和标序。

此篇位列《论语》第一篇,乃二十篇之首。全篇的大意是希望让有志为学之人专心于最基本的修行。本篇乃是进入圣人之道的门户,也是累积自身德行的基础,讲的都是向学之士应当首先勤勉从事的事情。[1] 朱子对本篇的评价是:"如果能弄明白这一篇,剩下的篇章就自然容易理解了。"[2] 本篇凡十六章。

---

[1] 按,这句话大概是作者对朱熹《论语集注》相关语意的引用,《论语集注》卷一的原文是:"此为书之首篇,故所记多务本之意,乃入道之门、积德之基、学者之先务也。"
[2] 可能引自《朱子语类》卷二十:"若明得一篇,其余自然易晓。"

1.1 子曰:"学而时习之,不亦说乎?有朋自远方来,不亦乐乎?人不知而不愠,不亦君子乎?"

【译解】

跟随先觉者学习圣贤之道,通过不断地复习以期娴熟通达。那样的话,自然会心智开通、明白道理,这就好比是一直以来连在水中漂浮都不会的人,有一天突然学会了游泳,这难道不正是令人高兴的事情吗?

一旦自己学有所成,那么和你志同道合的人,不管是近在身边的,还是远在千里之外的,都会前来拜访你,把你尊为他们的老师,向你请教问题。如此一来,就能够把自己学到的东西分享给别人,可以与大家一同臻于至善,这难道不是令人感到快乐的事情吗?

学问最终的目的就是完善自己的人格修养,所以即使旁人不知道我在学问上已经有所成就,我却泰然处之,不去计较,不发牢骚。像这样一心乐道,无论境遇如何,都平心静气地对待,这难道不就是我们所期待的理想型的人格吗?

【注释】

◎子:男子的通称,此处是孔子的门人对孔子的专用尊称。其他人,例如有子、曾子等,"子"字之前都冠以姓氏,而只有孔子在私下的场合被称呼时,在"子"之前不用加上姓氏。所谓"子曰"意思就是"老师所说的"。　◎学:本意是掌握尚不知晓的东西。　◎时：时时刻刻，没有片刻的间断。　◎说：同"悦"。内心感觉喜悦。　◎之：代指学习。　◎习：由"羽"和"白"组成的汉字[1]，意思是"鸟数飞也"[2]。雏鹰羽翼渐丰之后，为了能展翅高飞，每天要不停地反复练习飞行。　◎不亦……乎：意思是"岂不是……吗"。"乎"是表示感叹的词。　◎朋：和自己志同道合之人。　◎乐：与"悦"字相对，此处是指喜悦充盈于内而后发之于外。　◎愠：心怀愤怒。

【解说】

本章阐述了做学问的门道。古代的学问是以完善人格为目的的，兼有知和行两方面的内涵。本章由三节构成，第一节讲的是学问必须靠自己领悟，第二节讲的是学问应当由自己推广到他人，第三节讲的是学问是用来完善自己的人格的。

本章被认为是孔子对自身的描述，也被称为是一部"小《论语》"，《论语》的编纂者将此章置于《论语》全书的开篇应该说用意是颇深的。

本章以"学"贯穿全章。第一节是领悟"学"，第二节是推广"学"，第三节是完成"学"。

1　按，"习"的繁体字为"習"，是由"羽"和"白"组成的上下结构的汉字。
2　参见《论语集注》卷一："习，鸟数飞也。"

1.2 有子曰:"其为人也孝弟,而好犯上者,鲜矣;不好犯上,而好作乱者,未之有也。君子务本,本立而道生。孝弟也者,其为仁之本与!"

【译解】

作为晚辈、下级,如果与生俱来的品性是孝顺父母、尊敬兄长的,但是在对待自己的长辈、上级时却喜欢违背情理做事,这样的情况大概是不存在的。不喜欢触犯上级,却喜欢与长辈、上级悖逆争斗,这样的人也是绝对不会有的。立志于学业的人,无论遇上什么事,都只会把精力用在根本上。根本确立了,"道"自然就产生了。上述"孝""弟"两种品德乃是"行仁"的基础吧!

【注释】

◎其:指作为子弟者。 ◎为人:意为做人的品质。 ◎也:同"者"字之意,用法相似。 ◎孝:善事父母。 ◎弟:善事兄长。 ◎犯上:指在长者跟前快速跑过之类背理的小错。 ◎鲜:少。 ◎矣:加在一段话结尾,语气助词。 ◎作乱:指悖逆争斗之类背理的大错。 ◎君子:指有志于学的人。 ◎与:疑问词。不愿肯确而言的谦词。

【解说】

本章谈到在修行孔子理想化的德——"仁"的问题上,像孝、悌这些在日常家庭生活中无论谁都能够做到的事就是修行仁德的根本了，人们应该尽心用力于此。本章分为两节，上节讲的是人如果能够孝顺父母、敬爱兄长，就不会有不仁之举；下节极言孝顺父母、敬爱兄长的重要性。

有子是孔子的弟子，名若。据说他博学强识，雅好古道。有子能说出上面这番话，体现的也就是所谓的"下学而上达"了。

1.3 子曰："巧言令色，鲜矣仁！"

【译解】

花言巧语，粉饰外表，企图凭借这些手段取悦于人的话，这种人的内心中也就不会有什么仁德可言了。

【注释】

◎巧言：花言巧语，取悦于人。 ◎令色：让面容好看。意思是虽然并不好笑，却谄媚地欢笑以奉承别人。 ◎鲜：意思是少，这是说话留有余地的用字，据说将其解读为"绝无"（绝对没有）之意更好。

【解说】

本章告诫人不要徒有其表。

程子说："若知道巧言令色不是仁，那就知道什么是仁了。"[1] 这是从反面解释了孔子的这句话。

---

[1] 这句话为程颐所言，可能引自《论语集注》卷一："程子曰：'知巧言令色之非仁，则知仁矣。'"又见于《河南程氏经说》卷六。

1.4 曾子曰："吾日三省吾身：为人谋而不忠乎？与朋友交而不信乎？传不习乎？"

【译解】

我每天都对照以下三条原则来反躬自省：第一，我帮他人谋划事情时，有没有真心实意地谋划；第二，我同朋友交往时，有没有不诚实的言行；第三，老师教给我的东西，我有没有好好地温习。

【注释】

◎日：每日的意思。　◎谋：意为事先与人商量，或者谋划事情。　◎忠：尽心诚意地像为自己做事一般为别人做事。　◎信：诚实无欺。　◎传：老师传授的东西。　◎习：熟练掌握。

【解说】

本章是曾子谈论如何才能做到不欺骗自己。"为人谋而不忠乎"以下的三句话，是反省的原则。

曾子是孔子的弟子，名参，字子舆。他被认为是传承了孔子衣钵的人。《孝经》这部书记录的就是孔子为曾子讲授的为孝之道。

每天像这样按照这三条原则进行反省，有则改之，无则加勉。曾子以此诚心恳切笃实地约束自己，他领悟到的正是以完善人格为目标的学问之本。由此看来，曾子成为孔子衣钵的继承者并非偶然。

"三省",一说是"多次反省"之意。

1.5 子曰:"道千乘之国,敬事而信,节用而爱人,使民以时。"

【译解】

治理能派出一千辆兵车的诸侯大国时,需要态度谨慎地对待国事;命令赏罚等要始终如一,不可朝令夕改;在财政上要省去无用的开支;对国人要施加恩惠;因国事而役使百姓时,不要选择在农忙时节,以免妨碍他们进行农业生产。这五条乃是治国之大本。

【注释】

◎道:治理。 ◎千乘之国:"千乘"意为兵车一千辆。兵车一乘,要包括车上甲士三人,步卒七十二人,此外再加上为之配备的牛马、兵器、粮秣等,需要八百户百姓的供给才能完成一辆兵车的配备。所谓"千乘之国"就是能出动一千辆兵车的国家,在诸侯国之中这就算是比较大的国家了。 ◎敬:慎重地行事。 ◎事:国事。 ◎信:言行一致,不会朝令夕改。 ◎用:费用。 ◎使民:指古代役使百姓去服兵役,或是去完成土木工程。 ◎时:农闲时节。农业是关系民生的主要产业,如果在春、夏、秋等农忙时节役使百姓,百姓就没法从事正常的农业生产,进而衣食堪忧,因此要避免此类情况的发生。

【解说】

本章讲述了在治理国家方面,人君应该懂得的五个必要原则。

这里谈的还是务本的问题。

1.6 子曰:"弟子,入则孝,出则弟,谨而信,泛爱众而亲仁。行而有余力,则以学文。"

【译解】

为人子弟者,在家里要好好地侍奉父母以尽孝;出门在外则要好好地侍奉前辈以尽悌;行事谨慎,不越法度,讲话守信,勿行欺骗;无私地去爱人而不要无端地去憎恨别人,亲近有仁德的人,追求修养上的提升。这样躬行实践之后,若还有余暇的话,才可以再去学习《诗》《书》六艺之文。

【注释】

◎弟子:为人子弟者,年轻人。 ◎入:进入家里的意思,指在父母膝下。 ◎则:起到承上启下作用的词。 ◎出:离开家,和亲戚、邻里的人们往来。 ◎仁:仁者。 ◎余力:指余暇。 ◎文:指《诗》《书》六艺之文等古代的文化产物。

【解说】

本章讨论了有关为人子弟者学习的话题,指明了文艺与德行二者孰轻孰重的问题。

孝、悌、谨、信、爱、亲,这些都是为人子弟者的本分。程子说:"做学问不先去钻研本分的东西而是将文艺放在首位的话,那种学问做出来的目的是给别人看的,而不是真正为了提高自己的人格而进行的修行。"[1]

1.7 子夏曰:"贤贤易色,事父母能竭其力,事君能致其身,与朋友交,言而有信。虽曰未学,吾必谓之学矣。"

【译解】

现在有这样的一个人,他用尊重仰慕贤人之心替换了爱好美色之心;他侍奉父母竭尽全力;侍奉君主鞠躬尽瘁,不爱其身;同朋友交往,不说欺骗的话。如果能做到以上这些,他可谓是明白人伦常理并能够诚心诚意地做到,向学者所追求的也不过如此了。因此,假如有人说他就算做到这些但还不能算是有学问的人,我却要说这种人恰恰是很有学问的了。

【注释】

◎贤贤:第一个贤是动词。尊重仰慕有贤德之人的意思。　◎竭:竭尽全力地侍奉。　◎致其身:不顾自己的得失,为侍奉君主而忠心耿耿、倾其所能。　◎虽曰:假如说。

---

[1] 可能引自《论语集注》卷一:"不修其职而先文,非为己之学也。"又见于《河南程氏经说》卷六。

【解说】

本章讲述了学问的目的说到底不外乎是弄懂人伦常理。

子夏是孔子的弟子,姓卜,名商,以文学著名。

甚至连以文学著称的子夏都能说出这样一番有关人伦的道理,就此看来,在古代所谓的"学问"究竟是怎样的一种东西,便不言自明了。

1.8 子曰:"君子不重则不威,学则不固。主忠信,无友不如己者,过则勿惮改。"

【译解】

位在人上之人,倘若言谈举止不严肃庄重,就没有威严可言,其所学也就不扎实。平常行事,勿失忠信;跟不如自己的人交往然后洋洋自得是不可以的。假如有了错,不要考虑面子什么的,最好立刻改正。

【注释】

◎君子:这里解读为位在人上之人比较好。　◎主:意为经常保持。　◎无、勿:这两个字都是作为禁止的意思来用。

【解说】

本章看起来好像谈论的是在上者的行为准则,但也可以说是向学者在修养上的行为准则。

在上者会有缺少诚意、花言巧语的行为,会和没用的人共事显得自己很了不起，会为了面子挖空心思掩饰自己犯下的过错。这些事好像无论在哪一个时代都会有。

另外，"学则不固"也可以训读为"学则不会固陋"[1]，意思是"如果博学事理，则可以避免孤陋寡闻"。

1.9 曾子曰："慎终追远，民德归厚矣。"

【译解】

如果在上者对于亲人的丧事能够尽其礼数，在祭祀故去的父母时能够尽其诚意，那么人民受到在上者淳朴厚道的道德情操的感化，自然也会成为道德上淳朴厚道的人。

【注释】

◎终：指亲人故去。死亡是人生的终点。　◎追远：远，指的是对父母的祭祀。进行祭祀的时间与亡者故去的时间相隔较长，所以说是"远"。追，是追溯既往的意思。"追远"就是子女追思亲人并对他们进行祭祀。　◎归：向往。　◎厚：不轻薄。

【解说】

本章谈论的是用至孝的行为感化人民。

在曾子所处的时代，从君主到大臣既不重视丧葬、祭祀，也不端正风化之本，大概有鉴于此，曾子才说出这样一番话来。

---

[1] 按，"学则不会固陋"日文训读原文为"学べば则固ならず"，这种训读中将"学"理解为动词"学习"，将"固"理解为名词"固陋"，意思是不会融通。

1.10　子禽问于子贡曰:"夫子至于是邦也,必闻其政。求之与? 抑与之与?"

子贡曰:"夫子温、良、恭、俭、让以得之。夫子之求之也,其诸异乎人之求之与?"

【译解】

子禽问子贡道:"老师到访别国,必然会进行与政治有关的讨论,这是老师主动求得的呢? 还是该国国君将政事告知老师的呢?"

子贡回答道:"那是因为老师具备了温厚、善良、恭敬、节俭、谦让这五种美德,国君感佩于此,于是主动向老师讨教国政,是自然而然的讨论。虽说并不是老师要求的,但就算说是老师求得的,也不是不可以。不过,老师所求的与他人所求的相比还是有所不同的。"

【注释】

◎夫子:指老师、长者。这里说的是孔子。　◎是邦:并非表示一个国家,而是指所到访的国家。　◎至……也:在到访的时候。　◎闻:评是非,论得失,参与讨论。　◎与:表示疑而未决的语气词。　◎温:温和,不刻薄。　◎良:平静而淳朴。　◎恭:内心谨慎且外貌庄严。　◎俭:节制。　◎让:谦逊。　◎得之:得闻政事。　◎人:他人。

【解说】

本章谈论的是,子禽因为不知道孔子到访别国时参与政治议题讨论的原因,于是询问子贡,子贡对此问题进行了解释说明。子贡解释的后半段是对子禽提出的"求之与"这个问题的回答,从其回答可知孔子从未去乞求讨论政治话题。

子禽,姓陈,名亢。子贡,姓端木,名赐,是一位善于雄辩的著名人物。这两人都是孔子的学生。

虽然二人同为孔子的嫡传弟子,但从这段对话可以看出,如果不是像子贡那样才智聪颖的人,是无法理解孔子之所以被称为伟大先贤的原因的。

关于本章,宋代的谢良佐[1]说道:"向学者在观察圣人的威仪之间,也能够进取德。像子贡,既可谓是善于观察圣人,也可谓是善于谈论德行的。现在距离孔圣人在世时已经过去一千五百年了,凭借这五种德尚且能想见圣人的容貌,可鼓动起人们的向上之心,而亲身接受圣人教诲的人又会是什么样的呢?"[2]

---

[1] 谢良佐(1050—1103),蔡州上蔡(今河南驻马店)人,北宋官员、学者,程朱理学的代表人物。
[2] 可能引自《论语集注》卷一:"谢氏曰:'学者观于圣人威仪之间,亦可以进德矣。若子贡亦可谓善观圣人矣,亦可谓善言德行矣。今去圣人千五百年,以此五者想见其形容,尚能使人兴起,而况于亲炙之者乎?'"

1.11　子曰:"父在观其志,父没观其行。三年无改于父之道,可谓孝矣。"

【译解】

　　要考察一个做儿子的孝与不孝,可以采取如下的方法:父亲在世的时候,儿子还不敢肆意妄为,所以主要是观察其志向的善恶;父亲过世后,儿子没有了父亲的约束,理论上可以任意而为了,那么这时要观察其行为的得失。仅仅如此,还不能看出这个人是否真的孝顺,接下来还要观察他在父亲去世后三年,的确没有打算改变父亲生前的行事之道。即便可以为所欲为,却还是经常忍不住想念故去的亲人,到了这时才可以说他真的做到了孝。

【注释】

　　◎其志:子女的志向。　◎其行:子女的行为。　◎道:类似事情的意思。

【解说】

　　本章谈论了考察为人子女者的人品的方法。起首两句说的是了解其志向、行为的大概则可知其人之善恶;后面两句说的是就行为而言,仔细地观察其用心之厚薄。此处语气相近、彼此衔接,着重十个忍忘记亲人。

尹焞[1]说:"父亲做的事合乎于道的话,其子一生都可以不去改变。但假如有悖于道,那么立刻可以改变。所谓'三年无改',那是因为孝子之心不忍于亲人离世。"[2]

1.12 有子曰:"礼之用,和为贵。先王之道,斯为美,小大由之。有所不行,知和而和,不以礼节之,亦不可行也。"

【译解】

礼确定了贵贱长幼之序,虽然其本质属性是严谨、庄重的,但都源于自然之理,践行起来,从容不迫,极为和顺,这也是其可贵之处。先王之道,以礼为美的原因正在于此,天下后世小事大事无不从礼发端。虽然这样做也有不可行之处,那就是仅仅知道"和"的可贵而一味追求"和",却忘记用礼来适当地予以节制,这样的话则会丢失礼本来的意义,反而会扰乱秩序,以至于无论小事大事也都不可行了。

【注释】

◎和:本章上半段的"和"是无心之和、礼中之和,下半段的"和"是有心之和、礼外之和。

---

[1] 尹焞(1071—1142),字彦明,一字德充,洛阳人。早年曾师从程颐。
[2] 可能引自《论语集注》卷一:"尹氏曰:'如其道,虽终身无改可也。如其非道,何待三年。然则三年无改者,孝子之心有所不忍故也。'"

【解说】

本章谈论了"和"虽是行礼之时的一种重要的德,但是如果求取的方法不得当,也会有其弊端。

本章另一种训读方式为:"礼,用此和以为贵。先王之道,此为美。小大由之,则有所不行。知和而和,不以礼节之,则亦不可行也。"

1.13 有子曰:"信近于义,言可复也。恭近于礼,远耻辱也。因不失其亲,亦可宗也。"

【译解】

与人订立约定的时候,要考虑自己是否能够信守承诺。只要以符合正道的方式去实现,就永远不会后悔,也必然能够履行诺言。向人致敬的时候,要考虑自己的态度是否傲慢不逊?还是有些卑躬屈膝呢?只要以符合礼节的方式进行,就不会遭到羞辱。需要投靠别人的时候,首先观察你要投靠的人,如果是可以亲近之人,则可终身敬重此人并以之为榜样。

【注释】

◎信:约定。　◎义:实现事物的道义。　◎复:践行。　◎耻辱:被说成是傲慢的人或卑屈的人而丢了脸面。　◎因:一时间投靠别人。　◎宗:尊敬。

【解说】

本章就言行交际问题,论述了应当虑其所终,谨之于始。

本章讲到了人的言行、交际在开始时就要谨慎地对待,并且考虑到其结果。不这样的话,在因循姑息之间,将至于自失而后悔。(朱子)[1]

1.14 子曰:"君子食无求饱,居无求安,敏于事而慎于言,就有道而正焉,可谓好学也已。"

【译解】

志学之士,既没工夫去追求饱食,也没工夫去追求安乐的居所,只是一心向学,对于知识、行为方面常有的不足之处,总是赶紧黾勉努力,以求克服;对于容易说错的话,总是好好思量之后才说出口。即便如此,仍认为自己会考虑得不够周到,还打算向知识、行为和言语方面的有道之士请教,以正是非,这样的人可以说是好学之人了。

【注释】

◎无求:此处的"无"解释为"无暇"之意。 ◎敏:敏捷。 ◎事:求道之事,指知行等。 ◎就:亲近之意。 ◎有道:有道德的人。 ◎也已:"已"解读为"而已",此处与"也"

---

[1] 可能引自《论语集注》卷一:"此言人之言行交际,皆当谨之于始而虑其所终,不然,则因仍苟且之间,将有不胜其自失之悔者矣。"

相接，表示文句结束。

【解说】

　　本章谈论了君子的好学之心，希望以此勉励人们。虽文势三转，文意却一以贯之。不求饱食、安居，是因为心思专务于"敏于事而慎于言"上，就算做到了敏于事、慎于言，却并不觉得自己做得已经不错了，还一定会向得道之人请教，纠正自己的不足。这都是好学不倦之心。

　　尹焞说："君子之学，如果能做到这句话中开头的四项，那就可谓是笃志者、力行者了。但是不就有道者而规正自己，容易偏离正轨，主张利己主义的杨朱，主张兼爱主义的墨翟等人，学习了仁义而出现了偏差，结果变得无君无父。这样的就不能称之为好学了。"[1]

1.15　子贡曰："贫而无谄，富而无骄，如何？"

　　子曰："可也。未若贫而乐，富而好礼者也。"

　　子贡曰："诗云：'如切如磋，如琢如磨'，其斯之谓与？"

　　子曰："赐也，始可与言诗已矣！告诸往而知来者。"

---

[1] 可能引自《论语集注》卷一："尹焞曰：'君子之学，能是四者，可谓笃志力行者矣。然不取正于有道，未免有差，如杨墨学仁义而差者也，其流至于无父无君，谓之好学可乎？'"又见于《论语精义》卷一上。

【译解】

子贡说:"人如果贫穷会变得卑屈,容易阿谀谄媚;如果富裕,仗着钱多,又容易傲慢自大。这虽是人之常情,但现在假如有这么一个人,虽贫穷却不巴结奉承,就算富有也不自高自大,这种人怎么样呢?"

孔子回答道:"这种人不因自身的贫穷或富裕而动摇自己的内心,这是有所坚守的人,比起世间的普罗大众来说要出色不少,总体上来说还算不错。然而,他仍未超脱贫富的藩篱,比不上另外一种人——这种人即使身处贫穷,也不在乎自己是贫穷的,而且泰然自得,乐而好道;即使很富有,也不在乎自己是富有的,而且处善循理,钟情于礼。"

子贡又说:"根据您的讲解,我明白了道是无穷无极的,学问是无止无尽的,虽有所得,也不应就此满足。诗里面写道:'加工骨角的工匠,对骨角用刀切削完了还要再用锉刀打磨,加工玉石的工匠,对玉石雕琢完了还要再用砥石研磨,以期精益求精,追求极致完美。'这和您刚才讲的这番话,道理是相通的吧?"

子贡引用诗,把老师还没说到的东西引申了出来,孔子对此颇感欣慰,说道:"赐(子贡的名),你这个学生能像这样参悟诗,我可以开始同你一起讨论诗了。你是一个告诉你过去发生过的事情,便能够预见未来的人。"

【注释】

◎可：好，但还不是非常好。　◎诗：指当时流行的诗，后收录在今天的《诗经》里。子贡引用的诗句见于《诗经·卫风·淇澳》。　◎切：用刀锯切割。　◎磋：用锉刀、镱等工具打磨光滑。　◎琢：用锤子、凿子敲打雕琢。　◎磨：用金刚砂、砥石等研磨。　◎诸：代表"之于"二字的意思。　◎往：过去，孔子说过的东西。此处代指"贫而乐，富而好礼"这句话。　◎来：未来，孔子尚未说到的东西，此处代指孔子未说但是子贡引用诗说到的"切磋琢磨"的事情。

【解说】

本章记述了子贡认为"无谄""无骄"是在面对贫富问题时最好的品行，于是就此向孔子求教；但孔子告诉他其实还有比那更好的品行，子贡由此领悟到了道无穷极、学无止境的道理，便引用诗再次求教于老师，孔子对其悟性大加赞赏。

朱子说："因为子贡以前贫困，后来富裕了，是曾经用力于守护自己的人，所以才会询问'无谄''无骄'。孔子用'乐'和'好礼'来回答他，以此赞许子贡已经能做到的地方，同时又勉励他还没有做到的地方。"又说："如果不先切削骨角，便不能打磨；如果不先雕琢玉石，便不能研磨。因此学习者不该安于小成而不去追求达到道的极致；另一方面，也不应该一味好高骛远,而不知道自身切实的弊病。"[1]

1.16 子曰:"不患人之不己知,患不知人也。"

【译解】

君子的学习,目的是努力完善自己的人格。别人知不知道,对自己来说都无所损益。因此就算别人不了解你,也不用为此烦恼。但是如果你不了解别人,反而应该感到不安。因为不了解别人,就不能择善弃恶、从正远邪了。

【注释】

◎患:忧虑,担心。　◎人:泛指他人。　◎知人:了解别人的善恶邪正。

【解说】

本章向人们指明应该为了追求自身的修养而学习。

虽然世间有费心于沽名钓誉之徒,但这是君子为己之学所不取的。

---

[1] 可能引自《论语集注》卷一:"子贡货殖,盖先贫后富,而尝用力于自守者,故以此为问。而夫子答之如此,盖许其所已能,而勉其所未至也。"又曰:"然不切则磋无所施,不琢则磨无所措。故学者虽不可安于小成,而不求造道之极致;亦不可骛于虚远,而不察切己之实病也。"

为政第二

先是为学,而后方可为政化民,所以紧接着《学而》篇便有了《为政》篇。本篇凡二十四章。

2.1 子曰:"为政以德,譬如北辰居其所,而众星共之。"

【译解】

人君修德,并加以推行,若在行政中也能贯彻的话,自然天下归心。打个比方,这就像北极星虽然一直在自己所在的位置静止不动,但是满天的星辰都以北极星为中心,在其周围旋绕运行。

【注释】

◎政:纠正人们不端正的地方。 ◎德:践行道时而体会到的东西。 ◎北辰:北极星。北天极是天体运行的中轴。 ◎居其所:静止不动。 ◎共:归向。

【解说】

本章谈论了德治主义的效果。

在上者首先要正己,而后才能率下,这就是儒家的主张。

2.2 子曰:"诗三百,一言以蔽之,曰:思无邪。"

【译解】

《诗经》有三百篇诗,歌咏了形形色色的事物,但是只用一句话就可以概括其主题,那就是"思想不邪恶"。

【注释】

◎诗三百:今天的《诗经》如果和孔子常说的"诗"指的是同一个概念,那么《诗》有三百一十一篇,其中有六篇有目无诗,有目有诗的共三百零五篇。此处的"三百"是约数。 ◎一言:一句。 ◎蔽:盖,总括之意。 ◎思无邪:本是《诗经·鲁颂·駉》中的诗句。"思"是心,"无邪"是正。"思无邪"意思是端正读《诗经》之人的心。

【解说】

本章是孔子对《诗经》的评论。

还有一种说法把"思无邪"解读为诗人之心。

2.3 子曰:"道之以政,齐之以刑,民免而无耻;道之以德,齐之以礼,有耻且格。"

【译解】

所谓政、刑、德、礼,都是治国之具,人君先把法律告知百姓,力图用法律来引导百姓,希望百姓弃恶从善;假设有不遵从的人,施以刑罚可以让其变得跟大家一样顺从。但倘若是这样的话，百姓仅仅知道避免遭受刑罚，却不会对做恶事有羞耻之心。人君如果率先提高自身的修养，端正自身的德行，然后用德来引导百姓，让他们弃恶行善；假设有不遵从的人，用守其中正的"礼"作为行为准则，约束做得过头的人，同时扶持帮助做得不到位的人，百姓就会受到德化，以恶为耻，而且会努力向善。

【注释】

◎道：引导。表率。　◎之：指代后面的"民"。　◎政：法律。　◎齐：使之整齐划一。使一致。听从命令统一行动。　◎免：避免。钻法律空子。　◎礼：无过无不及——没有做过头，也没有做得不到位，得其中正的行为准则。　◎且：还有，此外。　◎格：至。到达善。

【解说】

本章讨论了"政、刑"和"德、礼"的不同效果，揭示了德、礼为本，政、刑为末的道理。

结合第一章来看，由此可以窥见孔子政治方面的核心思想。

2.4　子曰："吾十有五而志于学，三十而立，四十而不惑，五十而知天命，六十而耳顺，七十而从心所欲，不逾矩。"

【译解】

老夫十五岁的时候，立志从事于完善人格的学习。此后修习不辍，到了三十岁，不再被内心的私欲所动摇，不再被外界的诱惑所侵扰，坚定自持，不为所动。又经过十年的修习，到了四十岁，明晓道理，无论遇到什么变故，都不会疑惑。随后又经过了十年的修行，到了五十岁，明白了天将至善赐予万物的原理。接着又经过十年的修行，到了六十岁，这时候听人家说话立刻就了解了其中的道理。再往后又过了十年，到了七十岁，这时即便是依据自己意愿而随意行动，但言行举止也不会违背礼仪、规则。

【注释】

◎十有五："有"即"又"之意。十五岁是古代入大学读书的年纪。　◎学：指的是《大学》中所云"明明德""亲民""止于至善"。即完善人格之学。　◎立：自己有所坚守，不为外物所动。　◎知天命：知道天之所命。懂得道理的本源。这是指晓得了父子人伦关系之所以密切的缘故之类的事。　◎耳顺：话一入耳，便立刻心通其理了。　◎矩：木匠使用的曲尺。此处代指成为行为准则的东西。

【解说】

本章讲述的是孔子在晚年回顾过去的经历，谈及了学问进步的经过。

孔子虽然有非比寻常的天分，但是就算到了七十岁的古稀之年，对于修养仍孜孜不辍，不断追求人格的提升。这学而不厌之处，正是孔子以身作则、垂范弟子之处，同时也是可以作为志道之人榜样的地方。

2.5 孟懿子问孝，子曰："无违。"

樊迟御，子告之曰："孟孙问孝于我。我对曰，'无违'。"

樊迟曰："何谓也？"子曰："生事之以礼，死葬之以礼，祭之以礼。"

【译解】

孟懿子询问向亲人尽孝之道，孔子回答说："不要做忤逆之事。"当时，孟懿子的家族在鲁国有僭越礼制的举动，因此孔子用不要违背礼法来劝诫他。

孔子正想着孟懿子会不会误解不要违背亲人之命的含义，恰好弟子樊迟正在驾车，孔子便把和孟懿子的对谈告诉了樊迟，孔子说："孟孙就如何尽孝道来求教老夫，老夫就回答他说不要做忤逆的事情。"

说完，樊迟便问道："您说的究竟是什么意思呢？"孔子回答说："亲人在世的时候，以礼侍奉他们；亲人去世的时候，以礼安葬他们，以礼祭祀他们。"

【注释】

◎御：驾驭车的人。古时候弟子经常为老师驾车。　◎祭：亲人死后，祭祀亲人。

【解说】

本章谈论了由于孟懿子向孔子询问如何为亲人尽孝,孔子虽然只是回答:"不要做忤逆之事。"但是,孟懿子却没有再追问下去。孔子有些不放心,想:"孟懿子会不会把我说的话理解错了呢?那就麻烦了。"[1] 弟子樊迟正为老师孔子驾车,于是孔子向他解释说明了"不要做忤逆之事"这句话的含义,希望通过樊迟让孟懿子知道自己讲话的本意。孟懿子担任鲁国大夫,名何忌,懿是其谥号。其家族为孟孙氏,与叔孙氏、季孙氏合称"三家",共同执掌鲁国政权。樊迟,名须,是孔子的弟子。

人子之情,为了亲人想做得怎样郑重都是常情,但是应与其身份适应,是有一定限度的。做得不够的当然是不孝,做过头的也是不孝。

2.6 孟武伯问孝,子曰:"父母唯其疾之忧。"

【译解】

孟武伯询问如何向父母亲尽孝。孔子说:"父母无论有什么事情,都一定会担忧自己的孩子,而在这担忧之中,最最忧

---

[1] 按,这里的意思,据《论语集注》卷一的解释是:"夫子以懿子未达而不能问,恐其失指,而以从亲之令为孝,故语樊迟以发之。"意思就是说,孔子回答孟懿子说"无违",本意是想告诉孟懿子,孝道就是对待亲人时不要违背礼法,而孔子怕孟懿子把这句话理解成孝道就是顺从亲人而已。

心且时时念叨的就是自己的孩子有没有生病。"

【解说】

本章谈论了针对孟武伯有关孝道的提问,孔子以父母忧子之心相告,意即为人子女应该尽力做到不让父母担忧。孟武伯是孟懿子的儿子,名彘。"武"乃其谥号。

为人子女,体会到父母的这种心情,一举一动,谨慎行事,毋使父母担忧,倘若能做到这些,就可谓是孝了。

大概是因为孟武伯是贵族子弟,很容易有为所欲为的倾向,所以孔子才用父母担忧孩子患病之事来告诫他。

2.7 子游问孝。子曰:"今之孝者,是谓能养。至于犬马,皆能有养。不敬何以别乎?"

【译解】

子游请教如何做到孝。孔子说:"当今之世,谈到孝,就认为能够很好地供养亲人便是孝。然而,所谓'供养'并不是最重要的。一般来说,在家中地位最低下的狗、马,人都能养活。假如能供养父母,却缺乏恭敬之心,那这种'养'和养活狗、马的'养'如何区别开来呢?践行孝道,绝对不能忘记心怀敬意!"

【注释】

◎养:指进奉饮食衣服,供养血肉之躯。　　◎敬:指竭尽诚意、恭敬有礼之类。

【解说】

本章谈论了在孝道中心怀恭敬是非常重要的事情。

子游,姓言,名偃,是孔子的弟子。

狎恩恃爱,而不知其渐流于不敬,这是世间常有的事。孔子怕子游也会染上这种恶习,故而说了这番话来提醒他。

2.8 子夏问孝。子曰:"色难。有事,弟子服其劳;有酒食,先生馔。曾[1]是以为孝乎?"

【译解】

子夏请教孝道。孔子说:"侍奉亲人的同时,还要很自然地流露出和颜悦色的表情,这是很难的事情。父兄有活要干,年轻的后辈代替他们去服劳役;有酒食时,向父兄进奉酒食,让他们有吃有喝——世上的人都认为这些就是孝了,可是只做到这些怎么能称作是孝呢?"

【注释】

◎色:很开心的表情。　◎先生:比自己先出生的人,即父亲、兄长。　◎馔:饮食之事。　◎曾:用于反问。

【解说】

本章谈论了侍奉亲人的时候,应该将和乐的表情自然地展

---

1 曾:音 zēng。

现在脸上。"色难"二字意味非凡,后面又从反面对此予以了说明。

以上四章,四个人问了同样关于"孝"的问题,然而孔子的回答却因人而异,这大约是因为四人才能有高下,缺点有差异,因而分别给予了四个人不同的答案。

2.9 子曰:"吾与回言终日,不违如愚。退而省其私,亦足以发。回也不愚。"

【译解】

虽然老夫和颜回从早到晚一直在谈论学问上的话题,但他对于老夫所言,没有因意见不同而进行过反问,似乎是个什么都不懂的愚人。颜回退下之后,我观察了他私下的生活,发现他能一丝不差地在行动上发扬老夫讲的道理。颜回并非愚人啊。

【注释】

◎言:讨论学问上的话题。 ◎终日:从早到晚,很长时间。 ◎无违:没有不同意见,也不进行反问。 ◎愚:无知,什么都不懂。 ◎退:颜回从孔子面前退下。 ◎省:省察。 ◎其私:指颜回日常独居之时,或是接待朋友之时。不在孔子面前的时候。 ◎发:发明、阐发之意,就行为上而言。

【解说】

本章是孔子在称赞颜回。

回,姓颜,名回,字子渊,是孔子众多弟子中最为优秀的一位,可惜在孔子还在世的时候,他就于三十二岁时英年早逝。孔子赞扬颜回的谈话在《论语》中多次出现。

据说这章讲述的是颜回刚入孔子门下之时发生的事情。

2.10 子曰:"视其所以,观其所由,察其所安,人焉廋[1]哉?人焉廋哉?"

【译解】

要了解一个人的善恶,首先要调查那个人的行为。如果那个人的举止是善的,那么就要注意调查其行为的动机。如果其动机也是善的,那么再好好调查一下那个人是否以行善为乐。假如这个人能够以行善为乐的话,那他就是真正的善人了。通过这三种手段来观察人,人绝对不可能隐藏其善恶而不被人知道。

【注释】

◎其:被观察的人。　◎以:为。　◎视:寻常地看。　◎所由:动机。　◎观:比"视"看得更仔细。　◎安:享受。　◎察:更进一步详细地看。　◎廋:隐藏。

---

1 廋:音 sōu。

【解说】

本章讲述了观人之法。

前文提到过"患不知人也"。了解人的善恶,对于自我修养而言也是很重要的事情。

2.11 子曰:"温故而知新,可以为师矣。"

【译解】

掌握、熟悉过去所学的,有了新的体悟的话,那么学到的东西会变成自己的东西,以后就能够应对各种各样的事情,因此也就有资格做别人的老师了。

【注释】

◎温:"学而时习之"的意思。　◎故:原先学习过的东西。

【解说】

本章说明了为师之道。

单单只是记住了听到的东西,所知有限,就算成为老师也无法应付学生的求教。

2.12 子曰:"君子不器。"

【译解】

人格完善的人,不能像器物一样,仅仅是有某一方面的用途，却不能在其他方面发挥作用。

【注释】

◎君子：人格完善的人。　◎器：器具。器具一般只有一种用途。例如，不可能让船代替车在陆地上奔驰，同样，车也不能代替船在水中航行。

【解说】

本章讲述了君子不可以专守一才一艺之长的道理。

君子需广泛地探究事理，才能够应对任何事情。

2.13　子贡问君子。子曰："先行其言，而后从之。"

【译解】

子贡来问君子的具体含义。孔子说道："君子在未动嘴之前先行动，行动之后再说出来。"

【注释】

◎君子：人格完善的人。

【解说】

本章讲述了行在言先的道理。

子贡是颇具辩才之人，因此容易陷入行不及言的弊病中。孔子的这番话正是为救此弊病而开出的良药。即使是世间最能言善辩之人，如果在实践中没有奉行这句箴言，那就应该每天多读读这句话。

2.14 子曰:"君子周而不比,小人比而不周。"

【译解】

君子博爱众人,不会单单只是亲近自己中意的人。小人只会狎昵自己看得上眼的人,而不会去博爱众人。

【注释】

◎君子:人格完善的人。 ◎小人:与君子的概念相对而立,指人格不完善的人。 ◎周:普遍的,指广泛地热爱众人。 ◎比:顺着私情与人亲近。

【解说】

本章谈论了君子和小人的差别。

所谓君子和小人是根据用心于公还是于私来区分的。

2.15 子曰:"学而不思则罔,思而不学则殆。"

【译解】

如果仅仅只是学习,不思索事理,那么心中会有迷惑,什么也领悟不到。如果仅仅思索了事理,却不去学习,则不过是空想,难免会危而不安。

【注释】

◎学:广泛地学习前人的经验等。 ◎思:用自己的心去考虑,以探求事理。 ◎罔:智虑不足。 ◎殆:不安之事。

【解说】

本章讲述了学习和思考二者不可偏废的道理。

2.16 子曰:"攻乎异端,斯害也已。"

【译解】

学习者专门去研究与圣人之道不同的其他派别的思想,这对于完善自己的人格是有害的。

【注释】

◎攻:专门学习。 ◎异端:指非圣人之道的思想。

【解说】

本章提醒人们注意在修习正道时,切不可将心思用到旁门左道上去。

如果决心向着既定的目标前行,那么再把精力用到与目标不一致的地方,其危害性自不待言。

2.17 子曰:"由,诲女知之乎。知之为知之,不知为不知,是知也。"

【译解】

由,我教教你"明白"的含义。懂了的东西就是明白,不懂的东西就是不明白。这就是真正的"明白"。

【注释】

◎由：这是在称呼子路的名。　◎诲：教导。　◎女：同"汝"。　◎之：代指事物。

【解说】

本章教授给子路什么是真正的"知"。

由，姓仲，字子路，又字季路。孔子的弟子，以好勇著称。

因为子路是好勇之人，有强不知以为知的毛病。对心里面知道的和不知道的东西如果都能做到明明白白的话，就算不能全然知晓天下的事物，也不会有自欺之弊，这时即使说自己"知道了"也无妨。况且由此而寻求探究自己不知道的东西，又有"知之"之道了。

2.18　子张学干禄。子曰："多闻阙疑，慎言其余，则寡尤。多见阙殆，慎行其余，则寡悔。言寡尤，行寡悔，禄在其中矣。"

【译解】

子张虽然还在为学当中，却有走上仕途、求取俸禄的打算。学问是以完善人格为目的，追求俸禄乃是舍本逐末。于是孔子教导他说："君子之学，应先务于'言''行'二事。耳闻和目见是言行的来源。多闻善言，先去除掉有疑问的部分，然后谨慎地谈论剩下来的没有疑问的部分，自己就不大会遭到他人非难。多见善行，先去除掉令人不安的部分，然后谨慎地实行剩下来的不会令人不安的部分,令自己后悔的事情也就很少。言辞被人非难的情况不多,做起事来令自己后悔的很少,那么必然能够得到人们的信任,为人所用,那时就算你不去主动求取,也自然而然地能得到俸禄了。"

【注释】

◎干:求取。 ◎禄:官吏的俸给。 ◎疑:尚不可相信之处。 ◎殆:仍不能安心之处。 ◎在其中:即使不去求取也能自然而然地得到。

【解说】

本章讲述了孔子因人施教,纠正子张不务本而务末的缺点。

"子张学干禄"这句是记录者写的旁白。

子张,姓颛[1]孙,名师。子张乃其字。

站在以知识本位用人的世道来看,以人格本位用人的时代更具吸引力。

2.19 哀公问曰:"何为则民服?"孔子对曰:"举直错诸枉,则民服;举枉错诸直,则民不服。"

【译解】

鲁哀公问道:"怎么样做,人民才会服从呢?"孔子回禀

---

[1] 颛:音 zhuān。

说："任用思想、行为都遵从正义的人，不任用思想、行为都违背正义的人，人民就会服从您了。反之，如果任用思想、行为都违背正义的人，而不任用思想、行为都遵从正义的人，那么人民就不会服从了。"

【注释】

◎直：心、行皆遵从正义之人。　◎举：任用。　◎诸：众多之意。　◎枉：不正直，心、行皆不正之人。　◎错：舍弃不用。

【解说】

本章说明了让人民顺服之道在于以任用遵从正义之人为本。

鲁哀公是鲁国国君，名蒋。《论语》中，回答君主的提问时必书"孔子对曰"，而不会写"子曰"，这是为了表达对国君的敬意。

从鲁哀公的提问可见他很重视谋求让人民服从统治，但是孔子的回答却劝告他，君主应该考虑人民的希望是什么，并按照人民希望的那样去做。就像遵从正义的人，人民希望他得到任用，所以这种人被任用的话，人民就会服从统治；违背正义的人，人民希望他遭到舍弃不被任用，所以假如不正直的人得到任用的话，人民就不会服从统治了。

2.20　季康子问："使民敬忠以劝，如之何？"子曰："临之以庄则敬，孝慈则忠。举善而教不能则劝。"

【译解】

季康子问道："要想让人民尊敬在上者，对在上者尽忠，并自愿做善事，应该怎么办呢？"孔子说："在上之人以端正庄严的仪容面对人民，那么人民就会尊敬在上者。在上之人对待自己的亲人能够尽孝，对待众人能够施以慈爱，那么人民就会尽忠于在上者。任用百姓中为善之人，同时教导不能为善者从善，那么人民就会自愿地向善而行了。"

【注释】

◎敬忠以劝：勤勉于善事而不懈怠之意。　◎如之何："如"与"何"之间加上"之"是习惯性用法。　◎临之：居于上位者面对居于下位者。"之"指百姓。　◎庄：容貌端正，有威严，这里指的不仅仅是外表。

【解说】

本章谈论了治理百姓时，在上者应该首先端正自己。

季康子是鲁国的大夫。又称季孙子，名肥。

季康子不考虑对自己有所要求，一味想让人民做到"敬忠以劝"。于是孔子劝诫他，要想人民敬忠以劝，在上者首先要为民表率，先做到勤勉于善事而不懈怠。孔子将以身作则作为问题的着眼点，并时常用这类话语表达出来。

2.21　或谓孔子曰："子奚不为政？"子曰："《书》云孝乎？'惟孝友于兄弟，施于有政。'是亦为政。奚其为为政？"

【译解】

有人跟孔子说："您为什么不做官从政呢？"孔子说："《书经》里关于孝道不是有如下的一段话吗：'向亲人尽孝，与兄弟手足和睦相处，然后将此心善加利用，推广到一家之政中去。'是不是有这句话？《书经》中的这句话谈的是正己、正家，还有为政的事。为什么只是把当官认为是从事政治呢？我就算不当官也能从事政治的！"

【注释】

◎谓孔子曰："谓……曰"是古汉语中常有的句式。可以记住"谓""曰"的用法。　◎《书》：后世称为《尚书》或《书经》等，古代则单称为《书》。这里引用的话出自《周书》的《君陈》篇[1]。　◎友：兄弟间和睦相处。　◎有政：政就是正，端正自己、端正一家的意思。　◎施：推广实行之意。

【解说】

鲁定公初年，孔子还没有出仕，因此有人对孔子为何没有从政产生疑问。鲁定公是鲁哀公前面的一位鲁国国君。孔子

---

[1] 按，孔子引用的《尚书》中的这句话，见于今本《尚书·周书·君陈》篇。今本《君陈》篇是后人伪造的篇章，而孔子引用的这句话实际上是《尚书》失传篇章中的一句。后人伪造《君陈》篇时把这句话加了进来。

未出仕虽然还有其他原因,但是为了对该人的提问不做正面回应,孔子用正家也是从政来回答。

据前人所言,孔子在鲁国没有出仕有三个原因:第一是他在等待能够了解他的人任用他;第二是鲁国权臣季氏放逐了鲁昭公,改立鲁昭公之弟鲁定公为国君;第三是季氏家臣阳货作乱。

以孝友之道正一家之政,若家家皆能侍奉亲人、侍奉长者,则天下归于太平。这实际上也就是为政之道了。

2.22 子曰:"人而无信,不知其可也。大车无輗[1],小车无軏[2],其何以行之哉?"

【译解】

如果人说了谎话,没有兑现承诺,那么他缺乏信义这种品德,虽然有人认为他是不错的人,但是我真的搞不懂他好在哪里。人只有具备了信义这一品德,才有资格开始去做各种各样的事。信义就好比是大车上的輗,小车上的軏。缺了輗、軏,大车、小车都运行不起来,同样的,人而无信的话,任何事都不可能办好了。

---

1 輗:音 ní。

2 軏:音 yuè。

【注释】

◎信：心与言一致，言与行一致。　◎其：指没有信义。　◎大车：运载重物的牛车，有两根辕。　◎輗：在辕前端的横木上，作用是衔接住軛以便套在牛身上。　◎小车：人乘坐的马车。由一根呈弧线形的辕衔接。　◎軏：辕前端弯曲的弧状物件，作用是衔接衡以便套在马身上。

【解说】

本章讲述了信义乃万事之本的道理。

輗、軏都是把车与牛马连接起来的东西。信义则是把自己与他人联系起来的东西。如果没有輗、軏，车就与牛马分离了，自然也就无法运转。没有了信义，自己与他人就隔离了，在世上想做任何事都将寸步难行。

2.23　子张问："十世可知也？"子曰："殷因于夏礼，所损益可知也。周因于殷礼，所损益可知也。其或继周者，虽百世可知也。"

【译解】

子张问道："能知道从现在开始往后十代的事情吗？"孔子说："想知道今后的事情，就必须去观察此前的情况。夏商周三代相继，殷商因袭了夏代的礼制，其中减少和增加了什么是可以知道的。周代因袭了殷商的礼制，其中减少和增加了什么也是可以知道的。所以说,即便日后有继承周代而称王的人出现,不止是十代的事,就算百代以后的事也是可以推知的。"

【注释】

◎世:同"代"。一个王朝统治的时期为"一世"。 ◎礼:指三纲(君为臣纲、父为子纲、夫为妻纲)五常(仁、义、礼、智、信)。 ◎因:因袭。 ◎损益:增减的意思。删减多余的,增加不足的,大体上以前代礼制为依据,因应时势的变化,增减细枝末节的地方。例如,夏代崇尚"忠",殷商崇尚"质",周代崇尚"文";再如夏、商、周将正月定在不同的月份等[1],诸如此类的事情。

【解说】

本章谈论了礼制的因袭、增减都是可以预先推知的事情。

虽然子张思索能否用某种特殊的方法预知未来,孔子却告诉他只需根据过去的经验便可推测未来的事情。就像在《论语·先进》篇中孔子评价子张时说到的"师(子张之名)也过",子张是个喜欢研究刁钻古怪之事的人,所以才会提出"十世可知也"这样的问题。孔子的回答应该是考虑到子张的性格才给出了那样的答案。但是从另一个方面也可窥知孔子的教导是有理性和逻辑性的,他所说的预知未来的方法与后世通

---

[1] 按,据说夏、商、周将一年岁首的"正月"分别定在农历的一月、十二月、十一月。

过巫蛊奇术、八卦占卜得到预言的方法是不同的。

2.24 子曰："非其鬼而祭之，谄也。见义不为，无勇也。"

【译解】

不是自己应该祭祀的鬼神，却也要对之进行祭祀，这是对鬼神的谄媚。鬼神不会接受违背礼制的祭祀，因此无论怎么献媚，妄图借此就能获得幸福是绝不可能的。这种事情是不应该做的。而从道理上考虑理所应当做的事，却不主动去做，是缘于没有勇气。从道理上考虑理所应当做的事，必须积极进取以图实现。

【注释】

◎其鬼："其"是指祭神的人。"鬼"是指死后被当作神灵来祭祀的人。如子孙祭祀祖先即是祭"其鬼"。

【解说】

本章谈论了两件事。一件讲的是不该做的事却做了，另一件讲的是该做的事却没做。

人需要把气力用在做人道上理所应当做的事，而在鬼神之类人力所不能预测的东西上，万不可执迷不悟。

八佾第三

本篇凡二十六章。大部分是在论述礼乐之事。

3.1 孔子谓季氏:"八佾[1]舞于庭,是可忍也,孰不可忍也?"

【译解】

鲁国大夫季孙氏在自己家庙的庭院中观赏排成八列的乐舞。八列的乐舞是天子才可以拥有的规制,季孙氏只不过是诸侯的大夫,却使用了天子的舞乐规制,因此孔子指责道:"要是对如此僭越的行为都能不在乎的话,那么还有什么事情是不能容忍的呢?"

【注释】

◎八佾:佾是舞蹈队伍的列。天子为八佾,诸侯为六佾,大夫为四佾,士为二佾。一列的人数与列数相同,八佾就有六十四人参加舞蹈。然而,也有一种说法认为无论是诸侯,还

---

[1] 佾:音 yì。

是大夫，抑或是士，其一列的人数皆为八人。　◎庭：庙的庭院。　◎是：指在庭院中用八佾的舞乐。　◎忍：对于不好的东西也并不认为坏，无动于衷。　◎孰：此处暗指大逆不道的事情。

【解说】

本章中孔子评论了鲁国大夫季氏的僭越行径，欲图辨正名分。

有僭越行为并且对此还毫不在乎的人，是连弑君弑父的事情也可能干得出来的人。

3.2　三家者以《雍》彻。子曰："'相维辟公，天子穆穆'，奚取于三家之堂？"

【译解】

鲁之三家——孟孙氏、叔孙氏、季孙氏把持了当时鲁国的政权。他们祭祀完自己的祖先，在撤下供品的时候，奏唱起《雍》这首诗歌。《雍》本是周天子祭祀其先祖之庙后，撤下祭品时颂唱的诗歌。孔子对这三家的所作所为颇为不满，说道："《雍》中有这样的诗句：'辅助祭祀的是诸侯，天子则以庄严静穆的仪态主持祭祀。'为什么这首诗歌现在却能在既没有天子也没有诸侯的那三家的庙堂之上唱起来呢？这完全没什么意义吧？"

【注释】

◎三家：指孟孙氏、叔孙氏、季孙氏三家。三家都是鲁国的大夫，在鲁国专权，也都是有权势的家族。 ◎《雍》：诗篇的名称，见于《诗经·周颂》。 ◎彻：祭祀结束后撤去祭品。 ◎相维辟公："辟公"即诸侯。诸侯协助天子进行祭祀活动。 ◎天子穆穆：主祭的天子仪态穆穆（深远）。 ◎取：取用之意。 ◎堂：家庙的厅室。

【解说】

本章谈论的还是孔子指责鲁国三家的僭越行为，欲图借以正名分。

鲁国是对建立周朝有很大功劳的周公之子伯禽的封国。周成王感念周公的功勋，故而允许鲁国在祭祀周公时使用天子的礼乐。程子认为："周公旦的功劳虽然很大，但是这是臣子理所应当做的事情，并不是鲁国能够使用天子礼乐祭祀周公旦的理由！周成王赐予鲁国以天子礼乐不对，伯禽接受赐予也不对。事已至此，长期下去便因循沿袭，终有一天，作为臣仆的季子开始演奏八佾的舞乐，鲁国三家开始歌唱《雍》诗献祭供物。因此，孔子对此进行了指责。"[1]

---

[1] 这是程颢说的话。可能引自《论语集注》卷二："周公之功固大矣，皆臣子之分所当为，鲁安得独用天子礼乐哉！成王之赐，伯禽之受，皆非也。其因袭之弊，遂使季氏僭八佾，三家僭《雍》彻，故仲尼讥之。"又见于《河南程氏遗书》卷四。

3.3 子曰:"人而不仁,如礼何?人而不仁,如乐何?"

【译解】

仁是心中之德,乃礼乐之根本。人如果不仁,心中无德,就会缺乏敬意,也就丧失了礼之根本,无论言辞、仪制如何出色,礼都没什么用了。人如果不仁,心中无德,就会缺乏"和",也就丧失了乐之根本,无论声音、外表如何华丽,乐都没什么用了。

【注释】

◎仁:心中之德。

【解说】

本章讲到了礼乐之本存在于人的内心。

古代,礼乐在治理国家时是必要的工具,但若无心中之德,礼乐便不会收到任何效果。

3.4 林放问礼之本。子曰:"大哉问。礼与其奢也宁俭,丧与其易也宁戚。"

【译解】

林放就礼的本原前来求教。孔子很欣赏林放没有追随世俗去舍本逐末,于是说道:"你提的可是个很大的问题。礼,过犹不及,质与文之间,取其中庸是最好的,万物都是从质实简朴发展而来,然后演变出了繁文缛节,质实才是礼的本原。虽然礼形式多样、内涵丰富,但都不应文饰有余、奢侈铺张,相较而言,朴素俭约些更好。丧——是凶礼,丧礼中与其文饰有余、哀恸不足,不如以质胜文,多表现出些哀恸更好。"

【注释】

◎大哉:如果能够懂得礼的本原,则礼之全貌皆在其中了,因此说是"大哉"。 ◎与:"与"跟"其"常常连用,而且跟"宁"字相呼应。 ◎宁:用于表达与那个相比选取这个的意思。 ◎俭:俭约之意。 ◎易:处理。让仪式、仪制好看。 ◎戚:悲伤、哀恸之情。

【解说】

本章阐释了礼之本,希望借以唤醒当时的舍本逐末之徒。

林放,字子丘,鲁人。他发现当时的人们都把心思放在礼的末节也即繁复的礼仪仪式上,而他认为礼的本原不应在此,于是向孔子提出了自己的疑问。

无论是吉礼还是凶礼,尽可能弄得盛大些,借此向别人炫耀自己的权势、财力,抱有这种想法的人是经常有的,可见忘记什么是礼之本原的人自古以来就不罕见。

3.5 子曰:"夷狄之有君,不如诸夏之亡也。"

【译解】

文化程度不高的夷狄尚且有君主,从而确定了君臣之间的名分。我们生活在中原的人却忘记了有君主的存在，扰乱了上下的名分，这是不对的。中国本来可以以君臣上下、大义名分清楚明确而自豪，如今却连夷狄都比不上，真是令人扼腕叹息。

【注释】

◎夷狄：中原人贬称文化低下的国家为夷狄。东方曰夷，北方曰狄。　◎诸夏："诸"是众的意思，"夏"是大的意思。人民众多、土地广大，故称为"诸夏"。　◎亡：无。

【解说】

本章中孔子表达了对当时大义名分衰乱的情势的感慨。

本章也训读为："夷狄之有君不如诸夏之无君。"[1] 这种训读可解读为："中国礼义昌盛，夷狄则无礼义，因此夷狄就算有君主也比不上中国没有君主。"

3.6　季氏旅于泰山。

子谓冉有曰："女弗能救与？"对曰："不能。"

子曰："呜呼！曾谓泰山不如林放乎？"

【译解】

诸侯可在领地内祭祀山川，鲁国大夫季氏虽不是诸侯，却计划在鲁国境内的泰山举行祭祀。

1　按，这种训读日文原文为"夷狄の君有るは諸夏の亡きに如かず"，而宇野哲人采用的训读是："夷狄もこれ君有り。諸夏の亡きが如くならざるなり。"

孔子对弟子冉有说:"你难道不能去阻止你家主人季氏将要犯下的僭越之罪吗?"冉有回禀道:"我主人季氏深信祭祀泰山能求福,我就算劝谏也无法阻止。因此我也难以挽救季氏陷入僭越之罪。"

孔子听到冉有的回答,叹息道:"啊!要是这样的话,看来泰山之神连林放都不如了。林放虽是凡人,尚且知道繁文缛节做得过头就偏离了礼。泰山是神,为什么要去接受违背礼制的祭祀呀?"

【注释】

◎旅:祭祀山陵称为"旅"。陈列物品祭祀,不是普通的祭祀。 ◎女:同汝。 ◎曾:乃的意思。

【解说】

本章讲述了孔子对季氏的僭越行为发出了感叹,表达了希望挽救他的想法。

冉有是孔子的弟子,名求。当时担任季氏的家宰(即家臣)。

汤霍林[1]曰:"歌《雍》彻、舞八佾,尚在一家之内,泰山之祭本诸侯为之,季氏打算公然地在国内举行,这是甚无远虑

---

[1] 按,汤霍林即汤宾尹,生卒年不详,字嘉宾,号霍林,又号睡庵。安徽宣州人。万历二十三年(1595年)榜眼及第,曾任翰林院编修,善诗文。著有《睡庵文集》《宣城右集》《一左集》等。

之举。讨伐鲁国的属国颛臾[1]也跟这一样。"[2]

3.7 子曰:"君子无所争,必也射乎!揖让而升,下而饮,其争也君子。"

【译解】

被称为君子的人是人格高尚的人,是不会与人相争的。如果有与人相争的情况,那必是在举行射礼的时候了。举行射礼时,两名射手为一组并排而进,三度行礼后登堂,箭射完后再次行礼而后下堂,在外面的各组都在等着他们下堂。胜者向败者行礼后登堂,取罚酒请败者喝下去。自始至终,都完全符合礼的要求,没有一点欠妥之处,那种态度通常是宽宏大量,毫不骄傲自满。那种相争无论怎么看都是君子之争。

【注释】

◎君子:人格高尚的人。 ◎射:古代有所谓大射、乡射、宾射等射礼。 ◎揖让:揖是双手在胸前抱在一起,是一种轻度的礼节。让则是谦让。 ◎升:登上堂。 ◎下:走下堂。 ◎饮:没有射中靶的人被罚饮酒。

【解说】

本章谈论了射礼,显示了君子的礼仪是雍容、正统的。

---

[1] 按,季氏讨伐颛臾一事,参见《论语·季氏第十六》(16.1)。
[2] 按,此段引文出处待考。

即使在竞技的场合，也希望进行的是君子之争。

3.8　子夏问曰："'巧笑倩兮，美目盼兮，素以为绚兮。'何谓也？"子曰："绘事后素。"

曰："礼后乎？"子曰："起予者商也！始可与言诗已矣。"

【译解】

子夏问道："诗中说：'巧笑倩兮，美目盼兮，素以为绚兮。'这是什么意思呢？"这几句诗字面的意思是说，佳人笑靥如花，可爱至极；美目流转，明眸善睐；如此天生丽质，再略施粉黛，这就如同是在绘画中用贝白色颜料做底子，然后再在底子上施以彩绘。子夏对于"素"是否就是贝白色的颜料做的底子一事进行了发问。孔子告诉他说："所谓绘画，就是先用贝白色颜料做底，然后再在上面涂上彩色颜料。"

子夏又问道："所谓礼仪、礼法，是不是首先应以忠信之心做底，之后方才可以以礼行事呢？"子夏听了孔子关于诗句的解释，马上就领悟到了孔子还没说到的东西，所以孔子称赞他说："能够引申老夫心中所思的人正是商（子夏之名）。能像这样解释诗，我可以开始和你谈谈诗的意义了。"

【注释】

◎巧笑：笑起来的样子很美。　◎倩：嘴角很漂亮。　◎盼：眼珠子黑白分明。　◎素：用贝白色的颜料涂抹底子。　◎绚：

彩色，色调。　◎礼：显露于外的礼仪、礼法。　◎诗：指当时被传诵的诗，虽然这些诗大多见于今天传世的《诗经》，但这里不是指《诗经》。

【解说】

本章中说明了诗。前半段孔子解释了子夏有关诗的疑惑，后半段则是孔子称赞子夏对诗的领悟。

读书之人必须要善于领悟和阐发字句本身以外的新含义。仅仅只是玩味字句本身的含义是不够的。

3.9　子曰："夏礼，吾能言之，杞不足征也；殷礼，吾能言之，宋不足征也。文献不足故也，足则吾能征之矣。"

【译解】

夏朝的礼制，老夫虽能谈谈，但是夏人子孙建立的杞国保留的材料不够充足，已经不能用来很好地证明老夫所言之事了。殷商的礼制老夫也能谈谈，但是殷人子孙建立的宋国保留的材料不够充足，已经不能用来很好地证明老夫所言之事了。都是因为有关礼的记录啊，知晓礼的贤人啊不够。倘若保留的材料充分的话，便能从中找到证据证明老夫所言。真是太可惜了！

【注释】

　　◎夏：大禹建立的王朝。　◎礼：制度、规则等。　◎杞：夏朝灭亡之后夏朝的遗民建立的国家。　◎征：证明。　◎殷：商汤建立的王朝。　◎宋：殷商灭亡后，殷人的子孙建立的国家。　◎文：记录。　◎献：贤人。

【解说】

本章中，孔子对于缺乏可资证明夏、殷二代礼制的证据发出了喟叹。

尽管孔子希望讲述夏殷之礼，以启后世，然而由于既缺乏文字记录，又缺少故老耆旧，也就不能流传后世，无法留下让人信服的东西，这是多么令人遗憾的事情啊！

3.10　子曰："禘[1]自既灌而往者，吾不欲观之矣。"

【译解】

孔子在鲁国观看了进行禘的祭祀之后说："禘祭开始后先将酒灌于地上，以招引神灵降临，到此时尚能看到参加祭祀者诚意十足，但是接下来，参加者逐渐懈怠，老夫也就不愿再看下去了。"

【注释】

◎禘：参看本章"解说"。　◎灌：祭祀开始时把郁鬯[2]酒（在黑黍酒中加入名为郁金草的汁液，做成香气浓郁的酒）灌于地上，以招引神灵降临。　◎而往：同以后之意。

1　禘：音 dì
2　鬯：音 chàng。

【解说】

本章中孔子感伤于鲁国失去了祭祀时应有的诚意。

禘祭是天子的大祭之礼。天子在祖庙中对繁育出自己始祖的天帝举行祭祀活动,而且将天帝和自己的始祖放在一起祭祀。[1] 因为周公旦对周王室有过很大的功劳,因此周成王将天子的礼乐赐予鲁国,允许鲁国在鲁国始祖周公旦的庙中举行禘的祭祀,把周文王作为繁育出鲁国始祖的天帝,而将周公旦作为天帝的配祀。[2]

在鲁国继续举行禘祭,其实已经超越了礼制,而举行禘祭的鲁国君臣们参与时如果再不心怀诚意,那就是在违背礼制的事情之上又做了违背礼制的举动,因此孔子不忍再看下去也就在情理之中了。

---

[1] 按,《论语稽求篇》等论著认为"禘祭"有三种:一是"大禘",这也是《论语》中"禘自既灌而往者"的"禘祭",古人认为他们的始祖都是天帝所生,所以要对天帝进行祭祀。《礼记·大传》曰:"礼,不王不禘,王者禘其祖之所自出,以其祖配之。"二是"吉禘",也就是"祫(xiá)祭",即合祭所有的祖先。三是"时禘",也就是"时祭"。其中"祫祭"和"时祭"只祭祀到始祖为止,只有"禘祭"不仅祭祀祖先还要祭祀天帝。

[2] 按,《礼记·丧服小记》云:"礼,不王不禘,王者禘其祖之所自出,以其祖配之,而立四庙。"《论语集注》卷二云:"赵伯循曰:'禘,王者之大祭也。王者既立始祖之庙,又推始祖所自出之帝,祀之于始祖之庙,而以始祖配之也。成王以周公有大勋劳,赐鲁重祭。故得禘于周公之庙,以文王为所出之帝,而周公配之,然非礼矣。'"也就是说朱子赞同赵伯循对"禘"的解释,认为这种祭祀是在始祖庙中同时祭祀始祖和始祖"所自出之帝",而且始祖是作为"帝"的配祀。

3.11 或问禘之说。子曰:"不知也,知其说者之于天下也,其如示诸斯乎。"指其掌。

【译解】

有人讨教禘祭的意义。禘祭是古代的先王用来追念自身由来的祭祀,并以此报达祖先之恩,表达思慕往昔之心,所以如果不是仁孝诚敬之至者,不能知其深意,而鲁国无天子而行禘祭,表现出来的就是一种违背礼制的举动,所以孔子避免谈论这些,于是一边指着自己的手掌一边说:"老夫不知道。如果有知道禘祭意义的人,等到他君临天下的话,就如同看这个手掌一样简单,很容易就能够治理好天下吧。"

【注释】

◎禘之说:举行禘祭的理由。　　◎斯:"斯"指的是手掌。

【解说】

本章中孔子讲述了禘的意义深刻之处。

孔子虽然并不是不知道禘祭的意义,但是他一方面是避开不谈自己国家的非分之举,另外一方面就算是说也拒绝跟不明白的人说,用"不知也"来回答,而"不知也"这句话在本章中有着很重要的意义。

3.12 祭如在，祭神如神在。子曰："吾不与祭，如不祭。"

【译解】

孔子在祭祀祖先时，就如同祖先在自己面前一般，尽其诚意；祭祀其他神灵的时候，就如同神灵在自己面前一般，尽其诚心。孔子平日里说："老夫应当亲自参与却因为不方便而不能参与的祭祀，如果找人代替的话，则显得心意不足，我宁愿不祭祀。"

【注释】

◎祭：举行祭祀祖先的活动。所谓"祖先"也包括父母在内。　◎祭神：祭祀山川社稷等神祇。

【解说】

本章记录了有关孔子以诚意进行祭祀的事情。前半章记录了孔子的行为，后半章则记录了孔子的谈话，更进一步阐明了这一点。

诚心诚意地祭祀是祭祀的根本所在，而仪式则是祭祀的枝节。

3.13 王孙贾问曰："与其媚于奥，宁媚于灶，何谓也？"

子曰："不然。获罪于天，无所祷也。"

【译解】

王孙贾问："谚语说：'与其亲近顺从于奥，不如亲近顺从于灶。'这是什么意思呢？""奥"通常来说虽然地位尊贵，但并非是被祭祀的神主，"灶"虽地位低下，但却是夏祭的神主。在这里，把奥隐喻为国君，把灶隐喻为王孙贾自己，王孙贾这是在劝诱孔子：与其听从于国君，不如依附我王孙贾。

孔子回答他说："无论是亲近顺从于奥，还是亲近顺从于灶，都是违背义理的。这世上没有比上天更尊贵的了。天奉正道为准则。人如果做了不符合正道的事情，会受到来自上天的惩罚，无论如何祈祷，都不能免除罪责。奥也好，灶也罢，都不足依恃，所以没必要亲近顺从于他们。"

【注释】

◎媚：亲近顺从之意。　◎奥：堂的后面有室，室的西南隅谓之奥。进行"五祀"，即对户、灶、室中、门、行等祭祀之时，先设置好神主，然后在户、灶、门等地点祭祀相应的神主，接下来在奥迎接尸[1]，对尸再进行祭拜。因为是在奥举行祭祀，所以敬重奥这个场所，所以说奥虽是地位崇高的地方，但并非被祭祀的神主。此处将奥比喻为君主，君主就像奥一样地位尊贵，却不掌握实权。　◎灶：夏季祭祀灶。因为将神主放置在灶前祭祀，灶从而成为祭祀的神主。此处将灶比喻为臣子，臣子就如同灶一样，虽然地位低下，没有奥的地位高，却

---

[1] 尸：是古代祭祀时，代表死者接受祭祀的活人。

大权在握。

【解说】

本章是孔子劝诫有权势的大臣。

王孙贾是卫国的大夫,也是一位颇有权势的人物。当时孔子身在卫国,王孙贾认为孔子大概想在卫国谋得官职,因此引用谚语暗示孔子与其讨好国君,不如讨好权臣。

谢[1]良佐说:"圣人的话语丝毫不圆滑,显得谦逊,没有压迫人的地方。王孙贾如果能理解孔子说话的意思,便能悔改其不是而得好处;即便不能理解,也不会给孔子自身招致灾祸。"[2]

3.14 子曰:"周监于二代,郁郁乎文哉!吾从周。"

【译解】

周朝参考了夏、商二代的礼乐制度,对之进行了斟酌损益,据此制定了周朝的礼乐制度。周朝的礼制,其文与质都很协调,体现出了繁盛、美好的风貌。老夫想遵从周代的礼乐制度。

---

1 谢:原文为"射",有误,现据昭和四年版《论语新释》改为"谢"。
2 可能引自《论语集注》卷二"谢氏曰:圣人之言,逊而不迫。使王孙贾而知此意,不为无益;使其不知,亦非所以取祸。"又见于《论语精义》卷二上。

【注释】

◎二代：夏、商二代。　◎监：观察。　◎郁郁：文盛之貌。　◎文：礼乐制度的美感。在这里并不是说文胜于质，而是指在具备了质的基础上加以文饰，从而产生了美感。

【解说】

本章中孔子赞扬了周代礼乐制度之美。

3.15　子入大庙，每事问。或曰："孰谓鄹[1]人之子知礼乎？入大庙，每事问。"子闻之曰："是礼也。"

【译解】

孔子进入周公庙协助祭祀时，对于礼仪中的每件事都要向人提问。对此有人讥笑道："谁说鄹邑叔梁纥的儿子知道礼的？他到了太庙，每件事都要问人家，如此看来，他好像并不懂礼。"孔子听说这事之后说："像这样诚敬谨慎地向别人请教，那就是礼。"

【注释】

◎大庙：这里是指周公旦的庙。　◎鄹人之子：指孔子。鄹是鲁国的邑名。因为孔子的父亲叔梁纥在鄹邑当过大夫，所以这里用"鄹人之子"代指孔子。这是种傲慢的口吻。

1　鄹：音 zōu。地名，位于今山东省曲阜市，是孔子的出生地。

【解说】

本章明确地指出诚敬谨慎即礼之本。这里记载的很可能是孔子刚刚开始走上仕途,担任鲁国周公庙的助祭时的事情。孔子少时便以知礼而闻名,因此当某人看见孔子在礼方面每件事都要向人请教的时候,便讥讽他了。

受到如此无礼的攻击,孔子只是用一句"是礼也"来回应,从这里可以看到孔子充满谦逊、和气的人格魅力。

3.16 子曰:"'射不主皮',为力不同科,古之道也。"

【译解】

《仪礼》一书中的《乡射礼》写道:"'礼射'并不是以射穿用兽皮制成的箭靶为主要目的的。"因为每个人的力气大小不同。这是在过去我周朝昌盛且崇尚德,不崇尚蛮力的时代所信奉的道。而今天这种道的精神早已烟消云散了。

【注释】

◎射:遵从礼制进行射箭活动。把箭射出去,目的是观察射箭者的心中之德,因此这种活动是以箭射中箭靶为主,而不是以箭射穿箭靶为主的。　◎科:等级。　◎古:指周朝繁荣的时代。

【解说】

本章中孔子感叹周朝衰微,礼制崩坏。

春秋末期，各国欲图凭借武力扩张领土，因此就连"礼射"也开始演变为以凭借力气射穿兽皮制成的箭靶为目的。礼射中并不是不允许射穿兽皮做的箭靶，但是以射穿兽皮制成的箭靶为目的，则非"古之道"了。关于此篇虽有其他的解说，但这里按照朱子的集注来进行解释。

3.17　子贡欲去告朔之饩[1]羊。子曰："赐也！尔爱其羊，我爱其礼。"

【译解】

子贡看到，鲁国当时在祖庙中不怎么举行告朔之礼了，可是照样要在每月献祭一只羊，他觉得礼都荒废了，献祭羊也没什么用处，打算停止献祭羊。孔子说道："告朔之礼就算荒废了，只要献祭活羊的环节还被保留着，说不定什么时候还可以复兴告朔之礼呀。假如连进献羊的环节也被停止了的话，那么这一礼制就真的永远衰亡了。赐（子贡的名），你觉得可惜的是耗费了一只羊，而老夫觉得可惜的是那礼制的衰亡。"

【注释】

◎告朔：每月初一在祖庙告朔，诸侯将从天子那里接受的历书颁行其国内而举行礼仪，详细情况参见本章的"解

1　饩：音 xì。

说"。　◎饩羊：献祭的活羊。　◎爱：惜。　◎其：指告朔之事。

【解说】

本章中孔子痛惜礼的衰亡。古代，周天子每到十二月，就把来年十二个月的历书颁发给诸侯。诸侯接受历书之后，将其藏于祖庙，每月朔日即初一的那天，将一只羊作为供物告朔于庙，再取出那个月的历书，然后施行于其国内。鲁国自鲁文公以来，告朔后虽不再举行国君视政的环节，但仍在进献羊，子贡认为这没有实际用处，所以觉得最好把这个环节也停掉。孔子认为如果能保留住献祭羊的环节，那么就有可能复兴告朔之礼，所以他考虑还是不要停止献祭羊的环节比较好。

对于有名无实的东西，有时不要废除反而好。

3.18　子曰："**事君尽礼，人以为谄也。**"

【译解】

看到老夫侍奉君主时理所应当地尽其礼数，旁人却说这是在向君主献媚。

【注释】

　◎尽：不少也不多，做事做得恰到好处。　◎谄：超越礼的限度，以求得宠爱。

【解说】

本章谈论了侍奉君主本应依礼行事,但当时的风气却已衰败,孔子对此发出了感叹。

世道衰落,人情淡薄,本来理所当然之事也变得不那么理所当然了。

3.19 定公问:"君使臣,臣事君,如之何?"孔子对曰:"君使臣以礼,臣事君以忠。"

【译解】

鲁定公问道:"国君使唤臣子,臣子侍奉国君,对此可按照什么方法来做呢?"孔子回禀道:"国君差遣臣子以礼,臣子侍奉国君以忠。"

【注释】

◎礼:做事不鲁莽。 ◎忠:竭尽诚意,没有欺骗。

【解说】

本章阐明了君臣之道。

"定公"是鲁国国君,名宋。他是鲁昭公的弟弟。

在上者对待在下者容易缺乏敬意,而在下者对待在上者容易缺乏诚意。

3.20 子曰:"《关雎》乐而不淫,哀而不伤。"

【译解】

《关雎》一诗,歌咏了后妃的美德,说她应当成为君子的配偶。[1]假若追求不到这样的后妃,无论睡着还是醒着都会思恋她,难以入眠,于是在床上翻来覆去,很是忧伤;如果追求到了她,便敲奏起琴瑟钟鼓,以示欢心。那种欢乐虽热烈却不失其正,那种忧伤虽深沉却无损于和。

【注释】

◎《关雎》:《诗经·国风》中的诗篇篇名。 ◎淫:高兴过头而有失妥当。 ◎伤:哀伤过头而有害于内心的平和。

【解说】

本章是孔子对《诗经·关雎》的评语。

对于孔子给《关雎》做出的这样一番评价,朱子很赞赏,他说:"希望后来的学习者们,玩味其诗的文句,仔细考察其音律,认识到诗人心情的端正之处。"[2]

3.21 哀公问社于宰我。宰我对曰:"夏后氏以松,殷人以柏,周人以栗,曰,使民战栗。"

---

[1] 后妃:天子的妻子。有一种说法认为《关雎》中的后妃指的是周文王的正妃太姒(sì),她也是周武王的母亲。太姒因为贤能淑丽,深得周文王和大臣们的尊重。儒家认为《关雎》一诗歌颂的就是她。
[2] 可能引自《论语集注》卷二:"欲学者玩其辞,审其音,而有以识其性情之正也。"

子闻之曰:"成事不说,遂事不谏,既往不咎。"

【译解】

鲁国国君鲁哀公向宰我询问有关"社"的事情。"社"就是土地神。人类受到大地的恩赐得以繁衍生息,因而古代在建邦立国的时候必然要祭祀土地。但是由于不可能祭祀到所有的土地,因此把各地的土收集后装起来建立社,然后把社作为土地的代表来祭祀。在社中会种植与土地相匹配的树木当作神树。所以宰我便回禀道:"夏朝建都于安邑,立社种植松树;殷商建都于亳,立社种植柏树;周朝建都丰镐,立社种植栗树。古时候,在社中处决罪犯,为了让人民知道有所畏惧,使百姓感到战栗,所以种植了栗树。"

孔子听说这件事后说:"已经做成了的事情,评论其善恶想加以阻止是不可能的了;已经完成了的事情,想规谏阻止也是不可能了;已经过去了的事情,即使责备,也毫无益处,所以也不用责备了。"

【注释】

◎社:有关说明参见"译解"。　◎夏后氏:夏朝因接受上一代君主的禅让而成为一朝,故褒称君主为"后氏"。　◎殷人、周人:所谓殷、周,当初都是顺从民意,用武力征讨暴君,所以称其为"人"。　◎战栗:恐惧的样子。

【解说】

本章中孔子责备了宰我的失言。

宰我是孔子的弟子,名予。有辩才。

朱子说:"宰我给出的答案,并非立社的本意,而且恐怕还会挑起当时在位君主的杀伐之心,但是他话已经说出了口,覆水难收,因此孔子严厉地责备宰我的言论,希望他以后谨慎些。"[1]

3.22 子曰:"管仲[2]之器小哉!"

或曰:"管仲俭乎?"曰:"管氏有三归,官事不摄,焉得俭?"

"然则管仲知礼乎?"曰:"邦君树塞门,管氏亦树塞门;邦君为两君之好有反坫[3],管氏亦有反坫。管氏而知礼,孰不知礼?"

【译解】

孔子说:"管仲器量很小。"

而有个人认为俭约的人多会显得小气些,所以说所谓人器量小其实不就是俭约吗?于是带着这样的疑惑问道:"管仲

---

[1] 可能引自《论语集注》卷二:"宰我所对,非立社之本意,又启时君杀伐之心,而其言已出,不可复救,故历言此以深责之,欲使谨其后也。"
[2] 管仲(约公元前723—公元前645年),姓姬,管氏,名夷吾,字仲。春秋时期齐国人,齐桓公时期担任宰相,辅佐齐桓公成为春秋霸主。
[3] 坫:音 diàn。

是俭约吗?"孔子说:"节俭的人不会把住所弄得很豪华,并且会省去不必要的开支,但管仲有三归台,以供给游观之用。大夫家中,一般是让一个家臣兼管数事,而管仲则是让一位家臣只掌管一件事,浪费薪俸。他这种人如何能称得上俭约呢?"

因为孔子说管仲并不俭约,这个人又想:知礼之人不吝惜小额开销,多喜欢装饰外表,所以看上去好像不俭约,不俭约恐怕是因为知礼,于是又问道:"那么,管仲知礼吗?"孔子说:"诸侯在门内设置小的屏以遮蔽内外,管仲只是个大夫却像诸侯一样也在门内设置屏以遮蔽内外。相邻的两国诸侯在缔结友好关系的会议上,会设置'坫'——安放爵的台子,献酬饮酒后,将爵放回到坫上,这是一种诸侯之间行用的礼制,管仲也跟诸侯似的在献酬饮酒结束后,把爵放回到坫上。假如说管仲这也叫懂得礼,那大概没有人不懂礼了。"

【注释】

◎器:度量、规模。 ◎三归:台名。[1] ◎官事:一家之政。 ◎摄:兼任,一人掌管好几件事情。 ◎树:设置于门内遮蔽内外视线的小的屏。 ◎邦君:诸侯。 ◎好:友谊,这里指缔结友好关系的会议。 ◎反坫:坫是放置爵的台子,

---

[1] 三归:关于三归的解释有很多种,宇野哲人采用的是朱子的说法,认为"三归"是管仲耗费巨资筑造的台子。

献酬敬酒之后，会把爵放回到坫上。

【解说】

本章中孔子评价了管仲的人品。管仲帮助齐桓公成就了霸业，推行了尊王攘夷的策略，但是因不懂得圣贤之道，故不能正身修德，实行王道，所以孔子评价他是"器小哉"。对此，有人疑惑地发问："管仲'器小'是不是因为节俭呢？"

另有人问道："齐国得到了管仲，因而成就了霸业，可是孔子仍说他'小器'，那么请问'大器'是什么样的呢？"扬雄（字子云，汉代人）回答道："大器就如同规矩、准绳一般。首先管理好自己，然后才能管理好别人，这就是所谓的'大器'。"[1]

3.23 子语[2]鲁大[3]师乐曰："乐其可知也。始作翕[4]如也，从之纯如也，皦[5]如也，绎如也，以成。"

【译解】

孔子告诉鲁国乐官之长有关音乐的事情，说："先王制作的音乐，其声音、节奏并非难以知晓。演奏音乐，刚开始时要具备音律。接下来，各种乐器发出相应的声音，清浊高低，需

---

1 这段对话可能引自《扬子法言·先知》篇："或曰：'齐得夷吾而霸，仲尼曰小器。请问大器。'曰：'大器其犹规矩准绳乎？先自治而后治人之谓大器。'"
2 语：音 yù。
3 大：音 tài。同"太"。
4 翕：音 xī。
5 皦：音 jiǎo。

要好好地调和。不可混淆各种乐器的鸣奏,需使之清晰分明。让各种乐音流畅相继,连绵不绝。就这样,一首乐曲演奏完成了。"

【注释】

◎大师:执掌音乐的最高长官。 ◎作:开始演奏音乐。 ◎翕如:有音律。 ◎从:通"纵",相应地发出适当的音声。 ◎纯如:音声协调和畅。 ◎皦如:清晰明白。 ◎绎如:连绵不绝。 ◎成:一段音乐谓之"成",不过这里最好解释为"完成"。

【解说】

本章中孔子谈论了演奏音乐的门道。

有看法认为这是孔子从卫国返回鲁国后,希望端正音乐,所以告诉太师挚这些事。

3.24 仪封人请见曰:"君子之至于斯也,吾未尝不得见也。"从者见之。

出曰:"二三子,何患于丧乎。天下之无道也,久矣。天将以夫子为木铎!"

【译解】

仪这个地方的封人请求面见孔子,他说:"有贤人到访鄙地,在下都必与之相见。"孔子的侍从弟子为其传达来意,让他与孔子见了面。

仪封人见过孔子后，出门时说："各位孔门的高足，用不着担心先生目前失去了官职，离开了鲁国。天下未能实行正道已经很久了。物极必反，乱到极点了，就会回归安定。届时上天必定会给予先生相应的职位，让他推行政教，警醒人心！"

【注释】

◎仪：卫国城邑的名称。　◎封人：负责管理边境的官员。　◎君子：谓当时的贤者。　◎二三子：指孔子的弟子。　◎丧：失去官位，离开祖国。　◎夫子：指孔子。　◎木铎：金口木舌的铎，古代天子施行政教时，先振木铎以警众人。在此比喻孔子得到官位后，将会布置教化，警醒人心。

【解说】

本章讲到孔子经过卫国一个叫作仪的地方，一位仰慕孔子的仪地边境官员——"封人"前来求见孔子以及他在见过孔子后的一番感慨。

担任封人的官吏中有不少贤能之士，仪的封人面见孔子，能够认识到孔子的圣德，就此看来封人的水准也是与贤者相当的。

3.25 子谓《韶》:"尽美矣,又尽善也。"谓《武》:"尽美矣,未尽善也。"

【译解】

孔子评价帝舜时代的乐曲《韶》说:"声乐、器乐、舞乐全都具备了,外在的形式之美已经达到了极致。而且竭力达到了善,也就是从本质上实现了美。"他评价周武王时代的乐曲《武》说:"达到了美的极致,但是还没有达到善的极致。"

【注释】

◎《韶》:帝舜时代的乐曲。 ◎美:谓有关音乐的外在形式。 ◎善:美的实质,其中有德行的因素在里面。 ◎《武》:周武王时期的乐曲。

【解说】

本章中孔子评价了《韶》和《武》两部乐曲。

古代的帝王一旦获取天下,便会制作音乐,祭祀天地鬼神,祷告成功。舜受禅于尧,使天下安定;周武王讨伐商纣王,拯救了天下的黎民百姓。两者的功劳是一样的,因此《韶》和《武》都"尽美矣"。然而,《韶》体现了禅让的精神,《武》体现的则是武力征伐。所以说《韶》还达到了尽善的境界,而《武》未能达到尽善的地步。

3.26 子曰:"居上不宽,为礼不敬,临丧不哀,吾何以观之哉?"

【译解】

居于高位,治理理百姓时却没有宽宏大量,行礼时毫无敬意,为父母服丧时并不哀戚。欠缺这些本质的东西,徒有行为,我该如何看待这些行为的得失呢?真是没有一点可取之处!

【注释】

◎居上:指在上治民。 ◎宽:宽大。 ◎礼:礼仪、礼节。 ◎敬:内心无懈怠之意。 ◎临丧:为父母服丧。一说是参加他人的丧礼。

【解说】

本章阐明了人应该务本的道理。位居人上之人以爱人为主,故以宽大为本。为礼,以敬为本。守父母之丧,以哀为本。

凡事如果欠缺内在的精神本质,那么不论其外在如何漂亮,都不值得看了。

里仁第四

本篇凡二十六章。前七章谈论的是"仁",剩下的数章则多是在谈论"学"。

4.1 子曰:"里仁为美。择不处仁,焉得知?"

【译解】

乡村中以具备仁厚的风俗为美。如果没有选择风俗仁厚的乡村居住,如何能算是智者呢?

【注释】

◎里:古代以二十五家为里。日本没有和这种规制相符的名词,所以这里暂时先翻译成乡村。 ◎择:择里。 ◎处:居住的意思。 ◎知:与"智"的意义相同。

【解说】

本章讲述了智者应择里而居。

智者是能够分辨是非善恶之人。没有选择有仁厚风俗的"里"去居住的人,说明他丧失了分辨是非善恶的本心。

4.2 子曰:"不仁者,不可以久处约,不可以长处乐。仁者安仁,知者利仁。"

【译解】

不仁者丧失了本心之德,长久地处于贫贱的境遇,为饥寒所迫,会陷入邪恶之中,所以说"不可以久处约"。而不仁者长期处于富贵的境遇,又会在不知不觉之中变得骄奢,所以说"不可以长处乐"。而仁者无论身处何种境遇,不会丧失其本心中的仁德。智者则深深地笃好于仁,极力去获取仁,因此他们两者可以"久处约",可以"长处乐"。

【注释】

◎不仁者:为满足私欲而丧失本心之德的人。 ◎不可:"不能"的意思。 ◎约:贫贱。 ◎乐:富贵。 ◎安仁:不需特别用心、自然而然地做到不偏离于仁。 ◎利仁:利是类似"贪"的意思。利仁意思是知道仁是好的,便一定要追求到仁。

【解说】

本章讲述了处在贫富贵贱之中,不同人表现出来的品行是不同的。

仁者身心与仁融为一体,但智者尚未与仁融为一体,所以仁者、智者之间仍存在层次深浅的不同,不过这两者的本心都不会因为贫富贵贱而被夺去。

4.3 子曰:"惟仁者能好人,能恶人。"

【译解】

好恶之心,人皆有之,但大多数人会被私情所左右,其好恶容易偏离于理。只有仁者具有不偏不倚之心,能爱当爱之人,能恨当恨之人。

【注释】

◎惟:"只是""独"之意。 ◎能:所喜好的、所厌恶的,都符合道理,称之为"能"。

【解说】

本章讲述了仁者之好恶皆不失其正。

仁者的心如同一面镜子:是美好的事物,映射出的就是美好的事物;是丑陋的事物,映射出的就是丑陋的事物。由于不为私情所羁绊,故其好恶都能与理相合。

4.4 子曰:"苟志于仁矣,无恶也。"

【译解】

如果真心立志实行仁,必然不会做恶事。

【注释】

◎苟:诚心。 ◎志:心之所向。

【解说】

本章勉励人们立志为仁。

宋人杨时说:"如果诚心立志践行仁,虽不敢说一定不会犯下过错,但也绝不会做恶事。"[1]

4.5 子曰:"富与贵,是人之所欲也;不以其道得之,不处也。贫与贱,是人之所恶也;不以其道得之,不去也。君子去仁,恶乎成名?君子无终食之间违仁,造次必于是,颠沛必于是。"

【译解】

富贵是人人都想得到的,但没有做与富贵相称的善事而得到富贵,是可耻的,不应处在这样的富贵之位上。贫贱是人人都厌恶的,但没有做招致贫贱的恶事却身处贫贱,那就安于贫贱,无需逃避。君子之所以为君子是因为从不会丧失本心中的仁德。若是贪图不义的富贵,或是厌弃不应得的贫贱,都早已丧失了仁的精神,如何还能称之为"君子"呢?君子就算是用餐的短短片刻也绝不做违背仁的事情。不论是事情紧迫、慌乱不定之时,或是遭逢艰难、颠沛流离、自身安全都没有保障之际,都不能忘记仁。

【注释】

◎富与贵:"富"指很多俸禄,"贵"则指很高的爵位。◎贫与贱:指既无俸禄也没有爵位。 ◎君子:人格完善的

---

[1] 可能引自《论语集注》卷二:"杨氏曰:'苟志于仁,未必无过举也,然而为恶则无矣。'"又见于《论语精义》卷二下。

人。　◎名：所谓君子的称号。　◎造次：急急忙忙、慌乱不定。　◎颠沛：遭遇事变，四处流荡。　◎是：代指仁。

【解说】

本章讲述了君子在须臾之间也不可离开仁的道理。

侍奉君主竭尽忠诚是得到富贵的正道。做不义之事而得到富贵，这就是所谓"不以其道得之"了。奢侈怠惰等是导致贫贱的真正原因。因遭遇意外之灾而变得贫贱，这也是所谓"不以其道得之"。

4.6　子曰："我未见好仁者，恶不仁者。好仁者，无以尚之；恶不仁者，其为仁矣，不使不仁者加乎其身。有能一日用其力于仁矣乎，我未见力不足者。盖有之矣，我未之见也。"

【译解】

我尚未看到爱好仁的人，也没有看到憎恶不仁的人。爱好仁的人是真的懂得仁可爱的地方，所以在这种人眼中，天底下没有东西能超越仁了。憎恶不仁的人是真的懂得不仁可恶的地方，所以这种人行仁的时候，一定会对不仁之事敬而远之，尽量让不仁远离自己。这两者都是德已经养成的人才做得到的，所以难得看见。然而，如果有人心中奋起，用力于仁，我没看到有谁气力不足的。行仁是自己要用心的事情，而不是借别人的气力得到，有追求仁的心也即是仁了，自己的感情意志所起的作用也是被仁所引导的。所以虽然仁是难以做好的,但只要肯付出气力,想达到仁还是不难的。也许有气力不足的人,但我还没有发现这样的人。

【注释】

◎尚:胜过。 ◎之:代指仁。 ◎其为仁矣:"其"是代指"恶不仁者"。 ◎加:波及、影响。 ◎一日:一天、一朝之意。 ◎盖:类似"也许"的意思。 ◎有之:"之"是代指"力不足者"。

【解说】

本章中孔子反复强调的都是希望人们能够用力于仁。

本章中三度提到"未见",第一次是"未见"德已经成就之人,即好仁者和恶不仁者,第二次是"未见"用力于仁者,第三次是"未见"用力而力不足者。多次提到"未见"都是孔子希望学习者警醒自己要用力于仁。

4.7 子曰:"人之过也,各于其党。观过,斯知仁矣。"

【译解】

人犯下的过失与他所属的人群类别是相对应的。所以,观察人犯下的过失,就能知道此人是仁者还是不仁之人了。

【注释】

◎党:同类,类。

【解说】

本章讲述了通过偶然间的过失了解人心的道理。

有一位叫作吴祐[1]的人,在东汉顺帝时期,出任胶东侯国的宰相,以仁爱作为施政的首要原则,因而受到官吏的拥戴。他手下有个叫孙性的人,私自向百姓课税,获得了五百钱,然后用这钱买了件衣服送给自己的父亲。他父亲生气地说:"你为什么要欺骗像吴祐那样的一位好官长呢?还不快快去认罪!"孙性既惭愧又害怕,于是去自首。吴祐让身边的人先退下,然后向孙性询问缘由。孙性就一五一十地把父亲说的话都讲了出来。吴祐说道:"你是为了赡养亲人才背负了不好的名声。这正是所谓的'观过,斯知仁矣'了。"吴祐让孙性回去向父亲谢罪,还把那件衣服送给了他。

4.8 子曰:"朝闻道,夕死可矣。"

【译解】

从君臣、父子、夫妇、长幼之间的关系到日常的行为,万事万物间都有理所当然的道理。假如真能够参悟这些道理,活着的时候按照这些道理行事,死了也心安理得,不会留有遗恨。所以说早上听闻到了道,黄昏时分死了也不会后悔。

---

1 吴祐(生卒年不详),东汉人,字季英,陈留长垣人。生平事迹详见《后汉书》卷六十四《吴延史卢赵列传》,下文故事便出于此。

【注释】

◎朝闻夕死：所谓"朝夕"是说时间很短。"闻"不是说用耳朵听，而是指用心去领悟到。　◎可矣：内心安定而无遗恨了。

【解说】

本章讲述了人应该"闻道"的道理。

贝原益轩[1]辞世诗中写道："平生心曲有谁知，常畏天威欲勿欺。存顺没宁虽不克，朝闻夕死岂为悲。"诗中的"存顺没宁"出自北宋张载《西铭》一文，而"朝闻夕死"则出自本章。"朝闻夕死"同样也是朱子《论语集注》本章中出现的"生顺死安"一词的出处。

4.9　子曰："士志于道，而耻恶衣恶食者，未足与议也。"

【译解】

士如果想诚心求道，那么应该只知有道，而不会被外物所扰。然而以自己的衣食不好为耻的人，他的心态是卑劣的，不值得跟他一起论道。

【注释】

◎士：做学问的人。　◎议：议论道。

---

[1] 贝原益轩（1630—1714），日本江户时代的儒学家、医学家。

【解说】

本章警诫志在于道的人不能过分讲究外在的事物。

对物质的欲望过盛,对学问的欲求便会减弱。真正的好学之士应该是"食无求饱,居无求安"[1]的人。

4.10 子曰:"**君子之于天下也,无适也,无莫也,义之与比**[2]。"

【译解】

君子可以适应天下的万事万物,所以既没有说一定要这样行事,也没有说一定不这样行事。只看是否符合义,只管遵照着义的标准去做。

【注释】

◎君子:人格完善的人。 ◎适:心里打算必须这样行事。 ◎莫:心里打算不这样行事。 ◎义:适合时宜。 ◎比:从。

【解说】

本章讲述了君子遵从义来处理事情的道理。

孟子说:"通达之人,说话不必先期望守信,做事不必先期望有个结果,说话、做事只要合乎义就行。"[3]

---

[1] 出自《论语·学而第一》(1.14):"君子食无求饱,居无求安。"
[2] 比:音 bǐ。
[3] 出自《孟子·离娄下》:"大人者,言不必信,行不必果,惟义所在。"

4.11 子曰:"君子怀德,小人怀土。君子怀刑,小人怀惠。"

【译解】

君子想的是留存心中之德,并希望能达到至善的境界;而小人想的是身心的安乐,并沉溺于这种安乐。君子想的是刑之可畏而守其身;小人看到的则是利之可求而贪其利。

【注释】

◎君子、小人:就人的品格而言。 ◎德:指类似于仁、义、礼、智的东西。 ◎土:指安乐之处。 ◎刑:指诸如国法之类的东西。 ◎惠:指物质利益。

【解说】

本章讲述了君子与小人看待问题的差别,希望人们慎重地选择自己思考问题的角度。

本章中的君子也可以看作人君,小人可以看作人民,那么本章也可以训读为"人君怀德,则民能怀土。人君怀刑,则民能怀惠",这样也读得通。[1]

4.12 子曰:"放[2]于利而行,多怨。"

---

[1] 按,南梁皇侃的《论语义疏》曰:"又一说云:'君子者,人君也。小人者,民下也。上之化下,如风靡草。君若化民安德,则民下安其土,所以不迁也。人君若安于刑辟,则民下怀利惠。'"
[2] 放:音 fǎng。

【译解】

假如做什么都依据自己的利益来行事，那就会害到别人，这样做事大多会遭到别人的怨恨。

【注释】

◎放：依。　◎多怨：多遭怨恨。

【解说】

本章对唯利是图的人进行了告诫。

一味考虑自己的利益，不尊重他人的利益，从而遭到人们的怨恨，这种人在世上多多少少是有的。

4.13　子曰："能以礼让为国乎？何有？不能以礼让为国，如礼何？"

【译解】

"礼"是辅助行政治理的，"让"则是礼的本质。如果人君能够以"礼让"治国，那么国家将很容易得到治理。如果不能够做到以"礼让"治国，那么就算礼仪制度再怎么完备，也不会起到任何作用。

【注释】

◎礼：谓上下尊卑之礼。　◎让：内心谦逊，礼的基础。　◎何有：意思是有什么难的呢？　◎如礼何：无论怎么样礼都没用了。

【解说】

本章向治国者指出礼让之可贵。

国家无法治理好,是因为有纷争扰攘。纷争的起因是互不相让、礼义沦丧。如果实行礼,讲究让,明上下之分,就不会再起纷争,国家也就容易治理好了。

4.14 子曰:"不患无位,患所以立;不患莫己知,求为可知也。"

【译解】

世人都担忧自己没有地位,但是君子不会担忧自己没有地位,而是担忧自己没有与其地位相称的学问与道德。世人都担忧别人不知道自己,但是君子不会担忧别人不知道自己,他努力追求的是希望别人知道自己具备了应当具备的学问和道德。

【注释】

◎立:在位子上站得住脚。

【解说】

本章教导人们不要光顾着追求名位,应当追求与自己名位相符的内在的东西。

为了让别人知道和为了获得地位而求取学问,这已经成为现代流行的风气,孔子的这段话可以看作是说给现代人听的至理名言。

4.15 子曰:"参乎!吾道一以贯之。"曾子曰:"唯。"

子出。门人问曰:"何谓也?"曾子曰:"夫子之道,忠恕而已矣。"

【译解】

孔子招呼曾子说:"参啊!你知道老夫的道是什么吗?老夫待人接物只是秉持了一种道,并以其贯穿始终。"曾子听到后,没有提出任何疑问,迅速地说了声:"是。"

孔子走后,弟子们向曾子打听道:"这到底是什么意思呢?"曾子说:"先生的道不外乎忠恕而已。"

【注释】

◎参:曾子的名。 ◎一:一种道理。 ◎之:天下的事物。 ◎唯:与"是"相当的应答用语。用"唯"作答反映出说话者回答迅速、心无所疑的状态。 ◎忠恕:尽心竭力即是"忠",推己及人即是"恕"。

【解说】

本章中孔子谈到了自己的道,曾子对此进行了说明。

孔子发现曾子对于身边的一事一物都能穷尽其理,可惜未能体察到事物的本质其实只有一点,孔子打算让曾子领悟这个道理。对话中,曾子虽然对此有所领悟,但却难以用言语直接道明,于是借用"忠恕"来概括,用让人容易理解的方式解释给其他孔门弟子听。

4.16 子曰:"君子喻于义,小人喻于利。"

【译解】

君子遵循正道,因此心里知晓的只有"义"。小人顺从欲望,心里知晓的只有"利"。故而君子遇事想到的是以义行事,而小人遇事只想谋得利益。

【注释】

◎君子:品格优秀的人。 ◎喻:知晓很深奥的东西。 ◎义:正确的道理。 ◎小人:品格拙劣的人。

【解说】

本章对比了君子和小人所"喻"之不同。

《朱子语类》中写道:"喻于义、喻于利,只是一事。例如古代的贤人伯夷看到饴糖,说'可以养老',而盗贼柳下跖看到了饴糖说的却是'可以浇在门轴上'。"[1]

4.17 子曰:"见贤思齐焉,见不贤而内自省也。"

【译解】

看见贤能有德之人,自己也想成为那样的人;看见不贤无德之人,就担心自己会不会成为那样的人。

---

1 出自《朱子语类》卷二十七:"喻义喻利,只是这一事上。君子只见得是义,小人只见得是利。如伯夷见饴,曰:'可以养老。'盗跖见之,曰:'可以沃户枢。'"

【注释】

◎贤:有德之人。　◎不贤:无德之人。　◎内:心。　◎自省:自己反省。

【解说】

本章讲述了应该时常自我反省,致力于完善自己的人格。

胡寅[1]说:"看到他人善恶不同便会进行自我反省的人,既不会一味地羡慕别人而甘愿放弃对自己的要求,也不会一味地责备别人却忘记责备自己。"[2]

4.18　子曰:"事父母几谏。见志不从,又敬不违,劳而不怨。"

【译解】

子女侍奉父母的时候,假如不巧父母有了过错,一定要用和悦的脸色加上柔和的声音,去委婉地劝告父母。如果父母听不进自己的劝告,这时更要对父母孝敬,不违背想劝告父母的初心,等父母心情好的时候再进行劝告。就算父母发怒把子女打得流血,也绝不能怨恨父母,应该秉持孝敬之心,不偏离想劝告父母的初心,找恰当的时机再进行劝告。这样的话,可以使父母回心转意,不会让他们犯下过错。

---

[1] 胡寅(1098—1156),字明仲,人称致堂先生。著有《论语详说》《斐然集》等。
[2] 可能引自《论语集注》卷二,原文为:"胡氏曰:'见人之善恶不同,而无不反诸身者,则不徒羡人而甘自弃,不徒责人而忘自责矣。'"

【注释】

◎几谏：微谏。笑呵呵地、和声柔气地、委婉地劝告。 ◎志：父母之志。 ◎不从：不听从劝告。 ◎不违：不违背当初希望进行劝告的想法。 ◎劳：被父母鞭挞而身体受苦。

【解说】

本章阐明了子女劝告亲人的态度、方法。

无论自己的身体再怎么劳苦，都不忍心让父母陷入不义，这是每一个孝子真实的想法。

4.19 子曰："父母在，不远游，游必有方。"

【译解】

父母都爱自己的孩子，对子女的事情无时无刻不在惦记着。因此，作为子女，父母在世的时候，如果没有必要就不要出外远行，以免让父母担心。假如是为了公私事务不得不出行远方，一定要告诉父母自己去哪里，父母知道子女在哪里就不会担忧，他们找子女，子女也一定能到达他们的面前。

【注释】

◎远游：到很远的异乡旅行。 ◎方：方向。

【解说】

本章讲到子女平日不可忘记父母对自己的思念之心。

从勿使亲人担忧的角度谈了事亲之道。

4.20 子曰："三年无改于父之道，可谓孝矣。"

这句话在《学而》篇中已经出现过了。[1]

4.21 子曰："父母之年，不可不知也。一则以喜，一则以惧。"

【译解】

为人子女一定要时刻把父母的年龄记在心头。记住了父母的年龄，一方面为父母长寿而感到高兴，一方面又为父母衰老而感到担忧，一定要及时地、尽心竭力地孝养父母。

【注释】

◎知：记忆、不忘。

【解说】

本章向为人子女者指出双亲健在时要尽孝。

《韩诗外传》[2]中说："树欲静而风不止，子欲养而亲不待。"日本也有句俗谚叫作："欲尽孝心，已无双亲。"[3]趁着父母健在的时候，一定要尽心竭力地孝敬他们。

---

[1] 出现于《论语·学而第一》（1.11）。
[2] 《韩诗外传》是作于西汉时期的一部书。体例上是先讲一个故事，然后引《诗经》中的诗句加以证明，全书记述了三百多则古代的历史故事。西汉初年传授《诗经》的有鲁、齐、韩、毛四个派别，其中"韩诗"的创始人是韩婴。
[3] 欲尽孝心，已无双亲：日文原文是"孝行をしたい时分に親はなし"，这其实是创作于江户时代的一首短诗。

4.22 子曰:"古者言之不出,耻躬之不逮也。"

【译解】

古代的人,话不轻率地说出口,这是因为他们以说了却不能做到为耻辱。

【注释】

◎逮:及。

【解说】

本章中拿古人感到耻辱的事情举例,以此警醒今人不要不以为耻。

范祖禹[1]说:"君子谈论东西,是不得已才说出口的。这并不是因为说话有什么难的,而是因为言如其行是有难度的。普通人因为不会言如其行,所以随随便便信口开河。如果能以言行不一为耻,言如其行,行如其言,那么也就不会随便把话说出口了。"[2]

4.23 子曰:"以约失之者,鲜矣。"

【译解】

人沉湎于放纵逸乐之中,就会出现过失;而心态内敛、谨

---

1 范祖禹(1041—1098),字淳甫、醇父。宋代史学家,著作有《唐鉴》《帝学》等。
2 可能引自《论语集注》卷二:"范氏曰:'君子之于言也,不得已而后出之,非言之难,而行之难也。人惟其不行也,是以轻言之。言之如其所行,行之如其所言,则出诸其口必不易矣。'"又见于《论语精义》卷二下。

守法度，则会少犯过失。

【注释】

◎约：指心态内敛，与放肆相对。　◎失之：指过失。

【解说】

本章讲述了约束自己的方法。

本章一说是孔子为了矫正当时社会的弊病而说的。这是任何时代的人都应当牢记在心、衷心信服的金玉良言。

4.24　子曰："君子欲讷于言而敏于行。"

【译解】

通常人们说话容易说得过头，而行动却达不到。所以君子在言语上要尽量迟钝些，在行动上要尽量敏捷些。

【注释】

◎讷：迟钝，不草率发言。

【解说】

本章讲述了君子对待言行的态度。

言行一致是君子需要极为用心的地方。

4.25　子曰："德不孤，必有邻。"

【译解】

德是不会孤立存在的，必然会有同类的德与之相伴相聚在一起。这就好比是自家旁边，有别的人家和你亲睦友善地比邻而居。

【注释】

◎德：践行道而心中领悟到的东西。

【解说】

本章勉励人们修德。

舜住的地方过了一年变成了一片村落，过了三年成了都邑[1]，而孔子有弟子三千相从，这都是"德不孤"的著名例子。

4.26　子游曰："事君数[2]，斯辱矣。朋友数，斯疏矣。"

【译解】

君臣、朋友，都是凭借"义"相处在一起的人。君王如果有了过错，作为臣子理应劝谏，如果劝谏了，君王听不进去，尚不可离去。但是如果多次劝谏仍听不进去，臣子还不离去，依旧继续劝谏的话，那么君王一定会感到厌烦，并且会认为臣子在诽谤责难自己，臣子反而会遭到斥退，蒙受羞辱。朋友如果有了过错，理应进行劝告，劝告了但朋友听不进去，那还不能放弃。如果多次劝告，他还是不听，你却仍不停止劝

---

[1] 按，这则舜的事例说明旁人因为受到舜的德行感化，纷纷前来与舜比邻而居，事见《史记·五帝本纪》。
[2] 数：音 shuò。

告，那么朋友一定会感到厌烦，并且会对你产生仇恨，朋友关系也就日渐疏远了。在事君交友的过程中，对此不得不引以为戒。

【注释】

◎斯：类似"则、那么"的意思。

【解说】

本章论述了事君交友之道。

本章也可解读为："侍奉君王，如果过于频繁地谒见，反而显得失礼，不仅会被君王厌恶，而且会受到羞辱；和朋友交往，如果过于频繁地拜访，不仅会让朋友觉得烦，还会被朋友疏远。"

公冶长第五

此篇基本上都是品评古今人物之贤否,谈论其行事之得失。这都是学习者格物穷理的一个方面。胡寅认为此篇内容可能多是子贡之徒所记。本篇凡二十七章。[1]

5.1　子谓公冶长:"可妻[2]也。虽在缧绁[3]之中,非其罪也。"以其子妻之。

子谓南容:"邦有道不废,邦无道免于刑戮。"以其兄之子妻之。

【译解】

孔子评论公冶长的品行说:"他是可以让姑娘嫁给他的好

1　此篇的章数有三种分法:(1)二十九章,《论语集解》把本篇第一章中"子谓南容"以下分为一章,又把第九章"子曰,始吾于人也"以下分为一章;(2)二十八章,现在市面上通行的大部分《论语》的《公冶长》篇都是二十八章,即把第一章"子谓南容"以下分为一章;(3)二十七章,这种分法以朱子《论语集注》为代表,宇野哲人在写作本书时也沿用了这种分法。
2　本章的三个"妻"字都读作 qì,当作动词使用。
3　缧:音 léi。绁:音 xiè。

人。虽然他曾经获罪入狱,可那罪行并非是他犯下的。"于是把自己的女儿许配给了公冶长。

孔子评论南容的品行说:"他平日里言行谨慎,国家政治升平的时候,他不会被冷落一旁,而是会受到朝廷的任用;国家动乱的时候,他也能免于刑罚杀戮之祸。"于是把自己兄弟的女儿嫁给了南容。

【注释】

◎缧绁:缧是黑色的绳索,绁是捆绑之意,古代监狱用黑色的绳索捆罪犯。　◎邦有道:国内政治升平之时,即治世。　◎邦无道:乱世。

【解说】

本章讲述了孔子为自己的女儿和兄弟的女儿挑选夫婿的事。公冶长,姓公冶,名长,字子长,是孔子的弟子。南容是一个住在南宫的人,名绦,又名适[1],字子容,谥敬叔,乃孟懿子之兄,也是孔子的弟子。

南容谨于言语,所以孔子把自己兄弟的女儿嫁给了他,此事又见于《先进》篇。

1　适:音 kuò。

5.2 子谓子贱:"君子哉若人!鲁无君子者,斯焉取斯?"

【译解】

孔子评价宓子贱说:"真正优秀的有盛德的君子,就是这样一种人。然而,假设说鲁国没有君子的话,那么宓子贱是如何尊贤取友,才能够成就这种君子之德的呢?"

【注释】

◎君子:成德之人。 ◎若人:没有明确指出这"人"是谁。 ◎斯:前一个"斯"指的是宓子贱,后一个"斯"指的是君子之德。

【解说】

本章称赞了弟子的贤德,并阐述了弟子之所以能够养成贤德的原因。宓子贱是孔子的弟子,姓宓,名不齐,子贱是他的字。

观察宓子贱养成君子之德,可知尊贤取友是学者的当务之急。孔子曾劝诫弟子"勿友不如己者",还曾告诫过"事其大夫之贤者,友其士之仁者",孔子说这些话大概也是为了说明尊贤取友之道。

5.3 子贡问曰:"赐也何如?"子曰:"女器也。"曰:"何器也?"曰:"瑚琏也。"

【译解】

子贡问道:"您认为弟子我是个什么样的人呢?"孔子说:

"你的才能是有用的,可用作器物。"子贡追问道:"那么,弟子是什么样的器物呢?"孔子答道:"是瑚琏。"

【注释】

◎赐:子贡的名。　◎瑚琏:夏代称为"瑚",殷商称为"琏",周代称为"簠簋"[1]。这是在宗庙祭祀时盛放黍稷的器物,用玉石加以装饰。这是器物中贵重而华美的一种。

【解说】

本章中孔子褒扬了弟子的才能之美。

朱子说:"子贡看到孔子评价子贱是君子,所以前来询问自己的品行气质如何,孔子便以此相告。虽然子贡尚未到达'君子不器'[2]的境界,但大概也算是器物中贵重的那种了吧?"[3]

5.4　或曰:"雍也仁而不佞。"子曰:"焉用佞?御人以口给,屡憎于人。不知其仁,焉用佞?"

【译解】

有人评价冉雍说:"虽然冉雍具备了仁的品德,德行优异,可惜口才不行。"孔子告诉那个人说:"人立身行道,为何必须要有口才呢?尽管口才是为了与人交际应答的,但只是嘴上花

---

[1] 簠:音 fǔ。簋:音 guǐ。
[2] 出自《论语·为政第二》(2.12)。
[3] 可能引自《论语集注》卷三:"子贡见孔子以君子许子贱,故以己为问,而孔子告之以此。然则子贡虽未至于不器,其亦器之贵者欤?"

哨没有信实可言，说多了也会被正派的人所憎恶。虽然不清楚冉雍是否具备了仁的品德，不过人立身行道，为何必须要有口才呢？"

【注释】

◎佞：口才。能说会道，口才出色。　◎御：应答。　◎口给：信口开河。　◎憎于人："人"指的是正派的人。　◎其仁："其"指的是冉雍。

【解说】

本章强调了崇尚"佞"——也就是过分看重口才——的不足之处。冉雍是孔子的弟子，姓冉，字仲弓。冉雍为人沉着稳重、寡言少语。

因为有人过分看重口才，孔子为了强调把口才看得太重的不足之处，所以两次提到了"焉用佞"。

5.5　子使漆雕开仕，对曰："吾斯之未能信。"子说。

【译解】

孔子让漆雕开当官，去执掌管理百姓的事务。漆雕开推辞并回禀道："我对修己治人之理尚未达到真正懂得并深信无疑的程度。目前我仍在学习当中，还没到当官的时候。"孔子听了漆雕开的话，对他不满足于学有小成的态度甚感欣慰。

【注释】

◎斯：指修己治人的道理。　◎说：同"悦"。

【解说】

本章谈到了立志笃学之人能让圣人开心的原因。漆雕开是孔子的弟子，字子若。从这里可以看出就算是走仕途，只有具备了必要的学识与德行，孔子才会让那人去当官。

子路让子羔担任费地的官员时，孔子评论说："贼夫人之子。"（参看《先进第十一》）子羔才学不足，但子路却要安排他从事实务，这种事情孔子是不赞成的。

5.6　子曰："道不行，乘桴浮于海。从我者其由与！"子路闻之喜。子曰："由也好勇过我，无所取材。"

【译解】

孔子说："这世上没有能任用老夫的人，老夫的道无法实现了，我想坐上木筏在大海上漂流，一直漂流到海外去，到那时能够跟随老夫同行的人，大概只有由（子路之名）了吧！"子路听说这件事后很是开心，因为在老师众多的学生中，只有自己一个人被老师提到了。孔子对此教诲道："由在好勇这一点上超过了我，但他缺乏判断推定事理的能力，还没能做到让事理合乎义。"

【注释】

◎浮于海：航行到海外的国家。　◎勇：决心一定要去做的勇气。　◎无所：不能的意思。　◎材：同"裁"。测量、判断、推定的意思。

【解说】

本章中孔子对于道不能实行发出了感叹，又鼓励弟子，想让弟子继续前行。

"好勇过我，无所取材"，这是先扬后抑，是在鼓励并希望弟子百尺竿头更进一步。

5.7　孟武伯问："子路仁乎？"子曰："不知也。"又问。子曰："由也，千乘之国，可使治其赋也，不知其仁也。"

"求[1]也何如？"子曰："求也，千室之邑，百乘之家，可使为之宰也。不知其仁也。"

"赤[2]也何如？"子曰："赤也束带立于朝，可使与宾客言也。不知其仁也。"

【译解】

鲁国大夫孟武伯问孔子："子路可以称得上是仁人吗？"孔子说："仁与不仁，不晓得。"孟武伯再次向孔子询问子路仁

1　求：即冉求，字子有，又称冉有。擅长理财，曾担任鲁国季氏的宰臣。
2　赤：即公西赤，字子华。孔子弟子。

否?孔子说:"由(子路的名)好勇,所以如果让他在拥有千乘兵车的大诸侯国担任职务,训练军队,可以建立显赫的功绩。至于他仁还是不仁,这就不晓得了。"

孟武伯问:"冉求如何呢?"孔子说:"求,多才多艺,所以如果让他在有千户人口的大邑出任长官,或是在拥有百乘兵车的卿大夫家担任家臣,他肯定能做出了不起的成绩。至于他仁或是不仁,这就不清楚了。"

孟武伯问:"公西赤如何呢?"孔子说:"赤知礼,所以如果让他穿上礼服,站在朝廷上接待宾客,一定可以出色地完成任务。至于他仁还是不仁,我就不晓得了。"

【注释】

◎仁:心之全德。 ◎又问:询问有关子路是否仁的问题。◎千乘之国:可以派出兵车一千乘的国家,这种国家在诸侯之中属于大国了。 ◎治其赋:赋,指兵。治,指训练。 ◎其仁:第一次出现的"其"指的是仲由(子路),第二次出现的"其"指的是冉求,第三次出现的"其"指的是公西赤。 ◎求也何如:问冉求仁否? ◎百乘之家:"家"指的是卿大夫之家。 ◎宰:兼指邑宰和家宰。邑宰是邑长,负责管理百姓;家宰是家臣之长,负责管理事务。 ◎束带:穿上礼服后在腰间束上腰带。 ◎宾客:指列国君主和使臣之类。 ◎言:交谈、接待。

【解说】

本章体现了孔子不轻易用"仁"来赞许人。孟武伯是鲁国大夫,仲由和冉求在《论语》的前面几篇中已经出现过了。公西赤也是孔子的弟子,姓公西,字子华。

孔子说过:"回也,其心三月不违仁,其余则日月至焉而已矣。"(《雍也第六》)仲由(子路)、冉求、公西赤都是属于"日月至焉而已矣"——短期内尚能遵守仁的那类人,所以他们有的时候能做到仁,有的时候做不到仁。故而,既不能说他们一定是仁者,也不能说他们一定是不仁者,大概出于这样的原因,孔子才用几个"不知"来回答孟武伯。

5.8 子谓子贡曰:"女与回也孰愈?"对曰:"赐也何敢望回!回也闻一以知十,赐也闻一以知二。"

子曰:"弗如也。吾与女弗如也。"

【译解】

一次,孔子向子贡问道:"你把自己学业所得和颜回做个比较,觉得你们俩谁更强?"子贡回答说:"我哪能跟颜回比呀!我和颜回是无法比较的,我俩的层级不一样。颜回听说了一就可以知道十,我听到了一顶多也就知道二。"

孔子说:"正如你所言,你不如颜回。你对自身很了解,说自己不如颜回,老夫赞同你的说法。"

【注释】

◎何敢望回：不敢跟颜回比较。　◎与：赞同。

【解说】

本章中孔子借用颜回来鼓励子贡不断精进。本章第一节是孔子希望子贡知道自己还比不上颜回，第二节是孔子希望子贡不能安于自己不如颜回的现状。

如果人没有自知之明，那么就不知道去进取。惮于自屈则不能追求进取。子贡能够自知、自屈，孔子见有可鼓励其进取的机缘，于是赞许子贡说自己不如颜回。

5.9　宰予昼寝。子曰："朽木，不可雕也。粪土之墙，不可杇[1]也。于予与何诛？"子曰："始吾于人也，听其言而信其行。今吾于人也，听其言而观其行。于予与改是。"

【译解】

宰予有一天在大白天睡觉。立志求学之人本应珍惜光阴去努力学习，然而大白天睡觉，这是最为怠惰的人了。孔子责备这种行为说："木头虽坚硬仍可雕刻，但是朽掉的木头却不能雕刻了。墙虽然坚固，但仍可在上面粉刷装饰，可是路边用干燥没水分的土修筑的墙，干巴巴的，就没法在上面粉刷装饰了。宰予是

1　杇：音wū。

个怠惰之人，他连被教导的底子都没有，就跟朽木和土墙一样，怎么责备他都无济于事了，因此老夫对宰予这种行为就不责备了。老夫过去对人，听了那人说的，就认为他会按照自己说的去做，并对此坚信不疑。但是从今往后，老夫对人，就算听了他说的，也不会马上就相信他会按照说的去做，一定会观察他的实际行动后才会相信他说过的话。因为在宰予身上，证明了我过去的观点是有问题的，所以今后我要改变对人的态度。"

【注释】

◎朽木：腐朽的木头。　◎雕：雕刻。　◎粪土：路旁干燥没有水分的土。　◎杇：杇是抹墙的工具抹子。用抹子粉刷墙，使墙变得美观。　◎于予与：可以把"与"权且当作"乎"字。　◎诛：责备。　◎子曰："始吾于人也"：这里的"子曰"是重新开始说一段话的标志。"始"是往日的意思。　◎改是："是"代指"听其言而观其行"。

【解说】

本章中孔子批评了门人怠惰的行为，希望其能自行改正。

宰予在孔门弟子当中以善于言辞著称。然而，他虽善于言辞却在行动上做不到，所以孔子告诫他，让他在行动上努力。

5.10 子曰:"吾未见刚者。"或对曰:"申枨¹。"子曰:"枨也欲,焉得刚?"

【译解】

孔子说:"老夫到现在还没见过具备'刚'这种品德的人。"有人说:"您的弟子申枨是具备'刚'这种品德的人。"孔子说:"申枨是个有很多嗜好、欲求的人,所以还称不上是'刚'。"所谓"刚"的品德是指意志坚强,不为外物所惑,而欲求过多的人会被欲望所左右,自己的意志则容易受到干扰、误导。

【注释】

◎刚者:意志坚强、不为外物所动的人。

【解说】

本章谈到领会"刚"这一品德是很难的事情。申枨是孔子的弟子。

所谓"刚"的品德,大概是人最难践行的一种德,所以孔子感叹地说尚未见到具备"刚"德之人。

5.11 子贡曰:"我不欲人之加诸我也,吾亦欲无加诸人。"子曰:"赐也,非尔所及也。"

---

1 枨:音 chéng。

【译解】

子贡自述他的志向说:"我认为自己不喜欢别人施加在我身上的事情,那么我也不会希望把这种事情施加在别人身上。"孔子听闻后说道:"赐(子贡的名),这还不是你能做到的。"

【注释】

◎我:跟"彼"相对的人称用词。 ◎吾:指自己。 ◎加:施加。 ◎诸:之于。

【解说】

本章谈到了要做到"无我"是很难的。上节是讲子贡以无我自任,下节孔子虽然否定子贡关于无我的志向,但实际上是通过否定来鼓励子贡继续进取。

子贡志之所在是达到"恕"。在《论语》的《卫灵公》篇中子贡曾经问孔子:"有一言而可以终身行之者乎?"孔子回答他说:"其'恕'乎!己所不欲,勿施于人。"就此看来,可以发现"恕"是子贡比较难做到的德。

5.12 子贡曰:"夫子之文章,可得而闻也。夫子之言性与天道,不可得而闻也。"

【译解】

先生内心之德体现在先生的言辞容貌之中,学生们可以一起听闻学习,但是有关性和天道的问题,则因为含义深远,不能马上为学生们讲解,所以先生很少谈论这部分。如果不是学问精进之人,是无法听闻到的。

【注释】

◎文章:指"德"通过威仪、言辞等表现出来。 ◎性:人人都能接受到的天之道,如仁、义、礼、智之类。 ◎天道:人人都能接受到的天之道的本体。在天而未授予人的时候叫作"天道",具于人心尚未应事而动的叫作"性"。

【解说】

本章讲到子贡从孔子那里听到了有关性和天道的教诲,并对此发出了赞美之辞。

孔子曾经说过:"二三子,以我为隐乎?吾无隐乎尔。吾无行而不与二三子者,是丘也。"(《述而第七》)这段话中所指的大约就是本章中的"夫子之文章,可得而闻也"。

由本章可知,孔子对于尚未到达一定层次的人,不会让其听闻关于高深问题的谈话。

5.13 子路有闻未之能行,唯恐有闻。

【译解】

子路是向善之心很强烈的人,听到了善言善行,还没来得及实行,就怕又听到了新的善言善行,因为自己之前听到的善言善行还没实行完。

【注释】

◎有闻：开头的"有闻"是听到善言善行，最后的"有闻"是指听到一回后又听到了其他的善言善行。

【解说】

本章讲述了子路专意于实行。

范祖禹说："子路是听闻到了善就必定勇于去实行的人，其他的孔门弟子都认为自己做得不如他，所以将此事记录了下来。像子路这样的人可谓是能用其勇之人。"[1]

5.14 子贡问曰："孔文子何以谓之文也？"子曰："敏而好学，不耻下问，是以谓之文也。"

【译解】

子贡问道："孔文子为什么被赠授'文'的谥号呢？"孔子说："孔文子虽然生来悟性极佳，但是仍能爱好学习；虽然身处高位，却不认为向比自己地位低的人求教是可耻的。谥法云：'勤学好问为文。'这些是人们难以做到的，孔文子被赠谥为'文'，原因正在于此。"

【注释】

◎敏：悟性好。　◎下问：向比自己地位低的人求教。

---

[1] 可能引自《论语集注》卷三："范氏曰：'子路闻善，勇于必行，门人自以为弗及也，故著之。若子路，可谓能用其勇矣。'"

【解说】

本章中孔子回答了子贡的问题，讲解了孔文子之所以被谥为"文"的原因。孔文子是卫国的大夫，名圉[1]。

生来悟性极佳的人却不喜爱学习，地位高的人认为向地位低的人求教是可耻的，这些都是常有的事。苏东坡说："孔文子让卫国贵族太叔疾休了原配妻子，然后孔文子把自己的女儿嫁给太叔疾为妻，但是太叔疾却和原配的妹妹私通，因此孔文子大为光火，准备攻打太叔疾，于是来征询孔子的意见，孔子没有回答他，还命人驾车载着自己离开。后来，太叔疾出逃到宋国。孔文子又把先前许配给太叔疾的女儿，嫁给了太叔疾的弟弟'遗'。孔文子是这样的一种为人，却得到了'文'这个高尚的谥号，子贡对此很疑惑，于是向孔子提出了自己的问题。孔子不隐没孔文子的善行，并说正是因为有了那些善行才有了被谥为'文'的资格云云。"[2]

5.15 子谓子产："有君子之道四焉：其行己也恭，其事上也敬，其养民也惠，其使民也义。"

---

[1] 圉，音 yǔ。
[2] 太叔疾，卫国贵族。本段可能引自《论语集注》卷三："苏氏曰：'孔文子使太叔疾出其妻而妻之。疾通于初妻之娣，文子怒，将攻之。访于仲尼，仲尼不对，命驾而行。疾奔宋，文子使疾弟遗室孔姞。其为人如此而谥曰文，此子贡之所以疑而问也。孔子不没其善，言能如此，亦足以为文矣，非经天纬地之文也。'"

【译解】

孔子私下评价子产说:"子产身上符合君子之道的行为有四点,自己持身恭谦,事上谨恪,抚育百姓爱民利民,治理人民以义正之。"

【注释】

◎行己:指自己接人待物时的行为。 ◎恭:谦逊。 ◎敬:谨恪(谨慎)。 ◎惠:爱民利民。 ◎使民也义:"使"不是役使的意思,是统御、统治的意思。"义"是指正道。

【解说】

本章是孔子在赞美子产。子产是郑国大夫公孙侨,子产是他的字。他是春秋时代的贤人。

子产担任郑国上卿,地位甚高,才能优异,但是为人谦逊,内敛俭约。他侍奉四代郑国国君,虽然权高位重,但是对君主从没有表现出不敬。郑国动乱,国君出奔,百姓困穷,他以恩惠养民。当时郑国国内强宗大族众多,有的人僭越行事,他凭借义来治理整顿。

5.16 子曰:"晏平仲,善与人交,久而敬之。"

【译解】

晏平仲是善于与人打交道的人。一般人和人交往时间长了,对他人的敬意就会衰减,而晏平仲从始至终都对人保持敬意。

【注释】

◎敬：不骄矜自负，不恃权傲物，秉持礼貌和诚意。

【解说】

本章是孔子在赞美晏平仲。晏平仲是齐国大夫，名婴，字平仲。他是春秋时期的贤人。

人与人之间交往时间久了的话，容易变得过于亲近而不庄重，并失去礼貌，还会变得容易不耐烦并欠缺诚意。

5.17 子曰："臧文仲，居蔡，山节，藻棁[1]，何如其知也？"

【译解】

臧文仲虽然是鲁国的大夫，却收藏了诸侯占卜用的大龟，在收藏龟的房间柱子斗拱上雕刻山，以表现乌龟的安静；在梁上的短柱绘饰水藻，以体现龟的纯洁。作为臣民不去做应该做的本分，却这样向鬼神献媚，怎么能被称为"智者"呢？

【注释】

◎居蔡："居"指收藏，"蔡"是大龟。古人灼烧龟甲，然后根据裂纹来占卜吉凶。　◎节：柱子上的斗拱。　◎棁：梁上的短柱，楹。

1　棁：音 zhuō。

【解说】

本章告诉我们臧文仲并不是智者。臧文仲是鲁国大夫,名辰。他当时被认为是智者。

樊迟问什么是"知"时,孔子说:"务民之义,敬鬼神而远之,可谓知矣。"(参见《雍也第六》)

5.18 子张[1]问曰:"令尹子文,三仕为令尹,无喜色;三已之,无愠色。旧令尹之政,必以告新令尹。何如?"子曰:"忠矣。"曰:"仁矣乎?"曰:"未知,焉得仁?"

"崔子弑齐君,陈文子有马十乘,弃而违之。至于他邦,则曰:'犹吾大夫崔子也。'违之。之一邦,则又曰:'犹吾大夫崔子也。'违之。何如?"子曰:"清矣。"曰:"仁矣乎?"曰:"未知,焉得仁?"

【译解】

子张问道:"楚国担任令尹一职的官员子文,虽然三度出任令尹这一高官,但是不见喜色,又三度被免去令尹之职,也没有愠色。被免去官职时,他一定会把自己担任令尹期间的政事管理情况交代给继任的令尹。您觉得如何评价像他这样的人呢?"孔子说:"把国家的事务放在首位,不去计较个人得失,

---

[1] 子张:即颛孙师,复姓颛孙,名师,字子张。孔子弟子。

因此可以说他是'忠'。"子张问："无论是人品还是行为，他都做到了别人做不到的，所以他算是仁者吗？"孔子说："所谓'仁者'是做到了心中无私，且行事举止自然合乎道的人。而现在这位子文的行为是否真的做到了仁，我不清楚。不能仓促轻易地评价说他是'仁者'。"

子张又问："齐国大夫崔子，犯上作乱，杀了齐国国君齐庄公，同僚陈文子很富有，富到家中已经养了四十匹马，但是待在有崔子这种恶人存在的国家，他感觉不安，于是放弃富贵，抛弃官职，舍弃俸禄，离开了齐国。但是到了其他国家，发现那个国家也有不忠之臣，他说'跟我国的大夫崔子没两样'，便离开了那个国家。随后他又前往另一个国家，看到这个国家的大臣还是不忠，说：'这还是跟我国大夫崔子一样。'于是又离开了这个国家。您认为该怎么评价这种人呢？"孔子说："能洁身自好，害怕被邪恶所玷污，因此可以评价说他是'清'。"子张说："能忘却富贵，不害怕贫贱，这都是人难以做到的，所以可以说他是仁者吗？"孔子说："虽说遵循了道且没有私心就可谓是仁了，不过陈文子果真是遵从了道，心中无所挂碍吗？抑或他考虑的是自己的利害安危所以才离开本国，结果看到其他国家也尽是崔子那样的人，所以才后悔了呐？这都不清楚。不能轻易地说他做到了仁。"

【注释】

◎马十乘：马四十匹。一辆车需四匹马拉，因此四匹马为一乘。"乘"是统计马车数量时的计量单位。　◎违：离开。

【解说】

本章表现了孔子不轻易用仁来赞许人。令尹子文，姓鬭，名穀於菟。[1] 令尹是楚国的官职名称，属于执政的大臣。子文是他的字。崔子是齐国大夫，名杼[2]。陈文子也是齐国大夫，名须无。"齐君"指的是齐庄公，名光。

子张喜欢关注别人难以做到的事。像子文和陈文子这两位的行为都是人难以做到的。但子张仅仅是就故事本身来谈，所以孔子认同他们的行为，但不认同他们的心。"忠""清"虽说都是心中之德，仁却是心中的全德。仁者必然具有忠、清的特质，但是具有忠、清特质之人并不一定能说是仁者。

5.19　季文子三思而后行。子闻之，曰："再，斯可矣。"

【译解】

鲁国大夫季文子无论什么事情，都是考虑再三、思前想后、反复权衡之后才行动。孔子听说这事后说："考虑过一遍

---

[1] 鬭：音 dòu。穀：音 gòu。於：音 wū。菟：音 tú。据《左传·宣公四年》记载，传说子文幼时一度被遗弃在云梦泽，一只老虎给他虎奶喝，他才活下来。"楚人谓乳'穀'，谓虎'於菟'，故命之曰鬭穀於菟。"

[2] 杼：音 zhù。

的事情，现在再多考虑一遍，对那事的善恶可否就已经可以想得很明白了。"

【注释】

◎三思："三"是指次数很多。　◎可：不是"可行"的意思，而是"已经知道"的意思。

【解说】

本章是从季文子的行为，揭示了善于思考问题的标准是什么。季文子是鲁国大夫，名行父。

程子说："为恶之人，无所思虑，如果有所思虑的话，必会去为善。但是，思虑两遍就已经很仔细了，思虑三遍的话会产生私心，反而会迷恋于私心，所以孔子讥讽了季文子考虑问题过度的举动。"季文子考虑事情如此仔细，不会犯下过失，虽然看似不错，但是在鲁宣公篡位的时候，他却不能对犯上作乱的行为加以讨伐，反而为鲁宣公出使齐国，对齐国进行贿赂。这岂不是印证了程子所谓"产生私心反而会迷恋私心"吗？因此，君子探寻道理的本源时，贵在虑事果断，不要崇尚无益过多的思考。（朱子）[1]

---

[1] 可能引自《论语集注》卷三："程子曰：'为恶之人，未尝知有思，有思则为善矣。然至于再则已审，三则私意起而反惑矣，故夫子讥之。'愚按：季文子虑事如此，可谓详审，而宜无过举矣。而宣公篡立，文子乃不能讨，反为之使齐而纳赂焉，岂非程子所谓私意起而反惑之验欤？是以君子务穷理而贵果断，不徒多思之为尚。"

5.20 子曰:"宁武子,邦有道则知,邦无道则愚。其知可及也,其愚不可及也。"

【译解】

宁武子是一位智者,在君主贤明、大臣优秀、国家无事的时候,看到可以为国效力,便出来效力;在国家被外国入侵,国内动乱之时,精明的人考虑自身安全都离开了,但是宁武子没有躲避乱世、苟且偷安,而是尽心竭力地救助君主,同时还能保全其身,他的这种做法完全就像是不晓得自身安危利害的愚人。他那种智者的行为,谁都能学得来,然而他那种愚人的行为,却是谁也学不来的。

【注释】

◎有道:治世。　◎无道:乱世。

【解说】

本章虽然称赞了宁武子能很好地应对国家有道和无道的状况,但是重点所在是"邦无道则愚"这一句。宁武子是卫国大夫,名俞。

宁武子在卫文公、卫成公两朝担任卫国官员。卫文公是有道之君,卫成公却是无道之君,最终落到把国家政权丢了的地步。(朱子)[1]

1　这里作者节引了《论语集注》卷三中朱子的话,《论语集注》的原文为:"按《春秋传》,武子仕卫,当文公、成公之时。文公有道,……成公无道,至于失国。"

5.21 子在陈，曰："归与！归与！吾党之小子狂简，斐然成章，不知所以裁之。"

【译解】

孔子为了遇见明君，推行自己的"道"而周游四方，在陈国的时候，感觉到自己的道最终是无法实现的，便叹息地说："回去吧！回去吧！我在鲁国的弟子们都胸怀大志，却不拘小节。这就好比是虽然拥有了花纹、色彩华丽而引人注目的纺织品，却不知道如何剪裁成衣裳。同样，虽然他们具有可以进取于道的资质，却不知道如何去节制，不知道如何正确地规划，所以我要回去教育他们，希望通过教育能让他们符合中正之道。"

【注释】

◎吾党之小子：意思是与我志同道合的弟子们，指孔子在鲁国的门人弟子。 ◎狂：志向远大。 ◎简：处事疏阔。 ◎斐然：有文采。 ◎成章：文采飞扬。 ◎裁：切割整齐。

【解说】

本章中写到孔子周游列国，却发现自己的"道"不能实行，便想返回鲁国，于是发出了一番感慨之辞。

孔子看到自己的"道"在当时无法实现，转而开始打算培养人才，传道于后世。既然不能遇见能够实行中正之道的人物，那么退而求其次，希望找到比其略逊一等的人。狂者志向高远，能够在道的方面有所进取，但却有可能偏离正轨，陷入异端。所以孔子决定返回鲁国，教导弟子，希望他们能够符合中正之道。

5.22 子曰："伯夷、叔齐，不念旧恶，怨是以希。"

【译解】

虽然伯夷、叔齐是爱憎分明的人，但是如果他们所憎恶的人能够改邪归正，他们就会将那人往日的坏事彻底忘掉。因此，被这二人所憎恶过的人，也不会太怨恨他们二人。

【注释】

◎不念：忘掉了。　◎旧恶：以前的不善。

【解说】

本章谈到了伯夷和叔齐二人有容纳别人的度量。伯夷和叔齐是孤竹君的两个儿子。《孟子》中说："他们二人不屑于站立在恶人的朝廷之上，也不与恶人交谈。跟乡人在一起的时候，假如那人帽子戴得不正，他俩就感觉如同玷污自己身体一般，头也不回就离开了。"[1] 他俩是有道德洁癖的人，孔子却能够看出他们有一种容纳人的度量，于是发表了这番谈话。

程子说："不计较过去的恶事，这是伯夷叔齐这种有道德

1　可能引自《论语集注》卷三："孟子称其'不立于恶人之朝，不与恶人言。与乡人立，其冠不正，望望然去之，若将浼（měi）焉。'"

洁癖的人的度量。这俩人的想法，恐怕只有孔子才能理解。"[1]

5.23 子曰："孰谓微生高直？或乞醯[2]焉，乞诸其邻而与之。"

【译解】

谁说微生高是"直"的呢？有人来跟他要点醋，因为他家里没有，他就偷偷跑到邻居家弄了点来，然后装作好像是从自己家拿出来的样子，给了那个人。这是夺人之美、售己之恩，不能说他是"直"。

【注释】

◎孰：谁。　◎直：是就说是，非就说非，有就说有，无就说无，这就是"直"。　◎与之："之"代指前面"或乞醯焉"中的"或"（意"有人"）。

【解说】

本章对"直道"之不明发出了感慨。微生（姓）高（名）是鲁国人，以"直"著称。

微生高也被叫作"尾生高"。尾生高曾经和一位女子约定在桥下相会，但是女子还没到，桥下突然涨起大水，他却没有离开，最后抱着桥下的柱子被淹死了。

---

[1] 可能引自《论语集注》卷三："程子曰：'不念旧恶，此清者之量。'又曰：'二子之心，非夫子孰能知之？'"
[2] 醯：音 xī。

5.24　子曰:"巧言令色、足恭,左丘明耻之,丘亦耻之。匿怨而友其人,左丘明耻之,丘亦耻之。"

【译解】

花言巧语,粉饰外表,过于恭敬——古代的贤人左丘明[1]认为这些行为是可耻的,丘(孔子之名)也认为是可耻的。隐藏心中的怨恨,表面装作友好,然后同自己所怨恨的人做朋友,左丘明认为这是可耻的,丘也认为这是可耻的。

【注释】

◎巧言令色:见于《学而》篇。　◎足恭:"足"是过分的意思,"足恭"就是恭敬过头的意思。　◎其人:所怨恨的人。

【解说】

本章揭示了人树立志向的时候,要以正直为贵的道理。

以"巧言令色、足恭"为耻,实际上是认为内心的邪恶、谄媚是可耻的。隐藏心中的怨恨而假装与所怨恨的人友好,以这种行为为可耻,实际上就是以内心的奸恶为可耻。

5.25　颜渊、季路侍。子曰:"盍各言尔志?"

子路曰:"愿车马衣轻裘,与朋友共,敝之而无憾。"

颜渊曰:"愿无伐善,无施劳。"

---

[1] 左丘明:春秋末期鲁国史官,《左传》的作者。

子路曰："愿闻子之志。"子曰："老者安之，朋友信之，少者怀之。"

【译解】

颜渊和季路（子路）在孔子身旁侍候。孔子说："人人都有各自的志向，你俩何不把你们的志向说来听听？"

子路说："弟子的愿望是，把所乘坐的车马，所穿的轻质暖和的毛皮衣服，和朋友共同享用，朋友用坏了我也不会感到可惜。"

颜渊说："弟子的愿望是，就算具备了很杰出的才能，也绝不向人夸耀；要是对人有过功劳，也希望自己心里不要把这看得太重。"

子路说："弟子恳请听闻先生您的志向，不知先生能否晓谕弟子？"孔子说："老夫想的是，但愿让天下所有人都能实现自己的梦想。希望赡养老人能使之安乐，以信义与朋友交往，以恩惠关怀年少者。"

【注释】

◎盍：当作"何不"二字来念。　◎敝之："之"是指"车马轻裘"。　◎伐：夸耀。　◎善：自己所能。　◎施：张大。　◎劳：功劳。

【解说】

本章体现了圣贤之志是大公无私的，而志向的大小则各随其量。季路（子路）的志向在于把东西跟大家分享，颜渊的志向在于把"善"(自己所能)与大家分享,孔子的志向则是让人人各遂其愿,各得其所。

子路有济人利物之心,颜渊有平等看待物我之心,孔子有欲使万物各得其所之心。[1]

5.26 子曰:"已矣乎!吾未见能见其过而内自讼者也。"

【译解】

人无完人,都会犯错。虽然有错,如能够改正,就能回复到无过的本性。然而,事到如今我已经绝望了。我还没有看到发现自己的过错就能在内心引咎自责的人。

【注释】

◎已矣乎:恐怕见不到而对此发出叹息。　◎内自讼:嘴上不说而内心自咎。

【解说】

本章鼓励人们勇于改正错误。

朱子说:"人有了过错而能自知者很少,知道过错而能在心中自咎者则更少。能在心中自咎的话,其悔悟之情深切,必然是能改正错误的。孔子害怕见不到这种人,因而发出了叹

---

[1] 可能引自《朱子语类》卷二十九:"子路有济人利物之心,颜子有平物我之心,夫子有万物得其所之心。"

息。这种警醒告诫学习者的用意是很深的。"[1]

5.27 子曰:"十室之邑,必有忠信如丘者焉,不如丘之好学也。"
【译解】
即便是在只有十户人家的小邑,也必然会有像丘这样忠厚信实的人吧。普天之下大概也会有几个这样的人。只是,其他人依赖于好的禀性,却没有像丘这般热爱学习、把气力花在养成这种好禀性上。这实在是令人感到可悲的事情。
【注释】
◎十室之邑:十户人家的邑,邑中最小的一种。
【解说】
本章说明了不要依赖气质之美而应勤勉于学问的道理。
朱子说:"禀性气质好的人是容易找到的,但是这种人却难以领悟终极之道。学习而达到最高境界,则能够成为圣人。不学习的话,则不免成为凡人。对此不得不进行勉励。"[2]

---

[1] 可能引自《论语集注》卷三:"人有过而能自知者鲜矣,知过而能内自讼者为尤鲜。能内自讼,则其悔悟深切而能改必矣。夫子自恐终不得见而叹之,其警学者深矣。"
[2] 可能引自《论语集注》卷三:"言美质易得,至道难闻,学之至则可以为圣人,不学则不免为乡人而已。可不勉哉?"

雍也第六

本篇凡二十八章。[1]第十四章以前与前篇相同,也是人物评论。

6.1 子曰:"雍也可使南面。"

仲弓问子桑伯子。子曰:"可也简。"仲弓曰:"居敬而行简,以临其民,不亦可乎?居简而行简,无乃大[2]简乎?"子曰:"雍之言然。"

【译解】

孔子评价弟子仲弓说:"雍(仲弓的名)是可以把他放在人君之位上治理百姓的人。"仲弓禀性宽大,不拘细节,稳重而不轻浮,因此孔子对他有这样一番评价。

仲弓寻问子桑伯子的事情,子桑伯子跟仲弓的禀性有相似

---

1 二十八章:本篇分章一作三十章。三十章的分法主要是把本章第一章(6.1)和第三章(6.3)各独立出一章。
2 大:音 tài。同"太"。

的地方，但又有不同，所以仲弓考虑根据孔子的回答，来了解子桑伯子的得失。孔子说："还算可以，是个不拘小节的人。"仲弓便对"可以放在人君之位上治理百姓"的意思产生了疑问，就说道："心中不忘记恭敬，能约束自己，行事简约，像这样治理百姓（临民）的话，事情会变得不繁琐，而百姓则可安居乐业，这难道不是很好吗？心怀简约但却不去约束自己，做事虽不烦琐，却过于简约了，不就会变得没有节制了吗？"孔子说："雍，你所言极是。"

【注释】

◎南面：人君听政时面向南面而坐。虽然讲是"可使南面"，却并不是说能够成为国君，而是指能够处理政事的意思。 ◎可也：前面也出现过。讲起来是"还行吧"，也就是还不够的意思。 ◎简：不繁琐。 ◎敬：恭敬谨慎。 ◎大简：简约得过头了。

【解说】

本章说到了孔子认可弟子有治理百姓的资格，进而谈及了临民之道。如前篇所见，冉雍是孔子的弟子，字仲弓。子桑伯子是鲁国人，据说和《庄子》中提到的"子桑户"是同一个人，可能做的是老子一派的学问。

关于本章还有一种说法：当时治理百姓的人（临民者）过于细致苛刻，孔子看到百姓连休养生息都做不到，认为假如让冉雍这样的人来治理百姓的话，也许能拯救得了百姓，于是便说出了"雍也可使南面"这句话。

6.2　哀公问："弟子孰为好学？"孔子对曰："有颜回者，好学，不迁怒，不贰过。不幸短命死矣，今也则亡，未闻好学者也。"

【译解】

鲁哀公问道："弟子之中真心喜好学问的人是谁呢？"孔子回禀道："有个叫颜回的，真心喜好学问。能够不断积累克己的修养，比如说，他对甲的怒气绝不会迁移到乙的身上。再如，以前犯过的错，之后不会再犯第二次。他实在是个好学的人，不幸的是他已英年早逝。现在弟子之中没有好学之人了，也没有听说天下还有喜好学问的人了。"

【注释】

◎学：很明显，指的是完善人格的学习。　◎迁怒：满腔怒火，乱发脾气。　◎短命：据说颜渊三十二岁便死了。

【解说】

本章中孔子谈到了颜渊好学的事情，并痛惜其年纪轻轻就过世了。

程子说："颜渊的怒，在物之上，而不在自己，所以不迁怒。有不善也不会不知道，如果知道了便不会再去做，所以也不会再犯同样的错误。"[1]

"译解"中采用了"今也则亡"是指在门下者,"未闻好学者"是就天下之人而言的说法。

6.3 子华使于齐。冉子为其母请粟。子曰:"与之釜。"请益。曰:"与之庾。"冉子与之粟五秉。子曰:"赤之适齐也,乘肥马,衣轻裘。吾闻之也:君子周急,不继富。"

原思为之宰,与之粟九百。辞。子曰:"毋。以与尔邻里乡党乎?"

【译解】

孔子的弟子子华,为孔子而出使齐国。同门冉子为子华的母亲向孔子讨些粟米。如果子华家中老母的生活难以为继的话,就算冉子不来讨要,孔子也会主动给她粟米。但是,子华家境富裕,所以没有给粟米的必要。不过孔子没有直接拒绝冉子的请求,只说:"给一釜(八斗四升)粟米。"冉子觉得太少了些,又请求多给些。孔子说:"给一庾(一石六斗)粟米。"冉子担心还是太少了,于是依照自己的想法给了五秉(八十石)粟米。孔子说:"赤(子华的名)去齐国期间,乘肥马,穿轻裘,赤的家

---

[1] 这是程颐之语,可能引自《论语集注》卷四:"程子曰:'颜子之怒,在物不在己,故不迁。有不善未尝不知,知之未尝复行,不贰过也。'"又见于《河南程氏经说》卷六。

境算富裕的。据老夫所知,有句话叫作'有德之人应该去周济贫穷者,而不是去帮助富人使其更加富有。'"冉子给子华家粟米是让富人更富,孔子教导说这不是君子用财之道。

原思担任孔子家宰(官职)的时候,孔子给他九百粟米的俸禄。粟米九百是当时官员的薪水,原思受之无愧,可是他推辞了。孔子说:"无需推辞,这是你应得的报酬。如果家里用不完的话,分给你邻里乡党中贫困的人不是也很好吗?"

【注释】

◎益:增加。　◎适:往。　◎周急:周济贫穷。"周"是补不足之意。　◎继富:让富的更富。"继"是继有余之意。　◎宰:指家臣的长官、地方官等。　◎粟九百:没有说明量,故而不可考证具体是多少。　◎毋:不要推辞。　◎邻里乡党:五家为邻,二十五家为里,一万二千五百家为乡,五百家为党。

【解说】

本章展现了孔子用财从义的道理。冉子不当与而与之,子华不当受而受之,原思不当辞而辞之,皆不得事宜。

子华是孔子的弟子公西(姓)赤(名)的字。冉子即冉有。原思是孔子的弟子,名宪,是个贫而乐道之人。

邻里乡党在我住所附近,所以有互相救济的义务。

6.4　子谓仲弓曰:"犁牛之子,骍且角,虽欲勿用,山川其舍诸!"

【译解】

孔子评价弟子仲弓说:"虽然犁牛不能作为牺牲在祭神时使用,但是假如其所产下的牛犊毛色为红色,牛角是完整的,就算挑选祭品牺牲的人,会因为老牛不够格而不考虑用其子为牺牲,可山川之神必然不会嫌弃,而是会接受这牛犊作为牺牲吧!"这里打了个比方,借此说明即便父亲卑贱、行径恶劣,但是不能废其子之善,所以像仲弓这样的贤德之士,也可为世所用。

【注释】

◎犁牛:毛色驳杂的牛。　◎骍:赤色,周人崇尚赤色,故牺牲用骍。骍的字音是星。　◎山川:谓山川之神。

【解说】

本章中孔子私下褒扬了弟子仲弓的贤德。

本章是评论仲弓,而不是和仲弓交谈。这里遵循朱子之说进行了解释。[1]

6.5　子曰:"回也其心三月不违仁。其余则日月至焉而已矣。"

【译解】

颜回在三个月长的时间里,其心也不会违背仁德。其他的

---

[1] 《论语集注》卷三载朱子云:"然此论仲弓云尔,非与仲弓言也。"

弟子，其心或者是一天之内能够做到一次仁，或者只是一个月内能够做到一次仁，不能持久。

【注释】

◎三月：指很长时间，三个月后也未必违背。　◎仁：心之全德。　◎不违仁：心无私欲而有仁德。　◎其余：指颜渊之外的其他弟子。　◎日月至焉：指达到仁的时间是暂时的。

【解说】

本章赞扬了颜渊，又勉励了诸位弟子。

所谓"日月至焉"，也有人认为是指一日之内、一月之内心都能达到仁的境界。

6.6　季康子问："仲由可使从政也与？"子曰："由也果，于从政乎何有？"

曰："赐也可使从政也与？"曰："赐也达，于从政乎何有？"

曰："求也可使从政也与？"曰："求也艺，于从政乎何有？"

【译解】

季康子问："可以让仲由（子路）处理政事吗？"孔子说："由是个有决断力的人，所以让他处理政事也无妨。"

季康子问："可以让赐（子贡）处理政事吗？"孔子说："赐是通达事理的人，所以让他处理政事也无妨。"

季康子问："可以让求（冉有）处理政事吗？"孔子说：

"求多才多艺,所以让他处理政事也无妨。"

【注释】

◎从政:做大夫履行政务。　◎果:决断。　◎达:通达事理。　◎艺:才能很多。

【解说】

本章中孔子回答了季康子的问题,举出了三位弟子所长,并说他们各自都可以处理政事。

有决断力者可决大疑,定大事;通达事理者不执着、不停滞;多才能者善于处理繁杂之事。这三人之才虽皆可从政,但季康子却不知取其所长而用之。

6.7　季氏使闵子骞为费[1]宰。闵子骞曰:"善为我辞焉。如有复我者,则吾必在汶上矣。"

【译解】

鲁国权臣季氏派人召见孔子的弟子闵子骞,想让他做自己的领地费的地方官。闵子骞对季氏的使者说:"请好好地为我辞去此职。如果还要再次召唤我,我必然会离开鲁国,前往齐国。"闵子骞以此表达不想出任季氏官职之意。

1　费:音 bì。

【注释】

◎复我:再度来召唤我。 ◎汶:河水名,在齐之南、鲁之北的边境上。

【解说】

本章记录了闵子骞不愿做无道者家臣的事情。

闵子骞是孔子的学生,名损,字子骞。是以德行著称的人物。

在山东沂水县西北七十里有闵公山,传说是闵子骞躲避召见的藏身之处。

6.8 伯牛有疾,子问之。自牖[1]执其手曰:"亡之。命矣夫!斯人也,而有斯疾也!斯人也,而有斯疾也!"

【译解】

伯牛生病的时候,孔子前往探视。孔子从伯牛的窗外伸手握着伯牛的手,说道:"已经快不行了。真是天命呀!这样的人竟然得了这种病!这样的人竟然得了这种病!"孔子反复叹息着。

【注释】

◎亡:死亡。 ◎命:天命。 ◎斯人:有这样德行的人。 ◎斯疾:这种绝症。

---

1 牖:音 yǒu。

【解说】

本章可以看出孔子和弟子师徒情深。伯牛是孔子的弟子,姓冉,名耕,字伯牛,是以德行闻名的人。有一种说法认为伯牛当时得了癞病。

根据礼制,虽然病人通常住在室内北边的墉[1]之下,但是如果有君主来探望的时候,则将病人暂时移至南边的窗户之下,头朝东枕着,便于君主可以在室内面朝南边看望病人。伯牛家人在孔子来探望的时候,为了表示对孔子的尊重而使用了君主探视病人时的礼制,孔子为了避免担受这种礼制,没有进入室内,而是从窗户外握着伯牛的手,跟他永诀了。

6.9 子曰:"贤哉回也!一箪食,一瓢饮,在陋巷。人不堪其忧,回也不改其乐。贤哉回也!"

【译解】

颜回真是个聪明贤能之人!他每天吃的只是一竹篓的饭,喝的只是一瓢水,住的是狭小巷子中的简陋房舍。若是过这样的生活,其他人会不堪贫困之忧,而颜回则处之泰然,未曾改变心中的真乐,其修养实在是他人所不及的。颜回真是个聪明贤能之人!

---

1 墉:音 yōng。墙。

【注释】

◎贤哉回也：正常的语序本应是"回也贤哉"，但是现在改变了语词的位置，把"贤哉"放在了前面说，由此也可以知道孔子大为激赏的地方在哪里了。　◎一箪食：指食物很少。"箪"是用竹子做的盛饭的器具。"食"是饭。　◎一瓢饮：指喝的很少。"瓢"是将葫芦劈成两半而制成的盛水器具。　◎陋巷：狭窄的巷子。可知家也是很小的。　◎其忧：指过着"一箪食，一瓢饮，在陋巷"的贫困生活之忧。　◎其乐：的的确确是以自己心中之道为乐。

【解说】

本章称赞了颜渊之贤。

颜渊不因贫富而改其乐，所以才被称赞为"贤哉回也"。

6.10　冉求曰："非不说子之道，力不足也。"子曰："力不足者，中道而废。今女画。"

【译解】

冉求说："我内心并非不喜欢先生的教诲。我秉性愚钝，虽想遵从您的教诲，但是力有所不足。"孔子劝诫他说："所谓力不足者，是用力进取，却在中途因力不足而被迫放弃的人。而你是虽有力，却无进取之心，所以从一开始就限定了自己的能力，谈不上是力不足者。"孔子这是在勉励他要进取以求道。

【注释】

◎废：停止。　◎女：汝。　◎画：诸如走路的时候，从一开始就限定自己只走多少里。

【解说】

本章中孔子告诫勉励了冉求。

胡寅说："冉求听闻孔子称赞颜渊'贤哉回也'，于是讲出了本文中的这段话，但是冉求如果真的是以孔子之道为乐，必会尽其心力以求之，又怎么会担忧力不足呢？自己限定自己的能力，不图进取，那就只会一天天退步。这就是冉求只是被孔子评价为'求也艺'（见于本篇）的原因所在。"[1]

6.11　子谓子夏曰："女为君子儒！无为小人儒！"

【译解】

孔子跟子夏说："你做学问的话，务必要成为追求完善自身人格的君子式的学者！不可以做为了给别人知道的小人式的学者！"

【注释】

◎女：汝。　◎儒：学者的通称。"君子儒"追求的是自

---

[1] 可能引自《论语集注》卷三，不过宇野哲人在引用时做了改动。《论语集注》的原文为："胡氏曰：'夫子称颜回不改其乐，冉求闻之，故有是言。然使求说夫子之道，诚如口之说刍豢，则必将尽力以求之，何患力之不足哉？画而不进，则日退而已矣，此冉求之所以局于艺也。'"

身人格的完善。"小人儒"追求的是让自己为他人所知。

【解说】

本章是告诫子夏,让他知道做学问需要用心的地方。

据说这大概是子夏第一次见到孔子时发生的事情。

6.12　子游为武城宰。子曰:"女得人焉尔乎?"曰:"有澹[1]台灭明者。行不由径,非公事,未尝至于偃之室也。"

【译解】

孔子的弟子子游,做了鲁国武城的地方官。为政之中以获得人才为要务,所以孔子问道:"你找到像样的人了吗?"子游说:"有个叫澹台灭明的人。走路一定要走大道而不抄捷径,如果不是因为公事,不会来我的房间。"在此称赞了澹台灭明是行为端正而心有所守的杰出人物。

【注释】

　　◎宰:地方官。　◎女:汝。　◎焉尔乎:这三个字是助词。　◎径:小的捷径。　◎偃:子游之名。

【解说】

本章讲述了贤者选人之道。

澹台(姓)灭明(名),字子羽,武城人。他是孔子的弟

1　澹:音 tán。

子，虽然容貌丑陋，但是德行优异。

不走捷径，则行动举止必从正道，由此可知其没有见小事而欲速成之心。如非公事则不面见地方官，由此可知其有所自守；且无屈己从人之私心。（朱子）[1]

持己以澹台灭明为法，则不会遭人鄙视而受辱。选人以子游为法，则不会因受坏人献媚而迷惑本心。（朱子）[2]

6.13 子曰："孟之反不伐，奔而殿。将入门，策其马曰：'非敢后也，马不进也。'"

【译解】

人容易自矜其功，但孟之反即使有功也不夸耀。打仗失败了，自己在军队最后面，一边防备敌军，一边掩护自己人撤退，这也是一种功劳。孟之反在鲁军败走之际，自己殿后，以防敌军追击，同时掩护同伴撤退。将要进入鲁国城门的时候，他鞭打着自己的马，而且还说道："我这不是在殿后，是这马不肯往前跑。"他一点都不夸耀自己的功劳。

【注释】

◎伐：夸耀。　◎奔：败走。　◎殿：在军队最后面。军

---

[1] 可能引自《论语集注》卷三："不由径，则动必以正，而无见小欲速之意可知。非公事不见邑宰，则其有以自守，而无枉己殉人之私可见矣。"
[2] 可能引自《论语集注》卷四："愚谓持身以灭明为法，则无苟贱之羞；取人以子游为法，则无邪媚之惑。"

队后撤之时在队伍最后面，防御敌军，保卫同伴。

【解说】

本章称赞了孟之反的谦让之心。

孟之反是鲁国的大夫，名侧。鲁哀公十一年，鲁国与齐国交战，鲁军被齐军击退溃逃，齐军紧追其后，孟之反自己殿后，防御追击的齐军。

谢良佐说："如果人没有自以为比别人了不起的心态，那么私欲会日渐减少，正道则日渐显明，也就不会有骄傲自满之类的事情了。做学问却不知道修己的人，常常有想要比他人了不起的心态，并且时刻将此惦记于心。像孟之反这样的人，堪称好榜样。"[1]

6.14 子曰："不有祝鮀[2]之佞而有宋朝之美，难乎！免于今之世矣！"

【译解】

世道衰落，人都喜好谄谀，悦于美色，如果没有祝鮀那般的巧舌如簧，又没有宋朝那样的美丽容貌，那么在今世就难免遭他人憎恶了。

---

1 可能引自《论语集注》卷三："谢氏曰：'人能操无欲上人之心，则人欲日消、天理日明，而凡可以矜己夸人者，皆无足道矣。然不知学者欲上人之心无时而忘也，若孟之反，可以为法矣。'"又见于《论语精义》卷三下。
2 鮀：音 tuó。

【注释】

◎免：免遭他人之憎恶。

【解说】

本章悲叹世道衰落，人皆喜好谄谀，悦于美色。

祝鲍是卫国大夫，字子鱼。"祝"是官名，执掌事神求福之职，"鲍"是人名，他是能言善辩之人。宋朝是宋国的公子，名朝，容貌俏丽。

不好直言而好谄谀，不悦于德而悦于色，这些是衰世常有的景象。

6.15 子曰："谁能出不由户？何莫由斯道也？"

【译解】

不论什么人从家里出来没有不经过门户的，然而是什么原因，让人在行事之时却没有遵循其道？事物都有其应有之道，人必须遵循其道而行。出入尚且知道经由门户，行事却不遵循其道，这实在让我难以理解。

【注释】

◎由：行走。　◎户：门户，出入口。　◎何莫：怪而感叹之辞。　◎斯道：指事物具有其应有之道。

【解说】

本章感叹人远离了道。

洪兴祖[1]说:"人都知道从家里出来时必会经由门户,却不知道行事之时要经由道。这不是因为道离人远去,而是人自己远离于道。"[2]

6.16 子曰:"质胜文则野,文胜质则史。文质彬彬,然后君子。"

【译解】

质实超过了文采,就变得像乡下人一般。文采超过了质实,就会变得像执掌文书的官吏一般。文采和质实不偏不倚、均匀配比,才算是人格完善的君子。

【注释】

◎野:野人,换言之,也就是指乡下人、粗鄙之人。 ◎史:执掌文书的官吏,见多识广,谙熟事务,但"诚"有所不足。 ◎彬彬:物相杂而两者适均之貌。 ◎君子:人格完善的人。

【解说】

本章论述了文与质均衡的问题。

这里所谓"质"是指内心忠信诚实,所谓"文"则是指言语举止得体优雅。都是就学习者本身而言。

---

[1] 洪兴祖(1090—1155),字庆善,号练塘,丹阳人。著有《论语说》《楚辞补注》《楚辞考异》等。
[2] 可能引自《论语集注》卷三:"洪氏曰:'人知出必由户,而不知行必由道。非道远人,人自远尔。'"

6.17 子曰:"人之生也直。罔之生也幸而免。"

【译解】

人活着就有应该活下去的道理,这个道理就是所谓的"直",即仁、义、礼、智等本心自然流露而未被屈曲的东西。假使无视此理,不"直"的话,便失去了生存应有的原则,无法保全性命。倘使如此尚能苟全性命者,也只不过是侥幸免于死亡而已。

【注释】

◎罔之:不直。　◎幸:侥幸。　◎免:免于死亡。

【解说】

本章提醒人注意不直。

"直"虽说也解释为是遵循天下普遍认同的好恶,不用私心之意,但是此处还是要解释为恻隐、辞让、羞恶、是非等本心之自然流露、无所屈曲之意。

6.18 子曰:"知之者不如好之者,好之者不如乐之者。"

【译解】

人践行人之为人应有之道,有深浅厚薄的区别。有志为学之人必专务于达到极致。知有此道者,比不知者要强,但是却比不上喜好此道的人,而喜好道的人又比不上乐道之人。

【注释】

◎之:指人之为人的道。

【解说】

本章鼓励人进取学问。

张敬夫[1]说:"拿五谷来打个比方,'智者'是知道五谷可食之人,'好者'是吃了还爱吃的人,'乐者'是爱吃还吃饱了的人。如果知道了却不能喜好,那就是因为知道得还不够;喜好了却不能达到'乐之'的程度,那就是因为喜好得还不够。正是为此,古代的学习者们才自强不息的吧?"[2]

6.19 子曰:"中人以上,可以语上也。中人以下,不可以语上也。"

【译解】

天分、学力是中等以上的人,可以教授他上等的高深道理。但是天分、学力是中等以下的人,不可以教授他上等的高深道理。

---

[1] 张敬夫(1133—1180),即张栻,字敬夫,后避讳改字钦夫,又字乐斋,号南轩,学者称南轩先生,谥曰宣。曾主教岳麓书院。其学承二程之说,朱子也深受他的影响。著作有《南轩先生论语解》《南轩先生文集》等。
[2] 可能引自《论语集注》卷三:"张敬夫曰:'譬之五谷,知者知其可食者也,好者食而嗜之者也,乐者嗜之而饱者也。知而不能好,则是知之未至也;好之而未及于乐,则是好之未至也。此古之学者,所以自强而不息者欤?'"又见于《癸巳论语解》卷三。

【注释】

◎语：告诉。就教诲人而言。

【解说】

本章讲到教育人的时候，必须根据对方的天分，因材施教。

就算跟中人以下之人谈论了高深的道理，也不能让其理解这种道理，反而会陷入到一种弊端，那就是胡乱追求高深的东西，在对自身不切用的方面花费力气，结果还是停留在中人以下的水平。所以要就其能力之所及而教之，让他自己研究，渐次进入到高深的阶段。

6.20 樊迟问知。子曰："务民之义，敬鬼神而远之，可谓知矣。"

问仁。曰："仁者先难而后获，可谓仁矣。"

【译解】

樊迟向孔子求教什么样的行为可以被称作"智"呢？孔子说："专心致力于人应该践行的道，尊敬鬼神，对之进行祭祀，但不做狎昵亲近鬼神以求福报之类的事，这就可谓是'智'了。"

樊迟又问什么样的行为可说是"仁"呢？孔子说："因为仁者心无私欲，必然先去努力完成自己不容易践行的义务，以后再考虑其功效。如果做到这样的话，可谓是'仁'了。"

【注释】

◎知：指聪明。　◎民之义：人所应致力从事的道。民是人的意思。　◎务：尽力之意。　◎敬：诚心敬意地祭祀。　◎远之：不做献媚求福之类的事情。　◎仁：无私欲。

【解说】

本章围绕仁和知进行了讨论。一般认为，由于樊迟有考虑得失又迷信鬼神的缺点，孔子为了提醒他才那样回答。

"务民之义，敬鬼神而远之"意思是知道为人之道等应该知道的事，不被鬼神等不需知道的事物所迷惑，所以是"智"。"先难而后获"意思是由于内心一意遵道，不掺杂私情，所以是"仁"。

6.21　子曰："知者乐水，仁者乐山。知者动，仁者静。知者乐，仁者寿。"

【译解】

天下有可被称为智者的人，也有可被称为仁者的人。智者通达事理，其心如水，不断奔淌，故其所好在水；仁者安于义理，其心如山，稳重安固，故其所好在山。智者不滞留于物，内心活跃；仁者自内而外不为物所烦扰，心灵安谧。其结果是智者之心常乐，而仁者永葆天年。

【注释】

◎动、静：两者皆就本体而言。　◎乐、寿：两者皆就效果而言。

【解说】

本章谈到了智者和仁者人品不同的地方。

程子说:"'知'是水流通之貌,'仁'是山安定之貌。动与静是仁和知的本体,动则自然快乐,静则自然寿命长。"[1]

6.22 子曰:"齐一变至于鲁。鲁一变至于道。"

【译解】

今天的齐国一变,改变过去专心致力于建功谋利的状态,转而注重礼仪教化;改变过去夸耀欺骗的状态,转而尊崇信义,如此一来便会达到今日鲁国的水准。今天的鲁国一变,振兴衰微的政治,复兴颓废的风俗,如此一来便会达到先王尽善尽美之道了。两国的执政者必须改变现状。

【注释】

◎齐、鲁:就孔子之时的齐国和鲁国而言。　◎道:先王之道。理想化的道。

【解说】

本章是期望齐鲁二国迅速变革,达到先王尽善尽美之道。

---

[1] 可能引自《论语集注》卷三:"知者达于事理而周流无滞,有似于水,故乐水;仁者安于义理而厚重不迁,有似于山,故乐山。动静以体言,乐寿以效言也。动而不括故乐,静而有常故寿。"

姜太公治理齐国、周公旦治理鲁国之时，都是以先王之道来治理的。但是到了孔子之时，齐国人人专务于建功谋利，喜欢夸耀功劳、诈取仁义；而鲁国虽说也已经不同往昔，但是人民尚且重视礼仪教化，尊崇信义，犹有先王遗风。

同样是说"一变"，齐国的"一变"是指改革，鲁国的"一变"是指振兴。

6.23 子曰："觚[1]不觚。觚哉？觚哉？"

【译解】

所谓觚这种器具是因为有棱角所以得名，但是今天被叫作觚的物品却没有棱角了。这还能叫作觚吗？这还能叫作觚吗？

【注释】

◎觚哉：意思是不能再称作觚了。

【解说】

本章借用觚来感叹当时名不副实的东西很多了。觚一说是棱，一说是酒器，一说是木札。都是有棱角的物件。

程子说："举一个器物为例，以此说明天下之物都是如此有名无实。所以人君没有尽人君之道，则不可为人君；臣子没有尽臣子之职，则不配为人臣。"范祖禹说："人而不仁则不是

---

1 觚：音 gū。

人,国家得不到治理则国将不国。"[1]

6.24 宰我问曰:"仁者虽告之曰井有仁焉,其从之也?"子曰:"何为其然也?君子可逝也,不可陷也;可欺也,不可罔也。"

【译解】

宰我问道:"仁者时刻留心奉行慈爱,所以即便他人欺骗他说:'有人掉到井里了。'那么仁者也要赶快进入井中去施救吗?"孔子说:"虽然仁者应该想着去救人,但是怎么可能进入没人的井中去救人呢?仁者是人格完善的君子。可以让君子去井里,可是不能骗他去井里。仁者遵循义理而动,所以可以用道理去欺骗他,但不可能用无理之事去蒙骗他。因此,无论怎样践行仁都是不会陷入危害之中的。"

【注释】

◎仁者:有仁爱的人。 ◎井有仁焉:这里的"仁"可以看作"人"字。指人掉进井里。 ◎从之:去救落井的人。"之"代指落井的人。 ◎君子:指仁者。 ◎欺:用有道理的话去骗人。 ◎罔:用道理上不可能成立的事物去蒙骗人心。

---

[1] 可能引自《论语集注》卷三:"程子曰:'觚而失其形制,则非觚也。举一器,而天下之物莫不皆然。故君而失其君之道,则为不君;臣而失其臣之职,则为虚位。'范氏曰:'人而不仁则非人,国而不治则不国矣。'"此处"程子"当为程颐。范祖禹之言又见于《论语精义》卷三上。

【解说】

本章中宰我担心践行仁也许会陷入危局,于是假设了一种情形来请教孔子,对此孔子解释说仁者绝不会陷入危局之中。

正是因为身在井上,才可以救井中之人,但是如果自己进入井中的话,便不能再把人救出来了。这是甚为明白的道理。虽然仁者欲图救人的心情很迫切,不会去考虑自身的利害安危,但即便如此也不能愚蠢到慌慌忙忙地就跳入井中。(朱子)[1]

6.25 子曰:"君子博学于文,约之以礼,亦可以弗畔矣夫!"

【译解】

道散见于文,而会合于礼。君子广泛地学习文而拓展智慧,以礼约束行为做事,即便不能说已经符合道了,但是也能做到不背离于道。

【注释】

◎文:指诗书礼乐中的道。　◎礼:指得其中庸而可守的道。　◎畔:背离。背离于道。

---

[1] 可能引自《论语集注》卷三:"盖身在井上,乃可以救井中之人;若从之于井,则不复能救之矣。此理甚明,人所易晓,仁者虽切于救人而不私其身,然不应如此之愚也。"

【解说】

本章揭示了追求道的方法。

"博学于文,约之以礼"缩略为成语"博文约礼","博文"是指智慧方面,"约礼"是指行为方面。

6.26 子见南子。子路不说。夫子矢之曰:"予所否者,天厌之!天厌之!"

【译解】

孔子在卫国的时候,曾经谒见过卫灵公的夫人南子。孔子的门人子路认为南子是品行不端之人,不应该去见,于是以孔子见南子为耻,感到不悦。孔子发现了这一点,便用发誓的口吻对子路说道:"老夫的行为如果有不符合礼制、未按照正规途径来行事的地方,天会惩罚老夫、抛弃老夫!天会抛弃老夫的!"

【注释】

说:同"悦"。 ◎矢:发誓。 ◎所否者:指不合于礼、不由其道之处。 ◎厌:弃绝。 ◎天厌之:"之"指代前面提到的"予"。

【解说】

本章讲到了孔子遵从礼制按照正规的途径,谒见了品行不端的卫灵公夫人的事情。

南子是卫灵公的夫人,她品行不端。孔子进入卫国的时候,南子说想见见孔子,孔子一度推辞,但是古代如果在该国当官,就有面见国君夫人的礼制,故而孔子去见了她。

关于本章的说法有好多种,这里的解释采用了朱子的说法。

6.27 子曰:"中庸之为德也,其至矣乎,民鲜久矣。"

【译解】

德是任何人都具备的东西,而无过、无不及、平正而恒常不变的中庸之德,实在是无可挑剔的至极至高之德。然而,世道衰落,人们所为所知,或是做得过头,或是做得不到位,中庸之德缺失已经很久了。真是可惜可叹。

【注释】

◎中庸:中是没有过多也没有不足。庸是平正而恒常不变。 ◎民:指普通人。 ◎鲜:缺少中庸之德。

【解说】

本章有感于人们丧失了中庸之德而发出叹息。

孔子之学以中庸为贵。

6.28 子贡曰:"如有博施于民,而能济众,何如?可谓仁乎？"子曰："何事于仁？必也圣乎？尧舜其犹病诸。夫[1]仁者，己欲立而立人，己欲达而达人。能近取譬，可谓仁之方也已。"

【译解】

子贡说："如果有人广施恩惠于民，救济天下百姓，如何评价其德呢？可以说是仁吗？"孔子说："岂止是仁？必有圣人之德，处天子之位，方才能完成这样的事情吧？然而就算是尧舜这样的大圣人尚且要说这不容易做到，并会为此忧心。如果因为做不到难以做到的事，就认为是不仁，仁就愈发难以追求到了。毕竟仁者是把别人和自己视为一体的人。自己想去立的，同时希望别人也能立；自己想达到的，同时希望别人也能达到。仁者之心就是这样。所以求仁的人，是希望做出广施于民、救济众人的高尚远大之事的。而能近取诸身，以己所欲，将心比心，知他人之所欲也是如此，从而推己之所欲而及于人，设身处地替他人着想，这便是'求仁'的方法了。"

【注释】

◎必也圣乎：圣，有圣人之德，处天子之位。乎，疑而不决之辞。　◎病：认为做不到而感到忧虑。　◎立：指立身立志之类。　◎达：指通达事理，行事成遂。　◎近取譬："近"指的是自身，与博施济众之类高远之事相对。　◎仁之方：

---

[1] 夫：音 fú。发语词。

"方"是方法手段。

【解说】

本章教诲人求仁应于浅近之处开始的道理。孔子的回答可分为三段:第一段是批评子贡在高远之处寻求仁,其次一段是说明仁者之心,最后一段阐述了求仁的方法。

吕大临说:"子贡虽有行仁之志,徒事高远,却不知道行仁的方法,因此孔子教导他要于己取之的道理。务必从浅近之处进入仁。这是行仁的方法,而'博施于民,而能济众',也是由此进取的。"[1]

---

[1] 可能引自《论语集注》卷三:"吕氏曰:'子贡有志于仁,徒事高远,未知其方,孔子教以己取之。庶近而可入,是乃为仁之方。虽博施济众,亦由此进。'"又见于《论语精义》卷三下。

述而第七

此篇多为孔子自谦、诲人之辞,记录了孔子的容貌、行为等。本篇凡三十七章。[1]

7.1 子曰:"述而不作,信而好古。窃比于我老彭。"

【译解】

老夫传授古人已经说过的话,仅仅是传述而已,而古人没有说过的我不会去自由发挥。古人的创作之中具备了所有的理,老夫对其深信不疑、笃好不厌。以前,殷商有位叫老彭的贤人,传述古人的言论,并深信笃好,老夫私下把自己与老彭相比,也是像他那样在做。

【注释】

◎述:传授已经有的东西,然后将其发表出去。 ◎作:把尚且没有的东西创造出来。 ◎窃比:敬重老彭而这样

---

[1] 三十七章:本篇在有些《论语》版本中分为三十八章,主要是把第九章(7.9)分为了两章。

说。 ◎我：表示拉近关系之意的用词。

【解说】

本章阐述了孔子对发表自己意见的态度。

"作"是若非圣人而不能为，"述"则是次于圣人的贤人也可为。孔子删《诗》《书》，定《礼》《乐》，明《周易》，修《春秋》，传授的都是先王的业绩，都不是他自己的创作，所以有了上文中的那番讲话。想来他不仅没有把自己放在圣人的地位上，而且也不敢明显地自附于古代的贤人。其德愈盛，而心愈谦，他自己也没有意识到自己的言辞是很谦逊的。但是，当时担当创作之任的圣人基本上都已经出现过了，孔子是集众多圣人之大成而折中各家之说。其事虽是"述"，但是其功则倍于"作"。这一点不能不知道。（朱子）[1]

7.2 子曰："默而识[2]之，学而不厌，诲人不倦，何有于我哉！"

【译解】

听闻了事物的道理，口中默默不言，铭记在心中不曾忘却；喜好学习并且不感到厌烦；教诲别人没有倦怠。老夫反躬

---

[1] 可能引自《论语集注》卷四："故作非圣人不能，而述则贤者可及。……孔子删《诗》《书》，定《礼》《乐》，赞《周易》，修《春秋》，皆传先王之旧，而未尝有所作也，故其自言如此。盖不惟不敢当作者之圣，而亦不敢显然自附于古之贤人，盖其德愈盛而心愈下，不自知其辞之谦也。然当是时，作者略备，夫子盖集群圣之大成而折衷之。其事虽述，而功则倍于作矣，此又不可不知也。"

[2] 识：音zhì。

自省，觉得这三件事我都没有做好。

【注释】

◎默而识之："默而识"是指口中不言而存之于心。"识"就是记。"之"是指道理。

【解说】

本章孔子流露出自己追求道而尚未能见之于心的情况。是谦逊之辞。

"识"是记住了已经领悟到的东西。"学"是学习尚未领悟到的东西。"诲"是希望别人和我同样能领悟到东西。

7.3 子曰："德之不修，学之不讲，闻义不能徙，不善不能改，是吾忧也。"

【译解】

固有的仁、义、礼、智等德行的修养，还未达到完善；应当努力弄懂的学问，研究得尚不明白；听闻到了善，还不能尽快地身体力行；有了不善，还不能改正。这四点都是老夫深感忧虑的事。

【注释】

◎德：指仁、义、礼、智等德行。　◎修：克制私欲完成德的修行。　◎学：指诗、书、礼、乐之类。　◎讲：通过研究而明白道理。　◎义：解释为善的意思。

【解说】

本章中孔子自谦并教诲人应当日新。

尹焞说:"德必修而后成,学须讲而后明,见善而能徙,改正过错毫不犹豫。这四条是日新其德之中最紧要的事情。如果不能做到,圣人尚且担忧,修行之人则更应忧虑了。"[1]

7.4 子之燕居,申申如也,夭夭如也。

【译解】

孔子在闲暇无事之时,身体舒展,面色愉悦。

【注释】

◎燕居:闲居无事。没有事上接下、进行祭祀、应对宾客的时候。 ◎申申如:身体舒展、悠然自得。 ◎夭夭如:脸色看上去平和、愉悦。

【解说】

本章是门人记述的孔子闲暇无事时的容态。

孔子内具盛德,故能发之于外,任何情况下其容貌神色皆得其宜。

---

[1] 可能引自《论语集注》卷四:"尹氏曰:'德必修而后成,学必讲而后明,见善能徙,改过不吝,此四者日新之要也。苟未能之,圣人犹忧,况学者乎?'"又见于《论语精义》卷四上。

7.5 子曰:"甚矣吾衰也,久矣吾不复梦见周公。"

【译解】

老夫的气力衰退得很厉害了,已经很久没有在梦中见到周公了。

【注释】

◎甚矣:伤感哀叹之辞。　◎不复梦见:没有再度梦见。

【解说】

本章中孔子感叹自己衰老得厉害了。周公名旦,是周文王之子,周武王之弟。他是辅佐周成王,制定法律制度,奠定周王室基础的圣人。孔子年盛时,志欲践行周公之道,故曾在梦中见到周公,但是年老之后不能行周公之道了,已经没有再去践行周公之道的志向了,也就不能梦见周公了,所以叹息自己衰老得很厉害。

孔子年盛之时常欲行周公之道,老而志虑衰退不能为之。存道之人,其心并无老少之异,但是践行道的人身体衰老了,便衰颓了。(程子)[1]

7.6 子曰:"志于道,据于德,依于仁,游于艺。"

---

[1] 此为程颐之言。可能引自《论语集注》卷四:"程子曰:'孔子盛时,寤寐常存行周公之道;及其老也,则志虑衰而不可以有为矣。盖存道者心,无老少之异;而行道者身,老则衰也。'"又见于《河南程氏经说》卷六。

【译解】

人之为人每日当行之事便是道。知道这一点,心必然会向往这一点,而决不被邪道所迷惑。践行道而且心中领悟到的东西是德。执守住德而不丢失,那么心里会常想着实现道,德就会一天天地进步。私欲尽去而心德完全,这便是仁。依附于仁而不离于仁,那么在任何场合也不会偏离道。"志于道,据于德,依于仁",则学问之根本得以确立,进而在"游于艺"之时,穷事物之理,尽日常之务,而不失其本心。

【注释】

◎志:本心向物而行。 ◎据:执守。 ◎依:不违背。 ◎游:玩味体会而内心快乐。 ◎艺:道、德、仁等展现在事物、行为上的东西,如礼、乐、射、御、书、数等。

【解说】

本章揭示了学问修行的顺序。

学问乃立志之第一要务。若志于道,则心常处正道而不偏向他方。若据于德,则道得之于心而不会丢失。若依于仁,则德性经常能发挥作用而私欲不能兴起。若游于艺,则小物不遗,在动息之间养其德性。学习者对此四点,不要弄错先后的顺序,勿失轻(艺)重(道、德、仁)的次第,内外之间无少刻停歇而用功不已,在道理之中从容自适,在转瞬之间不知不

觉就会进入到圣贤之域。(朱子)[1]

7.7 子曰:"自行束脩[2]以上,吾未尝无诲焉。"

【译解】

如果人家以礼来求教的话,老夫至今没有一次不给予教诲的。

【注释】

◎自行束脩以上:"行"是进献之意。"束脩"是十条干肉。古代造访别人时,必然会带着见面礼前去,这是一种礼数。束脩是最微薄的见面礼,"以上"是说束脩以上有各种各样的见面礼。这是重求教之诚心而不重束脩,进献束脩是展示诚心的方式。

【解说】

本章中孔子自述有诲人之心,并勉励人来求学。

"自行束脩以上"也训读为"自以行束脩而上",解释为自己行束脩之礼来学习。

---

[1] 可能引自《论语集注》卷四:"此章言人之为学当如是也。盖学莫先于立志,志道,则心存于正而不他;据德,则道得于心而不失;依仁,则德性常用而物欲不行;游艺,则小物不遗而动息有养。学者于此,有以不失其先后之序、轻重之伦焉,则本末兼该,内外交养,日用之间,无少间隙,而涵泳从容,忽不自知其入于圣贤之域矣。"
[2] 脩:音 xiū。

7.8 子曰:"不愤不启,不悱不发。举一隅,不以三隅反,则不复也。"

【译解】

教诲人的时候,受教者只要有受教的基础,就可以施教。他如果正研究某事,希望知道那件事,但是还不能很好地理解,在没有看到他出现烦闷的状态之前,就不要启发他。如果有话想说,但还没到说不出来的地步,那还不能教他如何充分表达。事物的道理,可以通过类推得知。假如有个物体正好有四隅,那么揭示其中的一隅,应该就可以推知其他的三隅。如果即便向某人揭示了其中一隅的道理,他却还不能通过思考,揭示其他三隅的道理,这说明他还没有受教育的底子。这样再告诉他也没有什么用,也就不用再跟他解释一遍了。

【注释】

◎愤:想弄明白但还没弄明白,因而感到烦闷。 ◎启:开启。予以说明,以启发心智,让其能够明白。 ◎悱:心里明白却无法言表。 ◎发:教授其能充分表达出来。 ◎举:列举。 ◎反:通过自己的考虑,以一隅之理证明三隅之理。 ◎不复:不能再度告知。

【解说】

本章希望学习者自勉,以创造受教之基础。

程子说:"所谓愤、悱是诚意表现在表情、言辞上的东西。

等到其诚意到达后才能告诉他。既然要告诉他,那么必待其有所自得之后再告诉他。"[1]

7.9 子食于有丧者之侧,未尝饱也。子于是日哭,则不歌。

【译解】

孔子在守丧者身旁吃饭的时候,因为哀伤,始终都不会吃得很饱。孔子吊唁时恸哭,那一天之内都无法忘怀心中的哀恸,所以自然不能歌唱了。

【注释】

◎是日:指吊丧之日。　◎哭:吊丧时大声悲伤地哭泣。

【解说】

本章是孔子门人记录的孔子吊死哀亡之情。

不饱食,不歌唱,这些都是哀恸之情自然的流露。谢良佐说:"学习者从这两件事情,可以知道圣人情性正派的地方。认识了圣人的情性后,便可以开始学习道了。"[2]

7.10 子谓颜渊曰:"用之则行,舍之则藏,惟我与尔有是夫!"

---

[1] 此为程颐之言,可能引自《论语集注》卷四:"程子曰:'愤悱,诚意之见于色辞者也。待其诚至而后告之。既告之,又必待其自得,乃复告尔。'"又见于《河南程氏经说》卷六。
[2] 可能引自《论语集注》卷四:"谢氏曰:'学者于此二者,可见圣人情性之正也。能识圣人之情性,然后可以学道。'"又见于《论语精义》卷四上。

子路曰:"子行三军则谁与?"子曰:"暴虎冯[1]河,死而无悔者,吾不与也。必也临事而惧,好谋而成者也。"

【译解】

一次,孔子对颜渊说:"世上的人君如果能任用我的话,我便出仕,行用此道;世上的人君若弃我而不用,我就退隐。出仕行道也好,退而隐之也罢,只要合乎时宜,便毫不拘束于心。能够做到这样的人,只有老夫和你了吧!"

子路看到孔子单单表扬颜渊,而他对自己的勇敢很自负,于是说道:"先生指挥大国的军队作战的时候,会和谁在一起呢?"子路指望老师会回答说"和你子路在一起",不过孔子的回答让他失望了,孔子说:"空手搏击老虎,徒身涉水过河,若有做这些未曾有之事也死而无悔者,老夫不会和这种人共事。老夫希望与之共事的,必然是面对事情有谨慎畏惧之心,同时喜好以谋略成就功业的人。"

【注释】

◎用之、舍之:"之"代指"我"。 ◎有是夫:"是"指的是前面的"用之则行,舍之则藏"。 ◎行:用兵打仗。 ◎三军:一军有一万二千五百人。大国有三军。 ◎暴虎:不带武器面对老虎。 ◎冯河:不用船就渡大河。 ◎惧:不轻率地

---

[1] 冯:音 píng。

看待，当作大事而谨慎畏惧以对。　　◎成：成其谋。

【解说】

本章前段是赞扬了颜渊行藏不失其时，后段则告诫子路要向合乎义理之勇迈进。

颜渊近于圣人，和孔子一般，行藏皆合于时宜。"暴虎冯河"以下是抑制子路之勇而教诲他，用兵之道最重要的也不外乎于此了，但是子路却不懂得这一点。（据尹焞及朱子之说）[1]

7.11　子曰："富而可求也，虽执鞭之士，吾亦为之；如不可求，从吾所好。"

【译解】

人没有不渴求富贵的。如果富贵是以人力可以追求到的东西，就算让老夫手拿着鞭子为王公出入开道，做地位卑下的差事，也要去求得富贵。但是假如得到富贵是天命注定，非人力所能为的话，那只有安于我所喜好的道了。

【注释】

◎富而："而"有如果的意思。　　◎执鞭之士：王公出入时，拿着鞭子让行人避让的人，这是一种地位卑贱的差

---

[1] 可能引自《论语集注》卷四："尹氏曰：'用舍无与于己，行藏安于所遇，命不足道也。颜子几于圣人，故亦能之。'……言此皆以抑其勇而教之，然行师之要实不外此，子路盖不知也。"尹焞之言又见于《论语精义》卷四上。

役。　◎吾所好：指古代的圣人之道。

【解说】

本章为追求富贵者而发。前三句是假说，后两句是说话的真意所在。

苏东坡说："孔子没有求富的意志，故没有可求与不可求之理。然而仍这样说，是要特地表明自己是决不求富的。"[1]

7.12 子之所慎齐、战、疾。

【译解】

孔子特别注意并谨慎对待的事情有三件，那就是斋戒、战争与疾病。

【注释】

◎齐：通"斋"，在进行祭祀时，聚精凝神地与神明交流。斋戒。　◎疾：疾病。

【解说】

本章是门人列举的孔子特别慎重对待的事情。

"齐"的诚意到了或是没到，决定了神享祭或不享祭；"战"则关系着众人之生死与国家之存亡；"疾"则是自身生死存亡之所系。都是不得不慎重对待的。（朱子）

---

1 可能引自《论语集注》卷四："苏氏曰：'圣人未尝有意于求富也，岂问其可不可哉？为此语者，特以明其决不可求尔。'"

虽然孔子没有不慎重的地方，但是本章中弟子记录了其中大的方面。（尹焞）[1]

7.13 子在齐闻《韶》，三月不知肉之[2]味。曰："不图为乐之至于斯也！"

【译解】

孔子在齐国的时候，听到了齐国流传的舜的音乐《韶》。本来就一直想听的东西终于听到了，内心中产生了共鸣，于是三个月期间专致于此而别无他念，甚至不知道肉的美味了。他不知不觉地叹息道："真没想到啊！舜制作的音乐竟是如此尽善尽美呀！"

【注释】

◎《韶》：舜制作的音乐，孔子曾评价为"尽美矣，又尽善也"。[3]当时这支音乐正在齐国流传。　◎不图：意料之外的事。　◎斯：指尽善尽美。

【解说】

本章讲述了孔子听到了名为《韶》的乐曲，深受感动的事情。

---

[1] 按，以上两处朱子之说和尹焞之说均参见《论语集注》卷四："诚之至与不至，神之飨与不飨，皆决于此。战则众之死生、国之存亡系焉，疾又吾身之所以死生存亡者，皆不可以不谨也。尹氏曰：'夫子无所不谨，弟子记其大者耳。'"
[2] 按，很多版本《论语》中并没有这个"之"字。
[3] 参见《八佾第三》（3.25）："子谓《韶》：'尽美矣，又尽善也。'"

《史记》中"三月"前面有"学之"二字。如果这样的话,句意就是三个月期间学习《韶》。

7.14 冉有曰:"夫子为卫君乎?"子贡曰:"诺,吾将问之。"

入曰:"伯夷、叔齐何人也?"曰:"古之贤人也。"曰:"怨乎?"曰:"求仁而得仁,又何怨?"

出曰:"夫子不为也。"

【译解】

冉有对子贡说:"先生(指孔子)会帮助现在的卫国国君(卫出公,名辄)吗?"子贡说:"这样,我去请教一下先生吧。"

子贡到孔子的房间面见孔子,问道:"伯夷、叔齐是怎样的人呢?"孔子说:"是古代的贤人。"伯夷、叔齐二人是一个叫作孤竹的地方的国君的儿子。他们的父亲虽然留下遗言让弟弟叔齐继位,但是父亲死后,叔齐却让位给了哥哥伯夷。伯夷说:"让叔齐继位,是父亲的遗命。"于是没有接受弟弟的让位,逃跑了。可最终叔齐也没有继位,而是离开自己的国家,国人只好立中子[1]为君。他们二人后来劝谏周武王不要讨伐商纣王。周朝得到天下后,二人以食周朝的粟为耻,便隐居于首阳山,最后饿死。子贡认为卫君父子之相争与伯夷、叔齐之让

---

1 中子:排行居中的儿子。

国,这两者完全不可同日而语,因此想借询问伯夷、叔齐之事来探知孔子的真实想法。孔子认为伯夷、叔齐二人,一个能够遵从父命,一个能够尊重兄长,最后都逃离了故国,于是评价他们是贤人。子贡又问:"二人让国之后,会心生怨悔吗?"孔子说:"二人让国的目的就是追求践行仁,最终也得以实现了仁,又怎么会有怨悔呢?"子贡认为如果伯夷、叔齐让国后心生怨悔,那么卫国国君辄拒绝其父亲回国也有可以原谅的地方了,不过孔子在前面已经说了伯夷、叔齐是贤人,后面又说没有怨悔,至此子贡对孔子的想法也很清楚了。

从孔子的房间退出来后,子贡对冉有说:"先生是不会帮助卫国国君的。"

【注释】

◎为:帮助。赞成卫出公辄继位,不是帮助辄拒绝其父蒯聩[1]。 ◎诺:应答之辞。 ◎入:进入孔子的房间。 ◎怨:怨恨后悔。 ◎仁:指让国之事。 ◎出:从孔子的房间出来。

【解说】

本章讲述了子贡从孔子评论古代的人物得知,在卫君父子相争之际孔子是如何立身处世的。

"卫君"指的是卫出公辄,在其之前的国君是卫灵公。因

---

[1] 蒯聩:蒯音 kuǎi,聩音 kuì。

为世子[1]蒯聩遭到了驱逐，所以在卫灵公死后，国人拥立了蒯聩之子辄继任为卫国国君，这就是卫出公辄。那时晋国庇护了蒯聩，想立他为卫君，但是辄拒绝他父亲蒯聩返回卫国，从而出现了父子相争的局面。当时孔子在卫国，卫国人考虑到蒯聩是获罪于其父亲卫灵公的，而辄是卫灵公的嫡孙，所以辄成为国君是理所当然的事情。冉有对孔子是如何看待这一切的很是疑惑，所以询问了子贡。

君子在其国，不会去诽谤该国的大夫，更不会去诽谤该国的国君。故子贡没有直接向孔子询问卫国国君的事情，而是问了伯夷、叔齐的事情。（朱子）[2]

7.15 子曰："饭疏食饮水，曲肱[3]而枕之，乐亦在其中矣。不义而富且贵，于我如浮云。"

【译解】

吃着粗茶淡饭，喝着清水，弯着胳膊肘当枕头，过着这般穷苦的生活，内心真正的快乐就在其中了。那不义的富贵，在老夫看来就如浮云一般飘忽不定，怎么会有令人内心感动之处呢？

---

1 世子：即诸侯的儿子、继承人。
2 可能引自《论语集注》卷四："君子居是邦，不非其大夫，况其君乎？故子贡不斥卫君，而以夷、齐为问。"
3 肱：音 gōng。

【注释】

◎饭：吃。　◎疏食：粗茶淡饭。　◎饮水：不能喝茶饮酒，而是喝些清水。　◎乐：指心中的快乐。　◎其中：指过着"饭疏食饮水，曲肱而枕之"的生活。

【解说】

本章阐述了孔子认为即便身处困穷之中，内心也仍然会有真正的快乐。

孔子并不是乐于过贫苦的生活，而是就算过着贫苦的生活也不会丧失心中的快乐；并不是轻视富贵，如果是合乎义的富贵也会欣然接受，其所轻视的是不义的富贵。

7.16　子曰："加我数年，五十以学《易》，可以无大过矣。"

【译解】

如果上天再借老夫几年的寿命，让我学完《易经》的话，便能够充分地研究天地间的一切道理，就不会犯下大的过错了。

【注释】

◎加：解释为假借，借予之意。　◎五十：可能是"卒"字之误，所以"译解"中就按照"卒"字进行了解释。[1]　◎《易》：

---

[1] 按，也有观点认为"五十"是五十岁的意思。"五十以学《易》"就被解释为：到了五十岁的时候学习《易经》。

书名。可知天地间一切事物变化之理的书籍。

【解说】

本章中孔子谈到学习《易经》则会心有所悟。

朱子引用他的岳父刘勉之[1]的话说:"曾经见过其他版本的《论语》,'加'作'假','五十'作'卒'。大概是因为'加'和'假'读音相似,所以被误读了,而'卒'与'五十'字形相似,所以被错误地拆成了两个字。"这一章《史记》中写作:"假我数年,若是,我于《易》则彬彬矣。"其中"加"作"假"字,而且没有"五十"的字样。想来此时孔子已经年近七十岁,所以"五十"是误字无疑。[2]本讲义遵从了朱子之说。

7.17 子所雅言,诗、《书》、执礼,皆雅言也。

【译解】

先生常常教授谈及的,是诗、《书》和礼,这些都是常常说到的事情。诗正人情性,《书》讲述了二帝三王[3]大大小小的

---

1 刘勉之(1091—1149),字致中,人称白水先生、草堂先生。南宋建州崇安(今福建武夷山)人。一生未曾出仕,而是闭门讲学。刘勉之在宋代理学发展史上占有重要地位。朱子、吕祖谦等都是其弟子。由于刘勉之赏识朱子,于是将自己的女儿刘清四许配给了朱子。
2 可能引自《论语集注》卷四:"刘聘君见元城刘忠定公自言尝读他《论》,加作假,五十作卒。盖加、假声相近而误读,卒与五十字相似而误分也。愚按:此章之言,《史记》作'假我数年,若是我于《易》则彬彬矣。'加正作假,而无五十字。盖是时,孔子年已几七十矣,五十字误无疑也。"
3 二帝三王:二帝指尧、舜,三王指夏禹、商汤、周武王。

政事，礼则是人应执守的法度，因为这些都是适用于人们日常生活的东西，所以常常谈到这些。

【注释】

◎雅：经常地。 ◎执礼：诗、《书》、礼三者中只有"礼"前面加了个"执"字，这是因为礼是人所执守的。"执"是"守"的意思。

【解说】

本章是门人记录的孔子教育人时经常谈及的内容。

"雅言"也解释为"正言"[1]，这样就要将本章翻译为："孔子重视先王的经典，读诗和《书》，还有执掌礼的时候，不用鲁国方言而用正言读其音。"这样也说得通。

7.18　叶[2]公问孔子于子路。子路不对。

子曰："女奚不曰：'其为人也，发愤忘食，乐以忘忧，不知老之将至云尔。'"

【译解】

叶公向子路询问孔子的为人。子路想他问这要干吗呢，于是没有回答他。

1　按，"雅言"如果被解释为"正言"，那就是指当时的标准语，类似于今日的普通话。
2　叶：旧音 shè。

孔子对子路说:"你为何不这样回答他:'他那个人,如果研究事物的道理却没有弄明白的话,就一定要努力探究清楚,发愤起来甚至忘记了吃饭。事物的道理弄通了,就会开心得忘记了烦恼。如此一心好学,竟然都不晓得自己年寿增高日益衰老了。他不过就是这样的人。'"

【注释】

◎其为人也:孔子的为人。 ◎发愤:心中奋起。 ◎云尔:意思是可说的事情就是那样,如是而已。

【解说】

本章中孔子自述其对于学问的热忱。叶公是楚国叶县[1]的长官,一个名叫沈诸梁的人。"公"是僭称。

子路之所以没有回答叶公,可能是认为叶公大概不能理解孔子的为人,或者是因为孔子的为人不是那么容易说清楚。

7.19 子曰:"我非生而知之者,好古敏以求之者也。"

【译解】

老夫不是生下来什么都不用学,就晓得事物道理的人。因为古人的嘉言善行皆是精妙之理所在,所以我是好古而乐此不疲,并急切地追求领悟道理的人。

---

[1] 叶县:位于今河南省平顶山市境内。

【注释】

◎生而知之：不用学习便先天习得、通晓。　◎之：指事物的道理。　◎敏：迅速。不做停歇，急切地。

【解说】

本章中讲到人们认为孔子是先天便通晓事物道理的，但是孔子告诉人们事实并非如此。

虽然孔子具有非同寻常的天分，但是他是一位从不懈怠于学习的大圣人。若是不具有孔子那种天分的人，则更是一日都不可懈怠于学习了。

7.20 子不语怪、力、乱、神。

【译解】

孔子不曾与人谈论过奇怪、勇力、逆乱、鬼神之事。因为奇怪的事情违背常理，勇力之物妨碍德，逆乱之事有害于治，鬼神之事则让人迷惑。

【注释】

◎语：所谓"语"是指被人提问然后就此作答。有种说法认为不使用"言"字而使用"语"字，意思是不仅自己不主动说，就是被问了也不回答。

【解说】

本章是由门人记录的孔子不与人谈论的事情。

谢良佐说:"圣人谈平常之事不谈怪异之事,谈德不谈力,谈安定不谈逆乱,谈人不谈神。"[1]

7.21 子曰:"三人行,必有我师焉;择其善者而从之,其不善者而改之。"

【译解】

我和其他二人一起做事,其中必然有可以对我劝善戒恶、做我老师的人。也就是说,如果这二人中一位所行为善,一位所行为恶,若我选择行善的那位并从其善,行恶的那位则可以促使我进行反省从而改掉其恶,那么这二人便都是我的老师。所谓老师,不单是说对方教育我的时候才算是老师。

【注释】

◎三人:"三人"中包括了我自己在内。 ◎行:做同样的事情。

【解说】

本章阐述了反省和自我修养。

从"见贤思齐焉,见不贤而内自省也"(孔子之言,见《里仁》)来看,善恶都是我师。向善进取是没有尽头的。(尹焞)[2]

---

[1] 可能引自《论语集注》卷四:"谢氏曰:'圣人语常而不语怪,语德而不语力,语治而不语乱,语人而不语神。'"又见于《论语精义》卷四上。

[2] 可能引自《论语集注》卷四:"尹氏曰:'见贤思齐,见不贤而内自省,则善恶皆我之师,进善其有穷乎?'"又见于《论语精义》卷四上。

7.22　子曰:"天生德于予,桓魋其如予何?"

【译解】

天既然赐予老夫这样的德,那么肯定会帮助老夫。无论桓魋怎样狂暴,也决不可能违背天意而加害于老夫。诸君尽请放心好了。

【注释】

◎天:拥有孕育、主宰万物的伟大力量的事物。　◎生德:与生俱来就被赋予的德。　◎如予何:能把老夫怎么样呢?这样说意思是必然不能杀害自己。

【解说】

本章展现了孔子所自信固守的东西。桓魋是宋国人,他是孔子的门人司马牛的兄弟。孔子到宋国的时候,弟子们看到桓魋打算杀了孔子,大家都很害怕,孔子于是说出了上面的那段话,安慰弟子们。

从本章以及"子畏于匡"一章(《子罕第九》)[1]来看,都可以知道孔子对于自己所信奉的东西是多么执着。

7.23　子曰:"二三子,以我为隐乎?吾无隐乎尔。吾无行而不与二三子者,是丘也。"

1　参见《论语·子罕第九》(9.5)。

【译解】

诸君认为老夫对你们有所隐瞒,有什么没教授给你们吗?老夫对诸君没有任何隐瞒的,老夫每日的举止没有不展示给诸君看的。这就是我孔丘之所以为孔丘的地方。

【注释】

◎二三子:指诸位弟子。　◎行:指自身的动、静[1]、语、默等。　◎与:示。

【解说】

本章中因为有弟子认为孔子的道很高深,不容易领悟,所以怀疑孔子有所隐瞒,是不是有什么没有教给大家呢?因此孔子就此开示诸位弟子。

圣人与道融为一体,没有丝毫的隐藏。就像天上的日月一样显而易见,无不是至极之教。虽然经常揭示给人看,但是人自己没有察觉。(吕大临)[2]

7.24　子以四教:文、行、忠、信。

---

[1] 静:原书作"净",昭和四年本《论语新释》作"静"。动静语默为成语,昭和四年本作"静"是对的。

[2] 可能引自《论语集注》卷四:"吕氏曰:'圣人体道无隐,与天象昭然,莫非至教。常以示人,而人自不察。'"又见于《论语精义》卷四上。吕大临(1040—1092),字与叔。北宋金石学家,著有《论语解》《考古图》等。

【译解】

孔子教育别人四件事,那就是学习文化、实践所学、竭尽诚心、不欺不罔。

【注释】

◎文:诗、《书》、礼、乐之类。 ◎行:实践。 ◎忠:竭尽诚心。 ◎信:做事不欺骗别人。

【解说】

本章是门人记录的孔子教书育人之法。

这"四教"是就门人所见而言的,并不表示孔子教育学生只设置了这四项科目。

7.25 子曰:"圣人,吾不得而见之矣,得见君子者斯可矣。"子曰:"善人,吾不得而见之矣,得见有恒者斯可矣。亡[1]而为有,虚而为盈,约而为泰,难乎有恒矣。"

【译解】

圣人是具备神之德并且是普通人无法预测的人,因为并不经常出现,所以老夫也不怎么见到。如果能见到才德出众的君子,至少也会感到舒坦些。善人是有志于仁而不做恶事的人,但是因为这种人也很少有,所以老夫不怎么见到。如果碰到能

---

[1] 亡:同"无"。

够持之以恒的人，至少也会感到舒坦些。现在人们盛行的风气是明明没有却要装作有，实际是空虚的却要装作充盈的，分明是贫穷的却要装作丰奢，所以说持之以恒是很难的。

【注释】

◎斯：有"则"的意思。 ◎可：能够慰藉心灵之意。 ◎约：贫困。 ◎泰：丰盛奢侈。 ◎难乎：叹息之辞。 ◎难乎有恒：指"有""盈""泰"等必然不能常久持续之事。

【解说】

本章中孔子感叹无法见到高尚的人。"善人"前面的那个"子曰"很有可能是衍文，所以翻译的时候省略不译了。

所谓"有恒者"与"圣人"之间虽然存在一定的差距，但人如果不经历"有恒"之路，便不能够成为圣人。故在本章末反复阐述了"有恒者"的意义。孔子向人展示了入德之门，这不得不说是深切而明白的。（朱子）[1]

7.26 子钓而不纲，弋不射宿。

【译解】

孔子会去钓鱼，而不会用有大纲（网上的大绳）的网，以截断水流的方式来捕鱼。用弋——也就是系上丝线的箭矢，来

---

[1] 可能引自《论语集注》卷四："愚谓有恒者之与圣人，高下固悬绝矣，然未有不自有恒而能至于圣者也。故章末申言有恒之义，其示人入德之门，可谓深切而著明矣。"

射飞鸟，从来不会去射归巢歇息的鸟。

【注释】

◎弋：缴。用系有丝绳的箭射鸟，丝绳卷住鸟翼让它落下来。　◎宿：宿鸟，归巢歇息的鸟。

【解说】

本章中门人记述孔子取物仍包含着爱物之心。

孔子不忍心用网把鱼捕光，也不忍心冷不防地射猎睡着的鸟。

7.27 子曰："盖有不知而作之者，我无是也。多闻择其善者而从之，多见而识之，知之次也。"

【译解】

有的人或许是还没真正弄懂道理就肆意妄为地做事了，但是老夫没有这样过。老夫做事前会多听闻天下古今的道理，选择其中好的接受并照做，多看看天下古今的善恶之事，把这些记在心上以备参考，不去肆意妄为地做事。按这个样子做事，就算还没有真正弄明白其中的道理，也不过是仅次于生而知之者。

【注释】

◎不知：不明白其理，便肆意妄为地做事。　◎我：孔子自称。　◎无是：没有肆意妄为地做事。　◎识：记住。　◎知之：

知道道理。

【解说】

本章是同利用自己所掌握的知识肆意做事的人说的话,同时也是在告诉人们"致知"[1]的方法。

在谦逊的话语中,也能够看出孔子是无所不知的。(朱子)[2]

7.28 互乡难与言。童子见,门人惑。子曰:"人洁己以进,与[3]其洁也,不保其往也。与其进也,不与其退也。唯何甚?"

【译解】

在一个叫互乡的地方,风气很坏,无法与那里的人谈论善,但是有一天那里的一个童子来见了孔子。弟子们都在疑惑,孔子不是不应该去会见那种地方来的人吗?孔子告诉弟子们说:"人一旦修治心灵追求进取,前来求见,只管赞许那个人现在能洁身自爱。本来就不该在心里记着那个人以前的善恶,只管赞许那个人进前来求见就好。不要赞许那个人退步了去做不善的事情。为什么只是纠结过去和未来而无情地拒绝不

---

[1] 按,"致知"一词出自《礼记·大学》:"欲诚其意者,先致其知。致知在格物。"朱子《大学章句》注云:"致,推极也;知,犹识也。推极吾之知识,欲其所知无不尽也。"
[2] 可能引自《论语集注》卷四:"孔子自言未尝妄作,盖亦谦辞,然亦可见其无所不知也。"
[3] 与:本章除了"难与言"的"与"之外,剩下的"与"均音 yù,动词。

见他呢?"

【注释】

◎互乡：乡名。 ◎难与言：很难谈论善。 ◎惑：疑惑不见也不太好吧。 ◎洁：修治。 ◎与：赞许。 ◎不保：心中不保留。 ◎往：以前。

【解说】

本章在一般版本的《论语》中，"子曰"以下是"与其进也，不与其退也。唯何甚？人洁己以进，与其洁也。不保其往也"。本书按照朱子的说法，改动了文句的顺序，进行了修订。[1]

本章展现了孔子的施教之心与容人之德。

即使一个人以前有不善之举，现在可能也会向善的。即使现在向善，日后也有可能还会有不善的行径。如果一味追究其过往、揣测其未来，则过于严苛，不免偏狭。

朱子还怀疑"唯"字上下的语句是不是有脱落。

7.29 子曰："仁远乎哉？我欲仁斯仁至矣。"

【译解】

仁为心之德，非在外者。因为人们舍弃仁、不追求仁，所以认为仁存在于很远的地方，但实际上并不是这样。假如自己

---

1 按，《论语集注》卷四云："'人洁'至'往也'十四字，当在'与其进也'之前。"

想去追求仁的话，那么就会如其所愿，很快便能达到仁了。

【注释】

◎我：含有不求之于外之意。　◎斯：这里解释为"则"。

【解说】

本章阐述了应在自己心中求取仁的道理。

孔子回答颜渊关于"仁"的提问时说："为仁由己，而由人乎哉？"(《颜渊第十二》)

7.30　陈司败问："昭公知礼乎？"孔子曰："知礼。"

孔子退，揖巫马期而进之曰："吾闻君子不党，君子亦党乎？君取[1]于吴，为同姓，谓之吴孟子。君而知礼，孰不知礼？"

巫马期以告。子曰："丘也幸。苟有过，人必知之。"

【译解】

陈国担任司败一职的某位官员，因为对以知礼而著称的鲁昭公的行为产生了疑问，所以询问孔子说："贵国的昭公知礼吗？"孔子回答说："知礼。"

孔子离开后，司败向孔子的弟子巫马期行礼，请他走上前来，说道："在下听说'君子不会帮助别人隐匿不正当的行为'，君子（暗指孔子）真不会帮助别人隐匿不正当的行为

1　取：同"娶"。

吗？鲁君昭公从吴国娶来一位夫人，吴国和鲁国国君都是姬姓，周礼规定同姓不婚。对此，昭公想隐瞒这一点，弄得好像是从子姓的宋国娶来的妻子一般，称之为吴孟子。像这样违背礼制的事情都做得出来，昭公要是还能被称作知礼的话，世上恐怕没有谁是不知礼的了。"

巫马期把这话告诉了孔子。孔子说："我孔丘是幸福的。如果有了错误，别人知道了一定会给我指出来，所以我就能改正了。"孔子承认这是自己的过错。

【注释】

◎司败：详见本章"解说"。 ◎揖：拱手然后晃动双手，是一种轻度的礼节。 ◎党：相互包庇隐瞒不好的事情。

【解说】

本章讲述了孔子归美于君、揽过于己的事情。

"陈司败"是陈国担任司败一职的官员。在陈、楚等国，"司寇"一官称为"司败"，是司法官。"昭公"指鲁昭公，名稠。他懂得礼法制度，在当时以知礼而著称。"巫马期"是孔子的弟子，名施。"吴孟子"是鲁昭公从吴国娶来的夫人。按照周朝的礼制，同姓之间是不能结婚的，但是鲁昭公却从与鲁国同为姬姓的吴国娶了位夫人。通常而言，这样的妇人用她自己的姓来称呼她，吴国是姬姓，鲁昭公从吴国娶来的夫人本应称之为"吴孟姬"，但是现在却用"吴孟子"来称呼她，这是把她当作子姓的宋国妇人来称谓。

孔子既不能说对于本国国君的坏事要避而不谈，但是又不能把娶同姓之国的夫人当作是知礼的行为，所以把这一切当作自己的过错来接受而不推辞。（朱子）[1]

7.31 子与人歌而善，必使反之，而后和之。

【译解】

孔子与人一起唱歌，发现人家唱得很好，就一定让人家再唱一遍，然后自己也唱起来与之相和。

【注释】

◎反：让对方当下再唱一遍。　◎和：根据其声、调，自己歌唱。

【解说】

本章是由门人记录的孔子在与人心灵交际之时所表现出来的态度。

必然使其再次歌唱，是想详细地知道其情况，择取其好的地方。其后和之，是因为很开心已经详细搞清楚了情况并且一起达到了善的境界。（朱子）[2]

---

[1] 可能引自《论语集注》卷四："孔子不可自谓讳君之恶，又不可以娶同姓为知礼，故受以为过而不辞。"
[2] 可能引自《论语集注》卷四："必使复歌者，欲得其详而取其善也。而后和之者，喜得其详而与其善也。"

7.32 子曰:"文,莫吾犹人也。躬行君子,则吾未之有得。"

【译解】

文章方面,老夫和普通人一样,没有做不到的地方,不过在亲身实践君子之行方面,老夫却仍做得很不够。

【注释】

◎文:合乎言辞之道,条理正确。 ◎莫:疑问词。 ◎犹:虽然不能胜于人,但能做到与常人差不多。 ◎未之有得:完全还没能做到。

【解说】

本章孔子以谦逊之辞启示人们贵在实践。

"文"就算是圣人也没有与人不一样的地方,所以不用谦逊;如果能躬行君子,则可进入圣人之域,所以要做到谦逊。这跟在《宪问》篇中所谈及的"君子道者三,我无能焉"[1]的道理很相似。(谢良佐)[2]

7.33 子曰:"若圣与仁,则吾岂敢?抑为之不厌,诲人不倦,则可谓云尔已矣。"公西华[3]曰:"正唯弟子不能学也。"

---

1 出自《论语·宪问第十四》(14.30)。
2 可能引自《论语集注》卷四:"谢氏曰:'文虽圣人无不与人同,故不逊;能躬行君子,斯可以入圣,故不居;犹言君子道者三我无能焉。'"
3 公西华:即公西赤,字子华。

【译解】

孔子说:"像'圣''仁'这些响亮的名号,老夫这样的人怎么敢当?老夫不是那样的人,老夫勤勉努力以达到圣与仁的境界而不厌烦,教诲别人圣与仁之道而不倦息。顶多也只能这样说罢了。"弟子公西华在孔子旁边,以赞叹的口吻说道:"恰恰正是这勤勉不厌、诲人不倦的态度,是我们这帮弟子学不来的。"

【注释】

◎圣:指其德广大,自然化物。 ◎仁:指心之德是纯粹完全的,而人道也已经具备了的状态。 ◎岂敢:自我进取却未能达到。 ◎抑:转折之辞。 ◎为之:勤勉于仁圣之道。

【解说】

本章讲述了当时孔子被看作是圣人、仁者,他自谦不敢担当此名。

不厌不倦,如果没有圣仁之德是做不到的。弟子们之所以学不来的原因,就在于此。(朱子)[1]

7.34 **子疾,病。子路请祷。子曰:"有诸?"子路对曰:"有之。《诔》[2]曰:'祷尔于上下神祇[3]。'"子曰:"丘之祷久矣。"**

---

[1] 可能引自《论语集注》卷四:"然不厌不倦,非己有之则不能,所以弟子不能学也。"
[2] 诔:音 lěi。
[3] 祇:音 qí。

【译解】

孔子病重的时候，子路因为非常担心老师，所以向孔子请求对鬼神祈祷。孔子说："有没有祷告的道理呢？"子路回禀道："有。古代的《诔》文中讲道：'为你向天地的神祇祈祷。'"孔子说："要是那样的话，老夫已经祈祷很久了。事到如今不用再祈祷了。"

【注释】

◎病：病得很重了。 ◎祷：子路是就向神祈祷以祛灾求福而言。孔子是就所行合乎神意而言。 ◎诔：哀悼死者、讲述其行为举止的文辞。在日本就训读为"しのびごと"。 ◎上下：天地。 ◎神祇：天上之神叫"神"，地上之神叫"祇"。

【解说】

本章表达了孔子不进行祈祷活动的意思。

在重病之际进行祷告是有先例的。可因为都是发自臣子的真情实意，所以不会先请示病人而后再进行祈祷。因此，孔子没有直接拒绝子路提出的祈祷的请求，而只是告诉他没有祈祷的必要。（朱子）[1]

---

[1] 可能引自《论语集注》卷四："又《士丧礼》，疾病行祷五祀，盖臣子迫切之至情，有不能自已者，初不请于病者而后祷也。故孔子之于子路，不直拒之，而但告以无所事祷之意。"按，《士丧礼》是《仪礼》中讲述丧礼的一篇文章。

7.35 子曰:"奢则不孙,俭则固。与其不孙也宁固。"

【译解】

奢侈了就会僭越而不顺从礼制,俭约了会显得寒碜且不够高雅。虽然这两者都不能得其中庸,但是无论从哪方面来看,与其僭越不顺从礼制,毋宁寒碜且不够高雅更好些。

【注释】

◎孙:同"逊",顺从。"不孙"是不顺从于礼。 ◎固:寒碜且不够高雅。

【解说】

本章是为了防止当时的人们都趋向于奢侈而发表的谈话。虽然奢、俭皆有害,但是奢侈的害处大,而俭约的害处小。"不孙"是破坏了礼制,但"固"则只是礼有所不足而已。

7.36 子曰:"君子坦荡荡,小人长戚戚。"

【译解】

君子通常是遵循道理行事,其心不为利害得失所累,所以心态平和、怡然自得。小人之心则被利害得失所束缚,所以不停地忧戚悲痛。

【注释】

◎君子:遵循道理之人。 ◎坦:平。 ◎荡荡:宽广之貌。 ◎小人:被物质欲望所支配的人。 ◎戚戚:忧戚哀伤之貌。

【解说】

本章阐述了君子和小人的心是不同的。

小人对于物质的欲望是旺盛的,越是得不到越是烦恼,如果得到了还会担心失去,因此会不断地忧戚悲痛。

7.37 子温而厉,威而不猛,恭而安。

【译解】

孔子温和,亲切之中包含着严厉,有不可冒犯之处。虽然具有威严,有着令人敬畏的地方,但是却并不强悍。虽然恭敬,但是却又安详,不死板。

【注释】

◎厉:严肃不可冒犯。　◎猛:威严过度而暴烈。

【解说】

本章中门人记录了孔子的表情容貌。

孔子其德完满,所以中正平和之气很自然地流露于容貌表情之中。

泰伯第八

本篇凡二十一章。其中有十六章记录的是孔子的谈话,还有五章记录的是曾子的谈话。

8.1 子曰:"泰伯其可谓至德也已矣。三以天下让,民无得而称焉。"

【译解】

泰伯可谓是达到了至高之德的人,他坚持让出了本来自己可以继承的天下。但其事隐微,当时的人不知道他让位的事情,故未能赞美其德。

【注释】

◎至德:达到德之至极且无以复加的状态。 ◎三让:坚持辞让。还有一种说法是三度辞让,但是本书没有采用这一说法。 ◎民:指当时的百姓。

【解说】

本章赞美了泰伯能尽臣子之道。

泰伯是周太王[1]的长子，他还有仲雍和季历两个弟弟。季历的儿子姬昌有圣人之德。当时统御天下的殷商王朝逐渐衰落，周国却日渐强大。周太王虽然有灭商之志，但是泰伯却不愿这样做，所以周太王打算把诸侯之位传给三子季历，这样一来最后就可以让孙子姬昌继位。泰伯明白父亲的意图，便和二弟仲雍一起离开周国，跑到了南方的荆蛮之地。于是周太王传国季历，接着又传至孙子姬昌，姬昌因为具有圣人之德，统治了天下的三分之二，死后谥曰"文王"。等周文王之子姬发嗣立后，打败了殷纣王，一统天下。姬发即是周武王。

像泰伯这样的有德之人，身处殷、周改朝换代之际，如果做了周朝的君主，本来也可以让诸侯来朝觐自己，并保有天下，然而他却放弃了这样的机会，还隐匿形迹，这是怎样的一种至高之德呀！想来，泰伯之心和伯夷、叔齐阻拦周武王的马，劝谏武王不要以臣讨君的心境是一样的，只是父子之间，处理起来要更加棘手。怪不得孔子会发出叹息并赞美他。（朱子）[2]

1　周太王：即古公亶（dǎn）父，又称"古公"。古代周部落的领袖，是周文王的祖父。
2　可能引自《论语集注》卷四："盖大王三子：长泰伯，次仲雍，次季历。大王之时，商道寖衰，而周日强大。季历又生子昌，有圣德。大王因有翦商之志，而泰伯不从，大王遂欲传位季历以及昌。泰伯知之，即与仲雍逃之荆蛮。于是大王乃立季历，传国至昌，而三分天下有其二，是为文王。文王崩，子发立，遂克商而有天下，是为武王。夫以泰伯之德，当商周之际，固足以朝诸侯有天下矣，乃弃不取而又泯其迹焉，则其德之至极为何如哉！盖其心即夷齐扣马之心，而事之难处有甚焉者，宜夫子之叹息而赞美之也。"

8.2 子曰:"恭而无礼则劳,慎而无礼则葸[1],勇而无礼则乱,直而无礼则绞。"

"君子笃于亲,则民兴于仁;故旧不遗,则民不偷。"

【译解】

与人相交,恭敬待人固然重要,但是不用礼来节制的话,反而会感到劳苦疲惫;临事之时谨慎面对,这样固然很好,但是不用礼来节制的话,反而会由于畏惧,没法完成要做的事情;做事的时候富有勇气固然不错,但是不用礼来节制的话,反而会犯上作乱;心里有事直言不讳地说出来固然是对的,但是不用礼来节制的话,反而会显得过于严苛,不近人情。虽然恭、慎、勇、直都是美德,但是若没有依礼行事,反而会陷入弊端。

位居人上者应当把躬身垂范当作第一要务。位在人上者若能竭力以敬爱之心厚待亲族,那么在下之民则会感奋于君主之仁德而亲其亲;位在人上者对待故旧不忘平素的交情,竭力以厚恩相待,那么在下之民也会受其感化,其德也不会变得淡薄。

【注释】

◎恭:向别人展示敬意。　◎礼:没有过度也没有不足,得其中正的标准规则。　◎劳:劳苦。　◎慎:极为小心而无

---

[1] 葸:音 xǐ。

疏略。　◎葸：畏惧之貌。　◎勇：不害怕不忌惮地做事。　◎乱：犯上作乱等事。　◎直：把心中的事直言不讳地说出来。　◎绞：严苛、不留情。如子女起诉父亲之类的事情。　◎君子：在上位之人。　◎亲：亲族。　◎仁：厚待亲族。　◎遗：忘。　◎偷：薄。

【解说】

本章前节阐述了德以礼为本，后节阐述了民以君为榜样。

本章"君子"以下的一节与前节之间没有过渡段，所以一般认为"君子"以下应该是独立的一章。吴棫说这是曾子讲的话。[1] 这里暂时仍依照惯例还是放在一章里面。

8.3　曾子有疾，召门弟子曰："启予足！启予手！《诗》云：'战战兢兢，如临深渊，如履薄冰。'而今而后，吾知免夫！小子！"

【译解】

曾子病危的时候，感到欣慰的是没有毁伤过父母所赐予的身体，于是把弟子们叫到一起，说："掀开老夫的被子，看看老夫的脚！掀开老夫的被子，看看老夫的手！有没有受伤的地方啊？老夫能保全好身体不是件容易的事情。《诗经》里面说：

---

[1] 按，相关说法见于《论语集注》卷四："吴氏曰：'君子以下，当自为一章，乃曾子之言也。'愚（译者注：朱子自称）按：此一节与上文不相蒙，而与首篇慎终追远之意相类，吴说近是。"

'战战地恐惧，兢兢地戒慎，如同站在深渊前害怕掉下去，如同站在薄冰上害怕塌下去。'老夫平日里为了保全好身体，就像这样一直戒慎恐惧着。每活一日，就担心一日身体会不会受到损伤，但是从今以后，我知道我可以免于受伤了。"话说完了，又呼喊道："弟子们！"叮嘱自己的学生们要像自己一样戒慎恐惧，一刻也不能忘记保全好身体。

【注释】

◎门弟子：曾子自己的弟子。　◎启：开。掀开被衾。　◎手、足：兼指全身。　◎《诗》：见于《小旻》篇。　◎战战：恐惧之貌。　◎兢兢：戒慎之貌。　◎免：免于毁伤。

【解说】

本章记述了曾子关于保全身体的谈话。

在平日，曾子认为身体发肤受之于父母，所以很注意不毁伤身体，因而临终之际，让弟子们掀开被衾，看看自己的身体。

《孝经》云："身体发肤，受之父母，不敢毁伤，孝之始也。"曾子一直在践行这句话。或许有人会想：为了国家从军而战死、负伤，这会不会也是不孝呢？其实那要另当别论了。这里的毁伤是说由于自己不注意、不节制等原因而引起的身体毁伤。

8.4 曾子有疾,孟敬子问之。曾子言曰:"鸟之将死,其鸣也哀;人之将死,其言也善。君子所贵乎道者三:动容貌,斯远暴慢矣;正颜色,斯近信矣;出辞气,斯远鄙倍[1]矣。笾豆之事,则有司存。"

【译解】

曾子生病了,鲁国大夫孟敬子前来探视。曾子跟他聊天,说:"鸟在快死的时候,畏惧死亡,鸣叫的声音是哀伤的;人在将死的时候,返其本心,谈论的事情都是出于善意的。现在我临近死亡,讲的都是善言,所以希望您务必记住。君子(为政者)居上治下之际,对于他当为之道,需要重视的有三条,那就是:改变自己容貌的时候,以和敬为主,这样就会远离粗暴放肆;端正表情的时候,不要仅仅只是去装饰外表,而是从内心开始就要端正严肃,这样就会离真诚更近一些;发表言谈的时候,离粗野鄙陋以及不合理更远些。这三条乃修身之要道、为政之根本,是君子平日应当勤勉从事的。至于祭祀时摆弄笾、豆等祭祀用具之类的琐事,都有相应的官吏来管理,不需要君子花太多心思在上面。

【注释】

◎问之:探视病患。 ◎言曰:没有被问,而是曾子一

---

1 倍:同"背"。

人自言。　◎道：指的是各种君子当为之道。　◎容貌：指一身而言。　◎正颜色：指庄严的面容。　◎信：内心与外表一致。　◎辞气：言辞和语气。　◎笾豆：祭祀中盛放供品的器具。笾是竹子做的，豆是木头做的。　◎有司：官吏。

【解说】

本章阐述了君子（为政者）应该知道事情的要领。"鸟之将死，其鸣也哀；人之将死，其言也善"是曾子的谦逊之辞，这是希望让孟敬子明白他所讲的话是充满善意的，并能记住他的话。孟敬子是鲁国大夫仲孙氏，名捷。

从这里可以发现孟敬子这个人平常留心琐事，而不懂得抓住事物的要领。

8.5　曾子曰："以能问于不能，以多问于寡。有若无，实若虚，犯而不校[1]。昔者吾友，尝从事于斯矣。"

【译解】

虽然自己有才能，但自认为还不够，于是向没有才能的人讨教，试图弥补不足。虽然自己领悟了道理，但是还是自认为什么都不懂。虽然德已经很充实了，但是仍觉得很空虚。别人无理冒犯了我，我也不会去计较是非曲直，争个对错。像这

1　校：音jiào。

类事情乃是忘却了物我之别，而且若非其德广大之人是做不到的。不过，以前在我的朋友之中，就是有这样勤勉行事之人。

【注释】

◎能：才能。　◎以多问于寡：就见闻方面而言。　◎有、无：分别指领悟了道和没有领悟道。　◎实、虚：就德而言。◎犯：被他人冒犯。　◎校：计较是非曲直。　◎从事于斯矣："斯"指前述五件事情。"从事"指努力做。

【解说】

本章是曾子在称美亡友之德的高尚。

马融[1]说："'吾友'说的是颜渊。"[2]曾子的亡友之中只有颜渊符合曾子这段话提到的五个特征。

8.6　曾子曰："可以讬[3]六尺之孤，可以寄百里之命，临大节而不可夺也。君子人与？君子人也！"

【译解】

现在有这样一个人，他的才能很棒，从众位大臣中被选拔出来，将年幼的君主托付给他，他可以辅佐少主，足以摄理国政、指挥百姓；他的节操也很好，面临生死攸关的大变故也不

1　马融（79—166），字季长，扶风茂陵（今陕西咸阳）人。东汉时期著名经学家。
2　可能引自《论语注疏》卷八："马曰：'友谓颜渊。'"
3　讬：音 tuō。同"托"。

动摇,可以为国献身,这样的人应当就是君子吧?正是这样的人,才是真正的君子呀!

【注释】

◎可以:能够。 ◎讬:托付。 ◎六尺之孤:两岁半的孩童身高为一尺,"六尺之孤"指十五岁就丧父的孩子。这里指幼君。 ◎寄:让其摄理国政。 ◎百里之命:"百里"是方圆百里,属于诸侯中的大国。"命"是指政令。 ◎大节:指大变故。 ◎君子人与?君子人也:这一句式表示虽暂时有所疑虑,可随即又进行了肯定。整个句子是在强调这确确实实是君子。

【解说】

本章阐述了可堪君子之名者的才能与节操。

加藤清正[1]曾跟人说:"前田利家[2]晚年有志于儒学,召见了我,还有浮田秀家[3]和浅野幸长[4],顺便就谈到《论语》的'讬六尺之孤,寄百里之命'一章,我当时没怎么读过书,不知道这句话是什么意思,不过现在想来大致有所领悟了。今天要是有

---

[1] 加藤清正(1562—1611),尾张国(今爱知县境内)人。日本安土桃山时代(1568 或 1573—1600 或 1603)武将,先后仕于丰臣秀吉、德川家康。性格豪爽刚毅,喜欢《论语》。
[2] 前田利家(1538—1599),尾张国人。日本安土桃山时代武将,加贺藩主前田氏之祖。曾仕于织田信长、丰臣秀吉。
[3] 浮田秀家(1573—1655),又称宇喜多秀家。日本安土桃山时代武将,丰臣秀吉心腹大臣。
[4] 浅野幸长(1576—1613),安土桃山时代至江户时代武将,江户时代大名,先后仕于丰臣秀吉、德川家康。

人还没念过这句话，恐怕就会落入不忠不义的境地了。"加藤清正侍奉丰臣秀赖[1]，同德川家康在二条城[2]进行会面，秀赖最终安然无事地返回了，据说事后加藤清正流着泪讲道："我今日也可以稍稍报答一下太阁[3]之恩了。"[4]

8.7 曾子曰："士不可以不弘毅，任重而道远。仁以为己任，不亦重乎？死而后已，不亦远乎？"

【译解】

有志为学之人必须心胸宽广、气力强健。要背负的行李很重，要走的路很远，所以心胸狭窄、气力孱弱的人是不堪其负的。之所以如此，是因为有志为学之人，把兼具所有善行的仁作为自己理应背起的行李和责任，而这样的行李和责任难道不是很重吗？把仁作为行李和责任，一直背负着前行，直到自己撒手

---

[1] 丰臣秀赖（1593—1615），安土桃山时代武将、大名，丰臣秀吉的三子。"大坂之阵"中，丰臣一方战败，秀赖自杀，他的死标志着丰臣政权的覆灭。此后，日本进入江户时代（1603—1867）二百多年的和平时期。
[2] 二条城：位于今日本京都府京都市中京区，由德川家康建成于庆长八年（1603），当时是作为京都警卫和德川家康上京时朝觐天皇时的住所。
[3] 太阁：这里的太阁指丰臣秀吉。
[4] 按，丰臣秀赖与德川家康在二条城的这次会见发生在庆长十六年（1611），史称"二条城会见"。庆长三年（1598）丰臣秀吉死后，由于私人恩怨，加藤清正离开了丰臣阵营，转投德川家康阵营。二条城会见中，加藤清正当时虽然已经是德川家康阵营中的人，却仍不忘丰臣秀吉当年托孤的嘱托，尽全力保护好丰臣秀赖，故而为后世所称颂。不过，也有人认为加藤清正这段话里提到的"不过现在想来大致有所领悟了"，恐怕是"领悟"得有些晚了，因为他最终毕竟是走到了丰臣家族的对立面。

人寰的时候才停止,这样看来,要走的路难道不是很远吗?

【注释】

◎士:志道之人。　◎弘毅:"弘"是心胸宽广。"毅"是心力强忍且能经受得住困难。　◎任:负荷的东西。　◎道:道路。

【解说】

本章是为了勉励人尽心力于行仁而讲的话。

即使是说"弘",也是期望人们能体会到全部的仁德,而说到"毅",则是期望人们终身不要停止修行仁。

8.8　子曰:"兴于诗,立于礼,成于乐。"

【译解】

诗本于人之性情,容易理解而又能感动人心,学习者如果学习诗,那么好善恶恶之心便会油然而生。礼以恭敬辞让为本,内外皆不失其正,学习者如果学习礼,其心就会端正坚定,不为外物所动摇。乐可养人之性情,荡涤邪秽,消融渣滓,使人纯熟,学习者如果能学习乐,则可达到纯粹至善之境,学有大成。古人的学问中有诗、礼、乐,与之相关的学习也是有次序的,首先由诗引发好善之心,其次由礼奠定行善之心,最后由乐达到至善之境。

【注释】

◎兴:指好善恶恶之心的兴起。　◎立:行善去恶之心坚定而不动摇。　　◎成：完成，不用力也能自然而然地做到合乎善。

【解说】

本章阐述了通过学习，实现成材和成德的先后顺序问题。

《礼记·内则》篇载："十岁学习幼年的规则，十三岁学习乐、诵读诗，二十岁以后学礼。"本章的诗、礼、乐的顺序不是在小学供孩童学习的顺序，而是在大学人们为了完善人格而进行的难易、先后、深浅的学习顺序。（朱子）[1]

8.9　子曰："民可使由之，不可使知之。"

【译解】

虽然普通的民众由于受到在上者的感化，能够去践行人人当行之道，但是在上者却无法让民众明白：为什么要像那样去践行呢？

【注释】

◎民：普通百姓。　　◎由之："由"是遵循。"之"是人当行之道，指孝亲、忠君之类。

【解说】

本章阐述了可以自上而下地感化人民。

---

[1] 可能引自《论语集注》卷四："按《内则》，十年学幼仪，十三学乐诵诗，二十而后学礼。则此三者，非小学传授之次，乃大学终身所得之难易、先后、浅深也。"

圣人为了教导人民，虽然不是不想对每家每户进行解释说明，可是向普通百姓讲了原理他们也难以懂得，所以只是让百姓们在当行之道上做得大致相同而已。（程子）[1]

8.10 子曰："好勇疾贫，乱也。人而不仁，疾之已甚，乱也。"

【译解】

一味喜好勇气而痛恨自己贫穷的人，必然会作乱。太过憎恨不仁之人，而使不仁之人无所容，也必然会招致作乱。

【注释】

◎勇：不是真的大勇，而是指具有血气的小勇。　◎乱：指违背道理，扰乱秩序之类的事情。　◎疾：憎恨。

【解说】

本章列举乱之所由，以此警示世人。

以上的两种情况谈的都是乱产生的原因，但一种是自己作乱，一种是迫使他人作乱。

8.11 子曰："如有周公之才之美，使骄且吝，其余不足观也已。"

---

[1] 此为程颐之言，可能引自《论语集注》卷四："程子曰：'圣人设教，非不欲人家喻而户晓也，然不能使之知，但能使之由之尔。'"又见于《河南程氏遗书》卷十八。

【译解】

自古以来,周公就是以兼备精湛的智能技艺而著称的,世上没有能与之相匹及的人。但是假如现在有这样一个人,具备了周公那般无人能及的精湛的智能技艺,却向别人夸耀;而且若是别人也拥有他那般的智能技艺的话,他就感到不满。这样的人已经丧失了智能技艺之本的德,无论他其余的智能技艺如何精湛,也不足观了。

【注释】

◎才:指智能技艺。 ◎骄:矜夸别人不如自己。 ◎吝:希望自己才美,同时不希望别人才美。

【解说】

本章对骄和吝提出劝诫。

骄和吝相互关联。骄之于吝如同枝叶,吝之于骄如同本源。因此时常观察观察天下人,便可以发现:没有骄者不吝的,也没有吝者不骄的。(朱子)[1]

8.12 子曰:"三年学,不至于谷,不易得也。"

---

1 可能引自《论语集注》卷四:"愚谓骄吝虽有盈歉之殊,然其势常相因。盖骄者吝之枝叶,吝者骄之本根。故尝验之天下之人,未有骄而不吝,吝而不骄者也。"

【译解】

虽然经过长年累月的学习，可是其心仍专注于学问，而不去考虑走上仕途求取俸禄之类的事情，这种人实在是难得。

【注释】

◎三年：长年累月。并不是说仅仅只有三年的时间。　◎至：虽说朱子怀疑这本应作"志"字，但是看作"至"字，意思也说得通。　◎谷：官吏的俸禄。

【解说】

本章叹息于没有专心致志于学习的人。

哪怕是子张那样的贤人，也会向孔子询问为官求禄之道，那么在其下之人追求学问时，也把求取俸禄当作目标，就无可厚非了。所以，不太容易找到"三年学"却不思考俸禄之事的人，也就是理所当然的了。（杨时）[1]

8.13　子曰："笃信好学，守死善道。危邦不入，乱邦不居；天下有道则见，无道则隐。邦有道，贫且贱焉耻也；邦无道，富且贵焉耻也。"

【译解】

虔诚地信奉圣人之道，爱好学习，弄懂了真正的道，至死

---

[1] 可能引自《论语集注》卷四："杨氏曰：'虽子张之贤，犹以干禄为问，况其下者乎？然则三年学而不至于谷，宜不易得也。'"又见于《论语精义》卷四下。

不渝地坚守道而不会背离于道。

将要灭亡的国家，避开而不进入；纲纪紊乱的国家，离开而不长留；天下治平之际，正道施行之时，出来做官实践自己所学，天下扰乱之际，正道不能施行之时，谨守其道，退而隐居。

世道治平，本是君子应当出来当官做事的时候，但却未受任用而处在贫贱之位上，这是无可行之道而遭到了抛弃，所以是耻辱的。世道纷乱，本是君子应当退隐之时，却处在富贵之位上，这是毫无节操可言，一心贪图禄位，所以是耻辱的。

【注释】

◎守死：坚定守护所信奉的东西，并且至死不渝。 ◎危邦、乱邦："危"是将要覆亡之意。"乱"是纲纪紊乱之意。"邦"是指诸侯国。 ◎见："现"。出来做官。 ◎隐：退而不仕。 ◎邦有道：这里的"邦"是"一世"（整个世间）之意，也含有国家的意思在内。 ◎贫且贱：不当官而没有俸禄，也没有地位。这里并不是自己安于贫贱，而是由于没有得到任用而无奈地处在贫贱的地位上。 ◎富且贵：位居高官则俸给颇厚，身份也很高贵。这里是指自己贪图于俸禄权位，求取富贵。

【解说】

本章阐明了"学"与"守"应当重视的地方。第一节根据学和守阐述了要明确知道和需正确去做的地方，第二节阐述了实现其进退之道，第三节则又再次阐述了一遍。

李卓吾[1]说:"危邦一节,正是守死善道之处,也正是笃信好学之处。末节不过是正话反说,再阐释一遍。"[2]

8.14 子曰:"不在其位,不谋其政。"

【译解】

不在那个位子上,就不干那份工作。不做那份工作的人,对于那份工作不可能有深刻的理解。所以,政治应该是在其位者去谋划的,不在其位者超越本分而谋划是不可以的。

【注释】

其位、其政:这两个"其"字是相关联的,"其位"指的是与之相对应的"政"。

【解说】

本章阐述了不可超越本分的道理。

曾子曰:"君子思不出其位。"(《宪问第十四》)程子说:"被君主、大臣询问的时候表达了政治方面的意见,则要另当别论了。"[3]

---

[1] 李卓吾(1527—1602),名贽,号卓吾,福建晋江(今泉州)人,明代著名的思想家、史学家、文学家。著《藏书》《续藏书》《焚书》《续焚书》《初潭集》《李氏文集》《李氏丛书》等,还曾评点过《水浒传》《西游记》等通俗小说。
[2] 可能引自《李贽全集注·四书评注·论语》卷四:"危邦不入一节是'守死善道'处,正是'笃信好学'处。末节不过反言以缴之耳。"
[3] 可能引自《论语集注》卷四:"程子曰:'不在其位,则不任其事也,若君大夫问而告者则有矣。'"

8.15 子曰:"师挚之始,《关雎》之乱,洋洋乎,盈耳哉!"

【译解】

老夫从卫国返回鲁国后,在订正音乐的时候,恰好乐师挚也开始担任执掌音乐的官员,从开始演奏音乐,到最后唱《关雎》之诗,华美庄盛,乐声充盈于耳。不过,可惜呀!现在已经无法再听到了。

【注释】

◎师挚:"师"是乐师,"挚"是其名。 ◎《关雎》之乱:《关雎》是《诗经》开头第一首诗的篇名,在音乐中是放在最后歌唱的。"乱"是指音乐的最后一段。 ◎洋洋乎:美盛之貌。 ◎盈耳:愉快地听。

【解说】

本章是孔子对鲁国音乐曾经的辉煌发出的追思和感慨。

蔡清[1]说:"《关雎》一诗,就《诗》来说是首章,就乐而言是末章。'洋洋乎,盈耳哉',说的虽是乐的最后一章却包括了乐的整体,体现了乐声自始至终都是华美的。"[2] "译解"中参考了蔡清之说。此章是异说颇多的一章。

---

[1] 蔡清(1453—1508),字介夫,别号虚斋,晋江人。明代理学家。著作有《四书蒙引》。
[2] 可能引自《四书蒙引》卷六:"《关雎》之乱,在《诗》则为首章,在乐则为卒章,故曰乱。《关雎》之乱,'洋洋乎、盈耳哉',举终以该始,言自始至终皆美盛也。"

8.16 子曰:"狂而不直,侗¹而不愿,悾悾²而不信,吾不知之矣。"

【译解】

普通人不免会有缺点,不过有缺点同时也就会有优点。志向远大而不拘小节的人多是直率的,无知者多是谨慎厚道的,无能者多是诚实的。现在如果有志向远大而不拘小节的人却不直率,无知还不谨慎厚道,无能还不诚实,那么就尽是缺点而没有优点了,对这类情况老夫也不知道该怎么说好了。

【注释】

◎狂:志向远大不拘小节。 ◎直:是就是是,非就是非。 ◎侗:无知之貌。 ◎愿:谨厚。 ◎悾悾:无能之貌。 ◎不知之:通常是不可能的事,怎么样都没办法。"之"指上面三种情况。这里孔子貌似是弃之不管,实则是在进行勉励。

【解说】

本章在警醒全无可取之处的人。

苏东坡说:"上天生育万物,没有给予万物一模一样的气质。其中中材以下之人,有这样的德性,就有这样的弊病,有这样的弊病,必然就会有这样的德性。因此,又踢又咬的马必然善于奔跑,不善于奔跑的马必然是温驯的。有这样的弊病却

---

1 侗:音 tóng。
2 悾:音 kōng。

没有这样的德性,那便是天下之弃才了。"[1]

8.17 子曰:"学如不及,犹恐失之。"

【译解】

做学问的时候,就算不停地追也追不上,但仍想追赶上去,孜孜以求,不曾停歇。即便做到了这样,也要继续怀着忧心,担心追上又失掉且再也追不上。

【注释】

◎学:就"知"和"行"两方面而言。

【解说】

本章是为了让人努力学习而发表的谈话。

"如不及"则知道要努力,"恐失之"则需努力再努力。

8.18 子曰:"巍巍乎!舜、禹之有天下也,而不与[2]焉。"

【译解】

心胸宽广开阔,没有人能比得上,这就是舜和禹这样君临天下者的气度。舜和禹都出身卑贱,虽登上了君临天下的极尊之位,仍平心静气,完全不考虑名誉,也不以此为乐。

---

[1] 可能引自《论语集注》卷四:"苏氏曰:'天之生物,气质不齐。其中材以下,有是德则有是病。有是病必有是德,故马之蹄啮者必善走,其不善者必驯。有是病而无是德,则天下之弃才也。'"
[2] 与:音yù。

【注释】

◎巍巍乎：高大之貌。　◎不与：不担心。虽贵为天子却不想着以此为乐，什么也不多想。

【解说】

本章赞美了舜和禹心胸的宽广开阔。舜接受尧的禅让成为天子，禹则是承受舜的禅让而成为天子。

圣人忧心天下能不能得到治理，为此劳心劳力，但并不会以得到权位为乐。

8.19　子曰："大哉尧之为君也！巍巍乎！唯天为大！唯尧则之。荡荡乎！民无能名焉。巍巍乎其有成功也！焕乎其有文章！"

【译解】

古今天子中优秀、高大的呀，就是帝尧君临天下之姿。此世间没有比天还大的，唯独尧之德能与之相媲美。故其德广大辽远，当时的人们都找不到合适的语言来形容。其功业之中稍可一窥的是，既有伟大的治绩成就，也有璨璨生辉的礼乐制度。德能到达这般境界，拿什么都无法形容了。

【注释】

◎大哉：概括表述了下文提到的"巍巍""荡荡""巍巍乎""焕乎"。　◎巍巍乎：高大之貌。　◎唯……则：与其相当。　◎荡荡乎：广远之貌。　◎民：当时的人民。　◎名：

用言语表达。 ◎成功：完成治理百姓的事业。 ◎焕乎：光明闪耀之貌。 ◎文章：指礼乐制度之类。

【解说】

本章赞美了尧之德。

胡炳文[1]说："天之德是很难形容的，人的眼里能看到的只有四时万物的生成和日月星辰等，圣人是把天与德合而为一的人。"[2] 尹焞说："天道很大，不需要运用意志，自然而然地就能生成万物。只是尧以天为准则治理天下，所以人民不能用言语来形容。能用言语来形容的唯有其功业之大与文章之美而已。"[3]

8.20 舜有臣五人而天下治。武王曰："予有乱臣十人。"孔子曰："才难，不其然乎？唐虞之际，于斯为盛。有妇人焉，九人而已。三分天下有其二，以服事殷。周之德，其可谓至德也已矣。"

【译解】

舜有五位贤臣，于是天下得到了很好的治理。周武王说："我有治乱之臣十人。"孔子就此感叹道："古语说：'人才难得！'难道不是这样吗？只是在唐（尧）虞（舜）的时代，人

---

[1] 胡炳文（1250—1333），字仲虎，号云峰，婺源人。元代教育家、文学家。
[2] 可能引自胡炳文所著《四书通·论语通》卷四："天之德难名也，所可见者其四时生成之功，日月星辰之文尔。惟尧亦然，故与之等。"
[3] 可能引自《论语集注》卷四："尹氏曰：'天道之大，无为而成。唯尧则之以治天下，故民无得而名焉。所可名者，其功业文章巍然焕然而已。'"

才比周朝更兴盛,其后的夏朝、商朝又都比不上周朝。然而周朝十人之中还有一位是妇人,所以男子仅有九人而已。人才真是很难得呀!周不仅和唐虞相埒,也是人才济济的时代,即便就德而言,也可与唐虞比肩而立,毫不逊色。周文王时,天下三分之二已经归顺于周,形势上完全可以取代殷商而一统天下了,但是他并没有取而代之,反而率领殷商的叛民臣服于商,并恭敬地侍奉殷纣王。这是谨守君臣之分,为后世树立榜样,文王之德不得不说是达到了极致。"

【注释】

◎臣五人:指禹、稷、契、皋陶、伯益。 ◎乱臣十人:"乱臣"是治乱之臣。"十人"是指周公旦、召公奭[1]、太公望、毕公、荣公、太颠、闳[2]夭、散宜生、南宫适[3]、邑姜。 ◎斯:指周朝。 ◎妇人:指周武王的后妃邑姜。 ◎三分天下有其二:天下九州之内,荆、梁、雍、豫、徐、扬六州已经归附周文王,青、兖、冀三州尚附属于商纣王。

【解说】

本章前半段讲述的是人才之难得,后半段则赞美周文王之"至德"。

---

1 奭:音 shì。
2 闳:音 hóng。
3 适:音 kuò。

朱子把"于斯为盛"理解为"乃盛于此",意思解释为"唐虞之时,人才较周为盛",但是也有人理解为"于此为盛",解释为"继唐虞之后,到了周,人才辈出"。

"三分天下"以下,孔子说完周武王的事情,紧接着谈及周文王之德,并且将其与泰伯一起评价为"至德",这其中是颇具深意的。有人说"三分天下"以下添上"孔子曰"作为开头,便可以另立为一章了。(朱子)[1]

8.21 子曰:"禹,吾无间然矣。菲饮食而致孝乎鬼神,恶衣服而致美乎黻[2]冕,卑宫室而尽力乎沟洫。禹,吾无间然矣。"

【译解】

关于禹,老夫找不出什么可以指摘、非议的缺点了。禹自己的日常饮食很简单,而祭祀时的供品很丰富、干净,以此向宗庙的鬼神敬献孝心;禹自己日常穿的衣服很破,而祭祀时用的衣冠很美观,对礼从不怠慢;禹自己居住的宫室简陋狭小,把心力全放在了田间的水渠上,从而让百姓不用担忧水旱之灾。应该用钱的地方和应该节约开支的地方都是各适其宜,按需调用。关于禹,老夫找不出什么可以指摘、非

---

[1] 可能引自《论语集注》卷四:"孔子因武王之言而及文王之德,且与泰伯,皆以'至德'称之,其指微矣。或曰宜断'三分'以下,别以'孔子曰'起之,而自为一章。"

[2] 黻:音 fú。

议的缺点了。

【注释】

◎间然:"间"是间隙。指其间隙而非议之。　◎菲:薄,"菲饮食"就是把饮食弄得很简单。　◎致孝乎鬼神:向宗庙的鬼神敬献孝心,供奉的供品丰富、干净。　◎衣服:平常穿的衣服。　◎黻冕:"黻"是用韦(皮革)做的蔽膝,"冕"是冠。黻和冕都是祭祀时的服饰。　◎沟洫:田间的水渠,以规正田界,在有洪水的时候用于排水,干旱的时候用于灌溉。

【解说】

本章是孔子在赞美禹。

为自己的花费很少,勤勉从事的是谋划人民的幸福,华丽的装饰之物用于宗庙、朝廷行礼之时。这就是本篇前面所说的"有天下也,而不与焉"。还有什么地方可以被指摘、非议的呢?(杨时)[1]

1　可能引自《论语集注》卷四:"杨氏曰:'薄于自奉,而所勤者民之事,所致饰者宗庙朝廷之礼,所谓有天下而不与也,夫何间然之有?'"

子罕第九

本篇凡三十章。[1] 本篇同《述而》篇相似，记述的多是孔子自谦、诲人之辞，还有他的言行交际以及关于出仕、退隐之类事情的谈话。

9.1 子罕言，利与命与仁。

【译解】

当孔子在教诲别人的时候，几乎不会去讲利和命以及仁。因为计较利则有害于义，而命的道理很深奥，至于仁之道则很大，常人无法理解。

【注释】

◎利：利欲。　◎命：指天赋予人的生死福祸寿夭之类。　◎仁：兼具所有善的德。

1　三十章：有的版本《论语》分为三十一章。三十一章是将本篇第六章（9.6）中"牢曰"一节独立为一章。

【解说】

本章记载了孔子教诲人的时候通常不说而且很少说的东西。

本章也可训读为:"子罕言利,与命,与仁。"[1] 意思是:"孔子几乎不谈利,要是谈的话,也是和命及仁一起谈,不会单独说利。"

9.2 达巷党人曰:"大哉孔子!博学而无所成名。"子闻之,谓门弟子曰:"吾何执?执御乎?执射乎?吾执御矣。"

【译解】

达巷党之人赞誉孔子,说道:"孔子是了不起的人啊!学识渊博,无所不能,无所不知,所以不是因一件事成就名声的。"孔子听说了这话,对自己的弟子们说:"达巷党人说老夫'不是因一件事成就名声',老夫专门去做哪件事来成就名声呢?去专门为人家驾驭马车呢?还是专门去射箭呢?老夫还是专门为人家驾驭马车吧!"

【注释】

◎达巷:党名。五百家为一党。"达巷党人"的姓名没有流传下来。　　◎执:专门做。　　◎射、御:指所谓"六艺"的

---

[1] 按,这种训读的日文原文为:"子罕(まれ)に利を言ふ。命と与(とも)にし、仁と与(とも)にす。"而宇野哲人在"译解"中采用的训读方式是:"子罕に言ふ、利と命と仁と。"

礼、乐、射、御、书、数。射和御是其中地位比较卑下的技艺，而御又是其中最为卑下的。

【解说】

本章记述了孔子听闻到对自己的赞誉之辞后的自谦。

说打算去"执御"——驾驭马车，这并非孔子的本心。只不过是听到了别人对自己的夸赞，于是说了些谦逊之辞罢了。道是无所不在的，所以没有必要专修一艺以求成名于世。

9.3 子曰："麻冕，礼也；今也纯俭。吾从众。拜下，礼也；今拜乎上，泰也。虽违众，吾从下。"

【译解】

把用麻织的布染成赤黑色，做成冠冕，此乃古礼，可是麻布织起来相当耗费工夫。现在利用丝代替麻，织丝比织麻要容易，这样就节省了很多工夫而且制作起来也容易多了。这从道理上来说没有什么不可的，因此老夫也跟大家一样赞同这样做。臣拜君必拜于堂下，这也是古礼，但是现在人们都是在堂上拜，这是傲慢的做法。这从道理上来讲是不合适的，所以虽然跟众人不同，老夫还是按古礼在堂下礼拜君主。

【注释】

◎麻冕：缁布冠，用麻织布然后染成赤黑色做的冠冕。
◎今：指孔子生活的时代。　◎纯：丝。　◎俭：省下了工夫容易做成。　◎泰：傲慢。

【解说】

本章展现了孔子处世遵循的是义。

程子说："君子处世之际，无害于理的，可以从俗；有害于理的，则万不可从俗了。"[1]

9.4　子绝四：毋意，毋必，毋固，毋我。

【译解】

孔子绝对没有常人容易陷入的四种烦恼，即没有"意"（以私意临事之类），没有"必"（无论什么都按照预定的那样做），没有"固"（固执于一事而不会融通），没有"我"（只知道有我，而不考虑他人）。

【注释】

◎绝：绝无。　◎毋：无。不是禁止的意思。　◎意、必、固、我：说明见于"译解"。

【解说】

本章展现了孔子之心专注于道义，毫无私心。

意、必、固、我四者互为始终。起源于意，形成于必，淹留于固，成之于我。"意"和"必"常常在事之前，"固"和

---

[1] 可能引自《论语集注》卷五："程子曰：'君子处世，事之无害于义者，从俗可也；害于义，则不可从也。'"此为程颐之言，又见于《河南程氏经说》卷六。

"我"则常常在事之后。到了"我"又产生了"意",又被私欲所牵扰,如此这般,循环往复而没有尽头。(朱子)[1]

9.5 子畏于匡,曰:"文王既没,文不在兹乎?天之将丧斯文也,后死者不得与于斯文也;天之未丧斯文也,匡人其如予何?"

【译解】

孔子在匡地身陷险境,有警戒畏惧之心。门人感到恐惧,于是孔子安慰他们说:"周文王没有去世的时候,圣人之道在文王的手中,文王去世后,此道不是在老夫的手中吗?此道之兴废主要是依据天意,如果天有意要毁灭此道,死在文王之后的老夫,就不可能承继此道了。然而,老夫能够承继此道,由此可知天并没有毁灭此道之意。既然天没有毁灭此道的意思,那么匡人又能把传承此道的老夫如何呢?必然不能违背天意加害于老夫的!"

【注释】

◎畏:因有可担心的事情而有所提防。 ◎文王:周文王。 ◎文:道之显著而能见者,指礼乐制度之类。朱子认为

---

[1] 可能引自《论语集注》卷五:"四者相为终始,起于意,遂于必,留于固,而成于我也。盖意必常在事前,固我常在事后,至于我又生意,则物欲牵引,循环不穷矣。"

不说"道"而说"文"是表示谦逊。　◎兹：此。代指孔子自己。　◎后死者：指孔子。相对于已经去世的周文王而言，孔子把自己称为"后死者"。　◎与于斯文：指传道。

【解说】

本章和《述而》篇中"天生德于予"一章[1]一样，记述了孔子自觉天命，临危难而不动摇其内心的事情。孔子离开卫国，准备前往陈国的时候，途经一个名为"匡"的地方。匡人曾经受过一个叫作阳虎的人的折磨，而孔子的容貌和阳虎很像，所以他们就认为是阳虎来了，于是以兵围困孔子。门人对此感到害怕，孔子便安慰了他们。

面临生死攸关的危难时刻，援引天以表示自信，丝毫不动摇其本心，这正是孔子之所以称为孔子的原因。

9.6　大宰问于子贡曰："夫子圣者与？何其多能也。"子贡曰："固天纵之将圣，又多能也。"

子闻之，曰："大宰知我乎！吾少也贱，故多能鄙事。君子多乎[2]？不多也。"

牢曰："子云：'吾不试，故艺。'"

1　参见《论语·述而第七》(7.22)。
2　按，通行本《论语》中，"乎"字后有"哉"字。

【译解】

某位担任太宰的官员问子贡:"您的老师是圣人吗? 怎么会精通这么多技能呢?"子贡回答道:"的确是上天让老师成为这样的人,知和行两方面都没有限制其发展,几乎就是圣人了,还精通了很多技能。"从太宰认为"多能"为"圣",可知"圣"是无所不通、无所不晓的,而据此也暗示了"多能"乃是"圣"之余事。

孔子听说了太宰和子贡之间的对话,说:"虽然太宰说老夫'多能',但是太宰知不知道老夫多能的原因呢? 老夫年少之时,不为当世所用,地位低贱,因此学到了很多微不足道的技能。老夫的多能不是为了成就'圣'。成德的君子尊崇的是多能吗? 君子所重视的有更重要的,而绝不是在多能上。"孔子不自居于圣的地位,又指出了以多能为圣的谬误所在。

事后弟子们在记录这句话的时候,弟子牢说:"先生平时说:'由于老夫不能为世所用,所以学到了很多的技能。'"

【注释】

◎多能:指礼、乐、射、御、钓弋[1]之类。　◎固:无需怀疑,真实的。　◎纵:没有限制。　◎鄙事:微不足道的事情。　◎君子:人格完善的人。这里避免了使用"圣"字。　◎试:用。　◎艺:多能之意。

---

[1] 钓弋(yì):钓鱼、射鸟。

【解说】

本章体现了圣人不以多能为贵。"大宰"是官名,姓名不可考。"牢"是孔子的弟子之名,姓琴,字子开,又字子张。

"多能"也是圣德无所不通的效验。太宰却认为多能为"圣",这是由于他知其末而不知其本。子贡回答说"圣,又多能",这是知道由本及末。孔子自己说的话和牢听闻到的孔子之言都是孔子的谦逊之辞。

9.7 子曰:"吾有知乎哉?无知也。有鄙夫问于我,空空如也,我叩其两端而竭焉。"

【译解】

世人传说老夫无所不知,老夫真的什么都晓得吗?并不是什么都晓得呀。有个粗人来向老夫探寻事理,虽然那人头脑愚笨什么也不懂,但是老夫并没有敷衍他,而是把道理全部讲出来,一点都没有保留。因此,世人看到了都以为老夫无所不知。

【注释】

◎鄙夫:凡庸之人。 ◎空空如:愚笨,什么都不懂的样子。形容"鄙夫"。 ◎叩其两端:"叩"有发动的意思。"两端"是指始终、本末、上下、精粗之类,无所不尽。 ◎竭:没有保留。

【解说】

本章讲述了孔子自谦没有什么知识。

圣人教诲人,就像这样谦卑待人,即便如此,还担心众人会说圣人之道高远,显得不够亲切近人。圣人之道,是必须要放下身段,让自己卑微些。如果不这样的话,别人就不会亲近圣人之道。而贤人之言,反而是要引出话题,从而让自己显得高深。如果不这样的话,道就不能得到尊崇。看看孔子和孟子,就可以明白这个道理了。(程子)[1]

9.8 子曰:"凤鸟不至,河不出图。吾已矣夫!"

【译解】

凤是灵鸟,在舜的时候出来舞蹈,周文王的时候在都城旁边的岐山鸣唱。伏羲之时,龙马从黄河中驮着图出来。这些都是圣王之瑞。[2] 现在凤鸟不来了,黄河中没有驮着图的龙马出现,圣王之瑞没有了,所以圣王不兴。圣王不兴,那么就没有能任用老夫的人了,老夫的道也不能施行了!

---

[1] 可能引自《论语集注》卷五:"程子曰:'圣人之教人,俯就之若此,犹恐众人以为高远而不亲也。圣人之道,必降而自卑,不如此则人不亲,贤人之言,则引而自高,不如此则道不尊。观于孔子、孟子,则可见矣。'"又见于《河南程氏外书》卷三。

[2] 按,古人认为凤鸟至,河出图,这些都是圣人称王的征兆。《易经·系辞上》说:"河出图,洛出书,圣人则之。"这里的圣人指的是伏羲。传说伏羲氏时,有龙马背负"河图"从黄河出现;有神龟从洛水出现,背负"洛书"献给大禹。伏羲根据河图洛书画成八卦,后来周文王又依据伏羲八卦推演出文王八卦和六十四卦。

【注释】

◎凤鸟：一种灵鸟。　◎已矣夫："已"是止，这是绝望之词。

【解说】

本章是孔子感叹道得不到施行。

孔子虽然想遇见伏羲、舜、周文王那样的君主来推行道，但是在当世已经找不到这样的圣君了，而且还不能明言，因此只能寄念于凤鸟与河图。

9.9 子见齐衰[1]者、冕衣裳者与瞽者，见之，虽少必作，过之必趋。

【译解】

孔子遇见穿丧服的人、穿贵族礼服的人以及盲人，如果本是坐着的，也必然会站起来以表达敬意，哪怕对方是年少之人；如果是从其面前经过，孔子也必然是迈着小碎步疾速走过，以表达敬意。

【注释】

◎齐衰：丧服之名。"齐"是衣裳边缘缝得齐整的意思，"衰"同"缞"，披在胸前，用熟麻布制成。生麻布制成而边缘不缝的叫"斩衰"。斩衰是"五服"[2]中最重的丧服，齐衰是第

1　齐衰：齐音 zī，衰音 cuī。
2　五服：古代以亲疏为差等的五种丧服。依照由重到轻的顺序，五服分（转下页）

二等重的丧服。这里说的是齐衰但也包括斩衰。　◎冕衣裳："冕"是大夫以上之冠。"衣"是腰以上之服。"裳"是腰以下之服。"冕衣裳"是官位高的人威仪整齐时穿着的服装。　◎作：站立起来。　◎趋：小碎步疾速地行进。

【解说】

本章记载了孔子哀有丧者，尊有爵者，怜有疾者。

这是孔子敬人爱人的诚心内外一致的地方。（尹焞）[1]

9.10　颜渊喟然叹曰："仰之弥高，钻之弥坚，瞻之在前，忽焉在后。夫子循循然善诱人。博我以文，约我以礼，欲罢不能。既竭吾才，如有所立卓尔。虽欲从之，末由也已。"

【译解】

颜渊学习了孔子的道，已经有所领悟，于是感叹道：

"一开始我学习先生的道，想有所领悟，但是先生的道需要从下仰望，向上前行，虽随之前行却愈发觉得高远，永远无法登上顶峰。如果钻研进去，虽不断钻研，越往里面去却越发觉得坚固，无法再深入了。看一看，道似乎就在自己的面前，于是振奋精神，勇往直前，但转眼之间却发现道又在自己的后面了，无法弄清道的本体。

（接上页）别是斩衰、齐衰、大功、小功、缌麻。
1　可能引自《论语集注》卷五："尹氏曰：'此圣人之诚心，内外一者也。'"

"然而幸运的是，先生设立了顺序次第，善于引导教育。首先用'文'让我的心变得宽广，广泛地通达知晓古今事理；接着，用'礼'约束我，让我的一举一动都符合中正之道。

"如此一来，我的修行因'文'而变得渊博，因'礼'而得到约束，对此十分喜悦，想停下都停不下来，用尽了我才能的极限。结果，以前认为在前面的、越发高远的、越发坚固的，只是在后面才能看清的东西，现在好像在我面前赫然耸立着。虽然打算竭尽全力往前追赶，到达那里，可是力有所不足，无论如何都实现不了。"

【注释】

◎喟然："喟"是叹息之声。 ◎仰：仰望而有欲与之相齐之意。 ◎之：指孔子之道。 ◎钻：用凿刀切割金子。比喻研究道。 ◎循循然：有顺序次第之貌。 ◎诱：引导前进。 ◎博：让知识见闻等变得广博。 ◎文：在事物上显现出来的道。指诗、书、礼、乐之类。 ◎约：做到行为不违背道，而进行约束。 ◎礼：道作为人们的行为标准、原则而展现出来的东西。 ◎罢：停下来。 ◎卓尔：站立貌。 ◎末由：无所用力。

【解说】

本章是颜渊自述学问修行经过。初言孔子之道，其次谈孔子教育方法，最后讲自身到达的境界。

"博我以文约我以礼"也略言之为"博文约礼",朱子说:"所谓有顺序次第,不只是特以博文和约礼来区分先后次序,博文约礼之中,也各有次序、先后、浅深。"[1]

9.11 子疾病,子路使门人为臣。

病间曰:"久矣哉,由之行诈也。无臣而为有臣,吾谁欺?欺天乎?且予与其死于臣之手也,无宁死于二三子之手乎?且予纵不得大葬,予死于道路乎?"

【译解】

孔子病重了。子路想老师会不会过世呢?他想让同门担任家臣为孔子主持丧葬。孔子过去做大夫的时候是有家臣的,但是现在已经不在大夫之位了,所以也不再有家臣,可是子路因为有尊敬老师之心,因而想让老师像有家臣时那样举行一个风风光光的葬礼。

孔子的病渐渐转好的时候,知道了这件事,于是责备子路说:"很久啦,由(子路之名)搞骗人的伎俩。老夫现在不做大夫,没有家臣,这事谁都晓得,所以骗不了人的。然而,却要装作是有家臣的,老夫打算骗谁呢?这不是欺骗上天吗?欺骗天是莫大之罪。而且老夫死后与其违背常理由家臣经手,还

---

[1] 可能引自《论语集注大全》卷九:"朱子曰:'所谓次序者,非特以博文、约礼分先后次序。博文约礼,各有次序、先后、浅深。'"

不如顺应常理由门人经手，这才是我本来的愿望。况且，纵然老夫不能以君臣之礼下葬，老夫还有一帮弟子，所以不用担心会死于道路，弃尸荒野不得下葬吧？"

【注释】

◎疾病：疾是生病，病是病情变重。 ◎门人：孔子的门人。 ◎臣：古时候，大夫之丧由家臣来料理。 ◎病间：病稍微转好。 ◎与其……无宁：经常在"比起那样说不如这样"的时候使用的句式。"无宁"理解为"毋宁""与其……不如……"。 ◎二三子：指门人。 ◎大葬：以君臣之礼下葬。 ◎死于道路：被弃尸道路，不得下葬。

【解说】

本章是孔子责备子路的过失，同时指出应当严守丧葬的礼节。

子路有尊敬孔子之心，却不知道尊敬孔子的方式。孔子认为于理不该有家臣而有了家臣，这是在欺骗上天，于是引罪于己，深责子路，同时还阐述了即便拥有家臣也不足以自高自大，而没有家臣也不值得妄自菲薄，据此让人懂得没有必要做那种事。

9.12 子贡曰:"有美玉于斯,韫[1]椟而藏诸,求善贾[2]而沽诸?"子曰:"沽之哉!沽之哉!我待贾者也。"

【译解】

子贡看到孔子抱守其道而不出来做官,于是问道:"这里有块美玉,乃是天下之至宝,可到底是把它放在柜子中藏起来呢,还是求个好价钱卖掉呢?"孔子说:"至宝不是我可以拥有的东西。卖了吧!卖了吧!不过,老夫是出个好价钱等着买主来的人。买主未出现,我便不急着卖。"

【注释】

◎美玉:比喻孔子的道德。 ◎韫椟:收藏在匮(柜子)中。比喻不做官。 ◎诸:读为"之乎"二字。 ◎贾:价。 ◎沽:卖。求得好价钱。"沽"比喻追求俸禄而做官。

【解说】

本章论述了孔子的出处行藏[3]。

子贡说:"求善贾而沽诸?"对此,孔子回答说:"我待贾者也。""待贾"的内涵从孔子"用之则行,舍之则藏"[4]一句中便可以看出来。

---

1 韫:音 yùn。
2 贾:本章两个"贾"都音 gǔ。
3 出处行藏:指出仕和退隐,也指人物的行止、动作、行迹等。
4 见《论语·述而第七》(7.10)。

9.13 子欲居九夷。或曰:"陋,如之何?"子曰:"君子居之,何陋之有?"

【译解】

孔子感叹于道不能实行,于是流露出想到东方九夷所在的地方居住的意思。有人就说:"九夷是风俗卑陋的地方,怎么能住在那里?"对此,孔子回答道:"有德的君子如果住在那里的话,可以在那里施行教化,让其成为礼仪盛行之邦。如此一来,还有什么卑陋之处呢?"

【注释】

◎九夷:因为东方之夷有九种,所以称为"九夷"。 ◎陋:卑陋。指衣服、言语等不像中国[1]本土那般优雅美丽。

【解说】

本章是孔子叹息"道"不能实行。

虽然可以教化九夷,但是针对为何不能教化中国的问题,朱子说:"当时中国虽不是未蒙圣人的教化,但当时的人君不采用这种教化,所以圣人之道得不到实行。"[2]

9.14 子曰:"吾自卫反鲁,然后乐正,《雅》《颂》各得其所。"

---

1 中国:这里的中国是先秦时代中国的概念,大致范围相当于中原地区。
2 可能引自《论语集注大全》卷九:"当时中国,未尝不被圣人之化,但时君不用,不得行其道耳。"

【译解】

老夫从卫国返回鲁国,补订了鲁国传习的古乐残缺之处,调整其次序,乐的声音和节奏都变得雅正了,乐中《雅》的诗篇和《颂》的诗篇都恢复了本来的面目,变得不再混乱不堪。

【注释】

◎《雅》《颂》:乐由声乐、器乐和舞乐组成。《雅》《颂》是用于声乐的诗。《雅》用在朝廷上,《颂》用在宗庙上。

【解说】

本章是孔子自述其订正鲁国流传的古乐。

鲁哀公十一年[1]冬,孔子自卫国返回鲁国。此时周礼虽然仍在鲁国流传,但是《诗》、乐都有残缺,且次序错乱。孔子周游四方,参照考订在各国所闻及周礼的规定,知道了《诗》、乐之说,所以当他晚年发现道不能实行后,便返回鲁国订正乐。(朱子)[2]

9.15 子曰:"出则事公卿,入则事父兄,丧事不敢不勉,不为酒困。何有于我哉?"

---

1 鲁哀公十一年,即公元前484年。
2 可能引自《论语集注》卷五:"鲁哀公十一年冬,孔子自卫反鲁。是时周礼在鲁,然《诗》、乐亦颇残阙失次。孔子周流四方,参互考订,以知其说,晚知道终不行,故归而正之。"

【译解】

离开家在朝廷上侍奉公卿,要诚心敬意;回到家侍奉父兄,要孝亲友弟;父母的丧事,必须努力做到尽其哀、尽其礼;即使喝酒也要把握住度,不失德,不失态,不乱来。试着想想这四件事情老夫都做到了吗?老夫是一件都没有做到呀。

【注释】

◎出:从家里出来在朝廷上。 ◎公卿:指爵位尊贵者。 ◎入:进入家门在家里。 ◎丧:父母之丧。 ◎困:被扰乱。 ◎何有于我哉:什么都没有。

【解说】

本章也是在自谦诲人。

跟《述而》篇的"默而识之,学而不厌,诲人不倦"比起来,本章谈的事情愈发浅近,则谦逊之意愈发恳切。(朱子)[1]

9.16 子在川上曰:"逝者如斯夫!不舍昼夜。"

【译解】

孔子站在河川之畔,看见河水滔滔流淌,很是感慨,说道:"天地之间,往者已矣,来者相继,不断逝去却又不曾停歇,恰如这流水一般。从白天到黑夜,没有一刻停止过。道虽

---

1 可能引自《论语集注》卷五:"说见第七篇,然此则其事愈卑而意愈切矣。"

是无形之物，但人看到了便会察知到道的本体，不可有丝毫的疏忽。"

【注释】

◎逝者：泛指天地之间的变化无穷。　◎如斯夫：指水。

【解说】

本章就道之无穷，阐述了人们应当不断努力地学习。

所谓天地的变化，往者去，来者继，没有一刻停歇。所谓道也是一样的，是一刻停歇都没有的。这样的道的本体，容易观察到并且可以给人指示出来的，莫如河川的流水。所以，在这里讲出来并指教给别人，是希望学习者时时刻刻反省检查自己，而且不要有一刻的间断。（朱子）[1]

9.17　子曰："吾未见好德如好色者也。"

【译解】

老夫还从没有看到过好德之心如喜好美色之心一般诚实的人。

【注释】

◎德：人受自于天的正道。　◎色：谓美色。

---

[1] 可能引自《论语集注》卷五："天地之化，往者过，来者续，无一息之停，乃道体之本然也。然其可指而易见者，莫如川流。故于此发以示人，欲学者时时省察，而无毫发之间断也。"

【解说】

本章是孔子有感于好德之人很少,于是发出了叹息。

据说孔子在卫国的时候,卫灵公与夫人南子同乘一辆车,让孔子乘坐在后面一辆车,招摇过市。孔子以此为耻,于是发出了本章的这段感慨。

9.18 子曰:"譬如为山,未成一篑,止,吾止也。譬如平地,虽覆一篑,进,吾往也。"

【译解】

学习者如果半途而废、裹足不前,则会前功尽弃,这就好比是有人打算堆一座高达九仞的山,最终没有把山堆成,是因为还有一筐土没有运上去。运送一筐土很容易,但是他停下来不干了,这是他自己主动要停下来的,不是由于别人干扰了他。学习者如果学而不止、自强不息,则可积少成多,这就好比是堆山的人开始时在平地上倒上一筐一筐的土,一筐土虽然少,但是他不断去堆,从不间断,事业的推进是他自己主动进行的,而不是别人推着他前进的。

【注释】

◎篑:土筐。备。 ◎覆:倒。

【解说】

本章是劝诫人们不要止步不前,同时也规劝人们要不断进取。朱子说："《尚书·旅獒》篇中讲到：'为山九仞，功亏一篑'，孔子这句话的典故大概就在这里了。"[1] 不过《旅獒》篇现在被认为是伪造的。

是止步不前，还是不断进取，这些都取决于自己，所以学习者必须有自强不息的觉悟。

9.19 子曰："语之而不惰者，其回也与！"

【译解】

听闻了我所谈论的"道"，然后参悟于心，身体力行，而且不会倦怠的人，恐怕只有颜回了！

【注释】

◎语：告诉。 ◎其回也与：谓颜回一个人。

【解说】

本章是在称赞颜渊。

颜渊听闻了孔子的谈话，参悟于心，身体力行，任何场合下都不曾违背孔子的教诲。好比万物受雨露之滋润，从而发荣生长，又如何会出现怠惰呢？这是诸位弟子所赶不上的。（范祖禹）[2]

---

[1] 可能引自《论语集注》卷五："《书》曰：'为山九仞，功亏一篑。'夫子之言，盖出于此。"
[2] 可能引自《论语集注》卷五："范氏曰：'颜子闻夫子之言，而心解力行，造次颠沛未尝违之。如万物得时雨之润，发荣滋长，何有于惰？此群弟子所不及也。'"

9.20　子谓颜渊曰:"惜乎! 吾见其进也,未见其止也。"

【译解】

　　孔子追忆往事,评价颜渊道:"颜回英年早逝,年纪轻轻人就走了,实在是可惜啊! 老夫看到他向着道不断进取,从未半途而废。倘若能够多活些日子,他的进步应该是不可限量的,可是他却早早地走了,实在是太可惜了呀!"

【注释】

　　◎谓:不是跟人交谈的意思,而是评论的意思。

【解说】

　　本章是孔子在颜渊死后发表的表达痛惜之意的哀惋之词。

　　孔子在痛惜颜渊英年早逝的同时,又在鼓励其他的弟子要以颜渊为榜样。

9.21　子曰:"苗而不秀者有矣夫! 秀而不实者有矣夫!"

【译解】

　　看看谷物的苗,便会认为谷物有一天会开花是自然而然的事情,但是往往也有不开花的。花开了就会结果,虽然这也是自然而然的事情,但是往往也有结不了果的。

【注释】

　　◎苗:谷物开始生长。　　◎秀:花开。

【解说】

　　本章是为勉励人们进取学问,并且期待学必有成而发表的谈话。"苗而不秀者"是比喻天资聪颖却不从事学问之人,"秀而不实者"比喻即便学习了也无法完善人格的人。

9.22　子曰:"后生可畏,焉知来者之不如今也?四十、五十而无闻焉,斯亦不足畏也已。"

【译解】

　　比老夫出生晚的少年们,不仅年纪很轻,而且精力强健,实在是令人畏惧。假如他们能不待扬鞭自奋蹄,能够自勉的话,怎么就知道他们将来的德性比不上老夫今日的德性呢?然而,假如他们不能自勉,到了四十岁、五十岁的时候,其德性在世上仍无人知晓,这样的人也就不足畏惧了。

【注释】

　　◎后生:后来出生的人,晚辈、少年。　◎来者:指后生的将来。　◎今:指孔子当时的德性。

【解说】

　　本章警醒人们,让人及时勤勉学习。

　　少时不努力,到老了,名又不闻于世,那么一辈子也就这样了。从年轻的时候开始就不断进取、勤勉努力的人,不见得

达不到圣贤的地位。这才是"可畏"之处。(尹焞)[1]

9.23　子曰:"法语之言,能无从乎?改之为贵。巽[2]与之言,能无说乎?绎之为贵。说而不绎,从而不改,吾末如之何也已矣。"

【译解】

法语之言,辞气严肃,义理端正,以此议论过失,谁都会认为是合情合理的,从而接受、遵从。然而,只是接受、遵从还不行,应该就此改正自己的错误,这才是最重要的。巽与之言,辞气稳健,婉转地议论过失,所以谁都乐于听。然而只是乐于听还不行,应该就此探求其微言大义之所在,这才是最重要的。如果只是乐于听,却不去探求真意;只是接受、遵从,却不去改正,那么老夫也没有感化此人的办法了。

【注释】

◎法语:辞气严肃,义理端正,可以作为人们行为准则的语言。　◎巽与:遵从赞成之意,用不违背人心、自己也能赞同的方式委婉地劝说引导。　◎说:同"悦"。　◎绎:探寻真意。　◎末:理解为"无"。

---

[1] 可能引自《论语集注》卷五:"尹氏曰:'少而不勉,老而无闻,则亦已矣。自少而进者,安知其不至于极乎?是可畏也。'"又见于《论语精义》卷五上。
[2] 巽:音 xùn。

【解说】

本章阐述了听别人说话从而从中获益的方法。

法语之言,类似于孟子对齐宣王论述"行王政"的事情。巽与之言,类似于孟子跟齐宣王谈论"好货""好色"之类的事情。(参见《孟子·梁惠王下》)

9.24 子曰:"主忠信,毋友不如己者,过则勿惮改。"

此篇已见于《学而》篇。[1]但是与《学而》篇相比,此处少了"君子不重则不威,学则不固"一句。这大概是由于《论语》是弟子各就所闻而记,所以各人所记的也就有详有略了。

9.25 子曰:"三军可夺帅也,匹夫不可夺志也。"

【译解】

三军之势,虽然强勇难敌,但是作为统帅的大将不过是凭借众人之力,所以其大将可夺而取之。一个人的力量虽然微弱,但是其志向在自己的心内,而不是依赖于他力,因此如果能坚守住的话,那么无论谁来,都无法夺去。

【注释】

◎三军:一军为一万二千五百人。 ◎帅:大将。 ◎匹

---

[1] 参见《论语·学而第一》(1.8)。

夫:一个人。不可理解为地位低贱的男人。

【解说】

本章是让人要努力立志。

三军之勇取决于别人,匹夫之志在于自己,故帅可以夺,而志不可夺。如果可以被夺去的话,那也就不能叫作志了。(侯仲良)[1]

9.26 子曰:"衣[2]敝缊[3]袍,与衣狐貉者立,而不耻者,其由也与!'不忮[4]不求,何用不臧?'"子路终身诵之。子曰:"是道也,何足以臧?"

【译解】

孔子评价子路说:"穿着破了的布棉袄,跟穿着狐貉皮毛衣服的人站在一起,却不会觉得不好意思的人,恐怕就是由(子路之名)了吧!《诗经·卫风·雄雉》篇[5]写道:'不会因嫉妒别人拥有了而去加以损害,不会因自己没有所以感到羞耻而去贪求,能够这样的话就不会因为对物质的欲望而扰乱自己的

---

[1] 可能引自《论语集注》卷五:"侯氏曰:'三军之勇在人,匹夫之志在己。故帅可夺而志不可夺,如可夺,则亦不足谓之志矣。'"按,侯仲良(生卒年不详),宋代理学家。
[2] 衣:音yì。作动词。
[3] 缊:音yùn。
[4] 忮:音zhì。
[5] 这里大概是作者沿用了《论语集注》的说法,这两句诗实际见于今本《诗经》的《邶(bèi)风·雄雉》篇,而非《卫风》。

内心，因此不管做什么都会尽善了吧！'这讲的正是由的情况吧。"子路听到后很开心，打算将这句诗终身记诵并坚守。孔子害怕子路就此感到满足从而不再继续进取，于是又说："所谓'不忮不求'怎么可能就是至善之道呢？"以此激励子路。

【注释】

◎敝：坏。　◎缊袍：以苎麻代替棉制成的衣服，是档次较低的一种衣服。　◎狐貉：用狐、狸的皮毛制作的衣服，是档次很高的衣服。　◎忮：害。因贫富而内心极易受到动摇的人，会嫉妒他人拥有了好东西，而欲图害之。　◎求：贪。因贫富而内心较易受到动摇的人，会羡慕他人拥有了好东西，而贪求之。　◎臧：善。

【解说】

本章是孔子称赞子路不为贫富累其心，接着又补充了一段激励之辞。

"耻恶衣恶食"，这是学习者最大的毛病，丧失善心的原因也正在于此。但子路之心能够这样，远胜于常人。然而，如果常人能够做到这点，就可以被认为是善了，但是像子路这样的贤者不能就此止步。而"终身诵之"，也并不是让其德每日有所进步的方法。故而孔子激励子路，让其继续进取。（谢良佐）[1]

---

[1] 可能引自《论语集注》卷五："谢氏曰：耻恶衣恶食，学者之大病。善心不存，盖由于此。子路之志如此，其过人远矣。然以众人而能此，则可以为善矣，（转下页）

9.27 子曰:"岁寒,然后知松柏之后彫也。"

【译解】

节候严寒,正是其他草木凋零之时,这才发现松树、柏树一直坚持到最后,并不和其他草木一样凋零枯萎。平安无事的时候,分不出谁是君子,谁是小人,但是遇到事变的时候,这才看得出君子的操守。

【注释】

◎岁寒:年终岁暮,节候逐渐转寒。比喻世事动乱之时。 ◎松柏:松树和柏树。 ◎后彫:不凋零枯萎。

【解说】

本章借松柏来阐述君子的节操。

鲍照诗云:"时危见臣节,世乱识忠良。"

9.28 子曰:"知者不惑,仁者不忧,勇者不惧。"

【译解】

智者明晓事理,所以没有疑惑。仁者通常遵从道理,毫无私欲,所以安得其所,没有忧虑。勇者气配道义,至大至刚,所以没有恐惧。

(接上页)子路之贤,宜不止此。而终身诵之,则非所以进于日新也,故激而进之。"

【注释】

◎不惑：对道理没有迷惑。　◎不忧：自得状。　◎不惧：心不动摇。

【解说】

本章讲解了具有智、仁、勇的人的心理状态。

朱子解释智、仁、勇进学的顺序说："成德以仁为先，进学以知为先。勇在最后，这是由于到了最后花了工夫也不退转的，方才是勇。"[1]

9.29　子曰："可与共学，未可与适道。可与适道，未可与立。可与立，未可与权。"

【译解】

人如果不志于学也就那样了，如果有人有通过学习完善自己人格的志向，那么可以与他一同学习。然而，仍有可能迷于歧路，所以还不能跟他一起进求真理。或许也能跟他一起进求真理，然而有可能会半途而废，所以还没法跟他一起坚守道。或许也能跟他一起坚守道，然而仍可能固执于一种方法，所以还不能跟他一起因应事变而不背离于中正之道。学习者必须到达这种境地。

---

[1] 可能引自《朱子语类》卷三十七："成德以仁为先，进学以知为先，此诚而明，明而诚也。……末后做工夫不退转，此方是勇。"

【注释】

◎适道:"适"是往的意思。进取于道。 ◎立:坚守圣人之道。 ◎权:秤砣。摆弄秤砣测知物体的轻重。这里是指权衡事件的轻重,灵活运用道,不失于中正。

【解说】

本章说明了学习者不应以一善而感到满足,不论应对什么变故,都应该不断进取,不背离中正之道。

固执于一种方法不是孔子之教所崇尚的。孔子之教崇尚的是临机应变,灵活运用道,做到不失于中正。

9.30 "唐棣之华,偏其反而。岂不尔思?室是远而。"子曰:"未之思也,夫何远之有?"

【译解】

古诗中写道:"唐棣之花,虽是无情之物,但是看到她翩翩舞动,似乎在吐露情愫。而我也是有情之人,又怎会不想念你呢?恨只恨我与你相隔遥远,虽是想念不已,却无法相见。"孔子对此评论道:"诗的作者虽然也说了想念不已,但是又说太远了,要是让老夫来讲的话,我看他这还谈不上是想念。假如他要是想得真切的话,哪里有什么远不远的呢?人向往'道',情况也和这一样,'道'看起来就如同在远方的人,真想要的话就能得到,不想要的话就得不到。"

【注释】

◎唐棣之华:这几句诗不见于《诗经》,是所谓"逸诗"。"唐棣"是一种李树。"华"通"花"。 ◎偏其反而:"偏""反"都是摇动之意。"而"是语助词。

【解说】

本章评论古诗,表达了对人们放弃追求的担忧。从"唐棣之华"到"室是远而"都是诗的文句。

朱子认为这里孔子说的话,同之前在《述而》篇中的"仁远乎哉?我欲仁斯仁至矣"所表达的意思大约是一样的。[1]

---

[1] 可能引自《论语集注》卷五:"子曰:'未之思也,夫何远之有?'……夫子借其言而反之,盖前篇'仁远乎哉'之意。"

乡党第十

本篇详细地记录孔子平生的起居举止，言语、衣服、饮食等。以往把本篇全部都作为一章，但是朱子将其分为十七节。[1] 熊勿轩[2]说："开头五节记录的是孔子在朝廷上的言语容貌，接下来四节记录了孔子的衣服、饮食、居所，其余的则是把孔子从一乡至一国的所有事君交友之道、容貌变化、言语细微之处，都一一记载了下来。"[3]

10.1 孔子于乡党，恂恂如也，似不能言者。其在宗庙朝廷，

---

[1] 十七节：即十七章。关于本篇的分章有两点需要说明：（1）本篇在《论语集注》中实际有十八章。其中"入太庙每事问"一章，朱子认为与《八佾》重复，所以章数称为"十七"。（2）本篇在不同版本《论语》中还有不同的分节方式，有的分为二十二节，有的分为二十七节。
[2] 熊勿轩（1247—1312），名禾，字位辛，一字去非，号勿轩，晚号退斋。朱子的三传弟子，元初著名理学家。
[3] 可能引自《论语集注大全》卷十："勿轩熊氏曰：首五节记夫子至朝廷言貌，次四节记夫子衣服饮食处，其余则夫子自一乡至一国，凡事君交友之道，容貌之变，言动之细，皆备记焉。"

便[1]便言，唯谨尔。

【译解】

孔子居于乡里的时候，诚实、温和、谦恭，不因自己的贤智而倨傲，表现得好像是不能说话一样。

在宗庙、朝廷的时候，虽然明辨礼法、政事，不过也是谨慎从事而不敢流于放逸。

【注释】

◎于乡党："于"解释为居。"乡党"是乡里。 ◎恂恂如：信实温恭。诚恳认真、谦恭有礼。 ◎宗庙：鲁国国君先祖之庙。举行礼法的地方。 ◎朝廷：办理政事的地方。 ◎便便：流畅地讲述。

【解说】

本节记载了孔子居于乡党，还有在宗庙、朝廷上言谈举止不同的地方。

乡党是父兄、亲族之所在，所以表现得很谦逊。宗庙是举行礼法的地方，朝廷是办理政事的地方，礼法、政事必须辨别清楚，所以要详细询问、耐心讲解。（朱子）[2]

---

1 便：音 pián。
2 可能引自《论语集注》卷五："乡党，父兄宗族之所在，故孔子居之，其容貌辞气如此。……便便，辩也。宗庙，礼法之所在，朝廷，政事之所出，言不可以不明辨。故必详问而极言之。"

10.2 朝,与下大夫言,侃侃如也。与上大夫言,訚訚[1]如也。君在,踧踖[2]如也,与与如也。

【译解】

在朝廷上,国君还没来临朝听政之际,孔子与同列的下大夫讨论政事时,谨守礼法,不会歪曲是非。与作为上级官吏的上大夫讨论政事时,辞气柔和,脸色愉悦,争论是非。

国君临朝听政的时候,因为孔子有恭敬之心,故拘谨不安,但是在这拘谨不安之中,仍有得其中正,悠然自适之处。

【注释】

◎下大夫、上大夫:上大夫是卿。诸侯大国,卿三人,下大夫五人。 ◎侃侃如:刚直守礼,不歪曲、不违心之貌。 ◎訚訚如:辞气柔和、脸色愉悦地进行争论的样子。 ◎踧踖如:恭敬不安之貌。 ◎与与如:言语动作得其中正,悠然自适。

【解说】

本节记载了孔子在朝廷上事上接下的不同表现。

古注中将"侃侃"解释为和乐之貌,将"訚訚如"解释为中正之貌。

---

1 訚:音 yín。
2 踧踖:踧,音 cù。踖,音 jí。

10.3 君召使摈[1]，色勃如也，足躩[2]如也。揖所与立，左右手，衣前后，襜[3]如也，趋进，翼如也。宾退，必复命曰："宾不顾矣。"

【译解】

国君召见孔子，命他负责接待来宾，孔子敬奉君命，改变容色，腿好像不能往前迈进一般，步履庄重。向站在一起负责接待的人打招呼，虽把手左右摇动，但衣服的前后却整整齐齐，一点都不乱。疾趋而进时，拱手张开左右臂膀，如鸟翼一般舒展开来，姿态优雅。来宾退出后，孔子必定会向国君复命，并说："宾客没有回头，已经归去。"让国君宽心。

【注释】

◎摈：作为主人的国家，君主任命的负责接待宾客的人。 ◎勃如：改变脸色容貌。 ◎躩如：不能迈进的样子。 ◎揖：拱手。 ◎所与立：同为负责接待工作并与自己站在一起的人。 ◎左右手：手朝左边动，向在末席的接待者行礼，传达主人的命令；手朝右边动，向上座的接待者行礼，传达宾客的意见。 ◎襜如：整齐之貌。因为身体没有晃动。 ◎趋进：主人延请宾客入内的时候，接待者跟在宾客的后面小跑前进。 ◎翼如：像鸟儿张开双翼一般张开双臂，同

---

1 摈：音 bìn。
2 躩：音 jué。
3 襜：音 chān。

时拱起手。　◎宾不顾矣：古代宾客礼毕，离开的时候宾客不回头看，这是一种礼节，所以说："宾去，不后顾。"以此纾缓国君对宾客礼敬的紧张程度。

【解说】

本节记载了孔子受君命接待宾客的事情。

从这里可以看出孔子以君命为重，事君尽礼。

10.4　入公门，鞠躬如也，如不容。

立不中门，行不履阈。

过位，色勃如也，足躩如也，其言似不足者。

摄齐[1]升堂，鞠躬如也，屏气似不息者。

出降一等，逞颜色，怡怡如也。

没阶趋[2]，翼如也。

复其位，踧踖如也。

【译解】

孔子前往朝廷，在进入国君宫殿之门的时候，自己便产生了恭敬之心而屈下身子，尽管是很大的门，但是走过去的样子，看起来好像是在通过一个只容得下自己身子过去的、狭小的地方一般。

1　齐：音 zī。衣服下摆。
2　没阶趋：在通行本《论语》中此处一般是"没阶趋进"。

暂时站立停留的时候,不会站在门柱(枨[1])与左右门扉闭合之处的桩子(阒[2])中间。因为那里是国君出入的地方。走的时候,脚不踩踏门槛。因为士大夫不踩踏门槛是礼。

门的中间,是君主站立接受朝见之处,从这里通过的时候,即便君主不在,也要像君主在的时候一样,诚惶诚恐,充满敬意,自然而然地改变容色,放慢脚步。说话不要肆意放纵,而要像言有所不足。

拜谒君主时,为了不要踩到衣服前面而跌倒,提起衣服下摆,登上堂,屈下身子。接近国君的时候,要屏气凝神好像没有在呼吸一般。

在国君面前退下,从堂上的台阶向下降一级,容貌舒缓,面露欢颜。

完全走下台阶后,疾速小跑时,拱起手,臂膀向左右伸张,如舒展鸟翼一般,姿态优雅。

即使回到原位,仍保留在国君前的恭敬之心,要有谨慎不安之貌。

【注释】

◎公门:指天子、诸侯的宫殿之门。这里是指鲁国国君宫殿的门。　　◎鞠躬:屈下身子。　　◎不中门:不居于门的

---

[1] 枨:音 chéng。古代门的结构部件,指门两旁所竖的长木柱。
[2] 阒:音 niè。指古代竖在大门中央的短木。

枨与阑之间。枨是门柱。阑在柱与柱的中间,在左右门扉闭合的地方,挡住门扉的桩子。枨与阑的中间是国君的通道。士大夫从阑的右边出入。　◎阈:门下方的横木,是区分内外的界线。　◎位:门内有屏,有君主站立的地方。指君主不在时的虚位。　◎其言似不足者:说话不肆意放纵。　◎摄齐:为了避免踩到衣服的下摆而绊倒,用两手提着下摆。按礼制,提起的下摆要距离地面正好一尺。　◎升堂:登上君主所在的堂上。诸侯之堂高七尺,每一尺有一层阶梯。　◎屏气:屏是藏。指憋住气。　◎不息:不呼吸。　◎一等:指一层阶梯。　◎逞:放。缓和紧张的状态。　◎怡怡如:温和、愉悦之貌。　◎没阶:完全走下台阶。　◎复其位:回到自己应该在的位置。

【解说】

本节记载了孔子在朝廷时的举止。

这里讲的也是所谓的事君尽礼。

10.5　执圭,鞠躬如也,如不胜。上如揖,下如授。勃如战色,足蹜蹜[1],如有循。

享礼,有容色。

私觌[2],愉愉如也。

---

1 蹜:音 sù。
2 觌:音 dí。相见之意。

【译解】

孔子作为国君的使者，前往邻国访问，在行礼的时候，捧持着由主君授予的宝器"圭"，恭敬地对待，屈下自己的身子，似乎东西很重而捧持不住。捧持圭的手通常是平衡的，向上高举时，双手在胸前交差，高度不要超过行揖礼时的高度，向下低举时，高度不要比拿给别人东西时低。捧持的时候，面色改变，神情战栗恐惧；行走时脚步密集而细碎，举前曳踵，脚后跟与脚趾互相交接，足不离地，如同紧贴着什么东西。

访问的见面之礼结束后，还有献上本国国君赠礼的礼仪，这时孔子显露出温和、愉悦的容貌。

结束使命后，孔子以私礼拜谒邻国的国君，容貌又更加温和、愉悦了。

【注释】

◎圭：详见"解说"。◎如不胜：似乎太重了而捧持不住。 ◎战色：有战栗且畏惧的面色。显示出敬意。 ◎足蹜蹜：走碎步。 ◎如有循：脚不离地，如同紧贴着东西一般。 ◎享礼：将主君赠礼献给邻国国君的礼仪。 ◎有容色：有和颜悦色之貌。 ◎私觌：以个人身份给邻国国君献上自己的礼物，并谒见邻国国君。 ◎愉愉如：更加温和愉悦。

【解说】

本节记载了孔子为国君出使邻国进行访问时的容态。

诸侯派遣使者出访邻国的时候，作为使者的凭信，诸侯会将当初接受分封时天子赐予的名为"圭"的玉器交给使者。因此，孔子当时也是带着鲁国国君的圭出行的。

晁说之[1]讲："孔子是于鲁定公九年[2]在鲁国当官的，十三年到了齐国。这期间绝无朝聘往来之事。恐怕本篇'使摈'和'执圭'两节，谈的是担任接待者，以及作为出访他国的使节时的礼仪，而孔子只是曾经说到过这些礼仪。"[3]

10.6 君子不以绀緅[4]饰。红紫不以为亵[5]服。

当暑袗絺绤[6]，必表而出之。

缁衣羔裘，素衣麑[7]裘，黄衣狐裘。

亵裘长，短右袂[8]。

必有寝衣，长一身有半。

狐貉之厚以居。

去丧无所不佩。

---

1 晁说之（1059—1129），字以道、伯以，自号景迂生。创立景迂学派。
2 鲁定公九年，即公元前501年。
3 可能引自《论语集注》卷五："晁氏曰：'孔子定公九年仕鲁，至十三年适齐，其间绝无朝聘往来之事。疑使摈、执圭两条，但孔子尝言其礼当如此尔。'"
4 绀緅：绀，音 gàn；緅，音 zōu。
5 亵：音 xiè。
6 袗絺绤：袗，音 zhěn；絺，音 chī；绤，音 xì。
7 麑：音 ní。
8 袂：音 mèi。

非帷裳必杀[1]之。

羔裘玄冠，不以吊。

吉月，必朝服而朝。

【译解】

孔子不会用藏青色或淡红色来装饰常服衣襟的边缘。因为前者是奉祀神灵时使用的服色，后者则是居丧期间使用的服色。红色、紫色是间色而非正色，而且与妇人、女子的服色接近，也不会用于常服。

炎夏时节，虽然穿着絺（精葛布）、绤（粗葛布）做的单衣，但是出门在外必然穿着外衣，里面穿着内衣。

要是穿黑羊裘的衣服，那就配上黑色的上衣。穿白色小鹿裘衣，那就配上白色的上衣。穿黄色的狐裘，那就配黄色上衣。这是因为希望颜色搭配一致。

平常穿的裘衣较长，把右边的袖子弄短些。这样暖暖和和的，而且干起活来也方便。

睡觉的时候，必须穿寝衣。衣长应是身长的一倍半。多出一半是为了盖住脚。

平常在家的时候，穿着用又长又厚又暖和的狐、貉毛做的裘衣。

丧事结束了，应该随身佩戴的玉等物件不可离身。

---

1 杀：音 shài。

帷裳以外的衣裙（类似日本和服的"袴"[1]），必须按照腰窄、下摆宽的样子裁剪出来。

黑色羊皮的裘衣是朝服，还有赤黑色的帽子是祭服，这些都是用于吉事的服装，所以都不能在吊丧时穿用。

每月初一，必须穿朝服去拜谒君主。

【注释】

◎君子：指孔子。　◎绀：藏青色。　◎緅：淡红色。行三年之丧，在一周年丧祭时装饰衣服的颜色。　◎饰：装饰衣襟边缘。　◎亵服：常服。　◎袗：单衣。　◎绤绤：注见"译解"。　◎表：外衣。　◎出：在外面。　◎羔裘：黑色羊皮衣。　◎缁衣：黑色的上衣。　◎素衣：白衣。　◎麑：幼鹿。白色。　◎狐：狐狸。黄色。　◎狐貉：狐狸，貉子。因为毛都很长很厚很暖和，所以在家之时，穿着狐貉皮毛的裘衣。　◎去：除去。　◎无所不佩：以前随身佩戴玉或一些小物件，但是在丧事的时候，都从身上摘下来。不过，除丧之后，都可以佩戴起来。　◎帷裳：在朝服、祭服中类似日本和服"袴"的部分。整幅布不加裁剪，所以做得像帷幔一样，其腰部有褶子，周旁无缝合线。而其他的衣服如深衣，腰下半分，齐（下摆）的长度则是腰的长度的一倍，而且没有褶

1　袴：同"裤"，日文训读为"はかま"。

子，但是有缝合线。　◎杀：裁剪掉。　◎玄冠："玄"是赤黑色。　◎吉月：一个月的朔日，即每月初一。　◎朝：拜谒国君。

【解说】

本节记载了孔子有关衣服的事情。

苏轼说："这是孔氏家族遗留下的记录，杂记了细微的礼仪规范，并不是专门写孔子的事情。"[1]

10.7　齐[2]必有明衣，布。

齐必变食，居必迁坐。

【译解】

进行斋戒的时候，必先沐浴，然后着明衣。这样做是为了清洁自己的身体。明衣由布制成，这是为了强调它的朴素。

进行斋戒的时候，必须要改变日常的饮食，不能饮酒，不能吃荤。必须离开平常居坐的地方，居于别处。

【注释】

◎齐：斋戒。为祭祀神明而清洁身心，以示敬意。　◎明衣：斋戒时的衣服。明净清洁的衣服。　◎布：麻、苎麻等纺织品。

---

[1] 可能引自《论语集注》卷五："此一节记孔子衣服之制。苏氏曰：'此孔氏遗书，杂记曲礼，非特孔子事也。'"
[2] 齐：本节的两个"齐"均同"斋"。

【解说】

本节记录了孔子郑重对待斋戒的事情。

朱子遵从程子的说法,认为前节中的"必有寝衣,长一身有半"应当放在这节"齐必有明衣,布"后面。这样理解的话,则斋戒时会另外制作寝衣。[1]

10.8 食不厌精,脍不厌细。

食饐[2]而餲[3],鱼馁而肉败,不食。色恶,不食。臭恶,不食。失饪,不食。不时,不食。割不正,不食。不得其酱,不食。

肉虽多,不使胜食气。

惟酒无量,不及乱。

沽酒市脯不食。

不撤姜食。

不多食。

祭于公,不宿肉。祭肉不出三日。出三日,不食之矣。

食不语,寝不言。

---

[1] 按,参见《论语集注》卷五:"齐主于敬,不可解衣而寝,又不可着明衣而寝,故别有寝衣,其半盖以覆足。程子曰:'此错简,当在齐必有明衣布之下。'愚谓如此,则此条与'明衣''变食',既得以类相从;而'亵裘''狐貉',亦得以类相从矣。"

[2] 饐:音 yì。

[3] 餲:音 ài。

虽疏食菜羹瓜祭，必齐[1]如也。

【译解】

饭以精米为善，脍以切得细小为美。

饭馊了味道就变了，鱼烂了肉就腐败了，也就不能再吃了。即便还没有腐败，肉色也很难看，味道也很难闻，便不能吃了。烹饪的方法不好，不吃。还没有成熟的东西，不吃。肉切得不端正，不吃。肉里面没有加上适当的酱，不吃。

肉的种类虽有很多，但这是副食，吃肉不能吃得比主食还要多。

只有酒是为了与人同乐而喝的，所以不限量，不过饮酒还是当以开心爽快地喝醉为度，不能喝到乱了心志、坏了威仪。

因为买来的酒、买来的肉脯可能不干净，所以不吃。

姜对身心都有好处，所以不可或缺，每次吃饭的时候都吃。

不要暴食。

协助鲁国国君举行太庙的祭祀，领到国君赏赐的祭肉，要尽快分掉，绝不可留在自己家超过一个晚上，这是因为不能把神明的恩惠留下来。在自己家进行祭祀的时候，上供的祭肉要在三日内分掉，如果超过三日的话，肉就会腐烂，人就不能吃了，因而有亵渎神明恩惠之虞。

---

[1] 齐：同"斋"。

吃东西的时候,别人就是来搭话,也不要回话。睡觉的时候,不要跟人聊天。

吃饭的时候,即便是粗茶淡饭,或者菜汤、瓜之类简单的饭食,也至少分出一点来,祭奠一下先辈中最早制作饮食的人,祭奠时必须要拿出全部的敬意。

【注释】

◎食不厌精:"食"是饭。"不厌"是以此为善而不嫌弃。"精"是把米碾成精米。一石米春为八斗是精米。　◎脍:生肉丝。先将牛羊鱼等的肉切成大而薄的肉块,然后再切成更小的肉块。　◎饐:饭馊了。　◎餲:味道变了。　◎馁:腐烂。　◎败:腐臭。腐败。　◎饪:指烹饪的方法。如煮熟的程度、调味的方法等。　◎割:肉的切口。　◎酱:肉里沾的酱汁。　◎沽:买。　◎脯:干肉。　◎撤:除去。　◎姜:生姜。生姜被认为是通神明、去秽恶之物。　◎宿:经过一个晚上。　◎语:应答、回话。　◎言:自言。　◎祭:古人饮食之时,会从每种饮料食物中拿出少许,放在名为"豆"的食器中,以此祭奠最初制作饮食的先人。　◎齐如:郑重尊敬之貌。

【解说】

本节是就孔子的饮食进行的记录。

孔子的饮食方式虽然如此,但并不是让饮食之欲达到极点。这大概是因为想要休养身心、不伤害生命,就要这样做。然而,孔子不吃的东西,穷饮食之欲者反而会去吃。因为欲望之心占了上风,都顾不上去挑选一下了。(谢良佐)[1]

10.9 席不正,不坐。

【译解】

坐席不端正的话,不坐。

【注释】

◎席不正:"席"是铺在地上的垫子。铺上席子,然后坐在上面,这是古代的习俗。"不正"是指席移动、倾斜、弯曲。

【解说】

本节记载了孔子所居必正的事情。

孔子心安于正,所以哪怕是很小的事情也不苟且马虎。

10.10 乡人饮酒,杖者出斯出矣。

乡人傩[2],朝服而立于阼[3]阶。

---

[1] 可能引自《论语集注》卷五:"谢氏曰:圣人饮食如此,非极口腹之欲,盖养气体,不以伤生,当如此。然圣人之所不食,穷口腹者或反食之,欲心胜而不暇择也。"又见于《论语精义》卷五下。
[2] 按,傩(nuó),是人戴着面具进行的驱魔仪式,至今在中国和日本的很多地方仍有这种仪式。
[3] 阼:音 zuò。

【译解】

乡人相聚饮酒之时,老人退席,孔子也跟着退席。既不会先离开,也不会后离开,这是因为乡党间尊重长者。

乡人举行祛除疫病的仪式时,孔子穿着上朝时的衣服,站在主人的位置迎接,以致其诚敬之意。

【注释】

◎杖者:代指老人。　◎傩:此字在日文中训读为"おにやらい",驱魔之意。这是驱逐恶鬼的仪式。　◎阼阶:堂的东阶,这是主人走上走下的地方。

【解说】

本节记载了孔子居乡之事。

一处是崇敬,以竭尽尊崇长者之道;一处是尊敬,以竭尽身为主人之责。

10.11　问人于他邦,再拜而送之。

康子馈药,拜而受之。曰:"丘未达,不敢尝。"

【译解】

派使者到别国去探望人,对使者再拜之后送其离开。对使者行礼,如同对亲见到要探望的人一般致以敬意。

孔子生病的时候,鲁国大夫季康子派人送来药。孔子拜谢,而后接受。礼毕之后,孔子对使者说道:"因为我现在还不知道这药是否治愈得了我的病,所以虽然承蒙赏赐收了下来,但还不敢服用。"

【注释】

◎人:与孔子交往的人。 ◎再拜:对使者再拜,这其实是在拜谢派遣使者来的人。 ◎馈:送。 ◎未达也:还没有搞清楚。

【解说】

本节记录了孔子与人交往有诚意的事情。

从大夫那里接受赠礼的时候,拜而受之是"礼"。说"未达,不敢尝"是由于对疾病很谨慎。必须告诉使者,这是"直"。(范祖禹)[1]

10.12 厩焚。子退朝,曰:"伤人乎?"不问马。

【译解】

孔子家的马厩失火了。孔子从朝廷出来后才知道这事,便问:"没有人受伤吧?"却没有问关于马的情况。

【注释】

◎厩:饲养马的地方。

---

[1] 可能引自《论语集注》卷五:"杨氏曰:'大夫有赐,拜而受之,礼也。未达不敢尝,谨疾也。必告之,直也。'"又见于《论语精义》卷五下。按,据《论语集注》卷五所载,这段话应是"杨氏"(即杨时)所说,而非范祖禹之言。

【解说】

本节记录了孔子的仁爱是有轻重之分的。

虽然并非是不爱惜马,但是更担心人有没有受伤,所以没有工夫询问马的事情。这是由于孔子以人为贵而轻贱牲畜,从道理上来说应当如此。(朱子)[1]

10.13 **君赐食,必正席先尝之。君赐腥,必熟而荐之。君赐生,必畜之。**

侍食于君,君祭先饭。

疾,君视之,东首,加朝服拖绅。

君命召,不俟驾行矣。

【译解】

国君赏赐了食物的话,孔子必然会把席子摆正,自己先尝一尝,然后分给家人吃。国君赐给生肉的话,必然煮熟了,然后进奉于祖先之灵。国君赏赐活的动物的话,必然把动物饲养起来,不敢随意杀掉。

孔子在国君的旁边陪侍吃饭的时候,国君祭奠先辈中最先制作饮食的人,孔子自己不祭祀,先替国君品尝食物。

孔子生病的时候,国君前来探望,孔子则把枕头朝东放,

---

[1] 可能引自《论语集注》卷五:"非不爱马,然恐伤人之意多,故未暇问。盖贵人贱畜,理当如此。"

躺着，然后身上披上上朝时穿的朝服，朝服上又拖着大带。国君召见孔子，孔子不等马车准备好，直接就先走着去了。

【注释】

◎君赐食：从后面提到有"腥""生"等来看，这里的"食"是指煮熟的东西。　◎尝：吃。　◎腥：生肉。　◎熟：煮熟。　◎荐：进奉于祖先之灵。　◎东首：迁移到南边的窗户（南牖）之下，卧于东枕之上。据说迁移到南牖下，是为了让国君能够面朝南面探视病人，枕头朝向东面放是为了接受生气。　◎拖绅："拖"是牵引。"绅"是束于朝服的大带。束带垂端以为装饰。　◎驾：车套在马身上，准备马车。

【解说】

本节记录了孔子的事君之礼。

国君赏赐食物，自己吃而不进奉于祖先之灵，这是因为赏赐的食物也许是吃剩下的；而"正席"则是把自己当作正在面对国君一般。把生肉煮熟再进献于祖先之灵，这是以国君赏赐为荣，并感到高兴。接受国君赏赐的活的动物而不杀掉，这是为了将国君的仁惠之恩推及动物。陪侍国君吃饭的时候，不去祭祀而是先品尝食物，是因为要为国君测试食物是否有毒。"加朝服拖绅"，则是因为面见君主不可以穿便服。"不待驾而行"，这是因为着急奔赴君命，先步行走着，马车准备好后，

从后方赶上来,在途中再乘上马车。(朱子)[1]

10.14　入大庙,每事问。

已见于《八佾》篇。[2]

10.15　朋友死,无所归,曰:"于我殡。"

朋友之馈,虽车马,非祭肉,不拜。

【译解】

朋友过世后,没有可以前来收殓遗体的亲戚,这时孔子承担起相应的责任,他说:"就在老夫家停放遗体吧。"

朋友赠送的东西,就算是车马这样贵重的礼品,接受了也不行拜礼,但是要是馈赠的是祭肉,接受赠送时则会行拜礼。

【注释】

◎无所归:既没有亲戚,遗体也没有安葬的地方。　◎殡:此字日语中训读为"かりもがり"。[3] 将遗体暂时安放在灵柩

---

[1] 可能引自《论语集注》卷五:"食恐或馁(jùn)余,故不以荐。正席先尝,如对君也。言先尝,则余当以颁赐矣。腥,生肉。熟而荐之祖考,荣君赐也。畜之者,仁君之惠,无故不敢杀也。……《周礼》:'王日一举,膳夫授祭,品尝食,王乃食。'故侍食者,君祭,则己不祭而先饭。若为君尝食然,不敢当客礼也。……病卧不能着衣束带,又不可以亵服见君,故加朝服于身,又引大带于上也。急趋君命,行出而驾车随之。"
[2] 见于《论语·八佾第三》(3.15)。
[3] 按,"殡"在日文中汉字写作"殯",音读为"ひん",训读为"かりもがり""もがり"或"あらき",这个词在日文中的意思是:在正式的殡葬之(转下页)

中。　◎祭肉：祭祀祖先时作为供品的肉。

【解说】

本节记录了孔子的交友之道。

因为朋友是凭着义相结合在一起的，所以如果朋友死无所依，便没有理由不去料理他的遗体。因为朋友之间可以借贷钱财，相互帮助，所以接受了车马也不拜。而收到了祭肉要拜，这是在把对方的祖先当作自己的亲人一般加以敬重。（朱子）[1]

10.16　寝不尸，居不容。见齐衰者，虽狎必变。见冕者与瞽者，虽亵必以貌。

凶服者式[2]之。式负版者。

有盛馔，必变色而作。

迅雷风烈必变。

【译解】

睡觉的时候，不要像死人那样僵卧。平常在家的时候，不要修饰容貌。看见穿着丧服的人，就算对方是自己非常熟悉的人，也一定要改变容貌神色，表现出对其丧事的哀悼。看见了有爵位的人和盲人，即便不是在很郑重的场合，也必定要整肃

（接上页）前，将逝者的遗体暂厝棺中进行祭奠。（《大辞林》第三版）
1　可能引自《论语集注》卷五："朋友以义合，死无所归，不得不殡。朋友有通财之义，故虽车马之重不拜。祭肉则拜者，敬其祖考，同于己亲也。"
2　式：同"轼"。

自己的仪容，以合乎礼仪规范，借此对有爵者表达尊敬，对身体有障碍者表达同情。

坐在车上，途中遇见穿丧服的人，就会俯下身子，手扶着车前的横木，向对方表示礼敬。如果遇到了背着户籍簿去朝廷的人，那么也会做同样的动作以表示敬意。前者是为哀悼丧事，而后者则是因为重视民众的户籍数量。

别人提供了很丰盛的餐食，必然要改变容色，站起来。这是对主人的盛情款待表达敬谢，以示受之有愧之意。

雷鸣骤至，风啸烈烈，这时要改变容貌，表达对天的敬畏。

【注释】

◎不尸："尸"是尸体。偃卧时的姿态不要像死尸那样。　◎不容：不拘泥于仪式。　◎齐衰：丧服之名。解释参见《子罕》篇。　◎狎：亲昵。　◎变：改变容貌。　◎冕者：戴着帽子的人，代指有爵位之人。　◎凶服：丧服。　◎式：这是车前部的横木，在车上敬礼时，俯下身子，手扶着那里。因此，此处的"式"代指在车上敬礼。　◎负版者："版"是户籍簿。背着户籍簿去朝廷的人。　◎盛馔：丰盛的宴请。　◎迅雷风烈：雷疾速发出轰鸣声，以及风烈烈呼啸，都被认为是天发怒了。

【解说】

本节记录了孔子容貌的变化。

据说，魏王曹操有一天对刘备说道："现在天下的英雄，只有你和我而已了。"打算与董承一起诛杀曹操的刘备此时正在用餐,但是听到这句话后大吃一惊,把勺子和筷子都弄掉了,正好这时打雷,于是刘备装模作样地说:"圣人说:'迅雷风烈必变。'看来真是很有道理呀!"[1]

10.17 升车,必正立,执绥[2]。车中,不内顾,不疾言,不亲指。

【译解】

乘车时,必然先端正地站好,然后手拉着上车的引绳。在车中,不要掉头左右回顾,不要急急忙忙地讲话,不要用手指指点点。

【注释】

◎绥:引绳。上车时挽着上车的绳子。 ◎内顾:头左右回顾。

【解说】

本节记录了孔子乘车时的仪容。

"正立,执绥"是君子庄敬的体现。"不内顾,不疾言,不亲指"则是因为这三者都破坏了自己的仪容,而且还让别人不

---

[1] 按,有关故事情节参见《三国演义》第二十一回《曹操煮酒论英雄,关公赚城斩车胄》:"操以手指玄德,后自指,曰:'今天下英雄,惟使君与操耳!'玄德闻言,吃了一惊,手中所执匙箸,不觉落于地下。时正值天雨将至,雷声大作。玄德乃从容俯首拾箸曰:'一震之威,乃至于此。'操笑曰:'丈夫亦畏雷乎?'玄德曰:'圣人迅雷风烈必变,安得不畏?'"
[2] 绥:音 suí。

知所措,给别人添了麻烦。

10.18　色斯举矣,翔而后集。曰:"山梁雌雉,时哉,时哉。"子路共¹之,三嗅²而作。

【译解】

鸟儿看见人的神色不善便会飞开,接着在天空翱翔盘旋仔细观察,然后又落下来。孔子见后感叹道:"山间桥梁上的母山鸡,来回飞翔又聚集一处,时机正好。"子路没明白孔子的意思,于是朝着鸟儿走去打算捉住鸟。鸟儿鸣叫了三声就又飞走了。

【解说】

本节记录了孔子赞美山鸡飞翔又聚集在一起,这是正当其时。朱子说此节恐怕有脱落的文字。³

关于本节有好多种解释,朱子也没有发表自己的意见。本节与其他几节完全不同,本节置于《乡党》篇的末尾,有人认为这是因为孔子的一举一动没有不得其时的。

1　共:同"拱"。
2　嗅:音 jù。
3　按,参见《论语集注》卷五:"然此必有阙文,不可强为之说。姑记所闻,以俟知者。"

先进第十一

本篇多是评论弟子之贤与不贤。凡二十五章。[1] 胡寅说："本篇记载闵子骞言行的地方有四处，其中一处对闵子骞使用了'闵子'这一尊称，所以本篇会不会是闵子骞的门人记录的呢？"[2]

11.1 子曰："'先进于礼乐，野人也。后进于礼乐，君子也。'如用之，则吾从先进。"

【译解】

先辈的礼乐，文质相宜，而作为后辈的现代人的礼乐则文过于质，丧失了礼乐之本。现在的人喜好文饰，所以总说："先辈的礼乐文饰有所不足，如野人般质朴。今天后辈人的礼乐则文质相宜，如君子般华美。"如果老夫使用礼乐的话，想

---

1 二十五章：本篇在有的版本《论语》中或者分为二十六章，或者分为二十四章。
2 可能引自《论语集注》卷六："此篇多评弟子贤否。凡二十五章。胡氏曰：'此篇记闵子骞言行者四，而其一直称闵子，疑闵氏门人所记也。'"

来不会去选用现在人们欣赏的那种,而是会选用文质相宜的先辈的礼乐。

【注释】

◎先进、后进:先辈、后辈之意。"先进"大概指的是周朝昌盛时的人,"后进"指的大概是周朝末期的人。 ◎先进……君子也:这是孔子同时代人的话语。 ◎如:如若。 ◎用之:"之"指礼乐。

【解说】

本章揭示了孔子对于礼乐的态度。

朱子说:"这是为了纠正当时文饰过头的状况,欲使之达到文质相宜的状态而发表的谈话。"[1]

11.2 子曰:"从我于陈、蔡者,皆不及门也。"

德行:颜渊、闵子骞、冉伯牛、仲弓。

言语:宰我、子贡。

政事:冉有、季路。

文学:子游、子夏。

【译解】

"跟随老夫在陈、蔡之间共同患难过的弟子们,现在都不

---

[1] 可能引自《论语集注》卷六:"盖欲损过以就中也。"

在老夫门下了。"[1]孔子深情地感叹道，于是身边的弟子们便记下了当时的那些人。

当时跟随孔子在陈、蔡间患难的弟子当中以德行见长者有：颜渊、闵子骞、冉伯牛和仲弓。

长于言语者有：宰我和子贡。

长于政事者有：冉有和季路。

长于文学者有：子游和子夏。

【注释】

◎德行：悟得了道，并将其表现在行为上。　◎言语：出色地运用语言。　◎政事：精通于治理国家。　◎文学：学习了诗、书、礼、乐等，能够很好地谈论其意义。

【解说】

本章是孔子在追忆昔日共患难的门人，而身边的弟子则根据孔子所述，列举十人分成四类，记录下他们的长处。

后世把德行、言语、政事、文学称作"孔门四科"，而把颜渊、闵子骞、冉伯牛、仲弓、宰我、子贡、冉有、季路、子

---

[1] 按，孔子困于陈蔡之间，一般称之为"陈蔡之厄"。大体的情形是孔子周游列国期间，在鲁哀公六年（公元前489年。一说在鲁哀公四年）他与弟子受困于陈蔡之间，有大约一周没有东西吃。至于孔子师徒受困的原委，《史记·孔子世家》说是吴国进攻陈国，楚国派兵救陈，在这时听说孔子在蔡国，想请孔子到楚国去。而陈、蔡大夫讨论认为，孔子如果被楚国任用，将不利于陈、蔡，于是"乃相与发徒役困孔子于野。不得行，绝粮"。不过后世学者对这种说法多不认同，清代江永《乡党图考》和郑晓如《阙里述闻》等对此进行了较合理的辨析，可参看。

游、子夏称为"孔门十哲",不过程子讲过:"四科仅就跟孔子从游于陈、蔡者而言,门人中的贤者肯定不止这十个人。比如曾子传承了孔子的道,但是他就不在这十个人中间,可见'十哲'是世俗之论。"[1]

11.3　子曰:"回也非助我者也,于吾言,无所不说。"

【译解】

其他的弟子会提出老夫意想不到的问题,这增长了老夫的智慧,颜回却不是可以帮老夫增长智慧的人。颜回对老夫说的东西,默然听受,领悟于心,向来都是开心地去实行。

【注释】

◎助我:指被提问,从而领悟到自己意想不到的东西,增长了自己的智慧。

【解说】

本章说的是孔子赞赏了颜渊悟道之事。

虽然说话的语气感觉好像很遗憾,但是实际上是非常地开心。(朱子)[2]

---

[1] 可能引自《论语集注》卷六:"程子曰:四科乃从夫子于陈、蔡者尔,门人之贤者固不止此。曾子传道而不与焉,故知十哲世俗论也。"这是程颢之言,又见于《河南程氏外书》卷六。
[2] 可能引自《论语集注》卷八:"其辞若有憾焉,其实乃深喜之。"

11.4 子曰:"孝哉!闵子骞。人不间于其父母昆弟之言。"

【译解】

孝顺啊!闵子骞。不仅父母、兄弟都赞赏他孝亲友弟,而且人人都相信他的孝亲友弟,谁也没有提出异议。

【注释】

◎孝哉:赞美之辞。　◎不间:没有异议。

【解说】

本章是孔子在称赞闵子骞的孝。

因为父母兄弟有偏爱之心,所以不清楚闵子骞是不是真的孝亲友弟,但是如果其他人都对此坚信不疑的话,那么看来他的孝行是确实无疑的了。

孔子对弟子不称其字,一向是称呼其名,所以有一种说法认为本章中出现的"闵子骞"可能是追记孔子语录的人笔误,也有人说可能在对内就是这样称呼的。[1]

11.5 南容三复"白圭",孔子以其兄之子妻之。

---

[1] 按,古人有姓、名、字、号,对于平辈或尊长要以字相称,对于晚辈可称其名。闵子骞名损,他是孔子的弟子。按理,孔子应该以名相称,叫他"闵损"或"损"。如果以字相称,叫他"闵子骞",则有违常理。所以说要么记载这段话的人是闵子骞的晚辈,要么是孔子把闵子骞至少当作平辈来对待了。另外,前人早已指出《论语·先进第十一》中记录闵子骞言行的有四章,其中三章称字,一章更尊称为"闵子",甚为可疑。

【译解】

孔子的弟子南容是谨于言语的人,每天几度反复念诵《诗经》里的诗句:"白圭上的瑕疵,尚且可以打磨修整;言语中的瑕疵,就无法挽回了。"像这样认真谨慎地对待言语的人,身处治世之中不会受到朝廷的冷落,身处乱世之际也可以免于刑戮灾祸,所以孔子把自己兄弟的女儿许配给了他。

【注释】

◎三复:三表示次数多的意思。　◎白圭:代指《诗经·大雅·抑》中的诗句:"白圭之玷,尚可磨也;斯言之玷,不可为也。"

【解说】

本章记录了孔子把谨慎对待言语之事看得很重。

"南容"在《公冶长》篇中出现过。[1] 范祖禹说:"语言是行为的表现,行为是语言的实体。不存在说话容易又能谨于行为的人。南容能这样谨慎地对待语言,所以必然也是能谨慎对待行为的。"[2]

1　参见《论语·公冶长第五》(5.1)。
2　可能引自《论语集注》卷六:"范氏曰:言者行之表,行者言之实,未有易其言而能谨于行者。南容欲谨其言如此,则必能谨其行矣。"又见于《论语精义》卷六上。

11.6 季康子问:"弟子孰为好学?"孔子对曰:"有颜回者,好学。不幸短命死矣!今也则亡。"

【译解】

鲁国大夫季康子问:"您的弟子当中谁是真心喜好学问的呢?"孔子回禀道:"有个叫颜回的学生真心喜好学问。不幸的是他短命而亡,英年早逝。而今么,弟子当中,没有喜好学问的了。"

【注释】

参见《雍也第六》[1],故此处从略。

【解说】

本章记述了孔子回答季康子的提问,讲到了颜子好学,并对他的英年早逝感到惋惜。

《雍也第六》的"哀公问"和本章的"季康子问",问的问题都是一样的,但是回答鲁哀公时比较详细,回答季康子时比较简略,这是由于鲁哀公是君主,臣下应答君主的时候,必须要力求详尽,不要让君主觉得还有弄不清楚的地方,反而还需再追问。但是对于季康子这样的人,则仅给予简略的回答,这是在等待对方追问才再告诉他。此乃教诲之道。(范祖禹)[2]

---

1 参见本书《雍也第六》第二章(6.2)的"注释"。
2 可能引自《论语集注》卷六:"范氏曰:哀公、康子问同而对有详略者,臣之告君,不可不尽。若康子者,必待其能问乃告之,此教诲之道也。"又见于《论语精义》卷六上。

11.7 颜渊死，颜路请子之车，以为之椁。子曰："才不才，亦各言其子也。鲤也死，有棺而无椁。吾不徒行以为之椁。以吾从大夫之后，不可徒行也。"

【译解】

颜渊死后，他的父亲颜路因为买不起棺材的外椁，想请孔子把自己的车给他，然后卖掉车来买外椁。孔子说："无论自己的孩子有才无才，对于做父亲的而言，那都是自己的孩子，舐犊情深，这是不会变的。当初老夫的儿子孔鲤死的时候，只有棺而已，也没有椁。老夫没有为了要给孔鲤制作外椁而卖掉车，令自己徒步而行。不错，老夫现在是退隐闲居了，不过以前也曾居于大夫之位，虽是叨陪末席，但还算是曾经供职于朝廷的人。大夫出入都要乘车，这是礼制，因此不能把车给丢弃掉，去徒步行走。"

【注释】

◎椁：外棺，用以容纳内棺。　◎鲤：孔子的儿子，字伯鱼。　◎徒行：徒步。　◎从大夫之后：成为大夫之意。"后"是自谦之辞。[1]

【解说】

本章阐述了孔子用财以义相从。"颜路"是颜渊的父亲，

---

[1] "后"是自谦之辞：孔子曾经担任过大夫，但却说自己"从大夫之后"，字面意思是说自己跟在大夫们的后面，而不直接说自己是大夫，所以说是在自谦。

名无繇，比孔子小六岁，孔子刚开始教书时他就曾跟随孔子学习。

颜路希望孔子把车给他，卖了之后为颜渊打造椁，这是一种溺爱。孔子跟他解释说，自己也没为自己的儿子孔鲤置办过椁，希望颜路能效仿自己，这是在遵循义理行事。

11.8 颜渊死。子曰："噫！天丧予！天丧予！"

【译解】

颜渊死了。孔子本指望由颜渊来传承自己的道，但是因为颜渊死了，道也就不能传下去了。孔子伤感于颜渊的死，哀叹道："啊！这是天要我的命啊！天要我的命啊！"

【注释】

◎噫：伤恸之声。 ◎天：被信奉为是全知全能，主宰万物，决定人们命运者。

【解说】

本章是孔子痛悼于道不能得到传承。

孔子之道由颜子传承。颜渊如果活着的话，道可以得到传承，等到孔子他日故去，则死而犹生。颜渊死了的话，道不可传，所以孔子虽然尚存于世，也如已经死去一般。因而孔子没有说"天丧回"，而是说"天丧予"，这的确是值得悲伤的事

情。(陈新安)[1]

11.9　颜渊死，子哭之恸。从者曰："子恸矣。"曰："有恸乎？非夫[2]人之为恸而谁为？"

【译解】

颜渊死的时候，孔子为他而哭泣，而且哭得十分伤心，悲哀过度。跟随孔子的门人关心地说道："先生，您太过悲哀了。"孔子听了后方才注意到，说："是太过悲哀了吗？那人的故去实在是令人痛惜。如果不为他而过度悲哀，那么还为谁而过度悲哀呢？"

【注释】

◎恸：过度地悲哀叹息。　◎子恸矣：这是"从者"在提醒孔子要节哀。　◎有恸乎：孔子不自觉地在恸哭，被"从者"提醒后，自己才注意到。　◎夫人：代指颜渊。

【解说】

本章记述了孔子在应当恸哭的时候便恸哭的事情。

痛惜之极而恸哭，不是为了其他人，而是为了颜渊恸哭，

---

[1] 可能引自《论语集注人全》卷十："新安陈氏曰：夫子之道，赖颜子以传者也。颜子在，则道有传，孔子他日虽死而不死；颜子死，则道无传，孔子今日虽未亡而已亡。故不谓'天丧回'而曰'天丧予'，良可悲矣！"陈新安，即陈栎（1251—1334），字寿翁，休宁（今安徽境内）人。休宁古属新安郡，故人称"陈新安"或"新安陈氏"。学宗朱子。
[2] 夫：音 fú。代词，那个。

这种方式确实很恰当，都是性情正常表露之处。（胡寅）[1]

11.10　颜渊死，门人欲厚葬之。子曰："不可。"门人厚葬之。子曰："回也，视予犹父也，予不得视犹子也。非我也，夫二三子也。"

【译解】

颜渊死了后，他的门人想将他厚葬。孔子知道了，便劝阻道："这样不好。"可是，颜渊的门人还是厚葬了颜渊。

孔子对此责备道："颜回把老夫看作他的父亲，老夫却没能把他看作自己的儿子，安葬颜回的时候，没有做到像安葬我自己的儿子孔鲤时那样，让葬具都合乎礼仪规范，没能让颜回安心。然而，这不是老夫的错。老夫虽然劝阻，但是他的那帮门人都不听从，才弄到这般田地。"

【注释】

◎门人：一种说法认为是指颜渊的门人，也有一种说法认为是指孔子的门人、颜渊的友人，"译解"中采用了朱子"谓回之门人"的说法。　◎厚葬：指把死者穿的衣服、棺、椁、坟墓等都弄得很奢华。　◎视：对待，给予某种待遇。

---

[1] 参见《论语集注》卷六："胡氏曰：痛惜之至，施当其可，皆情性之正也。"

【解说】

本章阐明了应当安守贫困,不应有非分之想,从而责备了颜渊的门人。

颜渊死的时候,孔子感叹"天丧予",为颜渊而恸哭,而且悲哀过度,这倒不是把颜渊看得很重,而是为了推行自己的学说主张。而颜渊的父亲颜路跟孔子讨求孔子的车,想为颜渊换来一副椁,孔子拒绝了这个请求,此外还责备了门人厚葬颜渊之举,这些也不是把颜渊看得很轻,仍然是为了推行自己的学说主张。(黄幹)[1]

11.11 季路问事鬼神。子曰:"未能事人,焉能事鬼?"

敢问死。[2] 曰:"未知生,焉知死?"

【译解】

季路(子路)请教侍奉鬼神之道。孔子说:"还不能做到竭诚敬意地侍奉人,又怎么能做到竭诚敬意地去侍奉鬼神呢?"

子路又就死亡之道提出疑问。孔子说:"生是开始,死是终结。现在还没有探索开始,未搞清楚生之道,怎能反过来先谈终结,探求死亡呢?最好还是先去追求把生的事情搞搞清楚!"

---

[1] 可能引自《论语集注大全》卷十一:"勉斋黄氏曰:'……丧予之叹,有恸之哀,非厚于颜子也,为道也;请车却之,厚葬责之,非薄于颜子也,为道也。'"黄幹(1152—1221),字直卿,号勉斋。南宋人。淳熙三年(1176),拜朱子为师。
[2] 按,有些版本的《论语》中"敢问死"前还有一个"曰"字。

【注释】

◎鬼神：指类似于山川之神、祖宗之灵的东西。　◎死：最好把这里的"死"看作"朝闻道，夕死可矣"[1]中的"死"的含义。　◎生：最好把这里的"生"理解成"人之生也直"[2]中的"生"的含义。

【解说】

本章让人明白学问要循序渐进。

孔子的教诲首先重视的是用力于日用切近之事，同时厌弃一味"驰心高远"的行为。不告诉子路关于"死"的道理，恰是因为有要深告子路的理由。

11.12　闵子侍侧，訚訚如也。子路，行[3]行如也。冉有、子贡，侃侃如也。子乐。"若由也，不得其死。然。"

【译解】

闵子骞站在孔子的旁边，样貌和蔼愉悦。子路也站立在旁边，样貌刚强。而冉有和子贡站在一侧，样貌刚直。孔子看见了很开心，这是因为得到了英才并且能教育他们。由于担心子路的刚强给他自己带来祸患，于是孔子告诫他说："仲由你这

1　见于《论语·里仁第四》(4.8)。
2　见于《论语·雍也第六》(6.17)。
3　行：旧音 hàng。

样的人可能是无法善终于卧榻之上的。"

【注释】

◎ 訚訚:和悦之貌。　◎ 行行:刚强之貌。　◎ 侃侃:刚直之貌。　◎ 不得其死。然:死于非命。"然"是思虑未定之辞。

【解说】

本章讲到孔子对于能得英才而进行教育,感到很高兴,同时也记录了孔子告诫子路的谈话。

孔子提醒子路,希望他能改变自己的脾性,但是不幸的是孔子的这番话竟然成了谶语,最终应验了。子路后来正是在卫国的兵乱中被杀害的。[1]

11.13　鲁人为长府。闵子骞曰:"仍旧贯如之何?何必改作。"子曰:"夫人不言,言必有中。"

【译解】

鲁国的官吏建造了名为"长府"的地方,这是用来收藏金玉布帛的仓库。闵子骞看到了说:"按照原先的样子加以修缮,怎么样啊?恐怕没有什么建造的必要吧。"孔子听说了这话,

---

[1] 按,据史载,卫灵公之子即卫出公之父蒯聩在卫灵公三十九年(公元前496年)逃亡国外,到了卫出公十二年(公元前481年),他勾结卫国大夫孔悝袭击时任卫国国君的卫出公,卫出公被迫逃亡国外,蒯聩登基,史称后庄公。子路是孔悝的家臣,但是他认为这是乱臣犯上,想要进谏,于是前往内乱之地。途中同门子羔碰见他,劝说子路不要前往,子路不听。进入城中后,最终被蒯聩命人当场杀死。事件详细经过可以参见《史记·仲尼弟子列传》。

说道:"那个人是不随便乱讲话的人,但要是开了口,讲的话必然是切中道理的。"

【注释】

◎鲁人:指当政者。 ◎为长府:"为"是重新建造。"府"是收藏金玉布帛之类东西的仓库。"长"是该仓库的名称。 ◎仍旧贯:"仍"是因袭。"旧贯"是旧事。"仍旧贯"是指按照原有的构造,对其进行修缮。因为如果是重新建造的话,劳民伤财,所以闵子骞才这样说。 ◎夫人:代指闵子骞。 ◎中:切中道理。

【解说】

本章赞赏了闵子骞的话能切中道理。

不随意说话,说了就必须要符合事理,这是有德者方能做到的事情。(朱子)[1]

11.14 子曰:"由之瑟,奚为于丘之门?"门人不敬子路。子曰:"由也升堂矣,未入于室也。"

【译解】

因为子路是气质刚强的人,所以就连他的弹瑟之音也缺乏中和之调,并且有杀伐之声。孔子责备道:"老夫崇尚中和,

---

[1] 可能引自《论语集注》卷六:"言不妄发,发必当理,惟有德者能之。"

而仲由弹瑟有杀伐之声，甚失中和。怎么能在老夫门下弹奏呢？"听了孔子的话，其他的门人都不尊敬子路了，于是孔子又说道："把道比喻成房屋的话，仲由已经登上了前堂。只是还没有进入到后室。从前堂走到后室是很容易的。讲起来他的弹瑟之音确实是有失于中和的，但怎么能因此而忽视了他已经进入前堂这件事呢？"

【注释】

◎瑟：一种二十五弦的乐器。[1]　◎奚：为何。　◎为：指弹奏瑟。　◎门人：指子路的同门师兄弟。　◎堂：前堂。　◎室：后室。

【解说】

本章责备了子路，同时又对其进行了勉励。

对子路点出了他的短处，又向门人指出了子路的长处，孔子这样做是希望能让子路完善自己的人格，由此可见其用心良苦。

11.15　子贡问："师与商也孰贤？"子曰："师也过，商也不及。"

曰："然则师愈与？"子曰："过犹不及。"

---

[1] 按，综合文献、考古学证据以及现代学者的研究，目前可以知道瑟的弦数并非只有二十五弦，其发展定型有一个过程。

【译解】

子贡问:"在钻研'道'的方面,颛孙师(子张)和卜商(子夏)谁更优秀呢?"孔子说:"颛孙师有些过头,卜商则做得不够。"

由于子贡认为做得过头要胜过做得不够,所以又接着问道:"如此看来,颛孙师要更优秀一些吧?"孔子说:"做得过头和做得不够是一样的。"

【解说】

本章阐述了道应该得其中庸。

道既不要过头,也不要做得不够,以得其中庸为最善。贤者做得过头,与愚者做得不够比起来,似乎要略胜一筹,但是都有失中庸,在这一点上两者没有差别。(朱子)[1]

11.16　**季子[2]富于周公,而求也为之聚敛而附益之。子曰:"非吾徒也。小子鸣鼓而攻之,可也。"**

【译解】

鲁国大夫季氏比周公旦还要富有。周公旦是周王室的近亲,因为有大功而位极宰相,他的富有也是理所当然的。但

1　可能引自《论语集注》卷六:"道以中庸为至。贤知之过,虽若胜于愚不肖之不及,然其失中则一也。"
2　按,"季子"在通行本《论语》中作"季氏"。

是，季子仅是陪臣之身，却比周公旦还要富有，这必然是攘夺于君、榨取于民才得到的，否则不会获得这么多财富。可是，孔子的弟子冉求身为季氏家臣，却为季氏向百姓课收重税，增加季氏的财富。孔子指摘冉求的罪责说："冉求以后不再是老夫的学生。你们这些弟子可以击鼓张扬他的罪责，批判他的罪过。"

【注释】

◎周公：名旦。他是周武王的弟弟，也是周成王的叔父，他对周王室有很大的功劳。 ◎聚敛：课收重税。 ◎附益：增加。 ◎非吾徒：不是我的弟子。意思是断绝与冉求的师徒关系。 ◎小子：指其他的弟子。 ◎鸣鼓：张扬其罪。

【解说】

本章是对弟子助纣为虐、祸害百姓的行为表达憎恨之意。

孔子就是像这样痛恨恶人为党以祸害百姓。然而，由于师严而友亲——老师是严厉的，朋友是亲近的，所以即便断绝了师徒关系，仍然让其他弟子去声讨那种行径，欲图纠正那种行为，由此可知孔子爱人是没有止境的。（朱子）[1]

11.17 柴也愚，参也鲁，师也辟，由也喭[2]。

---

[1] 可能引自《论语集注》卷六："圣人之恶党恶而害民也如此。然师严而友亲，故已绝之，而犹使门人正之，又见其爱人之无已也。"
[2] 喭：音 yàn。粗俗，鲁莽。

【译解】

学习者的气质各有所偏。高柴愚直,智慧不足,固执于一件事情而不知道变通。曾参鲁钝,反应迟缓,悟性很差,要花些工夫才能通晓事理。颛孙师偏激,用心在容貌举止上,而欠缺诚实。仲由粗俗,容貌言语粗野,不斯文。

【注释】

相关内容已见于"译解"中。

【解说】

本章是评价弟子们的气质。

"柴"是孔子的弟子,姓高,字子羔。"参"是曾参,"师"是子张,"由"是子路。

"愚"和"鲁"通过加强学习可以弥补。"辟"(偏激)通过做到以忠信为本可以弥补。"喭"(粗俗)通过礼乐熏陶可以矫正。孔子大概是希望四个人能不断进取,改正缺点,所以说出了这番话。

吴棫说:"此章之首脱落了'子曰'二字。或许有可能是下一章开头的'子曰'本是在此章开头的,是否该合并此章和下一章为一章呢?"[1] 所以说确实有人会认为,由于本章语势不太相同,因此可以把本章和下一章合并为一章。

---

[1] 可能引自《论语集注》卷六:"吴氏曰:此章之首,脱'子曰'二字。或疑下章'子曰'当在此章之首,而通为一章。"

11.18 子曰:"回也其庶乎?屡空。赐不受命,而货殖焉,亿则屡中。"

【译解】

颜回的境界与道很接近了。能安于贫困,没有因为贫困而动摇自己的内心,去追求富贵,虽然常常没吃没喝的,但也不改其所乐。人的贫富贵贱乃是天命,端木赐则不安于天命,因此常常去经商赚钱,增加财富。虽然他这样比不上颜回能安贫乐道,可是他才智聪慧,料事如神,屡屡切中事理。

【注释】

◎庶:近于道。 ◎屡空:常常没吃没喝的。 ◎不受命:不能顺从于天命。 ◎货殖:增加财产。富有。 ◎亿:臆测。 ◎屡中:"中"是切中事理。

【解说】

本章对颜回(颜渊)和端木赐(子贡)进行了比较,阐述了他们在觉悟道方面的差异。

"屡空"是说米柜里面常常连米都没有了,但是仍不改其所乐。像这样的话,天下还有什么东西能扰动其心呢?贫富乃是天命所定,但是子贡把心思放在增加财产上,这就是不能安于天命了。而他说的话多能切中事理,这都是出于主观臆测的,而并不是由于他穷尽事理、乐于天命。孔子曾说过:"不幸被端木赐说中了,恐怕这会让端木赐以后成为一个轻言多话

的人。"孔子就是这样不欣赏、不赞同巧言利口。(范祖禹)[1]

11.19 子张问善人之道。子曰:"不践迹,亦不入于室。"

【译解】

子张请教善人的行为准则。孔子说:"因为善人天分很好,虽然还不能践行圣贤之道,但是也能循规蹈矩,自然不会做恶事。不过,由于还没有进行学习,所以虽然拥有好的本质,可惜还无法领悟圣贤之道的奥义。"

【注释】

◎善人之道:善人所行之道。"善人"是指有着很好的天分但是还没有进行过学习的人。 ◎不践迹:"迹"是圣贤养成之法。"不践"是不能践行圣贤之法。 ◎不入于室:和前面孔子评价子路一样,这里指的是没有领悟到圣贤之道的奥义。

【解说】

本章揭示了人就算是拥有好的天分,也必须学习。

天生不会做恶事是因为天性善良,这就是善人之所以为善人的地方。"不入于室",则是由于还没有学习,所以善人也只能停留在善人的阶段了。

---

[1] 可能引自《论语集注》卷六:"范氏曰:屡空者,箪食瓢饮屡绝而不改其乐也。天下之物,岂有可动其中者哉?贫富在天,而子贡以货殖为心,则是不能安受天命矣。其言而多中者亿而已,非穷理乐天者也。夫子尝曰'赐不幸言而中,是使赐多言也',圣人之不贵言也如是。"

11.20　子曰:"论笃是与,君子者乎?色庄者乎?"

【译解】

只是听到他言论笃实,就称赞那个人是笃实的,却还不知道那个人是心口一致的君子呢?抑或只是口惠而实不至、徒有其表的人呢?

【注释】

◎论笃:言论切中事理,而且也被认为是合理的。　◎与:赞许。　◎君子:有德之人。　◎色庄者:"色"是说体现在外表的言语动作。"庄"是庄重行事。"色庄者"是徒有其表、故作姿态之人。

【解说】

本章讲述了不可以言取人、不可以貌取人的道理。

这大概是针对当时以言语、容貌取人而发表的谈话。

11.21　子路问:"闻斯行诸?"子曰:"有父兄在,如之何其闻斯行之?"

冉有问:"闻斯行诸?"子曰:"闻斯行之!"

公西华曰:"由也问:'闻斯行诸',子曰:'有父兄在',求也问:'闻斯行诸',子曰:'闻斯行之'。赤也惑。敢问。"

子曰:"求也退,故进之;由也兼人,故退之。"

【译解】

子路向孔子问道:"从别人那里听闻到了善事,我是否就可以马上去做呢?"孔子说:"你家里还有父亲、兄长,不先和父亲、兄长商量一下就去做,会有伤于义,怎么能听闻到了就立即去做呢?"

冉有问道:"从别人那里听闻到了善事,那么我是否就可以马上去做呢?"孔子说:"听到了,就立即去做!"

当时,公西华看到孔子对于同一个问题却给出了不同的答案,顿生疑惑,便问道:"由(子路之名)问您:'从人家那里听闻到了善事,是否就可以马上去做呢?'先生您回答他说:'你父亲、兄长还在。'求(冉有之名)来问:'从别人那里听闻到了善事,我是否就可以马上去做呢?'先生您回答他说:'听说了,就立即去做!'赤(公西华之名)对此很是困惑,可否麻烦您告诉我其中的原因。"孔子说:"冉求气质柔弱,是个遇事畏首畏尾的人,所以要鼓励他,让他努力去践行。而仲由气质刚强,勇气过常人数倍,总有做事做过头的倾向,所以要压一压他的锋芒,挫一挫他的锐气。"

【注释】

◎斯:则。　◎行诸:同"行之乎"。　◎求也退:"退"意思是畏惧退缩,畏葸不前。　◎兼人:在做事进取方面有着数倍于人的勇气。　◎故退之:"退"意思是抑制、压制。

【解说】

子路闻善,尚未能实行的时候,就怕又闻到了善事,反而来不及去做。所以对于应当做的事情,不担心他会不去做,只是他想去做的劲头会有些过了头,担心他本应该接受父亲、兄长建议的事情却没有接受父亲、兄长的建议。而冉求气质失于柔弱,不用去担心他不接受父亲、兄长的建议,只是对于应当做的事情,他会迟疑畏缩,所以需要担心的倒是他没有去做的勇气。因而孔子对其中一位是进行了鼓励,而对另外一位则是进行了抑制,希望让二人合乎中庸之道,既不要做得过了头,也不要做得不够。(朱子)[1]

11.22 子畏于匡,颜渊后。子曰:"吾以女为死矣。"曰:"子在,回何敢死?"

【译解】

孔子被匡人围困,在进行防范的时候,颜渊和孔子走散了,落在了孔子的后面。他好不容易躲过劫难,找到了孔子在的地方,孔子很惊喜,说:"老夫还以为你被匡人所害,死掉

---

[1] 可能引自《论语集注》卷六:"子路有闻,未之能行,唯恐有闻,则于所当为,不患其不能为矣。特恐为之之意或过,而于所当禀命者有阙耳。若冉求之资禀失之弱,不患其不禀命也,患其于所当为者逡巡畏缩,而为之不勇耳。圣人一进之,一退之,所以约之于义理之中,而使之无过不及之患也。"按,这段话应该是张敬夫所言,而非朱子所说。

了，没想到你还活着。"颜渊赶忙回答说："我与先生同生共死，先生既然安然无事，我又怎么敢轻易地死在匡人的刀下呢？"

【注释】

◎畏：担心灾难而有所戒备。　◎后：走散了而落在后面。　◎女：汝。　◎何敢死：不能轻易死掉。

【解说】

本章讲述了颜渊应对危难之道。

孔子说："匡人其如予何？"[1]这是孔子在决之于道。颜渊说："子在，回何敢死？"这是颜渊在决之于孔子。虽然凭依有所不同，但是内在的精神是一致的。（蒋畏庵）[2]

11.23　季子然问："仲由、冉求可谓大臣与？"子曰："吾以子为异之问，曾由与求之问。所谓大臣者，以道事君，不可则止。今由与求也，可谓具臣矣。"

曰："然则从之者与？"子曰："弑父与君亦不从也。"

【译解】

鲁国权臣季氏的子弟季子然，因为得到了孔子的两位高足仲由和冉求为家臣，觉得很值得夸耀，于是问孔子："仲由和冉求是可以称作大臣的人吗？"孔子说："老夫本以为您要问的

1　见于《论语·子罕第九》（9.5）。
2　按，蒋畏庵所言，引文出处待考。

是像伊尹、姜太公那样了不起的大人物，可惜不是，很意外，您问的是仲由和冉求算不算大臣。所谓大臣，是以正道事君，主君若未能用其道，则辞官而去。为什么要把冉求和仲由称为大臣呢？现在，仲由和冉求没有以道事君，仅仅算是站在臣子的位子上充个人头数而已，所以可以称他们为'具臣'。"

季子然说："如果这二位不算是大臣，那么他们是凡事都顺从主人意志的人吗？"孔子说："他们二人虽称不上是大臣，但也深谙君臣之道。面对弑君弑父这样大逆不道的事情，无论如何威胁他们，他们也是绝对不会屈从的。"

【注释】

◎季子然：季平子[1]之子。季桓子之弟。　◎异：才、德均异于常人的人。比如像伊尹、姜太公那样的人。　◎曾：乃。　◎道：正道。　◎不可：主君不用其道。　◎止：辞去官职。　◎具臣：指处在臣子之位充个人头数而已。

【解说】

本章是孔子希望能贬抑权臣，阻止逆乱。

"然则从之者与"，对于季子然的这个提问，孔子的回答是在深深赞许仲由和冉求能为君父之难而死，有不可被改变志向

1　季平子：鲁国权臣，季氏，谥平，又称季孙意如。曾辅佐鲁昭公、鲁定公。为人跋扈。鲁昭公二十五年（公元前517年）鲁国内乱，鲁昭公讨伐季平子，由于季平子得到叔孙氏、孟氏的援助，打败了鲁昭公，迫使鲁昭公先后流亡齐国、晋国，此后季平子实际摄行鲁国君位将近十年。

的节操，同时也是在暗中贬抑季氏的不臣之心。(朱子)[1]

11.24　子路使子羔为费宰。子曰："贼夫人之子！"

子路曰："有民人焉，有社稷焉，何必读书，然后为学？"

子曰："是故恶夫佞者！"

【译解】

子路担任季氏家臣的时候，推举同门弟子子羔，让他担任季氏领地费邑的长官。费邑是个多次发生叛乱且很难治理的城邑。子羔品质不错，但是还没什么学问，也不怎么通达事理。因此，孔子责备子路说："让子羔出任费邑的长官，内则有碍其自身的修养，不能成就学问；外则有碍其治民，不能成就功业。这可是会害了人家的！"

子路对此回应道："先生您说我害了人家，是因为觉得他还没有什么学问。可是费邑既有普通百姓，也有有位之人；既有土神'社'，也有谷神'稷'。治理人民、祭祀神祇，这都是学问。何必只把读书当作是学问呢？"

子路推举子羔的本意虽然不一定如此，可是他受到孔子的斥责，不甘心就这样承认下来，但又理屈词穷，因而强词夺理，为自己诡辩。孔子就此又责备子路道："你这是不分青红

---

[1] 可能引自《论语集注》卷六："盖深许二子以死难不可夺之节，而又以阴折季氏不臣之心也。"

皂白，只想凭嘴皮子的功夫胜人一筹，逞一时之快。老夫平生最痛恨巧舌如簧之辈，对此我不得不有所警惕呀！"

【注释】

◎贼：害。指没有完善自己的修养，也不能很好地治理人民。　◎夫人之子：指子羔。虽然也有说法认为"夫人"指的就是子羔，而"子"是指费邑的百姓，但是本书没有采用这种说法。　◎民人："民"是无位之人。"人"是有位之人。◎社稷："社"是土地之神，"稷"是谷物之神。　◎佞者：花言巧语的人。

【解说】

本章通过责备子路揭示了为学从政的先后次序。

治民事神，固然是学习者的本务。然而，必须在学问完成后才可以出仕去实行他学到的东西。如果让没怎么学习的人先当官，然后才让他学习治民事神之事，想要不发生亵渎神灵、残虐百姓的事，那可能性大概是微乎其微了。子路说的话，不是其本意，只是因为理屈词穷，所以信口开河来为自己诡辩。故而，孔子没有斥责他荒谬的言论，而是憎恶其"佞"。（朱子）[1]

1　可能引自《论语集注》卷六："治民事神，固学者事，然必学之已成，然后可仕以行其学。若初未尝学，而使之即仕以为学，其不至于慢神而虐民者几希矣。子路之言，非其本意，但理屈辞穷，而取辨于口以御人耳。故夫子不斥其非，而特恶其佞也。"

11.25 子路、曾晳、冉有、公西华侍坐。子曰:"以吾一日长乎尔,毋吾以也。居则曰:'不吾知也!'如或知尔,则何以哉?"

子路率尔而对曰:"千乘之国,摄乎大国之间。加之以师旅,因之以饥馑[1]。由也为之,比及三年,可使有勇且知方也。"夫子哂[2]之。

"求!尔何如?"对曰:"方六七十,如五六十,求也为之,比及三年,可使足民。如其礼乐,以俟君子。"

"赤!尔何如?"对曰:"非曰能之,愿学焉。宗庙之事,如会同,端章甫,愿为小相焉。"

"点!尔何如?"鼓瑟希,铿尔舍瑟而作,对曰:"异乎三子者之撰。"子曰:"何伤乎?亦各言其志也。"曰:"莫[3]春者,春服既成,冠者五六人,童子六七人,浴乎沂[4],风乎舞雩[5],咏而归。"夫子喟然叹曰:"吾与点也!"

三子者出,曾晳后。曾晳曰:"夫三子者之言何如?"子曰:"亦各言其志也已矣。"曰:"夫子何哂由也?"曰:"为国以礼,其言不让,是故哂之。""唯求则非邦也与?""安见方六七十如五六十而非邦也者?""唯赤则非邦也与?""宗庙会

---

1 馑:音 jǐn。
2 哂:音 shěn。微笑。
3 莫:同"暮"。
4 沂:音 yí。
5 雩:音 yú。

同，非诸侯而何？赤也为之小，孰能为之大？"

【译解】

子路、曾皙、冉有、公西华四人坐在孔子旁边，孔子打算让四人分别畅谈一下自己的志向，于是启发他们说："讲起来老夫比你们稍稍年长些，所以对老夫不要有什么顾虑，放宽心。你们经常说：'自己虽然具备了足堪世用的才能，可惜别人不了解我，不能用我。'假设现在有人了解你们的才能并且能任用你们，那么你们会怎么做呢？"

孔子话音刚落，子路便不假思索地答道："现在有能派出兵车千乘的诸侯国，但却夹在两个大国之间，不仅维持独立十分困难，而且还要不断派军队与他国交战，此外又灾荒不断，饥馑相连，颗粒无收。即便是这样，如果任用我由（子路之名）去治理的话，我会用善政让人民的生活富足起来，用善教让人民的心志安定下来。等过了三年，人民都战之能胜，攻之能取，此外还懂得凡事以义为依归，能够做到亲近尊者，能够做到乐于为长者牺牲生命。"孔子听后微微一笑。

接着孔子又向冉有问道："求（冉有之名），你怎么样呢？"冉有说："被我治理的不是千乘大国，而是方圆六七十里或者是方圆五六十里的小国。如果能够任用我来治理的话，我能够做到让人民富有，而且丰衣足食，让他们侍奉父母，养育妻儿，不会留有遗憾。然而，这些也仅是消除了百姓生活上的担忧。

可是，至于还要教育人民，用礼来使百姓行为归于中正，用乐来让民心和睦，以及制作良风美俗之类的事情，则非我能力之所及，所以要等到才德兼备的君子来实现了。"

孔子又问公西华："赤（公西华之名），你怎么想的呢？"公西华回答道："礼乐是君子的修行，我不敢说能做得到，但是我会想方设法去学习礼乐之事。在宗庙进行祭祖，或者是诸侯觐见天子的会同仪式等，这些都属于礼乐之大者，诸侯都不可避免地要面对这些事情，如果有诸侯了解我的才能并能任用我，那时，我会穿着玄端之服，戴着章甫之冠，出任协助主君之职的下级官员，我希望帮助主君，让他在对待神灵、对待天子时做到不失礼。"

孔子又问曾晳说："点（曾晳之名），你怎么样呢？"曾晳一边听着其他三人与孔子的对谈，一边"嘭——铿——"地时断时续地鼓瑟。被孔子提问后，空然地停了下来，把瑟放在一边，然后站起来回答道："我的想法和三位心中所思有所不同。"孔子说："有所不同也无妨。也就是各人谈一谈自己的志向，畅所欲言罢了。你无需多虑，说说好了。"于是曾晳说："我希望在暮春之际，日光和煦、天气暖和的时候，那会儿已经做好了新的春服，我要跟五六个成年人、六七个童子一道，在沂水之滨沐浴，在祭天祷雨的舞雩之上享受凉风的吹拂，然后唱着歌回去。"孔子很赞赏曾晳能够以道为乐，不管其他人是了解还是不了解,自己都安于其时、安得其所,于是喟然感叹道:"老夫赞同点!"

其他三人离开后,曾晳留了下来。曾晳问道:"您认为那三位讲得如何呢?"孔子说:"也就是各人谈了谈各自的志向罢了。"曾晳说:"三人虽然是各自说了其志向,但是不知先生您为何会笑由(子路之名)呢?"孔子说:"治理国家,分别上下,安定民心,礼让是其要务,但是由却不假思索地把想到的话说了出来,而他说的话里面居然没有谈到礼让,所以笑了他。"孔子是认可子路的才能的,而觉得可笑的是他不谦虚的态度。不过,曾晳误以为孔子笑子路是由于子路无所顾忌地谈论了治理国家的事情,可是他又发现冉有虽然也谈了打算治理国家的事情,却没有被孔子笑话,这又是什么原因呢?于是他接着问道:"可是求的志向也是让百姓富足,这难道不也是治理国家吗?"孔子说:"方圆六七十里或者五六十里怎么就不算是国家呢?求所自任的,说到底还是治理国家。"曾晳又问:"赤希望成为'小相',这不也是治理国家吗?"孔子说:"要是宗庙祭祀、会同仪式不算是诸侯之事,那还有什么算得上是诸侯之事?虽说赤只是希望成为'小相',但是赤如果做了'小相',那谁能比赤更优秀,去做'大相'呢?赤所自任的说到底也仍是治理国家。"

【注释】

◎一日长乎尔：年纪稍微大一些。"一日"是一种自谦的说法。　◎毋吾以也：不要因为老夫是年长者，所以就不敢讲话了。　◎居：平居、平常之意。　◎不吾知也："人不知吾"之意。　◎何以哉："以何为用乎？"之意。　◎率尔：马上。草率匆忙的样子。　◎千乘之国：能派出兵车一千乘的诸侯大国。　◎师旅：意为军队。"师"是二千五百人，"旅"是五百人。此处是指发动军队进行战争。　◎因之："因"是又加上之意。　◎饥馑：谷不熟谓之"饥"，菜不熟谓之"馑"。　◎方：向。向义，归附于义。　◎哂：笑。微笑。　◎方六七十如五六十：方圆六七十里（周代的一里约为405米）是小国。而方圆五六十里的则是更小的国家。"如"解释为"或"。　◎足民：让人民丰衣足食。　◎以俟君子：这是冉有的谦逊之辞，意思是因为自己还不能做到，所以要等君子来完成。　◎能之："之"代指礼乐之事。　◎宗庙之事：指祭祀祖先。　◎会同：诸侯临时谒见天子为"会"，很多诸侯朝见天子为"同"。　◎端章甫："端"是玄端之服，制作时每幅布皆端正，不斜着裁剪，是玄色（黑色）的礼服。"章甫"是礼冠之名，用淄布制成。　◎小相："相"是襄助主君之礼的人。"小"是谦辞。　◎希：间歇进行。　◎铿尔：推开瑟时发出的响声。　◎作：站立起来。对尊者说话时站立起来是一种礼貌。　◎撰：具备。心中所念。　◎何伤乎：意为无妨。　◎莫春：暮春。春末。　◎冠者：成年人。二十岁加冠，标志着成年。　◎童子：还没有成年之人。　◎沂：水名。位于鲁国都城曲阜南部。虽然据地方志记载有温泉水，但也可能只是或有其事而已。　◎风：被凉风吹拂。　◎舞雩：祭天祷雨之处，有坛有树木。　◎喟然：叹息之声。　◎与：赞成。　◎后：仍继续侍坐一旁。这是曾晳想就其他三人所述志向，提出疑问。　◎非邦也与："邦"指诸侯之国。"也与"是疑问词。　◎小：小相。　◎大：大相。

【解说】

本章中孔子评论了四位弟子所谈的志向。

四位弟子围绕着孔子侍坐，大约是按照年龄来排座次的，所以按理说子路发言结束，就该轮到曾晳回答了，但是因为他正在弹奏瑟的缘故，孔子先问了冉有和公西华，然后才向曾晳提问。

冉有的回答甚为谦逊，是由于他看到子路被孔子笑话了。公西华有志于礼乐之事，孔子曾评价他说："赤也束带立于朝，可使与宾客言也。"（《公冶长第五》）不过这时的公西华却是先谦虚地谈及自己的志向说："非曰能之，愿学焉。"因为就在他之前，冉有刚刚讲过："如其礼乐，以俟君子。"如果现在他马上就说"我有志于礼乐之事"，那么听起来意思好像是说他就是那个君子。

读了本章，眼前就会浮现孔子师徒之间和气霭霭、春风满座的场景。

颜渊第十二

本篇凡二十四章。[1]

12.1　颜渊问仁。子曰:"克己复礼为仁。一日克己复礼,天下归仁焉。为仁由己,而由人乎哉?"

颜渊曰:"请问其目。"子曰:"非礼勿视,非礼勿听,非礼勿言,非礼勿动。"

颜渊曰:"回虽不敏,请事斯语矣。"

【译解】

颜渊就为仁的方法前来请教。孔子回答他说:"仁是心之全德,是天赋予的正道,而天所赋予的正道,表现在形式上且得其中正者即为'礼'。然而,仁会由于私欲遭到毁坏。故战胜自己的私欲,回归到礼,这就是践行仁的方法。因为仁是天下之人都具有的东西,哪怕真能在一日之间战胜自己的私欲,

---

[1] 按,本篇也有分为二十五章的情况。

回归到礼,那么天下之人都会赞许我的仁,践行仁的效果非常快,而且很显著。像这样践行仁,是源自于自身的修行而不是由于他人的原因造就的。"

颜渊听了孔子的话,对于天赋予的正道以及人的私欲的相关道理,已经相当清楚且没有疑问了,于是接着就直接讲:"我想请问一下战胜自己、回归到礼的修行的具体条目。"孔子说:"自己的行为举止偏离于礼,如果自己不凭借内心去加以约束,那么天所赋予的正道会消逝。所以,想看的东西有悖于礼的时候,一定要在心中就加以禁止,不要去看!想听的东西是有悖于礼的时候,一定要在心中就加以禁止,不要去听!想要说的话有悖于礼的时候,一定要在心中就加以禁止,不要说出口!打算做的事有悖于礼的时候,一定要在心中就加以禁止,不要去做!乖离于礼的事情,都是私欲所造成的。凭借内心去禁制私欲,那么就可以战胜私欲。战胜了私欲,做到一举一动皆合乎于礼的要求,那么就可以做到仁了。"

颜渊说:"弟子是愚钝之人,我将把您的教诲作为自己追求的目标,努力做到。"

【注释】

◎克己复礼:"克"是战胜。"己"是指自身的私欲。"复"是复归。"礼"是指天所赋予的正道,表现在形式上且得其中正的社会规则之类的东西。 ◎一日克己复礼,天下归仁焉:

所谓"一日""天下"是指仁的效果之快又大。"天下"是指天下之人。"归"是"与",即赞许。天下之人会称赞仁者。　◎目：指"克己复礼"的条目。　◎事斯语："事"是以之为己任的意思。"斯语"是指上文中孔子的教诲。

【解说】

本章中孔子回答了颜渊的提问，就践行仁的方法及其效果和有关事项进行了讲解，进而详细叙述了"克己复礼"的条目。

程子认为此章中"非礼勿视""非礼勿听""非礼勿言""非礼勿动"是后世学习圣人的人理应服膺的东西，并总结为《视箴》《听箴》《言箴》《动箴》等"四箴"以自警。[1]"四箴"后来也收录到了《古文真宝》[2]等文献中。

12.2　仲弓问仁。子曰："出门如见大宾，使民如承大祭。己所不欲，勿施于人。在邦无怨，在家无怨。"

仲弓曰："雍虽不敏，请事斯语矣。"

---

[1] 此处程子为程颐。"程子四箴"见于《二程文集》卷九《四箴并序》，又见于《论语集注》卷六。《论语集注》卷六原文为：程子曰："颜渊问克己复礼之目，子曰：'非礼勿视，非礼勿听，非礼勿言，非礼勿动。'四者身之用也。由乎中而应乎外，制于外所以养其中也。颜渊事斯语，所以进于圣人。后之学圣人者，宜服膺而勿失也，因箴以自警。"

[2]《古文真宝》：中国古诗文集，传为元代黄坚编纂，其版本系统非常复杂，日本、朝鲜半岛、中国流传的版本，在文字、篇目、体例等方面均存在差异。

【译解】

仲弓请教践行仁的方法。孔子说:"出门在外,与他人交往的时候,要像对待尊贵的宾客一般礼敬对方;役使人民的时候,要像承办重大的祭典一般尊敬人民。自己不想被人命令去做的事情,也要考虑到其他人也是不想干的,绝不可迫使人家去做。如果敬以持己,宽待体谅他人,不掺杂私意且心德完全,那么在其国内则得上下之人心,不会受到怨恨,在其家中则得父母兄弟之欢心,同样也不会受到怨恨。"

仲弓说:"雍(仲弓之名)虽然是愚钝之人,但是弟子将把您的教诲当作自己追求的目标,尽力做到。"

【注释】

◎大宾:尊贵的人。　◎大祭:指祭祀天地、宗庙之类。

【解说】

本章中孔子回答了仲弓的提问,阐述了践行仁的时候,敬与恕都是很重要的事情。

出门在外与人交往、役使人民的时候,人总是容易缺乏敬意。接见"大宾"、承命奉行祭祀的时候,会竭尽恭敬谨慎之情。另外,还有一种说法是把"无怨"解释为"自己心中无所怨恨"。

12.3　司马牛[1]问仁。子曰："仁者，其言也讱。"

曰："其言也讱，斯谓之仁矣乎？"子曰："为之难，言之，得无讱乎？"

【译解】

司马牛请教践行仁的方法。孔子说："想要践行仁的话，那就观察一下仁者的行为。仁者讲话时似乎有难以把话说出口的样子，绝不会轻易发言。像这样做就是践行仁的方法了。"

司马牛觉得仁道至大，仅仅是这样做还是不够，所以又反问道："缄口不语，不轻易发言，难道这就能称作是'仁'了吗？"孔子说："言行应当一致。如果认为实行有难处，那么就必须做到不轻易发言吧？"

【注释】

◎讱：忍耐抑制而不轻易发言。　◎斯：则。　◎为之：做事。　◎得无讱乎：意为"不得不讱（忍）"。

【解说】

本章中孔子回答了司马牛的提问，阐述了仁者不肆意发言的道理。此为仁者之德的一个方面。司马牛为人轻躁多辩，所以孔子才以此相告，希望能让他谨于言语。

仁者本心常存而不失，所以在任何事情上都不会苟且。由

---

[1] 司马牛：司马耕，名犁，字子牛。宋国贵族，哥哥是宋国大夫司马桓魋（又称为向魋）。

于任何事情都不会苟且,自然也就很难轻易发言,并不是强行闭口不说话。(朱子)[1]

12.4 司马牛问君子。子曰:"君子不忧不惧。"

曰:"不忧不惧,斯谓之君子矣乎?"子曰:"内省不疚,夫何忧何惧?"

【译解】

司马牛请教所谓君子究竟是什么样的人呢?孔子说:"君子对道领悟得很深刻,无论什么情况下都不会动摇内心,所以既不会担忧灾祸降临,也不会畏惧已经到来的祸患。"

司马牛认为仅仅是这样还不足以堪当君子,所以又反问道:"没有担忧没有畏惧,只是这样难道就可以谓之君子了吗?"孔子说:"你切不可浮于表面地理解这句话。君子平日言行光明正大,能在内心进行反省,没有丝毫愧疚之处。所以还有什么担忧和畏惧的呢?"

【注释】

◎君子:人格完善的人。 ◎疚:心有不安。

【解说】

本章中孔子通过教诲所谓君子是什么样的人,来解开司马

---

[1] 可能引自《论语集注》卷六:"盖心常存,故事不苟,事不苟,故其言自有不得而易者,非强闭之而不出也。"

牛的忧惧之心。司马牛因为哥哥向魋作乱，所以常常忧惧不已。

君子之不忧不惧，并不是强行排遣掉了忧惧，而是建立在内心反省且无愧疚的基础上的。内心反省而无愧疚，这可不是一朝一夕的工夫就能做到的。

12.5 司马牛忧曰："人皆有兄弟，我独亡。"

子夏曰："商闻之矣，'死生有命，富贵在天。'君子敬而无失，与人恭而有礼。四海之内，皆兄弟也。君子何患乎无兄弟也？"

【译解】

司马牛忧心忡忡地对子夏说："世人都有兄弟，并快乐地生活着，可只有我没有兄弟。这如何是好呢？"其实，司马牛是有兄弟的，但是这样说是由于他的兄弟都是作恶之人，所以担心他们会获罪而死。

子夏听到后安慰他道："商（子夏之名）听闻过这样的一段话，'人之死生乃是天命，人之富贵乃是天赐，对此人力也无可奈何，唯有顺从地接受罢了。'你说没有兄弟，这也是天命吧！就算是担心也无济于事。因此，接受现实，把精力都放在自己应当勉力从事的事情上。君子假使能够持己以敬而从不间断，待人以恭而合乎于礼，那么天下之人都能对你爱之、敬之，大家就能如同兄弟般相处在一起。所以君子担忧的是自己的恭敬有所不足,为何还要去担忧有没有兄弟呢?"

【注释】

◎忧曰:饱含着忧愁地讲到。　◎我独亡:"我"与"人"相对应,"独"与"皆"相对应。"亡"是"无"的意思。　◎闻之:"之"是指"死生有命,富贵在天"二句话。这大概是从孔子那儿听来的。　◎无失:始终不失敬意。　◎与人:与人交往。　◎而有礼:无过不及,得其中正。　◎四海之内:谓全天下。

【解说】

本章阐述了应当尽力于自己应当勉力从事的事情,其他的东西则应听命于天。

有一种说法认为:"天,命之所自出;命,天之所予人。故而从理之上谓之天,从人之上谓之命,其实质是一样的。"根据这种说法,"译解"中将"命"解释为了"天命"。

12.6　子张问明。子曰:"浸润之谮[1]、肤受之愬[2],不行焉,可谓明也已矣。浸润之谮、肤受之愬,不行焉,可谓远也已矣。"

【译解】

子张向孔子请教所谓"明"究竟是什么?孔子说:"所谓

---

[1] 谮:音 zèn。
[2] 愬:音 sù。同"诉"。

'浸润之谮'，是说诽谤别人，就如同水浸灌滋润物体一般，一点一点地、不急不忙地散布谗言，于是乎听的人便在不知不觉中对谗言深信不疑了。所谓'肤受之愬'是说申诉自己的冤屈，讲得如同肌肤亲自感受到一般，有利害切身之痛，于是听的人没有经过详细调查，就立刻产生了同情之心。这'浸润之谮'与'肤受之愬'都是人们难以察觉分辨的事情。但即使运用这两种手段对你进行欺骗，也能被你看破，以致对方无法得逞，这就可谓是'明'了。而能直接看穿'浸润之谮'与'肤受之愬'，从而使得对方无法得逞，可谓是达到了明之'远'者，又要高一个层次了。"

【注释】

◎明：指心不为外物所蒙蔽，不被他人欺骗。　◎浸润之谮："浸润"是指水浸灌滋润物体时一点一点、缓慢的样子。"谮"是诽谤别人的行为。　◎肤受之愬："肤受"是指肌肤感受到的，利害迫近于自身的东西。"愬"是申诉自己的冤屈。　◎远："明"是还没有达到"远"的程度，而并不是说在"明"之外还有"远"。

【解说】

本章就有关事情之难察者，阐述了君子的才智学识之"明"。

像子张这样喜好高远之事的人，追求的是达到"明之远者"的程度，这样反而不能去体察近在身边的人情世故，所以子张虽然只是对"明"提出了疑问,但是对此,孔子在回答时又附加上了"远",两次提到"浸润之谮、肤受之愬"云云,并进行了详细恳切的说明。

12.7　子贡问政。子曰:"**足食,足兵,民信之矣。**"

子贡曰:"**必不得已而去,于斯三者何先?**"曰:"**去兵。**"

子贡曰:"**必不得已而去,于斯二者何先?**"曰:"**去食。自古皆有死,民无信不立。**"

【译解】

子贡向孔子请教为政之道。孔子说:"为政就是使百姓生活安定,还必须整治民心。因此,要确定田制,减轻租税,让支撑百姓生活的食物充足;让保卫人民生命的军备完善;还要教育百姓明晓道德,让人民信任我,不会叛离于我。"

子贡又说:"倘若发生事变,出现不得已而必须进行取舍的情况,那么在这'食物''军备''信任'三者中,可以先舍弃哪一项呢?"孔子说:"舍弃'军备'。"因为食物充足,人民信任我的话,就算没有军备,仍能进行坚固的防守。

子贡接着又问:"倘若再出现不得已而必须进行取舍的情况,在'食物'和'信任'二者之中,又可以先舍弃哪一项呢?"孔子说:"舍弃'食物'。百姓如果没有食物,的确会死掉。然而,自古以来人都不免会有一死。百姓如果不信任我,那么就算能够活下来，我也无法做到自立于世，与其那样，我还不如死了安心。"

【注释】

◎政：就治理国家而言。　◎民信之："之"指为政者。◎去：舍弃。

【解说】

本章就寻常之时以及发生事变之时的政治展开了探讨。

孔子门下的众多弟子善于提问，直接推究到理的极点。如同此章一样，若不是子贡的话，就不会这样提问了，而若不是孔子的话，就不会这样作答了。（程子）[1]

12.8　棘子成[2]曰："君子质而已矣，何以文为？"子贡曰："惜乎！夫子之说君子也。驷不及舌。文犹质也，质犹文也。虎豹之鞟[3]，犹犬羊之鞟。"

【译解】

棘子成对于当时的人们过于崇尚文饰感到痛心，他欲图矫正这一现状，于是说："君子持身应事，只要保留如忠信诚实

---

[1] 可能引自《论语集注》卷六："程子曰：'孔门弟子善问，直穷到底。如此章者，非子贡不能问，非圣人不能答也。'"此为程颐之语，又见于《程氏遗书》卷十九。
[2] 棘（jí）子成：卫国大夫，古代尊称大夫为夫子，所以下面提到的"夫子"指的也是他。
[3] 鞟：音 kuò。

那些质朴的东西就可以了。没有任何必要去利用文饰来使得外表华丽。"子贡听到后说道："可惜呀！您所发表的言论，谈的是崇本抑末，固然这也是君子心中所思之意。尊意大体虽言之有理，却不无语弊。然而现在话既然已经说出了口，想收回来是不可能了，正所谓一言既出，驷马难追。天下之事，文与质本应相伴而生。您说文饰是没有必要的，但是文与质其实应当等同视之。您说只要质朴就行了，可是实际上不能单单以质朴为重。打个比方，可以把文饰比作兽皮上的毛，把质朴比作兽皮。既有毛也有皮才能把虎豹与犬羊区分开来。如果把毛都去了，仅仅留下皮，那就区分不出来是虎豹还是犬羊了。同样的道理，只有文质兼备，才能分辨出君子和小人。"

【注释】

◎君子：德行、品格均优异之人。　◎惜乎：发出叹息，对棘子成的失言感到遗憾。　◎夫子：指棘子成。　◎驷不及舌：错误的言谈一旦说了出口，就不能收回来了。"驷"是由四匹马拉着的车，借指速度极快。　◎鞟：皮革。去掉毛的皮。

【解说】

本章中棘子成与子贡都出于救世的目的，围绕文与质的关系，发表了各自的观点。

棘子成是卫国大夫。他痛心于当时的人们喜好文饰胜过质朴，希望能够去除文饰而保留质朴。子贡则希望保留文饰但同时也要弄清楚质朴。

也有一种解读认为要把"惜乎夫子之说君子也"训读为"惜哉，夫子之解说君子也"，如果这样训读的话，意思就是：子贡感到可惜的是棘子成讲的"君子质而已矣，何以文为"这句话讲错了。

朱子说："棘子成矫正当时的弊害是有些过激了，而子贡矫正棘子成的弊害则是没有看到本末、轻重的差异，两人都犯了错。"[1] 不过，就算是尊奉朱子学说的人之中也有不赞成这种解释的。

12.9 哀公问于有若曰："年饥用不足，如之何？"有若对曰："盍彻乎？"

曰："二吾犹不足，如之何其彻也？"对曰："百姓足，君孰与不足？百姓不足，君孰与足？"

【译解】

鲁哀公问孔子的弟子有若说："恰逢年岁饥馑，收不到租税，导致国家财用不足，这该如何是好呢？"鲁哀公是打算增税以填补国用不足，有若则希望鲁哀公减轻租税，因而回答道："为何不按十分之一的税率来课税呢？"

---

[1] 可能引自《论语集注》卷六："夫棘子成矫当时之弊，固失之过；而子贡矫子成之弊，又无本末轻重之差，胥失之矣。"

鲁哀公说:"哪怕按十分之二的税率来课税,国家的费用仍有不足,又怎么能按十分之一的税率来课税呢?"有若回禀道:"国君与人民是一体的。按十分之一的税率课税,人民因此而富裕了,那么国君会和谁一起变穷呢?而课收重税,人民因此变得贫穷了,那么国君又会和谁一起变得富有呢?如果人民富裕了,国君不可能一个人独守贫穷;如果人民贫穷了,国君也不可能做到一个人独享富贵。"

【注释】

◎有若:本章中使用"有若"的名字来称呼有子,这是在遵循臣对君之礼。　◎用:国家财用。　◎盍:"何不"二字的合音。　◎彻:周代税法,收取十分之一为税。"彻"意为"通彻均平"。按周代制度,国君授田,一夫百亩,八家通力合作耕田九百亩,收获时,计亩均分,大体上民得其九,国家得其一。　◎二:谓十分之二。鲁国自鲁宣公时开始,收取十分之二的税。　◎百姓:谓人民。　◎足:财产充足。

【解说】

本章宣扬了君当以民为本的道理。

每当读到本章,就会想到说过"百姓富之,则朕富也"这句话的仁德天皇[1],不禁对他的仁德油然而生一种崇敬仰慕之情。

---

[1] 按,仁德天皇,日本第16代天皇,为应神天皇之第四子。"百姓富之,则朕富也"可能引自《日本书纪》卷十一。

12.10 子张问崇德辨惑。子曰:"主忠信,徙义,崇德也。爱之欲其生,恶之欲其死。既欲其生,又欲其死。是惑也。'诚不以富,亦祇[1]以异'。"

【译解】

子张向孔子请教如何累积并提高心中所悟之德,以及如何辨析明了蒙蔽内心的困惑的方法。孔子说:"内则以忠信为主,心中完全没有虚伪狡饰;外则进取于义,行事皆适得其宜,那么德的基础得到确立,且日日进于善,这就是累积并提高德的方法。而要辨明困惑,就必须搞清楚惑之所由生。比如人之死生,自己是无能为力的。然而,爱某人,就希望那人活下去;憎恶某人,就希望那人死掉,这是一种困惑。虽然是同一个人,爱他的时候希望他活着,而转爱为恨之后,又希望他死掉,这是因为心中没有定见,看到的理又不明晰,这种困惑就很严重了。《诗经》中说'诚不以富,亦祇以异',希望别人活着或死掉的人,既不能做到让那人生,也并不会让那人死,这就如诗句中提到的那样:'实在是不能实现富有,却反而取得了不同的结果。'"

【注释】

◎崇德:"崇"是累积、提高。"德"是自得于心之物。　◎辨

---

1 祇:音 zhī。

惑:"辨"是辨别、明了。"惑"是心被蒙蔽。　◎主忠信:保留诚实无欺之心。　◎徙义:迁善。　◎爱之欲其生,恶之欲其死:"之"和"其"是指同一个人。

【解说】

本章中通过施教子张,告诉了他浅近妥当的功夫,以挽救其徒事高远、剑走偏锋的缺点。

"诚不以富,亦祇以异"是《诗经·小雅·我行其野》篇的诗句。程子说:"这句诗本应当出现在《季氏第十六》第十二章的'齐景公有马千驷'一句之前,但是紧接着本章的下一章开头也有'齐景公'的字样,所以被错误地放到了这里。"[1]

12.11　齐景公问政于孔子。孔子对曰:"君君,臣臣,父父,子子。"

公曰:"善哉!信如君不君,臣不臣,父不父,子不子,虽有粟,吾得而食诸?"

【译解】

齐景公向孔子询问为政之道。当时齐景公失政,政事混乱,而齐国大夫陈氏得势,此外齐景公耽于女色,又不立太

---

[1] 此句为程颐之言。见于《论语集注》卷六:"程子曰:此错简,当在第十六篇'齐景公有马千驷'之上。因此下文亦有'齐景公'字而误也。"又见于《程氏遗书》卷二十二下。

子，君臣父子之道皆失其序，所以孔子回禀道："要治理国家，弄明白人伦之道是第一要务。在朝廷上，君要尽君道，臣要尽臣道；一家之中，父要尽父道，子要尽子道。"

齐景公听了孔子的回答，感慨地说："说得好呀！的确，如果君不尽君道，臣不尽臣道，父不尽父道，子不尽子道，那么就会破坏人伦，引发祸乱。到了那个时候，纵然有谷物、粮食，寡人又怎么能吃得下去呢？"

【注释】

◎君君、臣臣、父父、子子：每组词中的上一个的"君""臣""父""子"指其人之本身，而下一个"君""臣""父""子"指的是尽其道。　◎粟：指诸侯国的俸禄。　◎食诸：读为"食之乎"。

【解说】

本章阐述了治国之本在于明人伦。齐景公名杵臼。这段对话大概发生在鲁昭公末年，孔子到达齐国后。

齐景公虽然认为孔子说得很好，却不能在实际当中践行。此后，果然因为没有及早确定嗣立者，从而引发了陈恒弑君篡国之祸。[1]

---

[1] 按，陈恒即田成子，又名田恒，因其家族来自陈国，所以称为陈恒，汉朝为汉文帝刘恒避讳，改称"田常"。公元前481年，陈恒发动政变，杀死了齐简公，拥立齐简公的弟弟为国君，继立为齐平公，而陈氏（田氏）家族开始独揽齐国大权。到了战国时期，终于由陈氏（田氏）取代齐国的姜氏成为齐国的国君，史称"田氏代齐"。

12.12 子曰:"片言可以折狱者,其由也与!"子路无宿诺。

【译解】

孔子说:"人情多诈伪,故而诉讼难以裁断,但是凭着只言片语便能裁决出是非曲直,使得原告、被告两方都信服裁决,并且还不会让两方再起争议,能做到这一点的人大概就是由(子路之名)了!"子路平时对人许诺过的事情,就急着去实行,从不拖延。人们信服他是理所当然的。

【注释】

◎片言:意思是只言片语的程度。尽管话还没说完,可是人们相信他讲的。　◎狱:谓诉讼事件。　◎无宿诺:没有拖拖拉拉地做事。意思是一旦承诺了,一个晚上不到,就开始实行。

【解说】

本章是孔子评价子路,记录这段谈话的人因孔子所言,又附带记录了子路的为人。

另外也有一种说法把"片言折狱"的"片言"解释为"偏言",意思只是听了原告、被告两方中一方的陈述,便进行了判决。

12.13 子曰:"听讼吾犹人也。必也使无讼乎!"

【译解】

根据人们的诉讼从而对是非曲直做出判决,在这方面老夫跟其他人没有什么不同的地方。然而，这些都是事之末端。除此以外，老夫还必须要做到正其本，安定百姓的生活，教化百姓，从而使得诉讼之类的事情不会发生。

【注释】

◎听讼：裁决诉讼之事。　◎吾犹人也：与人无异。

【解说】

本章中孔子自述治理国家的功效。

杨时说："子路以片言便可以裁断诉讼，但却不知道以礼让治国，所以还没有做到让百姓没有诉讼。故又记录下孔子之言，由此见得圣人不以听讼为难事，而所看重的是让人民没有诉讼。"[1]

12.14 子张问政。子曰："居之无倦，行之以忠。"

【译解】

子张向孔子请教为政之道。孔子说："将政事置于心中，始终如一而不倦怠，此外，在实际施政时，要表里如一，以忠诚之心面对。如果能够这样做，终将功成业就。"

---

[1] 可能引自《论语集注》卷六："杨氏曰：'子路片言可以折狱，而不知以礼逊为国，则未能使民无讼者也。故又记孔子之言，以见圣人不以听讼为难，而以使民无讼为贵。'"又见于《论语精义》卷六下。

【注释】

◎居：把政事放在心上。　◎无倦：不拖拖拉拉，从始至终都不懈怠。　◎行之：施政于民。

【解说】

本章阐述了在施政之中，贵在忠诚的道理。

程子说："子张仁心不足。因为假如没有热爱人民的诚心，必然会对政事产生倦怠而不能尽心尽力，所以孔子跟他说了这些。"[1]

12.15　子曰："博学于文，约之以礼，亦可以弗畔矣夫！"

已经见于《雍也》篇。

12.16　子曰："君子成人之美，不成人之恶。小人反是。"

【译解】

君子宅心仁厚而乐于为善，因此见人之善，便对人家扶助指导、奖掖鼓励，以助成其善；见人之恶，则对人家劝诫纠正、压制阻止，使其恶不能成遂。小人之心浅薄并且讨厌善，所以与君子不同，小人见恶就会逢迎，以助成其恶；见人之善，则会百般阻挠，使其不能成就善。

1　这句话是程颐所言，可能引自《论语集注》卷六："程子曰：'子张少仁。无诚心爱民，则必倦而不尽心，故告之以此。'"又见于《河南程氏外书》卷六。

【注释】

◎成：扶助引导，奖掖激励，使其成就目标。

【解说】

本章讲述了君子与小人用心的不同之处。

君子与小人用心的地方就是这样不同，所以学习者对此不能不胸怀戒惧审慎之心。

12.17 季康子问政于孔子。孔子对曰："**政者正也。子帅以正，孰敢不正？**"

【译解】

季康子向孔子询问为政之道。孔子回禀道："'政'的意思就是'正'。正人之不正。然而，如果自己不正，则不能正人。倘若您首先能端正自己从而率领众人，那么还有谁会做不正之人呢？"

【注释】

◎帅：带头，为人前导。

【解说】

本章阐述了为政之中首先应当端正自己。

《子路》篇中提到过："其身正，不令而行；其身不正，虽令不从。"同篇还提到："苟正其身矣，于从政乎何有？不能正其身，如正人何？"

鲁国自从中叶开始，大夫专权，大夫的家臣也竞相仿效，凭借其领地发动叛乱,"不正"到了极点,所以孔子用这些话告诉季康子,希望季康子能用"正"来克制自己,改变鲁国三家[1]过去的行为,只不过可惜的是季康子沉溺于利欲而不能做到。(胡寅)[2]

12.18　季康子患盗,问于孔子。孔子对曰:"苟子之不欲,虽赏之不窃。"

【译解】

季康子忧虑鲁国的盗贼很多,于是向孔子询问消除盗贼的方法。孔子回禀道:"假使您自身没有贪欲的话,那么人民就能知耻,纵使给出奖赏让人民去偷盗,也不会有人去偷盗的。"

【注释】

◎患盗:忧虑盗贼害民。　◎虽赏之不窃:假设的说法,极言决不会有盗窃之事。

【解说】

本章阐述了要消除盗贼,必须要正本清源的道理。

季康子的家族已经窃取了鲁国的权柄,而季康子本人还

---

[1] 鲁国三家:史称"三桓"。指春秋时期鲁国最有权势的三个家族,即孟孙氏、叔孙氏、季孙氏。
[2] 可能引自《论语集注》卷六:"胡氏曰:'鲁自中叶,政由大夫,家臣效尤,据邑背叛,不正甚矣。故孔子以是告之,欲康子以正自克,而改三家之故。惜乎!康子之溺于利欲而不能也。'"

夺取了嫡子之位。上有所行，下必效焉，根据这个道理，百姓去做盗贼也就是很自然的了。自我反省，必须从源头上开始清理。孔子用"不欲"启发他，这是有其深意的。(胡寅)[1]

12.19 季康子问政于孔子曰："如杀无道，以就有道，何如？"孔子对曰："子为政，焉用杀？子欲善，而民善矣。君子之德风，小人之德草。草上之风必偃。"

【译解】

季康子就政务向孔子提问道："人民多偏离于道，如果杀无道者，让人民亲近有道者，这样做如何呀？"孔子回答说："在下位者会效仿在上位者。您正在从事政务，而人民的善与不善都是缘于您的善与不善，为何会用到刑杀呢？您如果能乐于为善，为民表率，那么人民受到感化自然都能为善。这就好比是在上的君子之德如同风，在下的人民之德如同草，如果在草上有风吹过，草必然会倒下。"

【注释】

◎无道：民之恶者。　◎有道：民之善者。　◎子：指季康子。　◎上：训读为"加う"。[2]　◎偃：倒。

---

[1] 可能引自《论语集注》卷六："胡氏曰：'季氏窃柄，康子夺嫡，民之为盗，固其所也。盍亦反其本耶？孔子以不欲启之，其旨深矣。'"
[2] 上：此处的"上"字，日文训读为"加う"，意思为"加上"。

【解说】

本章中季康子打算用刑罚使人民为善,对此孔子劝说其应当以善来引导人民。

"杀"这样的事情不是位在人上者应当说的。在上者如果能够以身垂范,那么在下者就会仿效遵从,但是如果在上者只是嘴上说教,那么在下者就会为各种事情而争讼。更何况假如使用刑杀的方法,不知又会导致何种可怕的结果了。(尹焞)[1]

12.20　子张问:"士何如,斯可谓之达矣?"

子曰:"何哉尔所谓达者?"

子张对曰:"在邦必闻,在家必闻。"

子曰:"是闻也,非达也。夫达也者,质直而好义,察言而观色,虑以下人。在邦必达,在家必达。夫闻也者,色取仁而行违,居之不疑。在邦必闻,在家必闻。"

【译解】

子张向孔子请教说:"学道者做什么事才可谓是'达'了呢?"

子张平常喜欢矫饰外表、博得名声,所以孔子就想他会不会误解了"达"的含义,于是反问道:"你所谓的'达'是什么呢?"

子张回答道:"弟子所说的'达'是指在其国可听闻到他

---

[1] 可能引自《论语集注》卷六:"尹氏曰:'杀之为言,岂为人上之语哉? 以身教者从,以言教者讼,而况于杀乎?'"又见于《论语精义》卷六下。

的名声，在其家也可听闻到他的名声。"

孔子说："这应该说是'闻'，而不是'达'。所谓'达'，不是追求被人知晓。内心质朴正直，其所行能合乎于义；与人交往时，察人所言，观人神色，从而了解到自己的是非得失。此外，处事深思熟虑，谦逊待人，绝不炫耀自夸，像这样自修其德，虽不求被人所知，但德备于身而且人们信任他，那么在其邦，其'诚'通达于其邦，在家则通达于家，因此自无窒碍。所谓'达'就是这样的。而所谓'闻'则是在外表上以仁来装点，但实际上的行为却与仁相悖，自认为是善，并且安之若素而不疑，这是自欺欺人，博取虚名，所以在其邦可闻其名，在其家也可闻其名。所谓'闻'就是像这样的。你切不可弄错'闻'与'达'！"

【注释】

◎士：谓有志于学之人。　◎达：正如从《论语》本文所见，子张的理解与孔子的理解是不同的。　◎邦、家：也有人认为分别是指诸侯之国、大夫之家。　◎质直：质朴正直，没有华丽的装饰，也没有邪曲不正。　◎好义：喜好做的事均合于义。　◎察言而观色：与他人来往时，观察对方的言语脸色，从而知道自己的是非得失。　◎下人：谦逊。　◎闻：在《论语》本文中，孔子进行了说明。　◎色取仁而行违：用仁来装点外表，但实际行为则违背于仁。　◎居之不疑：安于表面上的仁而感到满足，于是无所忌惮。

【解说】

本章讲述了"闻"与"达"的不同，教导学习者当务实而不可务名。

"闻"与"达"相似而不同，"诚"与"伪"的区别就在于此。学习者必须详细了解。（朱子）[1]

子张的学问，缺点在于不务实德而务求名声。故而孔子告诉他的都是笃实之事。因为"德"既充之于内，"名"自然就能发之于外了。当时门人弟子虽直接受到孔子的教诲，但仍有像子张这样弄错的人。更何况到了后世，像子张这样专事于外表者很多，他们搞错了也就是很自然的了。（尹焞）[2]

12.21 樊迟从游于舞雩之下。曰："敢问崇德，修慝[3]，辨惑。"子曰："善哉问！先事后得，非崇德与？攻其恶，无攻人之恶，非修慝与？一朝之忿，忘其身，以及其亲，非惑与？"

【译解】

樊迟陪同孔子在舞雩之下闲游的时候，向孔子请教道：

---

[1] 可能引自《论语集注》卷六："闻与达相似而不同，乃诚伪之所以分，学者不可不审也。"
[2] 可能引自《论语集注》卷六："尹氏曰：子张之学，病在乎不务实。故孔子告之，皆笃实之事，充乎内而发乎外者也。当时门人亲受圣人之教，而差失有如此者，况后世乎？"又见于《论语精义》卷六下。
[3] 慝：音 tè。

"弟子有问题想问您，怎么样做才能够积累提高德，消除慝（隐匿在心中的恶），辨别心中的惑呢？"

孔子赞赏樊迟能切合自己的修养而提出问题，便说："好问题呀！先去干自己难以做到的，把取得的成效放在以后去考虑的话，那么德就会在不知不觉之间累积起来。这难道不就是提高德的方法吗？世人都宽以待己、严以责人，所以就算恶已经隐匿于自己的内心，却浑然不知。专心致志于责己之恶并将其消除掉，不去指责他人之恶，那么自身之恶就无所遁形。这难道不就是消除隐匿于内心之恶的方法吗？一时之间的忿恨似乎微不足道，但是不能压制住这种情绪，就会忘乎其身，从而祸延其亲，这就成了很大的问题了。像这样的事情弄不明白，这难道不就是内心之中的惑了吗？假如能够搞懂这是种惑，大概便可以知道辨明惑的方法了。"

【注释】

◎舞雩：祭天祷雨之处。筑土为台。　◎崇德、辨惑：这两个词在本篇的"子张问"一章中也出现了。　◎修慝："修"是治而去之。"慝"意为恶之隐匿于心者。　◎先事后得：与《雍也》篇中"先难而后获"相似。把修养放在首位，把对其效验的考量放在以后。　◎攻其恶："攻"是责而除恶。"其"指自己。

【解说】

本章中孔子赞赏了樊迟能对于自身的修养做出切当的提

问，并救其粗野近利之病。

"先事后得"，这是将义置于上位，把利放在下位。要是人只有利欲之心，德便不能提高。不去自我反省过错，却在意别人的过错，所以不能"修慝"。受外物所感而内心容易受到动摇的东西莫如忿恨了。在一朝忿恨之间忘乎其身，于是祸及其亲，这是惑的极端了。惑的极端必起于细微之处，能早日知道这一点的话，就不会至于大惑了。故"惩忿"——克制忿恨便是辨明惑的方法。（范祖禹）[1]

12.22 樊迟问仁。子曰："爱人。"问知。子曰："知人。"樊迟未达。子曰："举直错诸枉，能使枉者直。"

樊迟退，见子夏曰："乡也吾见于夫子而问知，子曰：'举直错诸枉，能使枉者直'，何谓也？"子夏曰："富哉言乎！舜有天下，选于众，举皋陶[2]，不仁者远矣。汤有天下，选于众，举伊尹，不仁者远矣。"

【译解】

樊迟请教怎么样才可以谓之仁呢？孔子答道："所谓仁便

---

[1] 可能引自《论语集注》卷六："范氏曰：'先事后得，上义而下利也。人惟有利欲之心，故德不崇。惟不自省己过而知人之过，故慝不修。感物而易动者莫如忿，忘其身以及其亲，惑之甚者也。惑之甚者必起于细微，能辨之于早，则不至于大惑矣。故惩忿所以辨惑也。'"又见于《论语精义》卷六下。
[2] 皋（gāo）陶（yáo）：说明见本章"注释"。与其的相关记载见于《尚书·皋陶谟》等处。

是爱人。"又问怎么样才可以谓之智呢？孔子答道："所谓智便是知人。"可是，樊迟以为爱人是博爱众人，而知人却要把人区别开来，这又与博爱众人似乎有冲突，因此樊迟无法很好地理解这一点。孔子发现后打算解开他的疑惑，便说道："选拔任用正直的人，授予其官爵，对那些邪曲不正之徒则弃之不用，如此一来那些邪曲不正者就知道自己之所以不被任用是由于自己为人不正，于是便会改邪归正了。"

樊迟从孔子跟前退下后，遇到了子夏，就问他："适才，见到了先生，我便问道：'怎么样才可以谓之智呢？'先生却说：'选拔任用正直的人，授予其官爵，对那些邪曲不正之徒则弃之不用，如此一来邪曲不正者就会归于正途了。'这究竟是什么意思呢？"樊迟把孔子的整段话理解为只是在谈智，而没有领悟到"能使枉者直"这句话同时也是在谈仁。子夏听到后，感叹赞美孔子所言，说道："真是意味深长的话语啊！过去舜帝接受了尧帝的禅让成为天子，在众人之中进行挑选，选拔任用了为人正直的皋陶，所以人人都向善而行，成为行善之人，而不善者遂销声匿迹。商汤取代夏朝的君主桀成为天子，在众人之中进行挑选，选拔任用了为人正直的伊尹，所以人人都向善而行，成为行善之人，不善者遂销声匿迹。"子夏列举皋陶和伊尹是在讲"知人"之"智"，即所谓"举直错诸枉"；"不善者遂销声匿迹"是在讲"爱人"之

"仁",即所谓"能使枉者直",所以说孔子的话语中兼有仁和智两方面的含义。

【注释】

◎未达:尚未很好地理解。 ◎举:选拔任用。 ◎错诸枉:"错"是舍弃,"诸"是众多、那些,"枉"是内心、行为邪曲不正。 ◎乡也:之前。 ◎富哉:感叹其所包含的内容很广泛,不止是在谈"智"。 ◎皋陶:被舜选用而出任名为"士师"的司法大臣之职的人。 ◎不仁者远矣:人皆受到感化而为仁,不仁者则远去了。 ◎伊尹:商汤的宰相。

【解说】

本章中孔子通过樊迟的提问,解说了"仁"与"智",子夏则通过樊迟的提问,赞美孔子的言论。

也有一种说法是把"樊迟未达"单独和"知人"联系在一起。另外,还有人把"错诸枉"的"诸"理解为"之于"之意,从而将"错诸枉"解读为"错之于枉"。此句在《为政》篇中也曾出现过,同样也有两种说法。举直者错之于枉者之上,因此使得善者居于朝,恶者在于野。

12.23 子贡问友。子曰:"忠告而善道之,不可则止。无[1]自

---

[1] 无:其他版本《论语》中这个"无"字一般写作"毋"。

辱焉。"

【译解】

子贡请教交友之道。孔子说："朋友是互相帮助促进德成长的人，所以在劝善纠恶的时候，要竭尽诚意地劝告对方，用竭尽其善的说话方式劝导对方，假如你怎么说对方都不听从你的忠告善导之言，那么就适可而止，不要再劝了。应当停止的时候却不停止，还反复地去劝说，那就会遭到对方的厌恶，反而会自取其辱，像这样的情况还是最好尽量不要让它发生。"

【注释】

◎忠告：以诚意告诉。 ◎善道：用竭尽其善的说话方式恳切地引导。"道"是导。 ◎不可：不听从忠告善导之言。 ◎止：停止而不言。 ◎自辱：指过于执拗地劝说，惹得对方发怒，遭到对方的辱骂。

【解说】

本章阐明了与朋友的相交之道。

朋友是以"义"相合之人，所以"不可则止"。而子女侍奉亲人时，碰到"不可"的情况却放弃了，这就不是孝道了。

12.24 曾子曰："君子，以文会友，以友辅仁。"

【译解】

君子从事学问，是为了追求仁——心中全部的德。君子为了弄明白诗书六艺之文，召集朋友切磋研究；又因其友而劝善改过，辅助自己去践行仁。

【注释】

◎文：谓诗书六艺之类。"道"散见于其中。　◎辅仁：辅助我进取于德。

【解说】

本章阐述了与朋友交往的益处。

因为"为仁由己，而由人乎哉"[1]，所以说朋友只不过是帮助我"为仁"。故"以友辅仁"之际，自己首先要弄明白"道"，还必须花功夫进取于德。

1　出自《论语·颜渊第十二》(12.1)。

子路第十三

本篇凡三十章。前十八章多言政事,第十九章以后则多言学问,而末二章又再次谈到政事。

13.1　子路问政。子曰:"先之,劳之。"请益,曰:"无倦。"

【译解】

子路请教为政之道。孔子说:"政治能否得到实行,其根本在于我自身。故而,如果想让百姓为善,首先自己要以身作则,践行善举。假如能够这样做的话,即便不对百姓下命令,百姓也会主动为善。(以上为'先之')如果想让百姓勤劳,首先自己要以身作则,勤劳做事。假如能够这样做的话,百姓则劳而无怨。(以上为'劳之')这就是为政之道了。"子路又说除此之外,为政的方法还有些什么呢,恳请先生再教教他。孔子说:"谨守'先之''劳之'二事,久而不倦地去实行就可以了。"

【注释】

◎先之，劳之：两个"之"指的都是百姓。　◎请益："益"是增加。希望在"先之，劳之"之外增加一些内容。

【解说】

本章阐述了为政之时，需要以身率民，且为之不倦。有挽救子路缺点的意图。

子路乃勇者。勇者虽然什么事情都勤于去做，但是却不能持久，所以当子路请求孔子再多传授他些东西的时候，孔子便告诉他："久而不倦地去实行。"（吴棫）[1]

13.2　仲弓为季氏宰，问政。子曰："先有司，赦小过，举贤才。"

曰："焉知贤才而举之？"子曰："举尔所知。尔所不知，人其舍诸？"

【译解】

仲弓做了鲁国大夫季氏的家臣之长，向孔子请教为政之道。孔子说："要是当了家臣之长，就要兼管众多事务，所以首先要选用有能力处理各种事务的官吏，让他们分担工作，而后自己只需关心那些人的工作成效，如此一来，自己不费什么辛劳，办事的效率却得到了提高。大过必须惩罚，但要是小过

---

[1] 可能引自《论语集注》卷七："吴氏曰：'勇者喜于有为而不能持久，故以此告之。'"

也——追究、纤芥不遗的话，会使得人心无法安定，因此如果能赦免小过，则会让人人欢心。选拔任用贤（有德者）才（有能者）之后，官吏都是称职的人，政治就会益发昌明。"

虽然孔子跟仲弓说要"选拔任用贤才（举贤才）"，但是仲弓考虑到就凭自己一个人是不可能完全了解当世贤才的，于是又问道："弟子怎么办方能了解贤才，然后做到选拔任用他们呢？"孔子说："只要选拔任用你了解的贤才就可以了。就算是有你不了解的贤才，好德爱能之心谁都一样，所以其他人也不会舍弃这些贤才的，因此你用不着担心。"

【注释】

◎宰：家臣之长。　◎有司：官吏。　◎人其舍诸："诸"读如"之乎"二字。人各举其所知，我与天下之人共举之。心思放在大公无私之处。

【解说】

本章第一节阐述了为政之大略，第二节则阐述了选拔贤才之大要。

"如果人能爱其各自的亲人，那么就不会只是单独爱其亲人。"同样，人能举其各自所知之贤才，那么就不会只是单独举其所知之贤才。仲弓问："焉知贤才而举之？"孔子说："举尔所知（之贤才）。尔所不知，人其舍诸？"两相比较的话，可以看出仲弓与孔子用心大小的差异所在。推想本文的意思，那就是凭借"一心"既可以让国家兴盛，也可以让国家衰亡，其关键只要看这"一心"是出于公心，还是出于私心，也就是说在于公私间的差别而已。（程子）[1]

13.3　子路曰："卫君待子而为政，子将奚先？"

子曰："必也正名乎。"

子路曰："有是哉，子之迂也！奚其正？"

子曰："野哉由也！君子于其所不知，盖阙如也。名不正，则言不顺；言不顺，则事不成；事不成，则礼乐不兴；礼乐不兴，则刑罚不中；刑罚不中，则民无所措手足。故君子，名之必可言也，言之必可行也。君子于其言，无所苟而已矣。"

【译解】

孔子在卫国的时候，子路认为他的老师孔子也许会在卫国出仕，于是便问道："假如卫国国君聘请先生，有意让您从政的话，先生首先会去做什么呢？"

孔子说："明人伦乃是政治之大本，所以老夫首先必须去正君臣父子的名分，让名实相副。"

子路说："您是在说正名吗？先生的想法过于迂阔，有些

---

[1]　这段话是程颢所言，见于《论语集注》卷七："程子曰：'人各亲其亲，然后不独亲其亲。仲弓曰：焉知贤才而举之，子曰：举尔所知，尔所不知，人其舍诸？便见仲弓与圣人用心之大小。推此义，则一心可以兴邦，一心可以丧邦，只在公私之间尔。'"又见于《河南程氏遗书》卷十一。

不切实际了，这不是今日之急务。您为何到现在还守着正名这类事情不放呢？"

孔子说："真是个粗俗的人呀，由（子路之名）！君子对于自己不明白的事情，会暂时放在一边去思考、存疑，而不应这样轻率地说出来。老夫打算去正名，是有很深的用意的。名不正，就可能会把祖父当作父亲，把父亲当成仇人，说的话就不能跟道理相符。说的话不能跟道理相符，那么事与物彼此混淆，混乱不堪，也就做不成什么事情了。事情做不成，那么维持政治秩序及和谐的关键——礼和乐便不会兴盛。礼和乐不能兴盛，那么政治就会失道，刑罚也就不会得当。刑罚不能得当，那么为恶之人逍遥法外，而为善之人反遭刑罚，人民会感到不安，手足无措。不正名，就会导致这种结局。故而，君子命名，必使名实相副，要能做到实事求是地讲出来，而讲出来的东西必然又可以根据实际情况来实行。这样一来，事情做得成，礼乐得以兴，而刑罚也得当。正名即是如此。所以君子对于所讲的东西必须实事求是，一丝不苟，不能随随便便。老夫打算首先要去正名绝不是迂阔，绝不是不切实际！"

【注释】

◎正名：正君臣父子等的名分。　◎有是哉："是"指的是正名之事。　◎迂：迂阔、迂远。　◎野哉："野"是粗俗。指的是没有认真考虑，没有辨明礼义，就轻率地中伤他人。　◎阙如：不晓得的事情就暂时放在一边。　◎不兴：不能兴盛起来。　◎不中：与其罪行不相当。　◎无所苟：不会有片刻的含糊。

【解说】

本章阐述了明人伦乃是政治之本。"卫君"指的是蒯聩之子——卫出公（谥号）辄（名）。当时，辄的父亲蒯聩流亡国外，打算返回卫国，但是却遭到辄的拒绝。辄不仅没有把父亲蒯聩当作父亲，而且还把祖父卫灵公当作父亲来祭祀，诸如此类的事情，都属于名实混乱。卫出公辄的事情也见于《述而》篇。本章的对话发生在孔子在卫国的时候。

关于"言不顺则事不成"，朱子说："某人遭遇火灾，急取水来救，方能救得了，但是却让他带火来救，这便是'言不顺'，如何能成事？"[1]

13.4　樊迟请学稼。子曰："吾不如老农。"

请学为圃。曰："吾不如老圃。"

樊迟出，子曰："小人哉，樊须也！上好礼，则民莫敢不敬；上好义，则民莫敢不服；上好信，则民莫敢不用情。夫如是，则四方之民，襁负其子而至矣，焉用稼？"

---

[1] 可能引自《论语集注大全》卷十三："朱子曰：'如一人被火，急取水来救始得，却教他取火来，此便是言不顺，如何得事成？'"

【译解】

樊迟希望向孔子学习种植五谷之事。君子之学当以治理天下国家为己任,可是樊迟却说想要学习小老百姓干的事情,所以孔子委婉地拒绝他说:"种植五谷之事,有这方面丰富经验的老农知道得比较清楚。老夫不如老农,因此不能教你什么。"

樊迟又希望学习栽培蔬菜之事。孔子又说道:"栽培蔬菜之事,有这方面丰富经验的老菜农知道得比较清楚。老夫不如老菜农,所以不能教你什么。"

樊迟想为什么孔子会说"老夫不如老农,老夫不及老菜农"呢?他参不透其中的意思,也就退下了。孔子怕樊迟没能领悟到自己的话外之意,于是对别人说:"就像个小老百姓似的,樊须呀!君子之学是居上治下之学。居上者好礼,能做到庄重持身,那么人民没有不尊敬你的;居上者好义,所为皆得其宜,那么人民没有不服从你的;居上者好信,没有欺骗人,那么人民没有不用真情诚意的。位居于众人之上者,若能尽礼、尽义、尽信的话,那么在下之人能用尊敬、服从以及真情诚意来回应在上者。像这样的话,四方之民会背着襁褓中的孩子前来投奔我,为我耕作。哪里还需要自己去种植五谷呢?樊须应当用功于居上治下的大人之学。"

【注释】

◎稼:谓栽种黍、稷、麻、豆、麦之事。　◎圃:谓种植蔬菜之事。　◎小人：与大人相对，谓小老百姓。自己从事耕作之人。"大人"是位居人上而治人者，不是自己从事耕作的人。　◎礼：态度庄重。　◎敬：不轻视。　◎义：事得其宜。　◎情：诚实。　◎襁负：背负。用缕线编织做成"襁"，在背着孩子的时候使用。

【解说】

本章批评了樊迟企图学习小道的思想。

杨时说："樊须游学于圣人之门，虽然一边学习着修己治人之道，一边却在询问稼圃之事，志向显得浅陋了。孔子本可以当面用言语很好地跟他说明并开导他。然而，孔子在他退下之后，方才言其不是，这又是为什么呢？我以为，樊须在提问的时候，孔子自言不如老农、不如老菜农，拒绝他的意思已经再明显不过了。樊须的学问水平却还没有到达能对此产生疑问的程度，因而不能提出反问。他就是所谓'举一隅不能以三隅反'的人，所以孔子没有再说什么。然而，樊须退下后，孔子又担心他未能领悟自己的意思，万一他还真去向老农、老菜农讨教学习，那么樊须的错就会更大了。故而孔子还是又多说了一些，使其知道之前告诉他的话是有其用意的。"[1]

---

[1] 这段话见于《论语集注》卷七："杨氏曰：'樊须游圣人之门，而问稼圃，志则陋矣，辞而辟之可也。待其出而后言其非，何也？盖于其问也，自谓农、圃之不如，则拒之者至矣。须之学，疑不及此，而不能问。不能以三隅反矣，故不复。及其既出，则惧其终不喻也，求老农、老圃而学焉，则其失愈远矣。故复言之，（转下页）

13.5 子曰:"诵诗三百,授之以政,不达;使于四方,不能专对;虽多,亦奚以为?"

【译解】

诗本于人之性情,兼该事理,可以验证风俗之盛衰,考见政事之得失,其用词温厚平和,长于讽喻,所以学习诗的话,可以通达于政治,而且能说会道。不过现在就算有人把《诗经》都通读了一遍,然后把政事交给他去处理,他却不熟悉为政之道;即便让他接受君命,出使四方诸侯,他却不能独自应对。假如是这么个情况的话,三百篇诗尽管读了很多,又有什么用呢?

【注释】

◎诗三百:指《诗经》中诗篇大概的数目。 ◎专对:"专"是独自,不借助别人的帮助。 ◎虽多:"多"是对"诗三百"而言。 ◎奚以为:无益于实用。

【解说】

本章阐述了学诗者应当追求实用。

仅仅是记诵章句,而心无所悟,这被认为是学习者的大患。

13.6 子曰:"其身正,不令而行;其身不正,虽令不从。"

(接上页)使知前所言者意有在也。'"又见于《论语精义》卷七上。

【译解】

教化百姓靠的不是命令,而在于居于上位者自身。假如在上之人做事正派,由他来引导人民,即使不下命令,德化自然就推行开了。假如在上之人自己做不正派的事,无论怎么发号施令,人民都不会遵从他的。

【注释】

◎其身:"其"指居上者。

【解说】

本章阐述了为政之中,首先应当正其身。

《大学》中说:"你下的命令,与你自己的喜好相反,那么百姓就不会听从你。"[1]《颜渊》篇中则说:"子帅以正,孰敢不正?"

13.7 子曰:"鲁卫之政,兄弟也。"

【译解】

鲁国与卫国都是同为姬姓的封国,现在都衰乱了,所以说两国的政治状况也如兄弟一般,颇为相似。

【注释】

◎兄弟也:谓政局相似。

---

1 出自《礼记·大学》:"其所令,反其所好,而民不从。"

【解说】

本章感慨于鲁卫两国之政的衰乱。鲁国是周公旦之后,卫国是康叔之后,原本就是兄弟之邦。[1]

卫国国内父不父,子不子;鲁国国内君不君,臣不臣。鲁哀公避居邾,死于越国;卫出公逃亡到宋国,也死在了越国。(苏轼)[2]

13.8 子谓卫公子荆。"**善居室。始有,曰:'苟合矣。'少有,曰:'苟完矣。'富有,曰:'苟美矣。'**"

【译解】

孔子私下评价卫国人公子荆:"是个善于治家的人。起初立家的时候,刚开始有些器具、财货等像样的东西,便说:'差不多都有了。'不想再多求取些。等稍微又添加了一些器具、财货等东西,就说:'差不多完备了。'没有再去追求更完备些。等变得十分充足了,便说:'差不多已经变得很完美了。'没有再追求更精美些。满足于与其身份相称的状态,不会为了追求尽速完备,不会为了追求极致完美,而让自己的内

---

[1] 周公、康叔:周公即周公旦,康叔也称卫康叔。周文王姬昌共有十个儿子,周武王姬发是二子,周公旦是四子,康叔是九子。周公旦被封于鲁国,康叔被封于卫国。

[2] 按,苏轼的这段话参见《论语集释》卷二十六:"苏轼《论语解》:是时鲁哀公七年、卫出公五年也。卫之政,父不父,子不子;鲁之政,君不君,臣不臣。卒之哀公逊邾而死于越,出公奔宋而亦死于越。"

心感到烦恼，这不能不说是'善于治家'。"

【注释】

◎谓：评价、评论。　◎善居室：善于治家。　◎始有：开始有些像样的东西。　◎苟："聊且粗略"之意。粗略、大约。翻译为差不多等意思可能比较好。　◎合：集聚。　◎完：完备。

【解说】

本章夸奖了卫国的公子荆，心有节制，没有肆意贪求。公子荆是卫国大夫。吴国的季札[1]到卫国的时候，见到了公子荆很高兴，说："卫国君子真多。"[2]

杨时说："致力于做到完美，那么会被外物所累，就会产生骄傲吝啬之心。公子荆全部都说'苟'而已，不以外物为心，这是由于他的欲求容易满足。"[3]

13.9　子适卫，冉有仆。

子曰："庶矣哉！"

冉有曰："既庶矣。又何加焉？"曰："富之。"

曰："既富矣。又何加焉？"曰："教之。"

---

[1] 季札（公元前576—公元前484年），名札，又称公子札、延陵季子。春秋时期吴国人，是吴王寿梦的四子，品德高尚，为后世称颂。
[2] 按，此事典故参见《左传·襄公二十九年》。
[3] 可能引自《论语集注》卷七："杨氏曰：'务为全美，则累物而骄吝之心生。公子荆皆曰"苟"而已，则不以外物为心，其欲易足故也。'"又见于《论语精义》卷七上。

【译解】

孔子前往卫国的时候,冉有来为孔子驾车。

孔子看到卫国的百姓,感叹道:"人口众多呀!"

冉有说:"百姓既然已经很多了,那还可以再做些什么呢?"孔子说:"那就让他们富裕起来,使他们的生活安定。"

冉有又说:"百姓已经富裕了,那还可以再做些什么呢?"孔子说:"那就教育他们,让他们懂得礼仪,知晓人伦之道。"

【注释】

◎适:往。　◎仆:谓驾驭马车的人。　◎庶:谓人民众多。

【解说】

本章有感于卫国人民众多,阐述了推行王道的次序。

孔子感叹"庶哉",一般认为这其中有二层含义。第一层含义是人民众多,应广施恩泽,并以此为幸;第二层含义是叹惜没有治民之道,则有负于民众。

13.10 子曰:"苟有用我者,期[1]月而已可也。三年有成。"

【译解】

假如有人任用我,把国政交给我,那么只需用十二个月,

---

[1] 期:音jī。

到时不敢说能做得非常好,至少也能做出些成绩。等过了三年,大概就可以在政治上取得功绩了。

【注释】

◎苟:假如。假设之辞。 ◎期月:谓一年十二个月。 ◎可也:表示并不充分的用词。指进行改革、复兴,而政治上的各个方面都得到整顿。 ◎成:颇有治绩。指国富、兵强、教化推行、人民信服,成就了政治上的功绩。

【解说】

本章中孔子感叹当时没有能够任用自己的人。朱子说:"这大概是孔子在感叹卫灵公不能任用自己。"[1]

所谓"可也"好比是农夫的耕作结束了,而"有成"则好比是农夫在秋季得到了收获。

13.11 子曰:"'善人为邦百年,亦可以胜残去杀矣。'诚哉是言也。"

【译解】

古语说:"如果由善人相继治理国家,历经百年,其善则可逐渐沁染民心,感化残暴之人,使其不再行恶;而人民受到善的感化,不会犯下大罪,无需再使用死刑。"的确如此,这

---

[1] 可能引自《论语集注》卷七:"愚按《史记》,此盖为卫灵公不能用而发。"

句话说得好呀!

【注释】

◎善人：指不用积累修养之功，而天生无恶之人。　◎胜残：感化残暴之人，使其不为恶。　◎去杀：不用执行死刑。人民都成了善人，不会再有触犯死罪的人。

【解说】

本章阐述了善人长期治国的效果。

尹焞说："胜残去杀，这不过是说不行恶而已。善人相继，百年治世之功便如此。若是圣人，则不用等百年，其德化之效更不止是这样。"[1]

程子说："西汉从汉高祖、汉惠帝开始，到汉文帝、汉景帝，百姓风俗淳厚，几乎是把刑罚弃置在一边不再使用，这与此句古语所言很接近了。"[2]

13.12 子曰："如有王者，必世而后仁。"

【译解】

如果具备了圣人之德，受天命而成为帝王，也一定要经过

---

[1] 可能引自《论语集注》卷七："尹氏曰：'胜残去杀，不为恶而已，善人之功如是。若夫圣人，则不待百年，其化亦不止此。'"又见于《论语精义》卷七上。
[2] 这句话是程颢所说，可能引自《论语集注》卷七："程子曰：'汉自高、惠至于文、景，黎民醇厚，几致刑措，庶乎其近之矣。'"类似的表述又见于《河南程氏文集》卷二《南庙试策》第五道。

三十年，教化方才会普及于天下，到时一个不仁之人都不会有了。

【注释】

◎王者：具备圣人之德，受天之命而成为帝王者。 ◎世：谓三十年。 ◎仁：谓教化普及。

【解说】

本章阐述了即便是圣人，要让教化普及也需要不少时日。

有人问："'三年有成'和'必世而后仁'，快慢不同，这是为什么呢？"对此，程子说："'三年有成'是说法度纲纪有成，教化得以推行。用仁来感染人民，用义来抚育人民，让仁义沁入肌肤，深入骨髓，能够做到让礼乐兴盛起来，这就是'仁'了，而这如果没有成年累月的工夫是不可能实现的。"[1]

13.13 子曰："苟正其身矣，于从政乎何有？不能正其身，如正人何？"

【译解】

假如端正其自身的行为，那么在为政治国之中，哪里还会有什么困难呢？假如不能端正其自身的行为，那么还想要去端正别人，又怎么可能做得到呢？所以从政者必须先端正自己。

---

[1] 此为程颢之言，可能引自《论语集注》卷七："或问：三年、必世，迟速不同，何也？程子曰：三年有成，谓法度纪纲有成而化行也。渐民以仁，摩民以义，使之浃于肌肤，沦于骨髓，而礼乐可兴，所谓仁也。此非积久，何以能致？"类似话语又见于《河南程氏遗书》卷十八。

【注释】

◎何有：意思是"此有何难？"

【解说】

本章跟《颜渊》篇"季康子问政"一章，以及本篇第六章等处一样，都是在阐述为政者应当端正自身以引导人民。

有一种说法认为本章是为了人臣去辅上导民而发表的谈话。这种说法把"为政"看作是人君之事，而把"从政"看作是大夫之事[1]

13.14 **冉子退朝。子曰："何晏也？"对曰："有政。"**

子曰："其事也。如有政，虽不吾以，吾其与闻之。"

【译解】

冉有做了季氏的家宰（家臣之长），他从季氏的家臣朝会——"私朝"散会后回来，拜见孔子。孔子说："今天为什么这么晚啊？"冉有回禀道："今天有国政大事，因为要谋划商议那些事，所以结束得很晚。"

孔子说："那不是国政大事，是季氏一家的私事吧。假如是国政大事，大夫就算退隐闲居了也要参与并知道，这是礼。虽然老夫现在已经闲居了，而且也没有再被任用，但是毕竟也

---

[1] 按，这种说法可参见《论语集注大全》卷十三："双峰饶氏曰：'从政与为政不同，为政是人君事，从政是大夫事。夫子此言盖为大夫而发。'"

曾经当过大夫，所以理应参与并知道国政大事。然而，老夫既未参与，也不知道，那就应该不是国政大事了。"

当时，季氏在鲁国专权，不在鲁君的朝堂之上与同列的大夫谋划商议国政，却只是在季氏自己家里与家臣们谋划商议国政。因此，孔子装作不知道季氏在家中商议的就是国政，说了上述一番话，这是在辨正名分，并贬抑季氏，同时也是在教诲冉有。

【注释】

◎退朝："朝"指的不是公家的朝廷，而是执掌季氏自家之政务的地方。　◎晏：晚。　◎政：鲁国之政。　◎事：一家的私事。　◎以：任用。

【解说】

本章是辨正名分，贬抑季氏，教诲冉有。

私家之事是"事"。"政"如果在私家被商议的话，就算商议的真是"政"，那也只能算是"事"。由此可以窥见孔子的正名主义之一斑。

13.15　定公问："一言而可以兴邦，有诸？"孔子对曰："言不可以若是其几也。人之言曰：'为君难，为臣不易。'如知为君之难也，不几乎一言而兴邦乎？"

曰："一言而丧邦，有诸？"孔子对曰："言不可以若是其几也。人之言曰：'予无乐乎为君，唯其言而莫予违也。'如其善而莫之违也，不亦善乎？如不善而莫之违也，不几乎一言而丧邦乎？"

【译解】

鲁定公问孔子："因为一句话就让国家兴盛起来，真有这样的一句善言吗？"孔子回禀道："所谓仅仅因为一句话就可以让国家兴盛起来，实际上无法期待一句话必然会有如此大的成效。不过，当时人有句话叫作：'成为人君是很难的，成为人臣是不容易的。'假如人君可以像这句话讲的一样，懂得成为人君是很难的，从而能戒惧谨慎地勤勉于国事，那么这句话岂不就是必期于可以实现兴邦的'一句话'吗？"

鲁哀公又问："因为一句话就可以让邦国丧亡，真有这样的恶言吗？"孔子回禀道："仅仅是因为一句话就让邦国丧亡，必然无法期待一句话会带来这么人的灾祸。不过，当时人有句话叫作：'我成为君主，没有了其他的乐趣，只是我说了什么，臣民就尊奉执行我所说的，无丝毫违背，我仅以此为乐而已。'假如他所言为善，而臣民没有违背的话，讲起来这不也是好事吗？但假如君主所言是不善的，而臣民依然没有违背的话，什么事情都如君主所愿，没有了忠告谏言之人，那么君主傲慢，臣子谄媚，最终就会导致国家丧亡。如此一来，这句语岂不就是必期于导致丧国的'一句话'吗？"

【注释】

◎一言：长度为一句左右的短语。　◎兴邦：国家得到很好的治理，国势逐渐强盛。　◎有诸：有之乎。　◎若是：第一次出现的"若是"指的是"兴邦"，第二次出现的"若是"指的是"丧邦"。　◎几：期待必然有其效之意。　◎人之言：当时人所言。

【解说】

本章阐述了国家兴亡取决于人君之心是恭敬谨慎，还是骄奢傲慢的道理。

如果知道为君之难，必然会恭敬谨慎地要求自己；如果把"唯其言而莫予违"作为乐趣，那么谗谄面谀的小人便会成群结队地蜂拥而至。如此一来，不敢说国家一定会立即兴或亡，但是兴盛与衰亡的源头从这里开始分流了。假如不是能见微知著的君子，又怎么会看得明白呢？（谢良佐）[1]

13.16　叶公问政。子曰："近者说，远者来。"

【译解】

叶公向孔子询问为政之道。孔子说："为政贵在得民心。

---

[1] 可能引自《论语集注》卷七："谢氏曰：'知为君之难，则必敬谨以持之。惟其言而莫予违，则谗谄面谀之人至矣。邦未必遽兴丧也，而兴丧之源分于此。然此非识微之君子，何足以知之？'"又见于《论语精义》卷七上。

因此，在我身边的民众能够感受到我的恩泽而喜悦，那么远方的民众就会闻风而至，慕名而来，归附于我。"

【注释】

◎说：同"悦"。　◎来：向往仁政而前来归附成为自己的民众。

【解说】

本章阐述了为政当得民心。

也有一种说法认为本章是讲叶公在佐理楚国政治时，以力服人，却不知政之本在于得人心，所以孔子跟他说了上述一番话。

13.17　子夏为莒父[1]宰，问政。子曰："无欲速，无见小利。欲速，则不达；见小利，则大事不成。"

【译解】

子夏担任了鲁国的城邑莒父的邑宰，他向孔子请教为政之道。孔子说："为政不可追求速成。同时，不可盯着眼前的小利。如果追求速成，会因为匆忙而搞乱了顺序次第，反而不能达到目的。如果盯着眼前的小利并追逐小利，就不能做成有利于天下后世的大事。"

1　莒（jǔ）父：城邑名，现在已经无法考证其具体地点所在了。

【注释】

◎莒父：鲁国邑名。　◎宰：担任治理城邑之职的地方官。　◎不达：不能实现预定的目标。

【解说】

本章说明了为政就应当立志高远。这是针对子夏的不足之处而言。

子张问政的时候，孔子说："居之无倦，行之以忠。"[1]而子夏问政的时候，孔子说："无欲速，无见小利。"两个人提的问题是一样的，而孔子给出的答案却是不同的，这是因为子张行事常常过于高远而尚未达到仁，子夏的毛病则是常常拘泥于近处、小处，所以孔子对他俩分别给予了不同但却恰当的回答。（程子）[2]

13.18　叶公语孔子曰："吾党有直躬者，其父攘[3]羊，而子证之。"

孔子曰："吾党之直者异于是。父为子隐，子为父隐。直在其中矣。"

1　出自《论语·颜渊十二》（12.14）。
2　这段话是程颢之言，见于《论语集注》卷七："程子曰：子张问政，子曰：'居之无倦，行之以忠。'子夏问政，子曰：'无欲速。无见小利。'子张常过高而未仁，子夏之病常在近小，故各以切己之事告之。"又见于《河南程氏遗书》卷十一。
3　攘：音 rǎng。

【译解】

叶公告诉孔子说:"我同道之中有位行为举止正直的人,他一点不正直的行为都不会有。父亲偷了羊,虽然他是儿子,但是他却告发了自己的父亲,并且还证明父亲的偷盗之举。作为儿子,连至亲至爱的父亲做的坏事都不予隐瞒,这是不是有些无情呢?"

孔子说:"我同道之中行为举止正直的人则和他不一样。儿子有错的时候,父亲为儿子隐瞒过错,不让别人知道;父亲犯了过错的时候,儿子则为父亲隐瞒过错,不让别人知道。父子相互隐瞒,这似乎是不正直,不过这是人情至极,虽然没有故意去追求正直,但是却遵循了自然的人情世故,在互相为对方隐瞒的地方,就是正直之所在了。"

【注释】

◎语:告诉。 ◎党:党类。 ◎直躬:直身而行、行事正直之意。也有人认为"直躬"是人名。 ◎其父:指"直躬者"之父。 ◎攘羊:"攘"是将偷盗的东西搬到自己的地方。 ◎直在其中矣:是指从自然流露出来的人情来看。

【解说】

本章是孔子为叶公论述了"直"。

遵循理即是直。如果父不为子隐,子不为父隐,那就不能说是遵循理了。假如舜的父亲瞽瞍[1]杀了人，舜大概会悄悄地背起父亲逃亡，流亡到海滨。在那种情形下，爱护亲人之心胜过了一切，所以哪里会有闲工夫去考虑直还是不直呢？（谢良佐）[2]关于舜的这件事，见于《孟子·尽心上》。

是曰是、非曰非、有曰有、无曰无，把这些作为"直"，这是"直"的一般原则（常道）。父为子隐，子为父隐，则是变通之术（权道）。故而所谓"直在其中矣"，指的是隐瞒的事情，而不是说将"隐瞒"这一行为本身就当作"直"。

13.19 樊迟问仁。子曰："居处恭，执事敬，与人忠。虽之夷狄，不可弃也。"

【译解】

樊迟请教求取仁的方法。孔子说："仁即是人心，无论何时何地都不可离身。居家无事时，容貌庄重，勿放纵流逸；工作时，专心致志，肃敬谨慎，勿懈怠疏忽；与人交往时，竭尽忠诚，勿欺骗作伪。这三件事，就算是前往礼义道德水平不高的夷狄之地，都要坚守勿失，不可丢弃。"

---

1 瞽瞍：瞽音 gǔ，瞍音 sǒu。
2 可能引自《论语集注》卷七："谢氏曰：'顺理为直。父不为子隐，子不为父隐，于理顺邪？瞽瞍杀人，舜窃负而逃，遵海滨而处。当是时，爱亲之心胜，其于直不直，何暇计哉？'"又见于《论语精义》卷七上。

【注释】

◎居处：居家无事时。　◎恭：这里主要是就容貌而言。庄严而不散漫的样子。　◎敬：就做事而言。专心于工作，注意不要犯错，没有怠惰。　◎与人：与人交往。　◎忠：忠诚。竭诚尽意。

【解说】

本章阐述了求取仁的方法。

此处的"恭""敬""忠"三个词，是上至圣人，下至凡人，同样都应遵守的道。圣人从一开始就遵循远近小大的顺序，而没有再说出其他不一样的词。假如践行这三个词，则德充盈于内，自然溢于全身。如能推广并达到的话，则其德愈深，即便没能表现在言行举止之中，人民也自然受到感化，天下也就会太平。（程子）[1]

《论语》中樊迟三次问仁，最早一次是本章，其次是"先难"一章（《雍也》篇），最后大概就是"爱人"一章（《颜渊》篇）了。（胡寅）[2]

13.20　子贡问曰："何如斯可谓之士矣？"子曰："行己有耻，

---

[1] 可能引自《论语集注》卷七："程子曰：'此是彻上彻下语，圣人初无二语也。充之则睟（suì）面盎背。推而达之，则笃恭而天下平矣。'"
[2] 可能引自《论语集注》卷七："胡氏曰：'樊迟问仁者三，此最先，先难次之，爱人其最后乎？'"

使于四方，不辱君命，可谓士矣。"

曰："敢问其次。"曰："宗族称孝焉，乡党称弟焉。"

曰："敢问其次。"曰："言必信，行必果，硁[1]硁然小人哉！抑亦可以为次矣。"

曰："今之从政者何如？"子曰："噫！斗筲[2]之人，何足算也？"

【译解】

子贡请教孔子道："如何才能称一个人是'士'呢？"孔子说："对于自身的行为有廉耻之心，以不仁、不智、非礼、非义之事为可耻并且不去做；走出国门，出使四方诸侯时，一言一行都能扬我国威，不辱没国君交付的任务；其志向是不去行恶，其才能足以干事，那么就无愧于士的称号。"

子贡说："像这样既有德也有才的人并不多见，那么次其一等，可以称之为士的，又是什么样的人呢？"孔子说："亲戚称赞其孝，乡人称赞其悌的人，虽才有所不足，但人的行为之本确立了，则可以视其为次士一等的人。"

子贡说："孝悌也还是难以做到的，那么比孝悌之士再次一等，可以称之为士的，又是什么样的人呢？"孔子说："说的话无论在不在理，必然会诚实地遵守；做的事无论善恶，必然

---

[1] 硁：音 kēng。
[2] 筲：音 shāo。

会努力地去实行。可惜却拘泥于如小石子一般细微的小节，不知道变通，其见识、度量不过就是如此的小人物。可是，这种人也算是自己有所坚守的人，次于孝悌之士一等，尚且可谓之士。"

子贡说"当下从政之人都如何呀？可以称为士吗？"孔子说："唉——那帮家伙就如斗一样，如筲一般，心胸狭小，是没有任何可取之处的，怎么能算到士的行列之中呢？"

【注释】

◎士："士"是位居农、工、商之上的人。 ◎行己：定立志向，制约自身的行为。 ◎耻：廉耻心，以行恶为耻。 ◎四方：谓邻国诸侯。 ◎宗族：亲属。 ◎乡党：谓除亲属之外的同乡同里之人。 ◎信：信守诺言而不欺伪。 ◎果：实行。 ◎硁硁然："硁"是坚硬的小石子。 ◎小人：谓见识、度量狭小之人。 ◎抑亦：不充分之意。 ◎噫：话语不是很肯定，是责难而心有不平时发出的声音。 ◎斗筲之人："斗"的容量为十升。"筲"是容量为一斗二升的竹器。比喻心胸狭小，没有什么可取之处的人。 ◎何足算也："算"是计算。意思是不能算到士的行列中。

【解说】

本章阐述了为士之道。

子贡问士的时候，孔子以心志、才能、德行、操守等回答了他；但是，子路问士的时候（本篇第二十八章），孔子阐述的则是人伦交往。这就是因人施教。

13.21　子曰:"不得中行而与之,必也狂狷[1]乎?狂者进取,狷者有所不为也。"

【译解】

老夫希望能得到既有天分,也有学力,并能践行"过无不及"的中道之人,然后要把道传授给这种人,可是如果中道之人不容易得到的话,那老夫一定要得到狂者和狷者,并教授他们。狂者虽然行动赶不上理想,但却是志向极高,欲图向善进取之人。狷者智虽有所不足,可是保守节操有余,决不会是行不善之人。老夫针对其过而不及之处,希望抑制其过头的地方,同时激励其做得不够的地方,使之到达中道的状态,把道传授给他们。

【注释】

◎中行:"中行"是中道,谓践行"过无不及"的中庸之道的人。　◎与之:谓传道。　◎狂者:志向极高,行动上却做不到的人。　◎进取:向善进取。　◎狷者:智虽不足,但是能坚守节义之人。　◎有所不为也:没有不善之举。

---

[1] 狷:音 juàn。

【解说】

本章阐述了孔子希望得到能传道的人并教授这种人的想法。

《孟子·尽心下》中提到:"孔子怎么会不想得到中道之人呢?但中道之人不是必然能够得到的。所以想得到次其一等的。琴张、曾皙、牧皮是孔子所谓的'狂者',其志嘐[1]嘐然(谓志大而言大),开口就是:'古之人,古之人!'平心静气地考虑一下他们的行为,其实是行动赶不上嘴皮子的人。狂者也得不到,那就希望得到不屑于做不廉洁之事的洁身自爱者,然后传道与他,这就是'狷者',这又要次狂者一等了。"[2]

13.22 子曰:"南人有言,曰:'人而无恒,不可以作巫医。'善夫!'不恒其德,或承之羞。'"子曰:"不占而已矣。"

【译解】

孔子说:"南方人有句话叫作:'人如果没有恒久不变之心,就算当了巫师,由于诚意不足,都无法跟鬼神交流;就算当了医生,由于医术不甚高明,所以也不敢把死生托付给他。'这句话说得真好呀!不只是南方人这样说,《易经》中也

---

[1] 嘐:音 jiāo。
[2] 出自《孟子·尽心下》:"孔子岂不欲中道哉?不可必得,故思其次也。……如琴张、曾皙、牧皮者,孔子之所谓狂矣。……其志嘐嘐然,曰:'古之人,古之人。'夷考其行而不掩焉者也。狂者又不可得,欲得不屑不洁之士而与之,是狷也,是又其次也。"

提到：'人如果其德做不到恒久不变，就算反躬内省了，然而疚责之事太多，则外侮必至，别人会进而羞辱你。'无恒之人是不会玩味这句《易经》占卜之辞的。假如能玩味《易经》占卜之辞，必定会懂得无恒久不变之心会招致羞辱，因此自然会警醒自己。"

【注释】

◎南人：南国（南方）之人。 ◎恒：心恒久不变。 ◎作：为。 ◎巫：为别人向鬼神祈祷的人。 ◎医：为别人疗治疾患的人。巫、医都是卑贱的职业，但都必须拥有最为恒久不变之心。 ◎不恒其德或承之羞：《易经》的"恒卦"的"九三"之爻辞[1]。"承"解释为进。

【解说】

本章是警诫无恒常之德的人。

"人而无恒，不可以作巫医"也训读为"为人者无恒，则不可以修习巫医"。[2] 也有说法认为这句话的意思是：尽管经过巫师的祈祷，经过医生的治疗，无恒者的疾病也无法痊愈。

13.23 子曰："君子和而不同，小人同而不和。"

---

1 爻辞：《易经》中六十四卦每卦爻题下所系的解释、说明性的文辞。
2 按，这种训读的日文原文为："人として恒なきは、以て巫医に作（をさ）むべからず"，而宇野哲人对此句采用的训读方式是："人にして恒なくば以て巫医と作（な）るべからず"（直译：人若无恒，则不可以为巫医）。

【译解】

君子与人交往没有乖戾之心,彼此之间和睦亲爱,但是因为通常会考虑是否合乎事理,所以不会随随便便地跟对方献媚亲狎,以求相同一致。而小人则与此相反,他们会跟对方献媚亲狎,以求相同一致,但是因为追求私利、争夺权势,又会相互排斥,既不会没有乖戾之心,也做不到和睦亲爱。

【注释】

◎君子、小人:就德的方面而言。 ◎不和:没有乖戾之心。 ◎同:献媚亲狎,不辨是非,只求相互一致。

【解说】

本章阐述了君子和小人在与人交往时,有"和"与"同"的区别。

《为政》篇中提到:"君子周而不比,小人比而不周。"

13.24 子贡问曰:"乡人皆好之,何如?"子曰:"未可也。"

"乡人皆恶之,何如?"子曰:"未可也。不如乡人之善者好之,其不善者恶之。"

【译解】

子贡请教道:"现在有这样一个人,全乡的人都喜欢他,那么这种人怎么样呢?可以称之为贤人吗?"孔子说:"还不能马上就相信他,还不能把他当作贤人。"

子贡又说:"假设全乡的人都讨厌他的话,那么这种人怎么样呢?可以称之为贤人吗?"孔子说:"还不能马上就相信他,还不能把他当作贤人。相较于此,倘若乡民中的善者喜欢他,不善者憎恶他,这样的人把他当作贤人倒是可以的。"

【注释】

◎未可也:被乡里任何人都喜欢的人,只是仅仅因为干了符合俗人之心的事情,却很可能是个心中无德之人;正派的人也许总是不容于世,但是遭到全体乡民讨厌的人是同时受到恶者、善者讨厌的人,所以这种人是没有可以被喜欢的地方的。故而孔子对两方面的评价都是"未可也"。

【解说】

本章解说了听闻、评价、观察人的方法。

所谓"舆论"虽然说大体上是公平的,但是如果就那么直接相信了,也不是不会陷入到过失之中。

13.25　子曰:"君子易事而难说[1]也。说之不以道,不说也。及其使人也,器之。小人难事而易说也。说之虽不以道,说也。及其使人也,求备焉。"

---

[1] 说:本章中所有的"说"都同"悦"。

【译解】

君子内心公正，体谅别人，所以手下人为其做事很容易，但是要让他欢喜则是很难的。由于内心公正，所以要使他欢喜，用的却不是正道的话，那么即便是献媚、贿赂，他也不会欢喜的。所以说，让他欢喜是很难的。因为能体谅别人，所以用人的时候，依据人才之所长来用人，从不会让一个人什么事情都要会做，而是把人才安排到合适的位置上用起来。总之，为其做事是容易的。相反，小人内心偏私、刻薄，所以手下人为他做事很难，但是要取悦他却很容易。因为内心偏私，所以取悦他，即使不用正道，而是用献媚、贿赂的方式，他也会很开心。总之，取悦他是容易的。内心刻薄，没有同理心，所以他差遣别人的时候，不是根据人家的才能来用人，而是让一个人来做所有的事情，并且要求什么都会做。

【注释】

◎君子、小人：就在位之人而言。　◎说：悦。　◎不以道：指献媚、贿赂之类，这都是"不以道"。　◎器之：谓依据人的才器来用人。　◎备：万事皆备于一人。全能。

【解说】

本章从为君子和小人做事的差别以及让他们欢心的事情等两个方面进行了说明。

13.26 子曰:"君子泰而不骄,小人骄而不泰。"

【译解】

因为君子总是遵循正理,心态平和,安适悠闲,没有自尊自大、肆意妄为的样子。而小人总是随心所欲,所以与君子相反。

【注释】

◎泰:心态平和,安适悠闲。 ◎骄:自尊自大,肆意妄为。

【解说】

本章讲述了君子与小人内心、外貌的差异。

君子用心并非泰然安适,但由于总是循理且内省不疚,所以自然就泰然安适了。"泰"是无心做到的,而"骄"是有心做出来的。

13.27 子曰:"刚、毅、木、讷近仁。"

【译解】

人的禀性之中有所谓"刚"——坚强而不屈于任何事物;有所谓"毅"——忍耐力强,操守坚定;有所谓"木"——容貌质朴,没有华丽的装饰;有所谓"讷"——不擅长说话,反应迟钝的。这四方面都是品质美好,接近于仁的方面。

【注释】

◎刚、毅、木、讷:解释见于"译解"之中。

【解说】

由于刚毅时不会因为物欲而屈于本心,而木讷时不至于心驰放于外,所以接近于仁。(杨时)[1]

13.28 子路问曰:"何如斯可谓之士矣?"子曰:"切切偲偲,怡怡如也,可谓士矣。朋友切切偲偲,兄弟怡怡。"

【译解】

子路请教道:"具有什么样的行为可以被称作为'士'呢?"孔子说:"与人交往竭尽诚意,详尽地告诫勉励别人,能够做到和颜悦色,那么恩义兼备,德性不偏,则可以谓之为'士'了。可是,这三件事施之于人的时候,切不可混杂施用:对待朋友,竭尽诚意,详细地告诫勉励对方;对待兄弟,则需和颜悦色。"[2]

【注释】

◎切切:竭尽诚意。　◎偲偲:详细地告诫勉励。　◎怡怡如:和悦之貌。

---

[1] 可能引自《论语集注》卷七:"杨氏曰:'刚毅则不屈于物欲,木讷则不至于外驰,故近仁。'"又见于《论语精义》卷七上。
[2] 按,中井积德的见解与宇野哲人在这里的解释稍有不同,中井积德认为此处的意思是:"朋友主于切偲,兄弟主于怡怡也。非谓朋友全不须怡怡,兄弟全不须切偲。"(简野道明《论语集注补注》卷七)。

【解说】

本章是孔子欲借子路询问什么是"士"的机会,挽救其不足之处。

切切、偲偲、怡怡如,这三点都是子路欠缺的地方,所以孔子告诫于他。但又害怕他施之于人的时候相互混杂了,导致对兄弟切切偲偲,则有损害恩爱之祸;对朋友怡怡,则会成为善柔阿谀的损友,所以又分别给予了进一步的说明。(胡寅)[1]

13.29 子曰:"善人教民七年,亦可以即戎矣。"

【译解】

如果善人在七年之间,以孝悌忠信的德行教化人民,教授人民务农讲武的方法,那么人民就会知道亲近在上者,为了长者而舍弃生命。所以一旦战争爆发,便可以让人民加入军队,并建立一番引人瞩目的功绩。

【注释】

◎善人:就在位者、有权位者而言。 ◎教:教授孝悌忠信的德行,让人民知道道德,教授务农之事,让人民富裕,讲习武事并使人民对之娴熟。 ◎七年:谓长时间。 ◎即戎:

---

[1] 可能引自《论语集注》卷七:"胡氏曰:'切切,恳到也。偲偲,详勉也。怡怡,和悦也。皆子路所不足,故告之。又恐其混于所施,则兄弟有贼恩之祸,朋友有善柔之损,故又别而言之。'"

"即"是就,"戎"乃兵,携带武器投身军旅。

【解说】

本章讲述了善人教化的效果。

虽然善人并不是像所谓兵家那样的军事专家,但是通过教育民众、感化百姓,善人有朝一日便能够在战争中调动得起人民。

13.30 子曰:"以不教民战,是谓弃之。"

【译解】

战争是攸关民众生死的大事,所以平常要教导训练他们有勇气,并且必须让他们知其所向。假如用没有受过教导训练的民众去作战,则必有败亡之祸。所以,让没有经过教导训练的民众作战,可以说这是在上者抛弃了人民,让人民去送死。

【注释】

◎弃:谓毫不在乎地让人民送死。 ◎之:指民众。

【解说】

本章竭力陈说不教育训练人民是错误的,说明应当教导训练民众。

当时,各国间常常发生战争,驱使没有受过训练的民众身赴兵刃之间,毫不在乎地让人民去送死,甚为不仁,所以孔子发表了这番言谈。

宪问第十四

据说本篇可能是原宪[1]自己记录的。首章的"宪问耻"一句中没有写原宪的姓而直接写上了他的名,可是其他篇中如"原思之为宰"[2]一句,用的是他的字;接下来本篇第二章的"克、伐、怨、欲"之问,没有改变发问的主体,而是紧接着上一章写下来,由此引发了本篇是否可能是原宪自己记录的疑问。全篇凡四十七章。[3]

14.1　宪问耻。子曰:"邦有道谷,邦无道谷,耻也。"

【译解】

原宪向孔子请教什么事情是可耻的呢?孔子说:"君子崇尚的是具有坚定的节操,但最为尊崇的还是具有做事的才能。在国家正道能够推行之际,可以有所作为之时,你却什么都不

---

[1] 原宪:字子思,又称为原思,名宪,孔子弟子。后世尊称为原子。
[2] 出自《论语·雍也第六》(6.3)。
[3] 本篇朱子《论语集注》分为四十七章,但是有些版本的《论语》中也分为四十四章或四十六章。

干，光是领取俸禄；在国家正道不能推行之际，应当退而独善其身之时，你却没有退下来独善其身，只是在领取俸禄。这两种做法都是可耻的。"[1]

【注释】

◎谷："谷"即俸禄。此处当动词使用，意为领取俸禄。

【解说】

本章是勉励原宪进取，让他去干事。

原宪节操坚贞，行为端正，无不善之举，所以当然明白在"邦无道"之时获取俸禄是可耻的，但是未必知道"邦有道"之时获取俸禄也是可耻的。故而，孔子通过原宪的发问，正好讲了这段话，以拓宽他的志向，让原宪知道需要努力的方向，在"邦有道"之时也能进取有为。（朱子）[2]

14.2 "克、伐、怨、欲不行焉，可以为仁矣？"子曰："可以为难矣，仁则吾不知也。"

---

[1] 按，虽然在此处宇野哲人采用了朱子在《论语集注》的解释，但是在其所著的另外一本书《论语》（第333条）中，宇野哲人却说："朱子的集注中提到'国家有道之际，只是领取俸禄'，但并非这样。我认为意思是有道之际应当为国效力，无道之际则以为国效力为耻，我想这样解释比较好。"（宇野哲人著，『論語』、明德出版社、平成22年）其实，关于本章的含义，历来是有不同看法的。
[2] 可能引自《论语集注》卷七："宪之狷介，其于邦无道谷之可耻，固知之矣；至于邦有道谷之可耻，则未必知也。故夫子因其问而并言之，以广其志，使知所以自勉，而进于有为也。"

【译解】

原宪向孔子请教自己能够做的事情,他说:"克(好胜)、伐(自矜)、怨(忿恨)、欲(贪得无厌),控制住这四个方面在心中掀起躁动,不让其表现出来,这能算是做到仁了吗?"孔子说:"控制住这四个方面在心中引起躁动,不让其表现出来,这是很难做到的,而这是否算是仁,老夫就不知道了。"仁者心存正道,自然不会有上述四个方面的情绪,所以不存在需要控制住而不表现出来的问题。

【注释】

◎克、伐、怨、欲:解释详见"译解"。　◎不行:控制且不让其表现出来。

【解说】

本章告诉我们,仁并不是制约自己。

大体而言,没有克、伐、怨、欲,那是只有仁者才能做到的。就算有克、伐、怨、欲,却能控制得住这些情绪,使其不表现出来,这也是很难做到的,但是就算做到了,也还不能称之为"仁"。孔子深刻地教诲并进行了启示,可惜的是原宪却不能够再问问老师。虽然有人说:"不表现出克、伐、怨、欲,固然不能称之为'仁',不过这难道不算是克己求仁的方法吗?"但如果真是克己复礼(克服私欲、复归于礼)的话,那么私欲就不会存留下来,而得到的则是天理原本的样子。假如只是做到控制住而不表现出来，那么还没有拔去病根之意，这是在容许克、伐、怨、欲潜伏于胸中，如何能做到克己求仁呢？学习者如果可以清楚地看到"克、伐、怨、欲不行"同"克己复礼"之间的差别，那么求取仁的修养就会益发切实，而不会有遗漏了。[1]

14.3　子曰："士而怀居，不足以为士矣。"

【译解】

士爱慕于道，应当心无旁骛、专心于此。然而，留恋且不能忘怀于自己感觉便利安稳之处，则不足以称之为士了。

【注释】

◎士：谓比一般民众要出色的人。　◎居：不仅限于居所。指所有自己感觉方便而安稳之处。　◎怀：经常思慕、怀念。

【解说】

本章谈论了为士之道，对人们思慕便利安稳的想法进行了告诫。

若是"怀居"，那么心会被私欲所蒙蔽，从而无法看清事

---

[1] 可能引自《论语集注》卷七："程子曰：'人而无克、伐、怨、欲，惟仁者能之。有之而能制其情，使不行，斯亦难能也。谓之仁，则未也。此圣人开示之深。惜乎，宪之不能再问也。'或曰：'四者不行，固不得为仁矣。然亦岂非所谓克己之事，求仁之方乎？'曰：'克去己私以复乎礼，则私欲不留，而天理之本然者得矣。若但制而不行，则是未有拔去病根之意，而容其潜藏隐伏于胸中也。岂克己求仁之谓哉？学者察于二者之间，则其所以求仁之功，益亲切而无渗漏矣。'"

理。因此，也就没有做士的资格了。

14.4 子曰："邦有道，危言危行。邦无道，危行言孙。"

【译解】

君子的言行唯有应时而变。假如国家有道，君主英明，臣子贤能，则是应当正道直行之时，所以言论要高尚，辨明善恶是非。他人畏惧君主的威严而没有说出的事，君子却要没有顾虑地说出来。同时，行为也要高尚，一举一动做到严谨、高洁，做到别人做不到的。假如国家无道，君主昏庸，臣子谄媚，这时不能直道而行，但行为仍是持己的关键，不可改变初心，行为要与之前国家有道时一样高尚，但是说话则需谨慎谦顺，尽量做到不要触怒别人，以远离祸患。

【注释】

◎危言危行："危"是高峻、高尚。因为坚守道而不从世俗，所以从世俗的角度来看显得高峻。总之，对于自己所相信的东西，大胆地去说去践行。　◎孙：表现谦恭，所以不是谄媚而顺从世俗。

【解说】

本章阐述了君子处世之道。

君子自身的行为无论处于何世都不可改变，但是话有时没有说尽，则是为了避开祸患。而治国者不让士把话说尽，就不

会知道是非善恶，那就真的很危险了。（尹焞）[1]

14.5 子曰："有德者必有言，有言者不必有德。仁者必有勇，勇者不必有仁。"

【译解】

心中积德之人，其德必发之于外而成善言。而发善言者则未必是心中积德之人。仁者心中无稍许的私情，唯义是从，所以必有勇。而有勇者则未必是仁者。不能单单以发之于外的地方来看人。

【注释】

◎必有言：德发之于外而成善言。　◎必有勇：仁发之于外而成勇。

【解说】

本章是阐述了要综合积之于内和发之于外的两方面的内容来观察人。

能言之人其言论可能并非出自内心之德，也许只是巧舌如簧而已。徒有勇者，可能并非是遵从了义，也许具有的只是血气之勇罢了。

---

[1] 可能引自《论语集注》卷七："尹氏曰：'君子之持身不可变也，至于言则有时而不敢尽，以避祸也。然则为国者使士言孙，岂不殆哉？'"

14.6　南宫适问于孔子曰："羿善射，奡¹荡舟，俱不得其死然。禹、稷躬稼，而有天下。"夫子不答。

南宫适出，子曰："君子哉若人！尚德哉若人！"

【译解】

南宫适向孔子请教说："古时候，羿擅长射箭，奡则是在陆地上推得动一艘船的大力士，但是这二人都不得善终。禹和稷亲自从事农作，禹接受舜的禅让，从而成为天子，稷的后代周武王也当上了天子，这都是什么原因导致的呢？"南宫适的意思是把羿和奡比作当时的有权者，把禹和稷比作孔子，他认为不要依仗力而应该崇尚德。故而，孔子没有回答他。

等南宫适退出之后，孔子对于他不崇尚力而崇尚德的想法称赞道："君子啊，就是这样的人！崇尚德的人啊，就是这样的人！"

【注释】

◎荡：动。　◎俱不得其死然：指二人皆死于非命，都是被人杀死的。"然"可以视为"焉"字。　◎稼：种植农作物。代指农业。　◎有天下：成为天子。　◎夫子：指孔子。　◎若人：指南宫适。

1　奡：音 ào。人名，他是下文即将提到的寒浞的儿子，《左传》上写为"浇"。

【解说】

本章讲述了圣贤崇尚德而贬斥力之意。

南宫适,即是南容,已见于《公冶长》篇和《先进》篇。羿是夏代的诸侯,乃有穷国的国君。他擅长射箭,曾夺取夏朝君主"帝相"的王位,从而篡位当上了天子,此后他的大臣寒浞[1]又杀了羿并取而代之。奡是寒浞的儿子,有着能在陆地上推动船的蛮力,可是后来被夏朝的天子少康(帝相的儿子)诛杀。禹治理洪水,与舜的大臣稷一起播种庄稼,亲自从事农业耕作,禹接受了舜的禅让成为天子,而稷的后代周武王也登上了天子之位。

关于为何孔子没有回答南宫适,一种看法认为这是由于孔子觉得这有贬抑他人、拔高自己之嫌,故而不答;还有一种看法认为虽然上天赐福予善、赐祸予恶乃是常道,但是也有相反的情况,因为命数并非必然是这样就定下来的。"译解"中则依据《论语集注》采用了前一种看法。

14.7 子曰:"君子而不仁者有矣夫,未有小人而仁者也。"

【译解】

仁,难存而易失。虽然君子志在于仁,但是如果没有切实

---

[1] 寒浞(zhuó):夏朝人,传统史书都说他是个作恶多端的人。

地体悟到，就有可能在须臾之间偏离于仁，从而落入不仁者的境地。小人其本心被私欲所占据，所以小人绝不是能做到仁的人。

【注释】

◎有矣夫：怀疑或有或无之辞。　◎未有……也：确定之辞。

【解说】

本章阐述了仁是很难做到的。

"君子而不仁者"，君子只是偶然没做到仁。"未有小人而仁者"，小人绝不可能偶然做到仁。仁没有不去求取便可以自得之理。其他的一切的东西虽然都可以偶然得到，唯独仁则是不可能在偶然间得到的。(《四书蒙引》)[1]

14.8　子曰："爱之能勿劳乎？忠焉能勿诲乎？"

【译解】

人如果真的爱自己的孩子，为了让孩子成为了不起的人物，会让孩子去做各种各样的事，接受锻炼，怎么能不让他吃苦呢？人如果真忠诚于其君主的话，为了使君主圣明，怎么能不去直言进谏、教诲引导呢？

1　出自《四书蒙引》卷七："'君子而不仁者'，偶然失之也。'未有小人而仁者'，未有偶然得之也。仁岂有不求而自得底理。凡外物固有偶然得之者，惟仁则不可以偶得。"

【注释】

◎能无劳乎：必然会使之辛劳之意。　◎能勿诲乎：必须要教诲之意。

【解说】

本章阐述了爱子忠君之道。

苏轼说："只是一味地溺爱自己的孩子却舍不得让他吃苦，这是动物的舐犊之爱；向君主尽忠但不去教诲规劝，这是妇人、官僚之忠。爱他并知道让他吃苦，那才是深沉的爱；忠诚并知道教诲对方，那才是极大的忠。"[1]

14.9　子曰："为命，裨谌[2]草创之，世叔讨论之，行人子羽修饰之，东里子产润色之。"

【译解】

观察一下郑国撰写外交文书的过程可以发现：先是由富于谋略的裨谌拟稿；然后由博闻广识的世叔研究典故、评议义理；接着由擅长删削修改的担任行人之职的官员子羽来删削多余，增添不足；最后，由住在东里的子产增加文采。郑国的外交文书就是这样通过四位贤人之手而写就，所以应对诸侯很少

1　可能引自《论语集注》卷七："苏氏曰：'爱而勿劳，禽犊之爱也；忠而勿诲，妇寺之忠也。爱而知劳之，则其为爱也深矣；忠而知诲之，则其为忠也大矣。'"
2　裨（bì）谌（chén）：人名，郑国大夫。

失败也就是理所当然的事情了。

【注释】

◎命：辞命，写有应对外交辞令的文书。　◎裨谌：名皮，据说他会在野外谋划事情。裨谌以下四个人都是郑国大夫。◎草创："草"为略，"创"是造。撰写草稿。　◎世叔：游吉。也称作子太叔。　◎讨论：寻究典故，讲论义理。　◎行人：管理使者的官员。　◎子羽：公孙挥。　◎修饰：删改。　◎东里：地名，是子产所在的地方。　◎润色：增添文采。

【解说】

本章讲述了郑国同诸侯往来应对的外交文书写得好的原因。

郑国虽小，处在大国之间，却能保住自己的国家，其原因在于辞命之善。而辞命之善，乃多因贤人之力。孔子对此进行了赞美，指出制作辞命也必须借助众贤之力，这样的话，当发生比这还要大的事情时，该怎么应对就很清楚了。(张栻)[1]

14.10　或问子产。子曰："惠人也。"

问子西。曰："彼哉！彼也！"

---

[1] 可能引自《论语集注大全》卷十四："南轩张氏曰：'郑所以能自保者，亦以辞命之善。而其辞命之善，则以夫众贤之力耳。圣人称之，以见为命犹当假众贤之力，则夫事有大于是者，又可知矣。'"

问管仲。曰："人也。夺伯氏骈邑三百，饭疏食，没齿无怨言。"

【译解】

某人请教子产的为人。孔子说："子产的德泽在郑国受到歌颂，所以他是惠爱百姓之人。"

某人又请教楚国子西的为人。孔子说："问的是那人吗？问的是那人吗？"这是不把子西当作谈论对象。

某人于是又请教齐国管仲的为人。孔子说："这人，曾经接受了伯氏被削夺的领地骈邑三百户的赏赐。但是伯氏自知其罪，真心服气管仲的功劳，所以吃着粗疏的饭食，在贫穷之中离世，也没有对管仲发怨言。管仲之功就像这样让人服气，了解到这些，那么也就清楚管仲的为人了。"

【注释】

◎惠人：惠爱百姓之人。　◎彼哉：不把他当作谈论对象的用词。　◎人也：按照"此人也"来理解。　◎骈邑：地名。　◎没齿："齿"是年。指终其一生。

【解说】

本章评价了子产、子西、管仲三人。子产是卫国大夫公孙侨，孔子评价他符合君子之道的行为有四点（见《公冶长》篇）。子西是楚国的公子申，能逊让楚国王位，立楚昭王，还改善国政。虽然也是贤大夫，可是不能改掉楚国僭用"王"的称号的行为[1]，而楚昭王想任用孔子的时候，他又加以阻止。其后，最终因为召回白公，导致了祸乱[2]。管仲是辅佐齐桓公成就霸业的人，伯氏是齐国大夫。齐桓公削夺了伯氏的领地，转而赐予管仲，但是伯氏知道这是由于自己的罪责引起的，而且打心眼儿里佩服管仲的功绩，所以他虽因贫困而死，对管仲却没有怨言。子产、子西、管仲都是春秋时代的名士。

有人问："管仲与子产谁更优秀呢？"朱子回答说："管仲之德，不胜其才。子产之才，不胜其德。然而对于圣人之学，他们二人都未曾听说过。"[3]

14.11 子曰："贫而无怨难，富而无骄易。"

【译解】

贫是逆境。身处逆境而无怨恨之心，这是成德之人所能做到的，普通人则难以做到。富乃顺境。身处顺境而没有自高自大之意，这是稍加节制的人便能做到的事情，普通人也容易做得到。

---

1 按，春秋时期，楚国作为诸侯之国，楚国的最高统治者却使用了周天子才能使用的"王"的称号，在孔子看来这是一种僭越行为。
2 按，这里说的是"白公之乱"，这是楚惠王时期楚国发生的一次大规模内乱。事见《左传·哀公十六年》。
3 可能引自《论语集注》卷七："或问：'管仲、子产孰优？'曰：'管仲之德，不胜其才。子产之才，不胜其德。然于圣人之学，则概乎其未有闻也。'"

【注释】

◎怨：谓怨天尤人之类的事情。 ◎骄：自高自大，行事恣意妄为。

【解说】

本章就面对贫富之道阐述了人之常情。

处贫难，处富易，这都是人之常情。然而，人应当努力用心于难以做到的方面，同时不可忽视容易做到的方面。（朱子）[1]

14.12 子曰："孟公绰为赵、魏老则优，不可以为滕、薛大夫。"

【译解】

鲁国大夫孟公绰，要是让他去晋国赵氏、魏氏那种豪门巨族担任家臣之长，以他的才干能力来说，那是绰绰有余，但要是让他去做滕、薛这种小国的大夫，则才不堪用了。

豪门巨族权势虽重，但没有诸侯那样繁杂的政务。"老"乃家臣之长，所以虽受众人尊敬，却没有官职上的责任和义务。诸侯的大夫是掌管一国之政的人，而一国内外，政务极其繁多。没有处理这类事务的才能，那就不能胜任大夫之职了。想来，孟公绰就如下面一章将要提到的"公绰之不欲"，是个

---

[1] 可能引自《论语集注》卷七："处贫难，处富易，人之常情。然人当勉其难，而不可忽其易也。"

才能不足的人。

【注释】

◎赵、魏：晋国六卿之中的赵氏、魏氏，他们是晋国的豪门巨族。 ◎老：家臣之长，家老。 ◎优：绰绰有余。 ◎滕、薛：两个国家的名字。 ◎大夫：掌管国政之职。位高责重。

【解说】

本章评价了鲁国大夫孟公绰，讽刺了鲁国用人失道。

事前不了解别人的优缺点，不能切当地用人，这是在抛弃人才。故而君子担忧的是不了解人。从本章可以知道孔子主张的用人之道。（杨时）[1]

14.13 子路问成人。子曰："若臧武仲之知，公绰之不欲，卞庄子之勇，冉求之艺，文之以礼乐，亦可以为成人矣。"曰："今之成人者何必然？见利思义，见危授命，久要不忘平生之言，亦可以为成人矣。"

【译解】

子路请教所谓"完人"是怎样的人呢？孔子回答他说："兼有臧武仲的智慧、孟公绰的清心寡欲、卞庄子的勇气、冉求的艺（才能），用礼来节制，用乐来调和，其心中正，不偏

---

[1] 可能引自《论语集注》卷七："杨氏曰：'知之弗豫，枉其才而用之，则为弃人矣。此君子所以患不知人也。言此则孔子之用人可知矣。'"

不倚，和乐而没有驳杂之处，那么才德兼备，也就可以成为完人了。"接着孔子又告诉子路说："现在的完人则未必要这样。看到事关自己的利益，考虑是否合乎于义，而绝不轻率地取得；看到主君有危急，舍命赴难；对于过去的约定，不忘记当初的诺言，并能履行，也可以算是做到了完人。"

【注释】

◎成人：完人。　◎臧武仲：此人身材矮小，足智多谋，当时称为圣人。臧武仲之事又见于本篇第十五章。　◎公绰：孟公绰，已见于前一章。　◎卞庄子：一个名为"卞"的地方的大夫，他刺杀老虎的故事很有名。　◎冉求：孔子弟子，孔子曾评价他说："求也艺"（《雍也》篇）。　◎文之："文"是加以修饰，以礼来节制，用乐来调和。"之"是指"知""不欲"和"勇"。　◎亦：尚可之意，但不是极佳。　◎曰：已经回答过一次，又再多说了一些，所以添加了一个"曰"字。　◎何必然：意思是未必如上述那样。　◎授命：舍生忘死，奋不顾身。　◎久要：旧有的约定。　◎平生：过去。

【解说】

本章解释了完人。所谓"完人"是说人格完善的人。

一个人兼具了臧武仲、孟公绰、卞庄子、冉求的长处，那么"智"足以穷理，"不欲"足以养心，"勇"足以努力实行，"艺"（才能）足以广泛应对各种事务。在此基础之上，以礼来节制，用乐来调和，德成之于内，文见之于外，那么才德完备，浑然不见一善显著之处，纯粹而没有偏倚驳杂之弊，那个人的人格也就完善了。可是，从使用了"亦"字来看，这还不算是达到了完人之至者的状态。想来，这是针对子路能做到的程度，从而对他进行的教导。至于说要谈完人之至者，如果不是能竭尽人道的圣人，那么是无法来谈论这个话题的。（朱子）[1]

有说法认为"今之成人"以下是子路说的话，不过朱子对此存疑，所以他没有采用这一说法。

14.14　子问公叔文子于公明贾曰："信乎，夫子不言，不笑，不取乎？"

公明贾对曰："以告者过也。夫子时然后言，人不厌其言；乐然后笑，人不厌其笑；义然后取，人不厌其取。"

子曰："其然？岂其然乎？"

【译解】

孔子向卫国的公明贾询问卫国大夫公叔文子的事情："是

---

[1] 可能引自《论语集注》卷七："言兼此四子之长，则知足以穷理，廉足以养心，勇足以力行，艺足以泛应。而又节之以礼，和之以乐，使德成于内，而文见乎外，则材全德备，浑然不见一善成名之迹；中正和乐，粹然无复偏倚驳杂之蔽，而其为人也亦成矣。然'亦'之为言，非其至者，盖就子路之所可及而语之也。若论其至，则非圣人之尽人道，不足以语此。"

真的吗？那位先生如世间的评论里说的一般，不说话，不笑，不收取吗？"

公明贾回答道："诉说此事的人有些言过其实了。那位先生不是不说话。他在该说话的时候才说话，所以人们对他说的不感到厌烦，因而虽然他说了也没有注意；他在该笑的时候笑，所以人们对他的笑没有感到厌烦，因而虽然他笑了也没有注意；按理该收取的时候便收取，所以人们对他的收取没有感到厌烦，因而虽然他收取了也没有注意。就这样，他便被人误说成不说话、不笑、不收取了。"

孔子听闻后说："是这样呀？真是如此吗？"倘若如公明贾所言，那么公叔文子的行为就是做事能得其时宜且是无过不及的君子所行，这是一般人难以做到的，所以孔子对此产生了怀疑。

【注释】

◎夫子：指公叔文子。 ◎厌：厌烦。

【解说】

本章是希望让人们明白得其时宜并且没有过也没有不及是很难的。

公叔文子是卫国大夫，名公孙枝。关于他的详细事迹并不清楚，但是可以知道的是他是位谦逊沉静之士，当时称他是"不言、不笑、不取"。公明贾也是卫国人，公明是姓，贾是名。

也有说法认为"其然，岂其然乎"的"其然"意思是"正如你所言",这是对公明贾之言的肯定,而"岂其然乎"的意思则是"怎么会有这种世间的评论",这是在否定"不言、不笑、不取"。

14.15 子曰:"臧武仲以防求为后于鲁。虽曰不要君,吾不信也。"

【译解】

臧武仲凭借自己的封邑防城,向鲁国国君提出要求,想在鲁国册立自己家族的继承人,并显示出这样的一种态度:假如不答应的话,他就要凭据防城发动叛乱。竟然已经到了这种程度,还说这不是在要挟国君,老夫是不相信的。

【注释】

◎要:心中有一物(有这样的想法,即不答应的话就叛乱)从而强行请求、要挟。

【解说】

本章批评了臧武仲心中的奸恶。

臧武仲因为孟孙氏诬告他要作乱,因而遭到季孙氏的攻击,奔逃到邾国。但是他又从邾回到自己的领地防城,并派遣使者面见鲁国国君。为了不让自家先人的祭祀断绝,他要求鲁君册立臧氏的继承人,然后才会离开防城。在其兄臧为被册立为臧氏的继承人后,臧武仲便逃到了齐国。

要挟国君，这是藐视君主，罪莫大焉。臧武仲的领地是国君赐予的。他获罪出逃后，是否册立臧氏继承人，这是国君的权力，不是他臧武仲自己可以随便决定的。然而，凭仗手中控制的领地，"请求"册立继承人，这是由于他好智而不好学。（范祖禹）[1] "臧武仲之知"见于本篇第十三章。

14.16 子曰："晋文公[2]谲[3]而不正，齐桓公正而不谲。"

【译解】

晋文公行事诡诈，不遵从正道；齐桓公遵从正道，行事不诡诈。

晋文公在楚国围困宋国的时候，借机攻打了楚国的属国曹、卫，迫使楚国出兵救援这两个国家。作为楚国要求恢复曹、卫两国的条件，晋国请求楚国解除对宋国的围困，但与此同时，晋国却暗地里又向曹、卫许诺让其各自复国，但要他们与楚国绝交，最终晋国在与楚国的城濮之战中获取了胜利，这

---

[1] 可能引自《论语集注》卷七："范氏曰：'要君者无上，罪之大者也。武仲之邑，受之于君。得罪出奔，则立后在君，非己所得专也。而据邑以请，由其好知而不好学也。'"又见于《论语精义》卷七下。

[2] 晋文公（公元前671—公元前628年），名重耳，春秋时期晋国国君，公元前636年至公元前628年在位。他是晋献公之子，母亲为狐姬。早年由于晋国内部政治斗争（史称"骊姬之乱"），被迫流亡国外十九年，公元前636年春在秦穆公的支持下回到晋国，杀了晋怀公而继位，是为晋文公。此后，通过一番内外修治，使得晋国国力增强，成就了春秋霸主的地位。

[3] 谲：音jué。

真是诡诈到了极点。齐桓公讨伐楚国的时候，责备楚国没有向周天子进贡应当作为贡品的"包茅"（包扎成捆的菁茅），又诘问楚国当年周昭王南巡时驾崩之事[1]，这是仗义执言，用的不是诡道（诡诈之术）。晋文公和齐桓公二人都是所谓"以力假仁"者——即实际上是在依靠武力，但表面上却假借仁义之名的人，但比起晋文公来说，齐桓公更胜一筹。二位国君其他方面的情况也大致与此类似，这里孔子大概是将他们隐而不为人所知的地方予以阐明。

【注释】

◎谲：诡诈，阴谋。

【解说】

本章阐明了齐桓公、晋文公二人之隐而不为人所知之处。

杨慎[2]说："春秋五霸中比齐桓公、晋文公还要厉害的是没有的；齐桓公、晋文公的成就中比会盟还要重要的事情也是没有的；会盟之中比葵丘之盟、践土之盟还要大的，那更是没有了。齐桓公在葵丘之盟上，确定周朝的太子从而安定了王室，[3]

---

1 按，"周昭王南巡"，这是一个隐讳的说法，其实讲的是周昭王时对楚国发动的一次征伐战争，这次战争的结局是周昭王惨败，溺死于汉水，历史上也称为"昭王南征"。这场战争的失败，被提倡尊王攘夷的齐桓公当作讨伐楚国的借口之一。
2 杨慎（1488—1559），字用修，号月溪、升庵。明代著名文学家。
3 按，"周朝的太子"指的是"太子郑"。本来周惠王想废掉太子郑，立自己另一个儿子王子带为太子。但是齐桓公力保太子郑，最终太子郑继位为周襄王。周襄王对齐桓公很感激，在葵丘之盟上派遣使者赐予齐桓公礼物，齐桓公也借助周王室的认可，进一步确立齐国作为春秋霸主的地位。

这是公义。所以说'齐桓公正而不谲'。晋文公在践土之盟上，挟天子以令诸侯，这是私情。所以说'晋文公谲而不正'。这虽是宋代横浦张九成的说法，但是格外有道理。《论语集注》中所讲的，虽然都是这二人的事，但那些不过是小事，应当把这些大事表述出来。纵使圣人再生，他有关这二人的谈话大概也是不会改变的了。"[1]

14.17 子路曰："桓公杀公子纠。召忽死之，管仲不死。曰：'未仁乎。'"

子曰："桓公九合诸侯，不以兵车，管仲之力也。如其仁，如其仁。"

【译解】

子路说："齐桓公迫使鲁国人杀死自己的弟弟公子纠的时候，当时陪伴公子纠一起在鲁国的召忽自杀殉节，而同他们在一起的管仲却没有殉节，后来还为昔日的仇人齐桓公做事。他干下这般有违人情、乖离常理之事，不能算是仁吧。"

孔子说："周王室衰落之际，夷狄横行中国之时，齐桓公

---

[1] 可能引自《太史升庵文集》卷四十五："五霸莫大于桓、文；桓、文之事莫大于会盟；会盟之举莫大于葵丘、践土。然葵丘之会，定太子以安王室，公义也。故曰：'齐桓公正而不谲。'践土之会，挟天子以令诸侯，私情也。故曰：'晋文公谲而不正。'此宋横浦张九成之说，殊为理长。《集注》所言，虽皆二公之事，乃其小者尔，当表出之，圣人复起，不易斯言矣。"

成为诸侯的盟主，督责、会和了侮上纵意（慢侮在上者且恣意妄为）的诸侯，但他却是凭借着信义，而没有使用兵车的威力就做到了尊王攘夷（尊周王室，攘除夷狄），这多亏管仲之力。有谁能比得上他的仁呢？有谁能比得上他的仁呢？不能因为没有为公子纠殉节而掩没了他的功勋。"

【注释】

◎死之："之"谓公子纠之难。　◎曰：先举出事实，接着对其展开议论，所以加上了"曰"字，表示开始了另外一段谈话。　◎九合："九"同"纠"，督责。　◎不以兵车：未使用武力。　◎力：谓善于谋划，辅佐齐桓公。　◎如其仁：谁也比不上他的仁。二度重复地提到，表达了深深的赞许。"仁"是就事功而言。

【解说】

本章中孔子张扬了管仲之功。

据《左传》所载，齐襄公无道，所以鲍叔牙护卫公子小白逃奔到莒国[1]。后来，公孙无知作乱，杀了齐襄公。管夷吾（管仲）和召忽护卫公子纠出奔到鲁国。鲁国希望让公子纠返回齐国，为此派兵护送公子纠，途中与公子小白一方发生了武装冲突，但鲁军没有打赢，而公子小白成为了齐国国君，他便是齐

1　莒：音 jǔ。国名，位于今山东省东南部。

桓公。这时，齐国向鲁国提出，要求杀了公子纠，同时引渡管仲和召忽。公子纠被杀时，召忽以死殉节，可是管仲却没有死，他请求把他囚禁起来。鲍叔牙劝说齐桓公让管仲当了宰相。子路认为管仲忘了自己的主人公子纠，反而去为昔日的仇人齐桓公做事，这是乖离人情、有悖常理的，不能称之为仁。

朱子说："管仲虽然还不算是'仁人'，不过其恩泽广泛地影响到了众人，所以有'仁'之功。"[1]

14.18 子贡曰："管仲非仁者与？桓公杀公子纠，不能死，又相之。"

子曰："管仲相桓公，霸诸侯，一匡天下，民到于今受其赐。微管仲，吾其被发左衽[2]矣。岂若匹夫匹妇之为谅也，自经于沟渎而莫之知也？"

【译解】

子贡说："管仲不是仁者吧？齐桓公杀公子纠的时候，他不仅没有为公子纠殉节，而且后来还做了齐桓公的宰相。这实在是有违人情，背离常理。所谓的仁者难道就是这样的人吗？"

---

1 可能引自《论语集注》卷七："盖管仲虽未得为仁人，而其利泽及人，则有仁之功矣。"
2 按，这里提到的"左衽"是指衣襟左侧在前，一般认为这是异族的装束；而汉族的传统服饰是"右衽"，即衣襟右侧在前。

孔子说:"管仲辅佐齐桓公,做了诸侯的盟主,尊王攘夷,匡正名分,人民直到今日仍能够传承我中国的礼乐衣冠这些美好的风俗,多亏了管仲的功劳。假如管仲没有出现的话,我们的风俗大概现在会变得跟夷狄的一样了,披头散发,衣襟左侧在前。管仲没有殉节,还辅佐齐桓公,虽然这是否是仁值得怀疑,但是管仲的仁德能够影响天下后世,正是因为他辅佐了齐桓公。而像那些没有远虑的粗鄙卑下的男男女女们,则守着小节小信,在沟渎中自缢而死也没人知道,这类事,管仲怎么会做呢?管仲辅佐齐桓公,这其实是因为贤者对待自己的生死很慎重。然而,把这叫作不仁,这是在用那些粗鄙卑下的男男女女们的品行水准来衡量管仲。"

【注释】

◎霸:也写作"伯"。诸侯之长。　◎一匡:"匡"是匡正。指匡正名分、尊王攘夷。　◎其赐:谓管仲一匡天下从而遗留下来的恩泽。　◎微:无。　◎被发左衽:"被发"是头发不扎起来,"左衽"则是衣襟左侧在前,这些都是夷狄的风俗。　◎匹夫匹妇:粗鄙卑下的男女。　◎谅:小节小信。　◎经:上吊而亡。　◎沟渎:沟壑。　◎莫之知也:别人不知道这事。

【解说】

本章仍是在张扬管仲之功。

程子就管仲的品行评价道:"齐桓公是兄长,本来就是应该做齐国国君的人。公子纠是弟弟,管仲从一开始侍奉公子纠是出自私心,辅佐他与兄长争夺国君之位,这有悖于义。齐桓公杀死公子纠虽然有过错,但是公子纠之死也是事出当然。如果管仲当初与公子纠同谋,然后又能与之同死,这是可以的;如果知道辅佐公子纠手足相争是不义,自己不卷入进去,而图谋日后建立功绩,这也是可以的。所以,圣人(孔子)没有苛责管仲的死而是赞赏了他的功。假如齐桓公是弟弟,公子纠是哥哥,管仲辅佐公子纠则是正当的,如果是这样的话,齐桓公后来夺取君位又杀了公子纠,管仲与齐桓公是不共戴天的仇人。即便是考虑到他后来的功绩,便赞许他为齐桓公做事,那么圣人(孔子)之言,不如说是有害于义到了极点,这样岂不是要引发万世谋叛,鼓励不忠之乱了吗?唐朝的王珪、魏徵作为李建成(唐太宗李世民的哥哥)的心腹,没有为李建成而殉节[1],此后还为唐太宗(李建成的弟弟)做事,这是有害于义的,虽然后来也建立了功劳,但也不能救赎他们曾经的罪过。"朱子对此说道:"管仲有功劳而无罪过,所以圣人(孔子)单单称许他的功劳。而王珪、魏徵先有罪过,后来才有平定天下

---

[1] 按,这里指的是玄武门之变,唐高祖武德九年六月初四(626年7月2日),唐高祖李渊的次子秦王李世民在玄武门设下埋伏,杀死了自己的哥哥太子李建成。事变后,唐高祖被迫立李世民为太子,同年八月初九(626年9月4日)唐高祖禅让,自为太上皇,而李世民登基,是为唐太宗。事见《旧唐书》《新唐书》《资治通鉴》。

之乱的功劳，所以不可以用后来的功劳抵消之前的罪过。"[1] 到底齐桓公是哥哥，还是公子纠是哥哥，对此有不同的说法，另外还有针对程子之说的反驳，但孔子赞许管仲之仁是由于他有事业上的功绩，如果管仲没有事业上的功绩，孔子无疑是不会赞许其仁的。想来如召忽那样殉节的做法，大概乃是身为臣子的常道罢了。

14.19 公叔文子之臣大夫僎[2]，与文子同升诸公。子闻之曰："可以为'文'矣。"

【译解】

公叔文子的家臣僎，后来做上了大夫。他是经由公叔文子的举荐，与文子同升于鲁君的朝堂之上，当上了大夫。公叔文子不看身份的高低贵贱而推荐贤能，这实在是种高尚的行为。孔子后来听闻了此事，说道："从这一件事便知道公叔文子享

---

[1] 此段原文见于《论语集注》卷七："程子曰：'桓公，兄也。子纠，弟也。仲私于所事，辅之以争国，非义也。桓公杀之虽过，而纠之死实当。仲始与之同谋，遂与之同死，可也；知辅之争为不义，将自免以图后功，亦可也。故圣人不责其死而称其功。若使桓弟而纠兄，管仲所辅者正，桓夺其国而杀之，则管仲之与桓，不可同世之雠也。若计其后功而与其事桓，圣人之言，无乃害义之甚，启万世反覆不忠之乱乎？如唐之王珪、魏徵，不死建成之难，而从太宗，可谓害于义矣。后虽有功，何足赎哉？'愚谓管仲有功而无罪，故圣人独称其功；王、魏先有罪而后有功，则不以相掩可也。"此处"程子"为程颐，这里他所说的话又见于《河南程氏外书》卷六。

[2] 僎：音 zhuàn。

有'文'这种美谥是受之无愧的。"

【注释】

◎公叔文子：本篇第十四章已经出现过了。名发，"文子"乃其谥号。 ◎臣：家臣。 ◎大夫僎：大夫是他后来才担任的职务。僎之事不详。 ◎升诸公：登入鲁君的朝廷。"诸"是"于"的意思。 ◎文：谥号"文"是一种美谥。

【解说】

本章赞美了公叔文子举荐贤能。

本章"公叔文子之臣大夫僎，与文子同升诸公"也可训读为："公叔文子之臣大夫僎与文子同，升之于公。"[1] 意思是："公叔文子的家臣名僎，其操守品行与公叔文子相同，所以公叔文子举荐他进入了鲁君的朝堂，跟他一同担任大夫。"

14.20 子言卫灵公之无道也。康子曰："夫如是，奚而不丧？"孔子曰："仲叔圉[2]治宾客，祝鮀[3]治宗庙，王孙贾治军旅。夫如是，奚其丧？"

---

1 按，这种训读的日文原文为："公叔文子の臣大夫僕文子と同じ、之を公（こう）に升（のぼ）す。"宇野哲人采用的训读方式则是："公叔文子の臣大夫僕、文子と同じく公に升（のぼ）る"。
2 仲叔圉（yǔ）：即孔文子。他与下面提到的祝鮀、王孙贾都是卫国大夫。孔文子之事又见于《论语·公冶长第五》第十四章（5.14），可以参看。
3 鮀：音tuó。

【译解】

因为孔子谈到了卫灵公的无道,于是季康子便问:"虽然如您所言卫灵公是无道的,但是为什么他没有丧失卫国国君之位呢?"孔子说:"卫灵公虽然无道,但是他知人善用,了解人才,能够用人:仲叔圉以言语见长,所以让他专门主管宾客交际、使节往来之事;祝鮀通礼,所以让他专门主管宗庙祭祀;王孙贾以军事见长,所以让他去专门管理军队。像这样任用人才,则外交修治,神人愉悦,敌国不敢轻侮,又怎么可能会丧失国君之位呢?"

【注释】

◎无道:人道纷乱,规则松弛。 ◎如是:指"无道"。 ◎奚:"如何"之意。 ◎丧:失位。 ◎宾客:谓外交之事。 ◎宗庙:谓祭祀之事。 ◎军旅:谓武备。

【解说】

本章说明了人才任用,是攸关国家生死存亡的大事。

尹焞说:"卫灵公无道,按理说应该会失去国君之位,但是他能任用这三个人,所以尚能保全国家。假如有道之君能任用天下贤才则会更胜一筹。《诗经》中曾说:'国家得到适合的人才而用之,没有比这还了不起的了。假如能这样做的话,各国大概都会以该国为榜样，学习该国的吧！'"[1]

14.21 子曰："其言之不怍[2]，则为之也难。"

【译解】

大言不惭的人，必然没有去实行的心思，连自己是否能够做到都不会去考虑一下，所以践行其所言是很难的。故而，人不可轻率地说话。

【注释】

◎为之也难："为"是实行之意。"难"是不能实践。

【解说】

本章为大言不惭者而发。

轻率说话的人必然不会努力去实行。孔子必是出于什么原因才说的。（陈新安）[3]

14.22 陈成子弑简公。孔子沐浴而朝，告于哀公曰："陈恒弑其君，请讨之。"公曰："告夫三子！"

孔子曰："以吾从大夫之后，不敢不告也。君曰'告夫三

---

[1] 可能引自《论语集注》卷七："尹氏曰：'卫灵公之无道宜丧也，而能用此三人，犹足以保其国，而况有道之君，能用天下之贤才者乎？诗曰：无竞维人，四方其训之。'"
[2] 怍：音 zuò。惭愧。
[3] 这句话见于《论语集注大全》卷十四："新安陈氏曰：'轻于言者，必不务力于行也。此必有为而言。'"

子'者!'"

之三子告,不可。孔子曰:"以吾从大夫之后,不敢不告也。"

【译解】

齐国大夫陈成子杀了齐国国君齐简公。臣弑君,这是天地人神都不会宽赦的大逆不道之罪,当用国法处以极刑。当时孔子虽然已经致仕闲居,但是他认为这件事乃是天底下第一重要的头等大事,不能不管,于是斋戒沐浴,前往朝廷向鲁哀公陈述道:"陈恒弑其君。鲁国是齐国的邻国,恳请您派遣军队前去讨伐。"当时,鲁国君主的权势衰微,臣下的权势炽盛,国君自己也无可奈何,所以鲁哀公对孔子说:"你去跟孟孙氏、叔孙氏、季孙氏三家说说吧!"

孔子从国君面前退下后,叹息道:"老夫位列大夫末席,所以像这种重大的事件,从礼义上来说必然要报告给国君,虽然报告了,但是国君自己也命令不了三家,而是对老夫说:'你去报告给那三家吧!'"

不过,孔子还是遵从君命,前往三家报告给他们。鲁国的这三家和齐国的陈氏是一路货色,都有无君之心,所以他们没有同意孔子的建议。这时孔子又说:"老夫位列大夫末席,因此像这种重大的事件,从礼义上来说必然要报告各位,所以才向各位报告。"以此警醒三家。

【注释】

◎沐浴：洗头，清洁身体。以此表示对事情很重视，不轻率随便。　◎三子：谓鲁国三家，即孟孙氏、叔孙氏、季孙氏。　◎大夫之后：位居大夫的后列，是一种表示谦逊的话语。

【解说】

本章欲图正君臣之义。

陈成子是齐国大夫，名恒。"成子"是其谥号。齐简公是齐国国君，名壬。陈恒杀齐简公，事在鲁哀公十四年。[1]

孔子一开始报告的时候确确实实是下定决心想要讨伐陈恒的。但是后来其请求未被三家采纳，所以解释为是在警醒三家。所谓借讨伐陈恒来警醒三家，圣人是不会干这种迂阔之事的。

14.23　子路问事君。子曰："勿欺也。而犯之！"

【译解】

子路请教事君之道。孔子说："诚心敬意，不要欺骗君主。但也要敢于犯颜谏争啊！"

---

[1] 按，鲁哀公十四年（公元前481年），齐大夫陈恒（陈成子，又称田恒）杀害齐简公，拥立齐简公的弟弟为齐平公。此后，陈恒独揽齐国大权。事件详情参见《左传·哀公十四年》。

【注释】

◎犯：即使对方面有怒色，发起火来，也义无反顾地进行谏言。

【解说】

本章阐明了事君之道。

范祖禹说："'犯'并不是子路难以做到的。而不欺是很难的。所以孔子告诉他'勿欺也'，然后告诉他'犯之'。"[1]

14.24 子曰："君子上达，小人下达。"

【译解】

君子平素遵循正道，所以其德日进，从而达到高明之极。小人平素顺从私欲，所以其德日降，达到了卑下鄙陋之极。

【注释】

◎达：意思是逐渐积累，到达极点。

【解说】

本章阐明了君子、小人志向之不同。

上达、下达分歧之处，就在于其初是遵循于理，还是顺从于欲。学习者对此必须详细地了解。

---

1 可能引自《论语集注》卷七："范氏曰：'犯，非子路之所难也，而以不欺为难。故夫子教以先勿欺而后犯也。'"又见于《论语精义》卷七下。

14.25 子曰:"古之学者为己,今之学者为人。"

【译解】

古代的学习者探明道、进于德,那是为了自身有所收获。今天的学习者探明道、进于德,则是为了让别人知道。

【注释】

◎为己:是为了自身的修养。 ◎为人:做给别人看,为了让别人知道。

【解说】

本章解释了古今学习者用心之处的不同。

圣贤谈论的学习者用心得失的场合很多,如此句话这般能切中要害的倒是没有。如果学习者能明辨并且每天反省,是为了自己而学习还是为了别人而学习,那么大概基本上不会再弄不清楚所应遵循的是什么了。(朱子)[1]

14.26 蘧[2]伯玉使人于孔子。孔子与之坐而问焉,曰:"夫子何为?"对曰:"夫子欲寡其过,而未能也。"

使者出。子曰:"使乎!使乎!"

---

1 可能引自《论语集注》卷七:"圣贤论学者用心得失之际,其说多矣,然未有如此言之切而要者。于此明辨而日省之,则庶乎其不昧于所从矣。"

2 蘧:音 qú。

【译解】

卫国大夫蘧伯玉派人去慰问孔子安好。孔子敬请那位使者坐下,问道:"夫子大人他平常都忙些什么呢?"使者回禀道:"夫子大人平常操心的是试图让自己少犯错,却未能如愿以偿,还不能做到。"虽说是试图让自己少犯错却尚未能做到,不过,蘧伯玉省身克己、常若不及之意已经很清楚了。而使者之言愈发谦逊,则愈发彰显其主人之贤,这位使者可谓是深知君子之心,而又善于言辞应对之人。

使者离开之后,孔子称赞那位使者道:"不错的使者哦!不错的使者哦!"

【注释】

◎与之坐:敬重主人从而爱屋及乌,将这种敬重推及于其使者。 ◎夫子:指蘧伯玉。 ◎使乎:叹息赞美对方的确能很好地尽力完成身为使者的使命。

【解说】

本章赞美了蘧伯玉的使者应对有方。

蘧伯玉是卫国大夫,名瑗。孔子在卫国的时候,曾经住宿在他家,与他关系很好。后来,孔子要返回鲁国,蘧伯玉便派遣使者前来向孔子询问安好。

据说蘧伯玉五十岁时能够及时知道过去四十九年之不是,活到六十岁,六十年来都与时俱进,不断变化。大概他进取于

德，老而不倦，所以在践行德的方面笃实，德之光辉灿烂显著，不仅使者知道这一点，而且孔子也相信这一点。（朱子）[1]

14.27 子曰："不在其位，不谋其政。"

本章已见于《泰伯》篇。[2]

14.28 曾子曰："君子思不出其位。"[3]

【译解】

君子所思慕的不超出自己的本分。

【注释】

◎思：心之所慕。　◎位：身居之处。不单单是指官位，从君臣父子之间，到小至一事一物的东西，与其时、其位相称者，都是所谓的"位"。

【解说】

本章指出了凡事有度，君子当知所止。

这段话是《易经》的《艮卦》之《象辞》。因为曾子曾经称赞过这句话，于是记录者根据上一章的内容，从而比照记下

---

[1] 可能引自《论语集注》卷七："按，庄周称：'伯玉行年五十，而知四十九年之非。'又曰：'伯玉行年六十而六十化。'盖其进德之功，老而不倦。是以践履笃实，光辉宣著。不惟使者知之，而夫子亦信之也。"
[2] 见于《论语·泰伯第八》第十四章（8.14）。
[3] 按，本章和上一章原为一章，后来朱子将其分为两章。

了这一章。(朱子)[1]

14.29　子曰:"**君子耻其言而[2]过其行。**"

【译解】

君子耻其言,有所保留不敢尽言。致力于想要多做些事情。

【注释】

◎耻:感到害羞,有所退缩,从而不敢尽言。　◎过:致力于做到有余。

【解说】

本章阐述了言行当如此的道理。

说话容易天马行空,故以此为耻。行动上难以做到位,所以要努力做得多些。(黄幹)[3]

14.30　子曰:"**君子道者三,我无能焉。仁者不忧,知者不惑,勇者不惧。**"子贡曰:"**夫子自道也。**"

【译解】

孔子说:"君子养成德的方法有三项,老夫一项都做不到。

---

[1] 可能引自《论语集注》卷七:"此《艮卦》之《象辞》也。曾子盖尝称之,记者因上章之语而类记之也。"
[2] 而:这里的这个"而"字,在有些版本的《论语》中,写作"之"。
[3] 可能引自《论语集注大全》卷十四:"勉斋黄氏曰:'言放易,故当耻;行难尽,故当过。'"

这三项是仁、智、勇。仁者没有忧虑，智者没有困惑，勇者没有恐惧。老夫对忧虑、困惑、恐惧，哪一项都没有摆脱掉，所以必须黾勉努力。"子贡听闻后，说："这是先生您对自己的评论，而从我们弟子看来，这三项，先生您都做得很好了。"

【注释】

◎自道："道"是说的意思，人们自己谈论自己事情的时候，语气谦逊。

【解说】

本章是孔子自责以勉励他人。

"仁者不忧""知者不惑""勇者不惧"，这三句在《子罕》篇中也出现过，但顺序有所不同。本篇从养成德的方法谈起，故以"仁"为先，而《子罕》篇则是从进学的方法谈起，故以"知"为先。两处所出现的"仁""知"先后顺序的不同，其原因就在这里。（尹焞）[1]

14.31 子贡方人。子曰："赐也贤乎哉！夫我则不暇。"

【译解】

子贡平时喜欢比较人物的优劣。孔子委婉地告诫他说："比较人物的优劣是自身修养很好的人才能去做的事。赐（子

---

[1] 可能引自《论语集注》卷七："尹氏曰：'成德以仁为先，进学以知为先。故夫子之言，其序有不同者以此。'"

贡之名），看来你是聪明贤能的了！老夫整天忙着自己的修养，还没有闲暇去比较人物的优劣。"

【注释】

◎方：比较。　◎乎哉：疑问词，意思是其实还不能真把子贡看作贤者。　◎不暇：还没有比较人物的闲暇时间。

【解说】

本章阐述了做学问的人首先应该注重修己、修身。

子贡喜欢比较人物优劣，这一点从他问孔子："师与商也孰贤？"（《先进》篇）等处也可以看得出来。

14.32　子曰："不患人之不己知，患其不能也。"

【译解】

不担心世人不了解我的德行才能，而是担心不能精进和提高自己的德行才能。君子勤勉于自身的修养而已。

【解说】

本章阐述了"学"应该是为了自己而进行的。

《论语》中，如果看到某章和某章的意旨相同，而且文句也没有什么差异的话，说明这是说过一次的话在《论语》中又重复出现了一次。但是如果看到某章和某章的意旨虽相同，但文句却稍有差异的，说明这段话在不同的场合多次被说起，而且又分别被记录了下来。与本章的类似的文句，在《学而》

篇、《里仁》篇、《卫灵公》篇中都出现过，加上本篇出现的这一次，一共出现过四次，但文句均有所不同，这大概就是因为孔子多次谈论过这件事，所以前后记录才稍有差异吧。由此也可以看出来他的反复叮嘱之意。（朱子）[1]

14.33 子曰："不逆诈，不亿[2]不信，抑亦先觉者是贤乎！"

【译解】

不要预先就凭一己私意去担心自己是不是被人欺骗了，也不要去揣测人家是不是在怀疑我，凭着诚意去与人交往，却还能自然而然地先发觉人家是在欺骗、怀疑我，这种人内心光明正大，这才是贤者呀！

【注释】

◎逆诈：在他人欺骗自己之前，凭一己私意去担心人家是在欺骗自己。 ◎亿不信：在他人不信任自己之前，就凭一己私意去担心人家是不是在怀疑我。 ◎抑：转折词。

【解说】

本章讲述了贤者之贤明。

日语中有句俗语叫作"看到人就要先把对方当作是小偷"，

---

[1] 可能引自《论语集注》卷七："凡章指同而文不异者，一言而重出也。文小异者，屡言而各出也。此章凡四见，而文皆有异，则圣人于此一事，盖屡言之。其丁宁之意亦可见矣。"
[2] 亿：同"臆"。

这可不是贤者的待人之道。

14.34 微生亩谓孔子曰:"丘,何为是栖栖者与[1]?无乃为佞乎?"孔子曰:"非敢为佞也。疾固也。"

【译解】

微生亩看到孔子游说各国国君欲图推行道,便对孔子说:"丘(孔子之名),你为什么对各国国君仍存有恋恋不舍之心呢?说好听的话,取悦于人,你还不就是为了图个为世所用吗?"孔子说:"我决不是在说好听的话,取悦于人,图个为世所用。而是厌恶固执于一种道而不知融通。"

【注释】

◎栖栖:恋恋不舍。　◎佞:说好听的话,取悦于人。　◎疾固:"疾"是厌恶。"固"是固执于一种道而不会融通。

【解说】

本章体现了孔子的忧世之心。

微生亩是鲁国人,姓微生,名亩。他直呼孔子之名,言辞甚为倨傲,由此看来,他可能是位年长德高的隐士。

孔子对于年龄德行皆长之人,如此礼恭言直。其警醒微生亩之意甚深。(朱子)[2]

1　与:同"欤"。
2　这两段话可能引自《论语集注》卷七:"微生姓,亩名也。亩名呼夫子(转下页)

14.35 子曰:"骥不称其力,称其德也。"

【译解】

骥是一种良马,虽可一日驰骋千里,但人们称赞的不是它的力气,而是称赞其驯服、易于驾驭、温驯的品德。

【注释】

◎骥:良马之名。 ◎称:褒扬赞誉。 ◎力:谓一日驰骋千里。 ◎德:很好驯服,容易驾驭,性格温驯,不会乱咬乱踢。

【解说】

本章借骥(良马之名)来论君子。

骥虽有力,但它受到称赞的却是它的品德。如果人只有才而没有德,那么就不值得尊重了。(尹焞)[1]

14.36 或曰:"以德报怨,何如?"子曰:"何以报德?以直报怨,以德报德!"

【译解】

某人问道:"假如在他人怨恨我的时候,我却以恩德回报,这样如何呢?"孔子说:"回报应当是相互平等的。如果用恩德

(接上页)而辞甚倨,盖有齿德而隐者。……圣人之于达尊,礼恭而言直如此,其警之亦深矣。"
1 可能引自《论语集注》卷七:"尹氏曰:'骥虽有力,其称在德。人有才而无德,则亦奚足尚哉?'"又见于《论语精义》卷七下。

来回报有怨者,那用什么来回报有恩德者呢?应该用公平无私来回报怨恨,用恩德来回报恩德!"

【注释】

◎德:谓恩惠。　◎直:谓爱憎取舍之公平无私。

【解说】

本章指出了对于恩怨的态度。

本章中某人所提到的"以德报怨",见于《老子》一书。从"以德报怨"和"以直报怨"之间,可以看出老子的教义与孔子的教义的差别。罗大经[1]将此与佛教比较后说道:"以德报怨,这是慈悲广大、孤高卓绝之人的行为,可是孔子没有采用,因为他认为这没法通行于世。我儒家之道,必定是期望其可以通用于世间。因此有所谓'中庸''近人情'的讲法。"[2]

14.37　子曰:"莫我知也夫!"子贡曰:"何为其莫知子也?"子曰:"不怨天,不尤人。下学而上达。知我者其天乎!"

【译解】

孔子自叹道:"当今世上没有了解老夫的人呀!"子贡好奇

---

[1] 罗大经(1196—1252),字景纶,号鹤林,又号儒林,南宋吉州吉水(今江西吉水)人。著有《易解》《鹤林玉露》等。
[2] 可能引自《鹤林玉露·丙编》卷四:"夫以德报怨,可论慈悲广大、孤高卓绝,过人万万矣。然夫子不取者,谓其不可通行于世也。吾儒之道,必欲其可通行。故曰'中庸',又曰'近人情'。"

地问道："像先生您这样的人为什么会没有人了解您呢？"

孔子说："做与众不同的事情，便被认为是了不起的人，这种人自然会被人知道，但是老夫并没有做过那种事情。幸运或不幸运乃天命所定，老夫即便不幸运，也安然以对，不会怨天；受到任用或被舍弃，这都是人的缘故，老夫虽然被舍弃没有受到任用，但也不会责备别人。不过，老夫平日会追求学习浅近的人事，探知尚未掌握的道理，去践行尚未践行的事，如此循序渐进，自然会到达高明的境界。老夫没有做与众不同的事情以抬高自己，所以人们不了解我，独有天在冥冥之中看到了，并从而了解了老夫啊！"

【注释】

◎也夫：有慨叹之意。　◎下学：谓浅近之事。　◎上达：到达高明的境界。

【解说】

本章是孔子自叹以引起子贡的提问，并告诉子贡要做"为己之学"。

朱子说："不得于天，不怨于人，与人不合，不责备人，但懂得下学自然会上达。这只是在谈反己自修，循序渐进而已。这是在说，不做跟别人非常不一样的事情以求得为人所知。然而，若深深玩味其语意，则可发现其中自然有人不知道，但却有天才能了解的妙处。大概孔门弟子之中唯有子贡之智差不多能懂得这些，因此孔子特地说话以启发他，可惜呀！子贡尚未能领悟到。"[1]

14.38　公伯寮愬[2]子路于季孙。子服景伯以告曰："夫子固有惑志于公伯寮。吾力犹能肆诸市朝。"子曰："道之将行也与，命也；道之将废也与，命也。公伯寮其如命何！"

【译解】

　　公伯寮向鲁国权臣季孙氏进谗言，毁谤子路。子服景伯把这件事告诉孔子说："季孙氏他固然因为公伯寮之言，正在怀疑子路，子路的结局可能还无法预知，但是凭我现在的能力还能诛杀公伯寮，陈尸示众，以正其诬告贤人之罪。"孔子说："君子本希望受到任用而推行道，可是道的推行是天命，道的废弃也是天命。如果天命通达，就算公伯寮用谗言毁谤，由（子路之名）之道照样可以推行开来。如果天命阻塞，就算公伯寮不去用谗言毁谤，由（子路）之道也不能推行开来。公伯寮不能把天命怎么样的。一切交给天命来决定好了。"

1　可能引自《论语集注》卷七："不得于天而不怨天，不合于人而不尤人，但知下学而自然上达。此但自言其反己自修，循序渐进耳。无以甚异于人而致其知也。然深味其语意，则见其中自有人不及知而天独知之妙。盖在孔门，惟子贡之智，几足以及此，故特语以发之。惜乎其犹有所未达也！"
2　愬：音 sù。同"诉"。

【注释】

◎愬：进谗言。　◎夫子：指季孙。　◎惑志：心中产生了对子路的怀疑。　◎力：谓身为大夫的权力。　◎肆：陈尸。　◎诸：之于。　◎市朝：大夫以上陈尸于朝，士以下陈尸于市。此处"市朝"连言，可见以"朝"为重。[1]

【解说】

本章说明了人应当安于命。

公伯寮是鲁国人。子服景伯是鲁国大夫子服何。子服是氏，景是谥号，伯是字。

虽然谢良佐说："公伯寮谗言毁谤也是一种命，实际上，公伯寮也不能怎样。"但是朱子认为，孔子谈这些是为了开示子服景伯，让子路安心，同时警告公伯寮。圣人在利害之际，不会等待命来决定而泰然自若的。（朱子）[2]

14.39　子曰："贤者辟世，其次辟地，其次辟色，其次辟言。"

【译解】

贤者如果看到世道混乱，则避而隐居，不会出仕做官。其次，会离开混乱的国家，前往安定的国家。再次，如果君主不

---

[1] 按，公伯寮是士，故当陈尸于市。
[2] 可能引自《论语集注》卷七："谢氏曰：'虽寮之愬行，亦命也。其实寮无如之何。'愚谓言此以晓景伯，安子路，而警伯寮耳。圣人于利害之际，则不待决于命而后泰然也。"

用得体的容貌态度礼敬我，那么就离开他不出任其官员。最后，如果我的意见与君主之言不合，那么就离开他不出任其官员。

【注释】

◎辟：同"避"。　◎世：谓世间。　◎其次：这是讲避开的顺序，而不是谈贤的顺序。　◎地：谓一个地方。　◎色：谓君主对待我的礼仪容貌。　◎言：谓君主之言。

【解说】

本章揭示了进退应当随其时宜的道理。

"辟世"，如伯夷、姜太公躲避商纣王之类。(《孟子·离娄上》)"辟地"，如百里奚离开虞国，前往秦国当大夫之类。(《孟子·万章上》)"辟色"，如孔子看到卫灵公仰望飞雁，知道卫灵公心思不在他身上，于是离开卫国之类。(《孟子·告子下》)"辟言"，如卫灵公向孔子询问军阵之事，孔子于是第二天离开了卫国之类。(《卫灵公》篇)

14.40　子曰："作者七人矣！"[1]

【译解】

现在，知道道之不行，起身离开去隐居的也有七个人了。世道衰落，实在是令人感慨叹息啊！

---

[1] 按，本章和上一章原本合起来为一章，但朱子将其分为两章。

【注释】

◎作：起身离开去隐居。　◎七人：七人具体是谁，并不清楚。这里指有很多人的意思。

【解说】

本章是因忧世而发之言。

"作"与"辟（避）"是不同的。"避"是选择地方、选择时间、选择君主，避而待之。"作"则是讲天下无当为之时，无宜处之地，无可事之人，引退避居不再出世。

也有人将本章与前章相连为一章。

14.41　**子路宿于石门。晨门曰："奚自？"**

子路曰："自孔氏。"

曰："是知其不可而为之者与？"

【译解】

子路跟从孔子周游天下之时，偶然留宿于一个叫作石门的地方。这地方的守门人问道："从哪里来的啊？"

子路回答说："从孔氏那里来。"

守门人听到后讥讽地说道："你说的孔氏，就是那个知道道不能得到实行，却还是到处云游，一心想推行道的家伙吗？你还跟着他做他的随从，够辛苦的呀！"

【注释】

◎晨门：负责早晨开门，日暮时分关门的人。守门人。大概是隐身于世，当上了守门人的贤人。　◎自：从。　◎是：指孔氏。

【解说】

本章记载了隐士评论孔子的事情。

这个守门人知道不能行道于世，于是断了行道的念头，所以说了这番话讥讽孔子，但是他却不知道，在孔子看来，天下没有不能行道之时。（胡寅）[1]

14.42　子击磬于卫，有荷蒉[2]而过孔氏之门者，曰："有心哉，击磬乎！"既而曰："鄙哉！硁硁乎！莫己知也，斯已而已矣，深则厉，浅则揭。"

子曰："果哉！末之难矣。"

【译解】

孔子在卫国的时候，一日曾经敲击过一种名为磬的乐器。孔子的忧世之心已然表露在了磬声之中，偶然有位挑着草筐从孔氏门前经过的人，听到了这磬声，叹息道："有欲图行道于

1　可能引自《论语集注》卷七："胡氏曰：'晨门知世之不可而不为，故以是讥孔子。然不知圣人之视天下，无不可为之时也。'"

2　蒉：音 kuì。

天下之心，就是这位敲击磬的人啊！"过了一会儿又说："太寒碜了！对行道于天下，意志坚确不移，却不知道合乎时宜！天下如果没有了解自己的人，则唯有放弃并离去。渡水之际，有句话叫作'水深时以衣涉水，水浅时提衣涉水'。人们不了解我，却不放弃，这是由于不懂得与深浅相适的方略。"

孔子听到这话后，叹息道："真是想得开啊！像他这样抛却世事，让自己一个人清净，也不是什么难事。"

【注释】

◎磬：用玉石做的乐器。　◎荷：扛、挑。　◎蒉：用草编织的运送土的器具。草筐。土筐。　◎鄙哉：自认为弃世而去是一种高尚的举动，所以把孔子不弃世看作是鄙陋的。　◎硁硁：执着地坚守。　◎深则厉，浅则揭：这是《诗经·卫风·匏有苦叶》篇的诗句。"厉"是脱去衣服涉水。[1]　"揭"是用手提起衣服涉水。　◎果哉：果断地忘却世事。　◎末：无。

【解说】

本章中听闻隐士说的话后，孔子展现出忧世之心。

荷蒉者闻击磬之声而知孔子之心，由此看来他不可能是个普通人，大概是一位躲避乱世，隐遁起来的贤人啦！

---

[1] 按，"厉"应为穿着衣服涉水。

14.43　子张曰："《书》云：'高宗谅阴，三年不言。'何谓也？"

子曰："何必高宗，古之人皆然。君薨，百官总己，以听于冢宰，三年。"

【译解】

子张请教道："《书经》中提到：'殷商的天子高宗商王武丁，在服丧谅暗中，三年不言不语。'天子三年不说话，那么不会有碍于国政吗？所谓'在服丧谅暗中，三年不言不语'究竟是什么意思呢？"

孔子说："这何必非要是高宗，古代的人君皆是如此。前任君主逝世，继任的君主守丧，不去亲政，百官综理自己的职务，听命于宰相的处分，就这样度过三年，所以就算君主不说话，也无碍于国政。"

【注释】

◎书：今谓之《书经》，古代单称为《书》。这句话出现在《尚书·商书·说命》。　◎高宗：殷商中兴之君，商王武丁。　◎谅阴：也写成"谅暗""亮阴"。在日本多使用"谅暗"一词。谓天子居丧。一说是"信默"之意[1]，又一说认为是把"梁庵"（即谅暗）当做守丧时的居所。朱子对于其含义也不是很清楚。　◎三年：父母之丧三年。　◎总己：综理自己的职

---

[1] 信默：信任沉默。《论语集解》何晏集解云："谅，信也。阴，犹默也。"邢昺注疏云："言武丁居父忧，信任冢宰，默而不言三年矣。"

务，不敢放纵。　◎冢宰：太宰，宰相之职。

【解说】

本章说明了人君守丧时的事情。

地位虽有贵贱，但人人都是父母所生，这一点并无差别，上自天子，下至一介平民，都是为父母服丧三年。子张并不是对此有所怀疑，他是在想如果天子三年间什么话都不说，臣下不能禀承命令，那么是不是就会由此而引起祸乱呢？在此，孔子告诉他因为大家都"听于冢宰"，故而并无引起祸乱之忧。（胡寅）[1]

14.44　子曰："上好礼，则民易使也。"

【译解】

在上为政之人如果喜好礼而能自修其身，那么人民也会受其感化，变得喜好礼，上下之分确定了，人民自然就会礼敬在上者，而在上者役使人民也会变得容易。

【注释】

◎上：谓为政之人。　◎礼：区分上下之分，确定人民志向的东西。

---

[1] 可能引自《论语集注》卷七："胡氏曰：'位有贵贱，而生于父母，无以异者。故三年之丧，自天子达于庶人。子张非疑此也，殆以为人君三年不言，则臣下无所禀令，祸乱或由以起也。孔子告以听于冢宰，则祸乱非所忧矣。'"

【解说】

本章说明了礼在治理国家方面的效用。

"上好礼",本来并不是为了追求役使人民才这样做的,但是人民变得容易役使,则是源于"上好礼"的自然效验。

14.45 子路问君子。子曰:"修己以敬。"

曰:"如斯而已乎?"曰:"修己以安人。"

曰:"如斯而已乎?"曰:"修己以安百姓。修己以安百姓,**尧舜其犹病诸?"**

【译解】

子路向孔子请教所谓君子是怎么样的一种人呢?孔子说:"对于自己的修身毫不懈怠,这就是君子了。"

子路说:"仅仅是做到这些,就可谓之君子了吗?"孔子说:"对于自己的修身毫不懈怠,不只是独善其身,而且将其效果自然地推及于人,使很多人都得到安定。"

子路说:"仅仅是做到这些,就可谓之君子了吗?"孔子说:"修己,其效果自然推及于人,遂能安定天下的百姓。这样的事,哪怕对于尧、舜那样的圣人来说也非易事,而是需要耗费心血的地方。"

【注释】

◎修己:为了完善自己的人格而勤勉努力。　◎敬:专心致志，没有稍许的懈怠。　◎修己以安人：修己之极，其效自然及于人。"人"是对自己而言。"安"是安定于其当居之处。　◎百姓：天下全体人民。

【解说】

本章说明了"修己以敬"的重要性。

"修己以敬"，孔子的这句话已经至尽至极，话说得很透了。然而，子路不解其意，以为单是如此不足以成为君子。所以孔子又说修己以敬的效果充积之盛，则自然及物，以此再次教诲子路，而没有再跟他说别的。"人"是对自己而言，"百姓"是包括所有的人。"尧舜其犹病诸"意思是说无法在此以上再多做些什么了，以此抑制子路徒事高远之病，希望他回过身来在浅近之处有所追求。（朱子）[1]

14.46　原壤夷俟。子曰："幼而不孙弟，长而无述焉，老而不死，是为贼。"以杖叩其胫。

【译解】

一天，原壤听说孔子来了，蹲踞着等待孔子。孔子看到了原壤失礼的样子，便说："幼年时对待尊长失其恭顺之道，长大

1　可能引自《论语集注》卷七："修己以敬，夫子之言至矣尽矣。而子路少之，故再以其充积之盛，自然及物者告之，无他道也。人者，对己而言。百姓，则尽乎人矣。尧舜犹病，言不可以有加于此。以抑子路，使反求诸近也。"

后，不能称道其德行，到现在还没做过一件善事，老了也不死，还长生在世，有害于良风美俗，这种人可谓是贼了。"孔子责备他，用自己拿着的杖轻轻地敲打原壤的小腿，不让他再继续蹲踞。

【注释】

◎夷：蹲。蹲踞。　◎俟：等待。　◎孙弟："孙"同"逊"，恭顺，侍奉兄长。　◎长：成长。　◎述：称道。"无述焉"是没有可以称道的善行。　◎贼：谓害人者。

【解说】

本章中孔子责备了友人的无礼。

原壤是孔子的友人。母亲去世的时候，他爬上树唱起歌来。大概属于老子之流，是无视礼法、行为放逸之人。

也有人认为"老而不死"之"死"是休息的意思，解释为就算老了，倨傲之心也不曾稍歇。

14.47 阙党童子将命。或问之曰："益者与？"子曰："吾见其居于位也，见其与先生并行也。非求益者也，欲速成者也。"

【译解】

在一个名叫阙党的地方的童子担任了孔子家的传话者，有人问道："传话不是很简单的工作，这位童子是学业有进益了吗？"孔子说："不是的。按照礼，童子当坐于角落，可是老夫看到这童子坐在成人才坐的位置上。按照礼，童子应当要跟随在年长者后面走，可是老夫看到这童子和年长者并排走。这童子不遵守童子应有的礼法，不是能让自己谦卑而追求学问进益之人，他是期望迅速成长变得跟成人一样。因此，让他担任传话者，是希望他看看长幼之序，学学礼仪规范。"

【注释】

◎阙党：村名。"党"是五百户的村落。　◎童子：这是二十岁以下未冠者[1]之通称。　◎将命：为客人和主人传话。　◎益者与：是学问进益之人吗？　◎位：成人当居之处。　◎先生：年长者。◎欲速成：欲尽快跻身成人之列。

【解说】

本章记录了孔子教育童子的方法。

某人在想这个童子是不是因为学问进步，所以孔子宠爱他，特地让他担任了传话者呢？因而向孔子提出了这个疑问。孔子回答他说，让这个童子做传话者的工作，并非因为其学问有了进步，而是要压制住他"欲速成"之心并且教育他。

1　未冠者：即未成年人。古代男子年二十而行冠礼，表示成年。故未满二十岁称为"未冠"。

卫灵公第十五

本篇凡四十一章。[1]朱子怀疑开头的三章可能是在同一个时间说的话。

15.1 卫灵公问陈于孔子。孔子对曰:"俎[2]豆之事,则尝闻之矣。军旅之事,未之学也。"明日遂行。

在陈绝粮,从者病,莫能兴。子路愠见曰:"君子亦有穷乎?"子曰:"君子固穷,小人穷,斯滥矣。"

【译解】

卫灵公就军阵之事咨询孔子。孔子回禀道:"我从幼年起习礼,对于在宗庙中排列俎豆祭器进行祭祀的事情,略知一二。至于调动军队进行战争,我尚未学习过,所以无法回复您这个问题。"翌日,孔子离开了卫国。

孔子一行人前往陈国。在陈国的时候,因为该地大夫的算

---

1 四十一章:本篇在有的版本的《论语》中分为四十二章。
2 俎:音 zǔ。

计，孔子遭到了围困，断粮七日，跟随孔子的人饿得站都站不起来。子路看到像孔子这样的圣人君子竟也落入这种困穷的境地，感到愤愤不平，于是拜见孔子，说："君子也有困穷之时吗？"孔子说："困穷和通达都是命，君子本来就有困穷之时。小人困穷了，就会如水溢出泛滥一般不可收拾，不断地去干坏事，而君子身上不会发生这样的事。"

【注释】

◎陈：同"阵"。指军阵之事。　◎俎豆：礼器。"俎"是摆放牺牲祭品供奉于神前的台子。"豆"是木制的高脚器具。"俎豆之事"泛指一切有关礼的事情。　◎军旅之事：调动军队打仗之事，"军"是一万二千五百人。"旅"是五百人。　◎病：饿得生病并疲倦了。　◎兴：起。　◎愠：为孔子而生了气。　◎君子：暗指孔子。　◎穷：困穷。　◎滥：像水溢出般肆意地干坏事。

【解说】

本章第一节是谈"辟言"，第二节讲了应对困穷的情形。

也有说法认为"病莫能兴"训读为"病其不能兴"[1]，解读为："忧心于孔子之道未能兴起。"

当时孔子与子路之间的这段问答对话，也见于《荀

---

[1] 按，这种训读的日文原文为："能く興（おこ）るなからんことを病（や）めり"。而宇野哲人采用的训读方式是："病（や）みて、能く興（た）つなし"。

子·宥坐》篇。

15.2　子曰:"赐也,女以予为多学而识之者与?"对曰:"然。非与?"曰:"非也。予一以贯之。"

【译解】

孔子说:"赐(子贡之名),你认为老夫学的东西很多并且把这些都一一记在了心上,你是不是以为老夫是这样的人?"子贡说:"确实如此。难道不对吗?"孔子说:"不对。老夫是将心中所具备的一个道理贯通运用于天下的事物,老夫懂得的就是这个。而不是一一学习,全都记忆下来。"

【注释】

◎多学:多见多闻。从知的方面来谈。　◎识:记忆。◎一以贯之:《里仁》篇中也提到这个词[1],但那是从"行"的方面来说的,而本章则是从"知"的方面来谈的。

【解说】

本章是希望让子贡晓得学问之本是什么。

孔子实际上是"多学"而无所不知,只是在多学之中用一个根本的道理贯穿其中。(朱子)[2]

---

[1] 见于《论语·里仁第四》(4.15)。
[2] 可能引自《朱子语类》卷四十五《论语二十七》:"孔子实是多学,无一事不理会过。若不是许大精神,亦吞不得许多。只是于多学中有一以贯之耳。"

15.3 子曰:"由!知德者鲜矣。"

【译解】

由(子路之名),世间能够践行德并且真能懂得其意味的人是不多的。真懂得德,其内心就必不会为任何利害福祸所动摇。

【注释】

◎由:呼喊子路的名,跟他说话。 ◎德:指参悟到的义理。

【解说】

本章是希望让子路精进于德。

这段话大概是孔子在陈断粮的时候,子路愠怒,来拜见孔子,孔子以此教诲开导他。

15.4 子曰:"无为而治者,其舜也与!夫何为哉?恭己正南面而已矣。"

【译解】

自古以来,帝王众多,但无需亲自作为便使天下大治,能做到的就是舜了。究竟舜做了些什么呢?他只是持身恭敬,端正地面朝南方而坐罢了。

【注释】

◎无为而治:没有什么作为,天下也受其盛德所化,自然而然地达到太平升治。 ◎恭己:修己以敬。 ◎南面:身处君主之位。

【解说】

本章赞美了舜之治。

所谓"无为而治",是因圣人之德隆盛,而人民自然受到感化,所以圣人没有必要再亲自做些什么了。孔子单单称赞了舜,这是由于舜是尧的继承者,得到了很多贤臣,任命他们担任了各种官职,因此最难找到他亲自作为的迹象。"恭己"则是圣人敬德的容貌。既然舜没有作为,那么在他人看来就是"恭己正南面而已矣"了。(朱子)[1]

15.5 子张问行。子曰:"言忠信,行笃敬,虽蛮貊[2]之邦,行矣。言不忠信,行不笃敬,虽州里行乎哉?立,则见其参于前也;在舆[3],则见其倚于衡也。夫然后行。"子张书诸绅。

【译解】

子张请教当如何做才能达到事无所滞,行如所思。孔子说:"所谓的诚之类的东西并不是让外物感动。如果言语忠信,行为笃敬,那么言行皆具备了诚,则自然让人感动,不要说是

---

[1] 这段话可能引自《论语集注》卷八:"无为而治者,圣人德盛而民化,不待其有所作为也。独称舜者,绍尧之后,而又得人以任众职,故尤不见其有为之迹也。恭己者,圣人敬德之容。既无所为,则人之所见如此而已。"
[2] 蛮貊(mò):蛮是南蛮,貊是北狄。这都是古代对于汉族以外其他民族的蔑称。此外,东方和西方的民族,古代又分别蔑称为"东夷"和"西戎"。
[3] 舆:车厢。

在中国各地了,即使是远在南蛮北貊之邦,也会畅行无滞,人们都会信任并感到愉悦。假如言语无忠信,行为无笃敬,言行皆无诚,那么即便是近在一州一里之地,也行不通。言语忠信、行为笃敬,这二者常记于心,不可须臾离身。站立的时候,仿佛看见'忠信笃敬'几个字在我眼前;在车上的时候,仿佛看见'忠信笃敬'几个字在车前的横木,念念不忘。言语皆能忠信,行为皆能笃敬,则诚充盈于内,自然感动外物。这样做以后,就能达到事无所滞,行如所思了。"子张把孔子讲的这段话书写在自己腰间所系大带前垂下来的地方,避免遗忘了。

【注释】

◎行:没有阻滞,像预想的那样进行。所行被人们相信并感到愉悦。　◎忠信笃敬:皆是诚。"忠"是心口一致,"信"是言行一致,"笃"是不轻薄,"敬"是警惕畏惧而不要犯下过失。　◎蛮貊:谓远在南蛮北狄的国家。　◎州里:谓自己所在的乡里。"州"是二千五百家,"里"是二十五家。　◎参:我、忠信、笃敬,三者交相存在、错落对立。　◎立……在舆:指代所有的起居举止。　◎衡:车轭。驾车时套在马、牛身上。　◎绅:腰间所系大带之前的下垂的部分。

【解说】

本章是挽救子路专务于外之病。

子张之意是认为外在的行为做得好，就会受到人们的夸赞。故而孔子告诫他要反躬自省，注重自身的修养。这跟前面孔子回答子张请教"求禄"（《为政》篇）以及"问达"（《颜渊》篇）时的意思是一样的。（朱子）[1]

15.6　子曰："直哉史鱼！邦有道如矢，邦无道如矢。君子哉蘧[2]伯玉！邦有道则仕，邦无道则可卷而怀之。"

【译解】

正直的人就是史鱼啊！国家有道之时，直言不讳地谈论正义，毫不委曲，如箭矢一般笔直；国家无道之时，也能直言不讳地谈论正义，坚贞不屈，仍如箭矢一般笔直。不管世道治乱与否，坚守正义，不屈曲，因此必谓其为"直"。可以被称为"君子"的人呀，那就是蘧伯玉！国家政治昌明之时，出任官职，为国效力，行其道；国家政治混乱之时，能将道收卷起来，藏于怀中。行道也好，将道藏起来也好，都与圣人之道相合，因此必谓其为"君子"。

【注释】

◎如矢：比喻正直的东西。　◎卷而怀之：把道比喻为物

---

[1] 这段话可能引自《论语集注》卷八："子张意在得行于外，故夫子反于身而言之，犹答干禄、问达之意也。"

[2] 蘧：音 qú。

品，朱子将"卷"解释为"收"，将"怀"解释为"藏"。"之"是"道"。[1]

【解说】

本章评价了史鱼和蘧伯玉。

史鱼是卫国大夫，"史"是官职名称，一说是氏称，他名鳅，字子鱼。蘧伯玉也是卫国大夫，已见于上一篇。

史鱼的"直"，尚未尽君子之道。像蘧伯玉那样处事，方能身在乱世而免于祸乱；像史鱼那样"如矢"，他就算是想要"卷而怀之"，也无法藏于怀中了。（杨时）[2]

15.7 子曰："可与言而不与之言，失人。不可与言而与之言，失言。知者不失人，亦不失言。"

【译解】

言谈应该根据交谈的对象因人而异地说出来。人假如虚心接受，听闻后有所领悟，那就是可以一起说话的人。然而，把可以一起说话的人当成了不可以一起说话的人，这便是"失人"。人假如不能虚心接受，那么听了也不会有什么觉悟，这

---

[1] 按，有关"卷而怀之"的意思，宇野哲人认为这里说的是将"道"收藏了起来，江户时代的学者荻生徂徕在《论语征》中也解释为"卷其道而怀之也"。杨伯峻《论语译注》（15.7）认为这里是说蘧伯玉"把自己的本领收藏起来"。
[2] 可能引自《论语集注》卷八："杨氏曰：'史鱼之直，未尽君子之道。若蘧伯玉，然后可免于乱世 6 若史鱼之如矢，则虽欲卷而怀之，有不可得也。'"又见于《论语精义》卷八上。

就是不可以在一起说话的人。不可以在一起说话的人，却跟对方一起说了话，那就是把有用的话语用在了无用之处，这便是"失言"。智者不可失人，也不可失言。

【注释】

◎失人：看错了人，错过。　◎失言：错误地说了话。

【解说】

本章阐述了说话和沉默要做到不失当的困难之处。

失人、失言，其病源都在于"不智"。

15.8　子曰："志士仁人，无求生以害仁，有杀身以成仁。"

【译解】

有志于仁的人，以及完成仁的人，在理当去赴死的情况下，不可为了求生而伤害仁，宁愿牺牲自己、不爱其身，也要实现仁。

【注释】

◎志士：有志于仁之人，有利于仁之人。　◎仁人：成仁成德之人。安于仁之人。　◎仁：谓心之全德。

【解说】

本章向人揭示了完成仁。

理应赴死之时却求生，则其心有不安，这伤害了其心之全德。理应赴死之时死了，则心中平静安详，而德也被完全

保留住了。(朱子)[1]

15.9 子贡问为仁,子曰:"工欲善其事,必利其器。[2] 居是邦也,事其大夫之贤者,友其士之仁者。"

【译解】

子贡请教践行仁的方法。孔子说:"看过匠人工作的话,就会发现他们如果想要让工作很好地完成,必然会把工具磨得很锐利。因为有好的手艺,但却没有借助好的工具的帮助,就不能很好地完成工作。践行仁也是一样,必须要有好的工具的帮助。有志于学之人,停留在某个国家,就一定要以该国大夫之中的贤者为师并侍奉他,以该国士之中的仁者为友并与其交往,或以其为榜样,或与其互相勉励,这都是践行仁的方法。"

【注释】

◎为仁:行仁。　◎工:工匠。　◎是邦:谓当下所在的国家。并没有确定是哪个国家。　◎贤:德表现于事业中的部分。　◎仁:德表现在自身上的部分。

---

[1] 可能引自《论语集注》卷八:"理当死而求生,则于其心有不安矣,是害其心之德也。当死而死,则心安而德全矣。"
[2] 按,此处"必利其器",其他版本的《论语》中一般写作"必先利其器"。

【解说】

本章讲述了有助于践行仁的东西。

子贡问践行仁的方法,并不是问仁本身,所以孔子告诉他这些,以此作为践行仁的帮助。(程子)[1]

15.10 颜渊问为邦。子曰:"行夏之时,乘殷之辂[2],服周之冕,乐则《韶》舞。放郑声,远佞人。郑声淫,佞人殆。"

【译解】

颜渊请教治理国家的方法。孔子说:"推行夏朝的历法,乘坐殷商时代的大车,戴上周代的冠冕,乐则采用帝舜时代的《韶》舞。禁绝郑国的音乐,疏远佞人,因为郑国的音乐淫惑人心,而佞人则会危害国家。"

【注释】

◎夏之时:夏代的历法,一岁之始定在春之初,对农业等方面很便利。 ◎殷之辂:"辂"是天子乘坐的大车,木制,虽然不像周代那样用金玉加以装饰,但是也能体现与臣下所乘车辆的差别。孔子认为既质朴,又得其中庸,所以要采用"殷之辂"。 ◎周之冕:"冕"是祭服之冠。冠上覆盖有板,前后有

---

[1] 这段话是程颢所说,可能引自《论语集注》卷八:"程子曰:'子贡问为仁,非问仁也,故孔子告之以为仁之资而已。'"又见于《河南程氏外书》卷一。
[2] 辂:音 lù。

旒[1]。其制度到了周代才开始完备。东西很小，戴在头上，所以虽然华美却不可谓之侈靡，虽然耗钱却不至于奢费。孔子大概认为这种冕很文雅且得其中庸，因而采用周代冠冕。　◎《韶》舞：舜的音乐，孔子曾赞美其"尽善也"。乐则兼有舞。　◎放郑声："放"是禁绝。"郑声"是郑国的音乐，据说很淫乱。　◎佞人：卑辞谄媚，凭一张嘴颠倒是非的人。　◎殆：危。

【解说】

本章中孔子斟酌先王之礼，立万世常行之大法。

颜渊有担任天子的宰相、治理天下的才能，所以虽然来请教的是治国之事，但是孔子却告诉他有关治理天下的事情。

从"行夏之时"到"乐则《韶》舞"，告诉的都是治理天下的大法，"放郑声"以下告诉的则是应当引以为戒的事情。

15.11　子曰："人无远虑，必有近忧。"

【译解】

天下之事，变化莫测。人如果习惯于眼前的安稳，而不认真考虑久远的未来将会发生的事情，提前加以预防，那么必然在眼前会有祸乱发生。

1　旒：音 liú。玉珠串子。

【解说】

本章指出了防忧之道。

"人踩着的地方,除了容得下脚之外,其余的都是无用之地,但也不能废弃,置之不理。所以思虑没有远及千里之外,那么祸患就可能会发生于近在身边的桌子、席子之下了。"[1] 苏轼打了个比方来说明这个道理。这种说法中的"远""近"虽仅是就"地"而言,但也可理解为是就"时"而言的。

15.12 子曰:"已矣乎?吾未见好德如好色者也。"

【译解】

老早就断了念想了吧?老夫到现在还希望能够见到好德之心如喜好女色那般诚实的人,可惜尚未见到。

【注释】

◎已矣乎:已经绝望了的意思。感叹于一开始还希望见到,但是现在这念头也已经断绝了。 ◎好色:比喻发自内心真诚地思慕怀念。

【解说】

本章感叹于没有真心喜好德的人。

"吾未见好德如好色者也"这句话已经见于《子罕》篇,

---

[1] 可能引自《论语集注》卷八:"苏氏曰:'人之所履者,容足之外,皆为无用之地,而不可废也。故虑不在千里之外,则患在几席之下矣。'"

可本章上面还多了"已矣乎"三个字，规劝提醒人们的用意显得愈加恳切了。

15.13 子曰："臧文仲，其窃位者与[1]！知柳下惠之贤，而不与立也。"

【译解】

臧文仲是窃居官位之人。虽然知道柳下惠的贤能，但却没有向国君举荐他并和他一起任职于朝廷。

【注释】

◎窃位：认为与其位不相称，而心有所愧。譬如盗取别人的东西，于是担心被人抢夺走。　◎与立：与柳下惠一起站在朝廷上，为朝廷效力。

【解说】

本章讥讽了臧文仲之"蔽贤"——埋没贤人。

臧文仲之事已见于《公冶长》篇。"柳下惠"是鲁国大夫展获，字禽，采邑为柳下，谥号为惠。

虽然臧文仲作为鲁国大夫处理着政务，如果他不知道贤能，这是不明。如果知道了却不举荐，则是蔽贤。不明之罪小，蔽贤之罪大。故而孔子认为这是"不仁"，还认为是"窃

1　与：同"欤"。

位"。(范祖禹)[1]

15.14 子曰:"躬自厚而薄责于人,则远怨矣。"

【译解】

假如重责于己,轻责于人,那么自身品行益发向上,别人便容易追随你,也就不会遭人怨恨,所以自然会远离仇怨。

【注释】

◎躬自厚:重责自己的不是。"厚"要加上下面的"责"字来解释。 ◎薄责人:不要对别人求全责备。 ◎远怨矣:没有可怨恨之处,又不会招来怨恨,自然会远离仇怨。

【解说】

本章阐述了远离仇怨的方法。

由于人总是宽以待己,严于律人,所以仇怨就此而产生。

15.15 子曰:"不曰'如之何,如之何'者,吾末如之何也已矣。"

【译解】

做事之初没有认真考虑"该怎么办这件事好呢?该怎么办这件事好呢",然后再加以周密应对,反而是随心所欲,肆意

---

[1] 可能引自《论语集注》卷八:"范氏曰:'臧文仲为政于鲁,若不知贤,是不明也;知而不举,是蔽贤也。不明之罪小,蔽贤之罪大。故孔子以为不仁,又以为窃位。'"又见于《论语精义》卷八上。

妄为，老夫对这样的人也无可奈何了。

【注释】

◎如之何，如之何：认真考虑该如何做这件事，加以周密地应对。两次反复地说是因为再三考虑。

【解说】

本章阐述了人们做事应当深思熟虑。

随心所欲，肆意妄为做事的人，善言难以入耳，也就不可能帮他谋划些什么了。

15.16 子曰："**群居终日，言不及义，好行小慧，难矣哉！**"

【译解】

君子相聚一处，是为了完善德。假使群居一处，过了一整天，谈论的话题也不涉及道义，喜好耍些小聪明，钻营私利，那么不仅不能入圣人之德，而且也难以免于祸患。

【注释】

◎言不及义：从头到尾闲言戏语，没有谈及有关道义的话题。 ◎小慧：小智慧。小聪明。 ◎难矣哉：无以入德，难免于祸患。

【解说】

本章是在警醒学习者们。

朱子说："言不及义，则肆意作恶、放辟邪侈（参照《孟子·梁惠王》）之心滋生；好行小慧，则冒险行事，以求意外之功、行险侥幸（参照《中庸》第十四章）之机渐深。"[1]

15.17 子曰："**君子义以为质，礼以行之，孙以出之，信以成之。君子哉！**"

【译解】

君子行事，以义为根本。遵循于义，依此行事，尚有不足，所以因礼来节制，做事没有弄得过头抑或是干得不够。礼以让为本，用谦逊体现出来。没有丝毫的虚伪，自始至终以诚实之心来完成。这样的话，能够做到处事尽善，的确是成德的君子之道。

【注释】

◎义：事之合宜。 ◎质：根本。 ◎孙：同"逊"。 ◎出："孙"是心绪外露，故谓之"出"。 ◎之：指"事"。

【解说】

本章解说了君子之道。

有人认为第一个"君子"是衍文，也有人认为不是这样。此外，还有看法认为首尾两个"君子"都是指人，但也有看法认为开头的"君子"是指人，末尾的"君子"指的是道。本书

---

[1] 可能引自《论语集注》卷八："言不及义，则放辟邪侈之心滋；好行小慧，则行险侥幸之机熟。"

"译解"遵从了后一种说法。

15.18　子曰:"**君子病无能焉,不病人之不己知也。**"

【译解】

君子担忧的是学问和品德的修行做得不够,不会去担忧别人不知道自己能做到些什么。

【注释】

◎病:当作忧患之意。　◎能:指学问和品德的修行。

【解说】

本章阐述了应致力于自身的修养。

希望参看一下《宪问》篇的"不患人之不己知"。

15.19　子曰:"**君子疾没世而名不称焉。**"

【译解】

君子学习是为了努力完善自身的人格,固无求名之心。然而,名所体现的是实,所以自己的名终身不能被人称赞,这是因为自己没有为善之实。故君子痛恨这一点,从而致力于自身的修养。

【注释】

◎没世:终身之意。　◎疾:痛恨。

【解说】

本章劝说人们致力于善,并且应当致力于得名之本。

君子不重视名,只是重视实,且以名无被称赞之实为耻。

15.20 子曰:"君子求诸己,小人求诸人。"

【译解】

君子任何事情都是反求于自身,小人什么事情都有求于别人。

【注释】

◎诸:之于。 ◎求诸己:有所不能,则责于己并反求于己,而不求于人。 ◎求诸人:想做的事情实现不了,就责于人并求于人,而不会去反求于自身。

【解说】

本章阐述了君子和小人用心的不同之处。

像所谓"我爱别人,别人却不亲近我,那就要反躬自省,恐怕是我的仁德不行;我管理人,却没有管理好,那就要反躬自省,恐怕是我的才智不足;我礼敬别人,别人却不对我答礼,那就要反躬自省,恐怕是我的敬意不够。"(《孟子·离娄上》)[1] 这即是"求诸己"。

---

[1] 出自《孟子·离娄上》:"爱人不亲,反其仁;治人不治,反其智;礼人不答,反其敬。"按,《孟子》中此句之后又云:"行有不得者,皆反求诸己,其身正而天下归之。"

15.21　子曰："君子矜而不争，群而不党。"

【译解】

君子虽庄重持己，却无乖戾之心，故无所争。虽和睦亲爱，与众人相聚一处，却无阿比[1]之意，所以不管是也好，对也罢，不会去结党营私。

【注释】

◎矜：庄严谨慎。　◎党：群聚结党。

【解说】

本章阐述了君子持己待众之道。

上句是讲持己而不失人，下句是讲处人而不失己。

15.22　子曰："君子不以言举人，不以人废言。"

【译解】

君子之心公正无私。故用人之时，不会因为那人话说得好，就立刻任用那人。因为人们往往是说得到却做不到。同时，听到别人说的话，不会因为那人不好，于是连那人说的话都一并舍弃了。因为不可以无视言语中好的地方。

【注释】

◎君子：就在位者而言。　◎举人：用人。

---

1 阿(ē)比：阿谀奉承，互相迎合。

【解说】

本章说明了君子用人听言之道。

在言论言,在人论人,而不把人与言混为一谈。

15.23 子贡问曰:"有一言而可以终身行之者乎?"子曰:"其'恕'乎!己所不欲,勿施于人!"

【译解】

子贡问道:"有没有只用一言便能终身践行的呢?"孔子说:"那一言大概是'恕'吧!'恕'是推己之心,从而体谅他人。自己心里不想要的,别人也不会想要,那么就不要将其施加在其他人身上了!"

【注释】

◎一言:虽然也有说法解释为"一字",可还是将其理解为和"一言以蔽之"(《为政》篇)中的"一言"同样的意思较为合适。

【解说】

本章明确了学问的要点。

推己之心而能广及他人,则其用无穷。因此,可以终身践行。[1]

---

[1] 可能引自《论语集注》卷八:"推己及物,其施不穷,故可以终身行之。"

15.24 子曰:"吾之于人也,谁毁?谁誉?如有所誉者,其有所试矣。斯民也,三代之所以直道而行也。"

【译解】

老夫对人,毁谤谁?赞誉谁呢?绝不会毁谤、赞誉。假如有所赞誉,那是曾经考验过那人,知道其将来也是如此,这才赞誉。老夫绝不会毁谤、赞誉,这是因为当今世上的人们都如夏、商、周三代的人民一样,以善为善,以恶为恶,是没有不公不正之处的人民。故而,不可歪曲是非之实。

【注释】

◎毁:宣扬人的恶而有损其真实的一面。 ◎誉:称扬人之善而过了头,与其实际不符。 ◎斯民:当今的时代(孔子所处的时代)的人民。 ◎直道而行:没有不公不正的行为。

【解说】

孔子对于别人,绝无毁誉之意。孔子赞誉他人,是因为了解那人美好的地方。今世之民,乃是三代直道而行之民,所以怎么可能会让私意掺杂于其间呢?(尹焞)[1]

---

1 可能引自《论语集注》卷八:"尹氏曰:'孔子之于人也,岂有意于毁誉之哉!其所以誉之者,盖试而知其美故也。斯民也,三代所以直道而行,岂得容私于其间哉?'"又见于《论语精义》卷八上。

15.25 子曰:"吾犹及史之阙文也,有马者借人乘之。今亡矣夫!"

【译解】

老夫虽生于末世,尚且看到过掌管档案文书的人对于存疑的文字空缺着不写,等待以后知道情况的人来补充。还曾看到过拥有马匹的人把马借给人乘用,而没有将其利据为私有。现在这些都没有了。人情变得轻薄了啊!

【注释】

◎犹及:在有生之年生逢其时,尚且能够实实在在地看到。　◎史:掌管档案文献的人。　◎阙文:存疑的文字空缺着不写。

【解说】

本章是孔子伤时感事而说的话。

朱子说:"本章之语大概必有所为而发。这二事虽为细小之事,却能就此而知时世变化之大者。"胡寅说:"本章之意不明,不可强行解释。"[1]

15.26 子曰:"巧言乱德。小不忍,则乱大谋。"

---

[1] 此二人之言可能引自《论语集注》卷八:"愚谓此必有为而言。盖虽细故,而时变之大者可知矣。胡氏曰:'此章义疑,不可强解。'"

【译解】

"巧言"是以是为非，以非为是，使人丧失信守之处，败乱德义。小事不能忍耐，受姑息之爱所牵扰，为血气之勇所鼓动，则难以成就大事，这就是乱大谋者。

【注释】

◎巧言：巧言利口，变乱是非。　◎小不忍："忍"是忍耐。朱子说"小不忍"是类似妇人之仁、匹夫之勇的东西。[1]

【解说】

本章是为听言谋事者而发。

"巧言"之句属人，"小不忍"之句属己。

15.27　子曰："众恶之，必察焉；众好之，必察焉。"

【译解】

众人之好恶是公平无私的，但被众人所憎恶的人之中，可能有独来独往，不迎合世俗之人，所以就算是被众人所憎恶的人，君子也必须对其加以考察。被众人所喜爱的人之中，可能出现没有主张、没有节操，一味迎合世俗而受到欢迎的人，所以就算是被众人喜爱的人，君子也必须对其加以考察。

---

[1] 参见《论语集注》卷八："小不忍，如妇人之仁、匹夫之勇皆是。"

【注释】

◎察：弄清楚其真相。

【解说】

本章阐述了观察人的时候，不可盲从他人的好恶。

"众恶之，必察焉"，如孔子对待公冶长（《论语·公冶长》篇）[1]、孟子对待匡章（《孟子·离娄下》）[2]之类。"众好之，必察焉"，如孔子对待微生高（《论语·公冶长》篇）[3]、孟子对待陈仲子（《孟子·滕文公下》）[4]之类。

15.28 子曰："人能弘道，非道弘人。"

【译解】

人以外无道，道以外无人。人与道彼此不可分离。然而，人心

---

[1] 参见《论语·公冶长第五》（5.1）"子谓公冶长：'可妻也。虽在缧绁之中，非其罪也。'"一章。
[2] 参见《孟子·离娄下》"公都子曰：'匡章，通国皆称不孝焉。夫子（译者注：指孟子）与之游，又从而礼貌之，敢问何也？'"该章的大意是公都子问孟子："匡章这个人举国上下都认为他不孝，您却跟他关系很好，还礼敬他，这是何故？"孟子回答说虽然匡章被认为不孝，但事出有由，所谓"不孝"非其本愿。朱子认为该章的意思是告诉人们"于众所恶而必察焉，可以见圣贤至公至仁之心矣。"（《孟子集注》卷八）
[3] 参见《论语·公冶长第五》（5.23）"子曰：'孰谓微生高直？或乞醯焉，乞诸其邻而与之。'"
[4] 参见《孟子·滕文公下》"匡章曰：'陈仲子岂不诚廉士哉？'"该章的大意是说，匡章问孟子，陈仲子这个人应该算是廉洁之士吧？孟子回答时举例说明不能把陈仲子的行为理解为是廉洁的，其所谓的廉洁的行为有迂腐之处，而且认为他的行为是不值得提倡的。

能够觉悟到东西，而道则不是什么都能做到的。故而，人能够弘扬扩大道，但是道不能弘扬扩大人。因此，领悟道的责任在于人。

【注释】

◎弘：扩大。

【解说】

本章要求人们领悟道。

朱子解释"人能弘道"，他说："道如扇子，而人如手。手能摇扇，扇却如何能摇手呢？"[1]

15.29　子曰："过而不改，是谓过矣。"

【译解】

人若有过错，就必然急着去改正。但如果是过错却不去改正，本来无心之过反而就变成了有心之罪。这可谓是真的过错了。

【解说】

本章劝导人们改过。

人难免有过。故君子担忧的是不能改过。

15.30　子曰："吾尝终日不食，终夜不寝，以思，无益，不如学也。"

---

[1] 可能引自《朱子语类》卷四十五："问'人能弘道'，先生以扇喻曰：'道如扇，人如手。手能摇扇，扇如何摇手？'"

【译解】

老夫曾经认为事物的道理如果不经过思考的话，就很难弄得明白，于是整个白天吃饭的时间也没有，整个晚上睡觉的时间也顾不上，不断地去思考。然而，没有任何益处。徒然地思考，还不如以古圣先贤的遗教为范本，对其加以学习，这样更妥当、有效。

【注释】

◎无益：心无所得。

【解说】

本章是为思而不学者而发。

《为政》篇中提到过"学而不思则罔，思而不学则殆"，因为学与思二者不可偏废，所以本章也绝不会排斥"思"。

李郁[1]讲："孔子不是思而不学者。特地这样说是因为要教诲别人。"[2]

15.31　子曰："君子谋道不谋食。耕也，馁在其中矣；学也，禄在其中矣。君子忧道不忧贫。"

---

[1] 李郁（1085—1150），南宋学者。筑室"西山精舍"，在此讲学并从事著述。其著作主要有《易传》《参同契论》《论孟遗书》《李西山文集》《古杭梦游录》等。朱子后来兴办并推行书院，可能就受李郁建立西山精舍的影响。
[2] 可能引自《论语集注》卷八："李氏曰：'夫子非思而不学者，特垂语以教人尔。'"

【译解】

　　道者养心，食者养身，这二者都是不可欠缺之物，但是君子谋求的是得到道，而不是从一开始就谋求食物。能否得到食物同是否去谋求，二者间并没有关系。农夫耕田是为了获取食物，但是会出现凶年歉收等情况，从而发生饥荒。君子进行学习是为了得到道，但是学业有成后，受到国君的任用，自然能获取俸禄。君子担忧的是不能得到道，而不是因为忧惧贫困才去做学问以求得到俸禄。

【注释】

　　◎耕：指"谋食"。　◎馁在其中：因为水旱等灾害，食物匮乏，发生饥荒。　◎学：指"谋道"。　◎禄在其中：没有去追求，自然而然地获得了俸禄。

【解说】

　　本章阐明了为己之学。

　　尹焞说："君子修其本而不担忧其结果。怎么会因为外在的东西而忧惧或兴奋呢？"[1]

15.32　子曰："知及之，仁不能守之，虽得之，必失之。知及之，仁能守之，不庄以莅之，则民不敬。知及之，仁能守之，

---

[1] 可能引自《论语集注》卷八："尹氏曰：'君子治其本而不恤其末，岂以在外者为忧乐哉？'"又见于《论语精义》卷八上。

庄以莅之，动之不以礼，未善也。"

【译解】

就算才智足以懂得修己治人之理，但如果不能凭借不含私欲的仁德守护住，那么虽然曾一度得之于心，却必然会失去。才智足以懂得道理，又能凭借仁德守护住，但不能以庄严的仪容治理百姓，那么百姓就会对你轻慢而不尊敬。才智足以懂得道理，又能以仁德守住，还能用庄严的仪容治理百姓，可却不能以礼来使得百姓受到感动，那就还不能说是尽善。

【注释】

◎知及之："知"同"智"。"之"指修己治人之理。 ◎仁：谓无私欲。 ◎守：较之"行"字用意更深。持之勿失。 ◎庄：容貌庄严。 ◎莅之：临民，治理百姓。"之"指民。 ◎动之：动民。自己遵循于礼，从而使百姓受到感动。

【解说】

本章讲解了为学临民之事。

学，达到了仁的话，则万善皆备于我而为我所有，于是最根本的东西也就确立了。临之不庄，动之不以礼，这是其气质、学问方面小的缺点。然而，虽说是小的缺点也仍非尽善之道。故孔子把这些都说了一遍，使得人们知道如果德越是接近完善，则其要求越是接近完备，所以不可以因为是不起眼的行

为而轻忽、不重视。(朱子)[1]

15.33 子曰:"君子不可小知,而可大受也。小人不可大受,而可小知也。"

【译解】

君子,让他干小事,还不能了解他的为人,但是如果将大事委任于他,他有能力担当起来。小人不能担当大事,但是让他做些小事,就可以了解其为人了。

【注释】

◎小知:凭借小事,我便能了解他的为人。　◎大受:让他担负起大事。

【解说】

本章谈了观察人的方法。

君子在小事方面未必可观,但是其才德能担当起天下之重任。小人虽然器量浅薄狭窄,但未必就是一点可取的长处都没有。(朱子)[2]

---

[1] 可能引自《论语集注》卷八:"愚谓学至于仁,则善有诸己,而大本立矣。苟之不庄,动之不以礼,乃其气禀学问之小疵,然亦非尽善之道也。故夫子历言之,使知德愈全则责愈备,不可以为小节而忽之也。"
[2] 可能引自《论语集注》卷八:"盖君子于细事未必可观,而材德足以任重。小人虽器量浅狭,而未必无一长可取。"

15.34　子曰:"民之于仁也,甚于水火。水火吾见蹈而死者矣,未见蹈仁而死者也。"

【译解】

水火都是人们生活中不可缺少的东西,但对于人们来说,仁的必要性更胜于对水火的需求。没有水火,不过是有害于身体,但是缺少了仁,丧失的则会是人的本心。老夫曾经看到过身陷水火之人,或是被水淹死,或是被火烧死,可是未曾见到过有人因为践行仁而死掉的。然而,人们为什么会害怕去践行仁呢?

【注释】

◎民:人。　◎仁:谓心之德。　◎甚于水火:必要的程度更甚于对水火的需求。

【解说】

本章勉励人们为仁。

孟子说:"仁是人们安适的屋舍,义是人的正路。放着安适的屋舍不居住,舍弃正路而不走,可悲啊!"[1] 由此可以窥见他希望人们践行圣贤之道的殷切之心。

15.35　子曰:"当仁不让于师。"

---

[1] 出自《孟子·离娄上》:"孟子曰:'仁,人之安宅也;义,人之正路也。旷安宅而弗居,舍正路而不由,哀哉!'"

【译解】

以行仁为己任，那么就算是面对师长也无需有所谦让，勇往直前，做该做的。

【注释】

◎当仁：以行仁作为己任。

【解说】

本章仍是在劝导人们行仁。

师长是自己敬佩、难以企及且需对其表示谦让的人。要是连师长都用不着谦让了，那么"当仁"之时，即便面对的是自己父亲、兄长，那也用不着谦让了。

15.36 子曰："君子贞而不谅。"

【译解】

君子发现道理是正确的，则坚守而不改易，不过不可不分辨道理的对错而拘泥、固执于此。

【注释】

◎贞：固守正确的东西。 ◎谅：不择是非而拘泥固执于此。

【解说】

本章指出了应事之道。

做到所谓"无适也，无莫也，义之与比"（《里仁》篇），那就是君子了。

15.37　子曰："事君，敬其事，而后其食。"

【译解】

　　侍奉君主之时，认真地干好自己职分之内的事情而不要疏忽怠慢，切不可把俸禄待遇先放在心头而念念不忘。

【注释】

　　◎敬其事：心专意于其事，表里如一地干事。　◎后其食：不是说在以后计算俸禄。不去考虑俸禄。

【解说】

　　本章阐明了事君之道。

　　首先要尽到自己的职责，而不是先去汲汲于求取俸禄，这就是君子的事君之道。

15.38　子曰："有教无类。"

【译解】

　　人群之中虽有善恶之别，君子对其进行教育，是希望使他们全部受到善的感化，而不会去论其类别之善恶。

【注释】

　　◎教：教育。　◎无类：不区分其类别是善是恶，都对其进行教育。

【解说】

本章揭示了教育人应当做到不偏不倚。

择类而教,放弃其中的恶者,这不是君子的立教之本。

本章也被解读为:"人通过教育,有了善恶之别,而不是从一开始就有善恶之分。"

15.39 子曰:"道不同,不相为谋。"

【译解】

人唯有道是相同的情况下,方能共同谋议。如就为人的角度而言,有君子和小人之别;从学问的角度而言,有我的主张与异端之别,这都是因为道不相同。如果道不相同,自然意见不和,因而不能相互商谈,互相帮助。故而谋事必须选择与同道之人一起进行。

【注释】

◎道不同:"译解"中已经说明。"道"是指趋向的地方而言。

【解说】

本章阐述了应当谨慎对待所谋。

君子与小人,我的主张与异端,这些恰如阴阳水火一般,互不相容,所以一方无法与另一方相与为谋。

15.40 子曰:"辞达而已矣。"

【译解】

如果文辞能够传达出自己的意志,那就足够了。不要堆砌辞藻,无需语句华丽。

【注释】

◎辞:文辞。　◎达:传达意志。

【解说】

本章为追求文辞之巧者而发。

苏东坡与人谈论文章的时候,据说就每每以孔子的这句话为议论的核心。

15.41　师冕见,及阶,子曰:"阶也。"及席,子曰:"席也。"皆坐,子告之曰:"某在斯,某在斯。"

师冕出。子张问曰:"与师言之道与?"子曰:"然,固相师之道也。"

【译解】

有位名叫冕的乐师前来会见孔子。孔子迎接他,走到台阶前,孔子说:"这是台阶。"走到铺有坐席的地方,孔子就会说:"这是席。"都坐下了,孔子便告诉冕,谁在这里,谁在那里,把座席中的人一一介绍给他。

乐师冕离开之后,子张便问道:"像您那样细心周到地接待,这就是与乐师的说话方式吗?"孔子说:"是的,这的确是古人帮助乐师（盲人）的方式。老夫遵循着这种方式。"

【注释】

◎相：帮助。古代对待盲人必然有帮助他们的人。这是为了防止危险，扶助盲人以免摔倒。

【解说】

本章记录了孔子接待盲人的方式。

师冕是一位名叫冕的乐师。古代的乐师是盲人。

从本章可以知道孔子的门人对于孔子的一言一行是如何予以关注的了。

季氏第十六

有人怀疑本篇可能属于《齐论语》。[1] 本篇中，或者所书皆是"孔子曰"，或者篇中所列举的都是把"三愆""三戒""三畏""九思"等罗列出来，较之他篇旨趣不同。全篇凡十四章。

16.1 季氏将伐颛臾[2]。

冉有、季路见于孔子曰："季氏将有事于颛臾。"

孔子曰："求！无乃尔是过与？夫颛臾，昔者先王以为东蒙[3]主。且在邦域之中矣，是社稷之臣也，何以伐为？"

冉有曰："夫子欲之，吾二臣者，皆不欲也。"

孔子曰："求！周任有言，曰：'陈力就列，不能者止。'危而不持，颠而不扶，则将焉用彼相矣？且尔言过矣。虎兕[4]

---

1 按，《齐论语》是西汉时期开始流传的《论语》的一种版本，大约在汉魏之际失传。
2 颛（zhuān）臾（yú）：古国名，是鲁国的附属国。位于今山东省平邑县境内。
3 东蒙：山名，即今蒙山，在山东省平邑县东北部。
4 兕：音 sì。

出于柙[1],龟玉毁于椟中,是谁之过与?"

冉有曰:"今夫颛臾,固而近于费[2]。今不取,后世必为子孙忧。"

孔子曰:"求!君子疾夫舍曰欲之,而必为之辞。丘也闻:'有国有家者,不患寡而患不均,不患贫而患不安。'盖均无贫,和无寡,安无倾。夫如是,故远人不服,则修文德以来之。既来之,则安之。今由与求也,相夫子,远人不服而不能来也,邦分崩离析而不能守也。而谋动干戈于邦内。吾恐季孙之忧不在颛臾,而在萧墙之内也。"

【译解】

鲁国大夫季氏将要讨伐颛臾,希望借此扩张自己的领地。

当时孔子的门人冉有和季路已经做了季氏的家臣,他俩谒见孔子,告诉孔子道:"季氏正打算讨伐颛臾。"他们大概是想听听孔子的意见,然后再决定是赞成还是反对。

冉有帮季氏课收重税,苦了百姓,富了季氏,他在其中起的作用最为重要,所以孔子单单责备了冉有,他说:"求(冉有之名)!这难道不是你在参谋上犯下的过错吗?颛臾这个国家,过去,先王(一般认为指的是周成王)分封于东蒙山下,并让该国主管东蒙山的祭祀。而且颛臾还是鲁国邦域内的

---

1 柙:音 xiá。
2 费:音 bì。城邑名。在今山东省费县境内。

国家。是鲁国公室[1]之臣。季氏讨伐颛臾，这是无视先王之命，会在国内引起祸乱，而且还会除去公室的藩卫。怎么可以去讨伐颛臾呢？季氏讨伐颛臾，这太不像话了！"

冉有虽然参与了攻伐颛臾的讨论，但因为孔子刚才已经表示了不赞成，于是他就归咎于季氏，说："是季氏想要发动讨伐之战的。我们俩人都不想讨伐颛臾。"

孔子说："求！古代有个名叫周任的史官曾有过这么一段话，他说：'能发挥匡正君主、扶助治理的能力，则就任臣子之位，不能发挥那种能力的话，就辞去职位。'臣子纠正君主的过错，就如同向导帮助盲人一般。假如都不能防止、帮助盲人处理遇到的危难，又不能在盲人跌倒的时候扶他起来，那还要向导做什么？如果你们两个人不想讨伐颛臾，那还可以去劝谏季氏，要是劝谏了，季氏听不进去，那就可以离开他了。而且，你方才说的话是不对的。老虎、野牛从笼子里面跑出来，龟甲、宝玉在箱子中却遭到毁坏，这都是谁的过错呢？这难道不就是担任典守之职的人的过错吗？"在此，孔子明确了这样的一个观点：既然冉有为季氏做事，对于季氏的过错，冉有就必须担负起相应的责任来，而不能回避责任。

冉有矫饰其言辞，欲图撇清自己的责任，他说："现在的

1　公室：意为诸侯。上与"王室"相区别，下与"私门"相区别。

那个颛臾，城郭坚固，又接近季氏的领地费邑。要是现在不夺取下来，那么就会成为季氏后世子孙的心腹之患。"冉有这么一说，终于露出了狐狸尾巴，暴露了真实的想法。

孔子说："求！你仔细听好了！君子自己有贪利之心，就不会说自己不想要，对于矫饰言辞以欺骗他人者更是深恶痛绝。名义上说，季氏是为了消除子孙的忧患而讨伐颛臾，但事实并非如此，他大概是担忧治下的百姓太少，担忧财富匮乏，所以才打算讨伐颛臾的吧。据老夫所闻，有这么一种说法：'有国的诸侯，有家的卿大夫们，不要担忧百姓不足，需要担忧的是上下分配不均，没有获得与其身份相应的收入；不要担忧财富匮乏，需要担忧的是上下不能平安相处。'上下平均，能获得与其身份相应的收入，就不会出现财富匮乏的情形，而且君臣和睦亲爱；如果君臣互相间能和睦亲爱，那么就不会出现百姓不足的状况，而且能平安相处；上下平安相处，那么就不会互相疑忌，国家也就不会倾覆灭亡。如此一来，国内安定了，则远方的异国之民[1]自然会前来归顺于我。假使远方的异国之民没有前来归顺于我，那么就修我之文德，布施教化，阐明信义，自然会使他们归顺。既然前来归顺了，那就让他们各安其分。现在你们两个人辅助季氏，既不能做到让远方之民归

---

[1] 远方的异国之民：一般认为这里指的颛臾。

顺，又不能修文德以感怀百姓，招徕人民；国家支离破碎，屡遭分割，却不能做到治理安定国政，守护好平均和安之道。然而现在反而却谋划着用兵于国内，去讨伐颛臾，老夫害怕季孙所需担忧的事情，不是发生在像颛臾那般远的地方，反而可能是发生在离自己最近的影壁之内。"

【注释】

◎有事："事"指战争。 ◎邦域：指鲁国的领土。 ◎社稷之臣：指诸侯的公室之臣。 ◎夫子：指季氏。 ◎陈力就列："陈"是布，"列"是位。布陈匡正君主、扶助治理之力，就任臣子之位。 ◎止：放弃"陈力"之事。 ◎相：帮助盲人的人。盲人的向导。 ◎兕：野牛。 ◎柙：槛，关动物的笼子。 ◎龟：用于占卜，是一种宝物。 ◎椟：匮，箱子。 ◎固：城郭坚固。 ◎费：季氏的私邑。 ◎欲之：贪其利。 ◎为之辞：矫饰言辞，进行辩解。 ◎有国："国"指诸侯之国。 ◎有家："家"指卿大夫之家。 ◎寡：人民很少。 ◎贫：财富匮乏。 ◎均：获得与其身份相应的收入。 ◎安：上下相安。 ◎文德：与武备相对而言。谓布施礼乐教化、展示信义之类。 ◎分崩离析：指鲁国权臣四分鲁公之国，季氏得其二，孟孙氏得其一，叔孙氏得其一，而其家臣又屡屡叛变。 ◎动干戈于邦内：攻伐颛臾从而在国内挑起战争。"干戈"是盾和戟。 ◎萧墙：设置于门和堂之间用于遮挡视线的墙壁。

【解说】

本章是通过晓以大义以阻止权臣季氏图谋攻伐颛臾。颛臾是国名。领土范围在方圆五十里以下的小诸侯国称为"附庸",附属于大诸侯国。由于颛臾也是小国,所以是鲁国的附庸。

冉有、季路二人为季氏做事,凡是季氏想要干的事情,他们必然会跟孔子说,因此由于孔子所言而阻止了事态恶化的情况可能也很多。不过,攻伐颛臾的事情不见于经传的记载,是不是因为孔子的这次谈话而导致后来放弃了攻伐呢?(洪兴祖)[1]

16.2 孔子曰:"天下有道,则礼乐征伐自天子出;天下无道,则礼乐征伐自诸侯出。自诸侯出,盖十世希不失矣;自大夫出,五世希不失矣;陪臣执国命,三世希不失矣。天下有道,则政不在大夫;天下有道,则庶人不议。"

【译解】

天下有道,君臣之义未乱之时,礼乐、征伐取决于天子的意志。而臣下则不过是秉承天子之命,去实行而已。天下无道,君权旁落,而臣子的权力日炽,礼乐、征伐也渐渐取决于

---

[1] 可能引自《论语集注》卷八:"洪氏曰:'二子仕于季氏,凡季氏所欲为,必以告于夫子。则因夫子之言而救止者,宜亦多矣。伐颛臾之事不见于经传,其以夫子之言而止也与?'"

诸侯。取决于诸侯，则有违于道，所以传到第十世诸侯，还没有失去权势的很少见。诸侯既然按照其意志实行礼乐、征伐，大夫也开始按自己的意志去实行。这样一来，礼乐、征伐又开始取决于大夫，有违于道的情况则更甚了，大概传承了五世，还没有失去权势的大夫很少见。既然大夫按照自己的意志实行礼乐、征伐，大夫的家臣也开始按照自己的意志去实行。如果大夫的家臣也可以执掌一国的政令，那么有违于道的情况就愈发厉害了，大概传承了三世，还没有失去权势的家臣很少见。天下有道，政治一统于天子，所以大夫不能专断政治。天下有道，上不失政，所以普通的百姓也就不会去私议政治得失。

【注释】

◎礼乐征伐："礼乐"乃文教，"征伐"是武功。古时候制定礼乐、下令征伐，这全都属于天子的权限，诸侯则不能改易礼乐、专断征伐。　◎国命：谓一国之政令。　◎陪臣：此处指诸侯的大夫的家臣。　◎盖：表示"大概"的用辞。　◎希：少。

【解说】

本章贯通上下，论天下之势。

本章是围绕春秋时代从开始到结束而展开叙述的。"礼乐征伐自天子出"是春秋以前之事；"自诸侯出"是从鲁隐公至鲁文公时之事；"自大夫出"是从鲁宣公到鲁昭公时之事；"陪臣执国命"是鲁定公、鲁哀公时之事。[1] 孔子作《春秋》，欲使礼乐征伐落在大夫手上的，复归于天子，自附于庶人之议。（陈傅良[2]）

16.3 孔子曰："禄之去公室[3]，五世矣。政逮于大夫，四世矣，故夫三桓之子孙，微矣。"

【译解】

鲁文公去世后，公子遂杀了鲁文公嫡子赤，立鲁宣公，从此鲁君失去政权，随后又经历鲁成公、鲁襄公、鲁昭公、鲁定公，一共五世君主。而大夫季武子开始专断国政，又经历了悼子、平子、桓子，一共四世[4]，再然后，季氏家族的权力被季氏家臣阳虎夺取。故而，孔子说："贡赋不入公室而由私家管理，已经五世了。政权移于大夫，已经四世了。政自大夫出，五世而不失者很少见，所以鲁国那三家的子孙也该衰微了。"

---

[1] 可能引自《论语集注大全》卷十六："止斋陈氏曰：'此章备春秋之终始。礼乐征伐自天子出，是春秋以前时节；自诸侯出，隐、桓、庄、闵之春秋也；自大夫出，僖、文、宣、成之春秋也；陪臣执国命，襄、昭、定、哀之春秋也。'"按，宇野哲人的引文与原文稍有出入，不知何故。
[2] 陈傅良（1137—1203），字君举，号止斋，学者称止斋先生，今浙江瑞安人，南宋学者。其学说与以朱子为首的道学派、以陆九渊为首的心学派并立。著有《止斋文集》《周礼说》《春秋后传》等。
[3] 公室：指诸侯。上与"王室"相别，下与"私门"相别。
[4] 按，关于"四世"的大夫是谁，宇野哲人沿用朱子《论语集注》的说法，认为是指"季武子、悼子、平子、桓子"四人，但清代学者毛奇龄《论语稽求篇》一书则经过考证，认为"四世"是指"季文子、武子、平子、桓子"四人。

【注释】

◎禄：谓贡物、赋税等。　◎公室：谓鲁公之家。　◎逮：及。　◎三桓：谓季孙、孟孙、叔孙三家。因为这三家都是鲁桓公之后，所以称为"三桓"。三家专断鲁国政权，鲁国国君如果没有得到三家的同意，那也是什么事情都无法实行的。

【解说】

本章顺延前面一章所述天下之势的话题，谈及鲁国之事，认为窃据政权者必然会失势，以此警告权臣。

"礼乐征伐自诸侯出"，则诸侯势强是当然的了。然而，鲁国因为国君失政，鲁国之政，移于大夫，大夫势强也就是当然的了。可是三桓衰微，这又是什么原因呢？强生于安，安则生于上下的名分已经确定。现在诸侯、大夫都凌驾于其上位者，而其在下者也竞相模仿，有样学样，所以结果就变成原先的在上者也无法再命令在下者了。因此，都在经历不长的时间之后，失去了政权。（苏轼）[1]

16.4　孔子曰："益者三友，损者三友：友直，友谅，友多闻，

---

[1] 可能引自《论语集注》卷八："苏氏曰：'礼乐征伐自诸侯出，宜诸侯之强也。而鲁以失政，政逮于大夫，宜大夫之强也。而三桓以微，何也？强生于安，安生于上下之分定。今诸侯、大夫皆陵其上，则无以令其下矣。故皆不久而失之也。'"

益矣；友便辟[1]，友善柔，友便佞[2]，损矣。"

【译解】

择友必慎。有益于我的朋友有三类，有损于我的朋友有三类。

与直（直言不讳者）为友，则可听闻到自己的过错。与谅（诚实而表里如一者）为友，则可使自己得到改变，变得诚实。与多闻（博通古今者）为友，则可增广自己的知识。这三种朋友都是于我有益者。

与便辟（熟悉礼仪规范而不直言者）为友，则不会知道自己的过错。与善柔（什么事情都顺从谄媚而无诚者）为友，则终会丧失自己的诚。与便佞（嘴上说得特别好，但却没有见闻之实者）为友，自己的知识也会日渐贫乏。这三种朋友都是于我有损者。

【注释】

直、谅、多闻、便辟、善柔、便佞：具体说明皆见于"译解"中。

【解说】

本章阐明了择友之际所存在的得失问题。

尽管利害得失不会像这样分明，可人们通常是疏远益者三

---

[1] 便辟：音 pián pì。

[2] 便佞：音 pián nìng。

友,而亲狎损者三友。对此不可不慎。

16.5 孔子曰:"益者三乐[1],损者三乐。乐节礼乐,乐道人之善,乐多贤友,益矣。乐骄乐[2],乐佚游,乐宴乐,损矣。"

【译解】

人都有喜好的东西,有益的喜好有三类,有害的喜好有三类。

如果喜欢了解礼仪制度、音乐声容恰到好处的地方,那么就能养成庄敬和乐之德,起居举止也会合乎规范;谈论别人的善言善行,并有向往崇敬之意,则为善之心日生;喜欢多些"直""谅""多闻"(参照上一章)的贤友,看到人家劝善改过,自己也能加以学习,从而能够向善进取。这三类喜好都是有益的。

喜欢骄乐,则恣意妄为,不知节制;喜欢贪图安乐舒适,则心生怠惰,厌恶闻善;喜欢饮食声色之乐,则沉溺其中,亲狎小人,而不能向善进取。这三类喜好都是有害的。

【注释】

◎三乐:"乐"音读[3]为"こう",意思是喜好。 ◎节:辨

---

1 乐:音 lè。旧音 yào。动词,意为喜好。本章中"乐节""乐道""乐多""乐骄""乐佚""乐宴"之"乐"都是动词,也均音 lè。
2 乐:音 lè。旧音 luò。作名词,意思是快乐。文中的"骄乐""宴乐"的"乐"均音 lè。
3 音读:这是指汉字在日语中按照日语发音习惯模拟发出的汉字读音,日文中写作"音読"。

明礼仪制度和音乐声容好在哪里。　◎骄乐：言语举止肆意而行，做事超越法度，并以此为乐。　◎佚游：贪图安乐舒适。　◎宴乐：谓酒色之乐。

【解说】

本章阐明了喜好的东西的得失之处。

君子对于自己的好乐，要观察其得失的征兆，而且必须谨慎对待。

16.6　孔子曰："侍于君子有三愆[1]：言未及之而言，谓之躁；言及之而不言，谓之隐；未见颜色而言，谓之瞽。"

【译解】

陪侍有德又有地位的君子，自己该说话的时候，算好对方该听我说话的时机，然后再发言，就不会犯错，要是没这样做的话，会出现三种过错：

还没跟自己交谈，但是自己就急不可耐地说起话来，这是第一种错误，称之为"躁"。"躁"是急躁。虽然对方跟自己说话了，自己却沉默不语，这又是一种错误，称之为"隐"。"隐"是隐瞒。没有观察对方的神色然后再考虑是该说还是不该说，却按照自己以为的那样说了话，这也是一种错误，称之

1　愆：音 qiān。过错。

为"瞽"。"瞽"是盲目。这三种错误是人们容易犯下的,所以不得不谨慎对待。

【注释】

◎君子:就有德有位者而言。

【解说】

本章阐述了陪侍君子说话时的心得。

《荀子·劝学》篇提到:"还不能与之说话却偏要说话,称之为'傲慢';可以与之说话却不说话,称之为'隐瞒';不观察对方神色就贸然开口,称之为'盲目'。故君子要做到不傲慢、不隐瞒、不盲目。谨慎地对待交谈的对象。"[1]这段话表述的大概就是本章讲的意思。

16.7 孔子曰:"君子有三戒:少之时,血气未定,戒之在色;及其壮也,血气方刚,戒之在斗;及其老也,血气既衰,戒之在得。"

【译解】

君子随着时间的变化要预先警惕并且注意的事情有三件:

少年之时,血气尚不安定,若为欲求所挑动,极易沉溺

---

1 出自《荀子·劝学》篇:"未可与言而言,谓之傲;可与言而不言,谓之隐;不观气色而言,谓之瞽。故君子不傲、不隐、不瞽,谨顺其身。"

其中而不能自拔，所以要戒除女色，不要陷入情欲之中。进入壮年，血气盛强，容易与人发生冲突，所以要防备争斗，戒除忿恨。到了老年，血气已经衰退，没有了肉体上的欲望，但对人身家庭的安全、幸福方面的考虑更多了，所以要警惕贪恋财富，要做到见得思义。

【解说】

本章揭示了君子随着少年、壮年、老年的不同阶段，控制欲望的不同窍门。

圣人和众人相同的地方就是"血气"了，异于众人的地方则是"志气"。血气有衰退的那一天，但是志气没有衰退的时候。少之时未定、壮年方刚、老而既衰的是"血气"。能做到戒色、戒斗、戒得的是"志气"。君子养其志气，所以才不会为血气所动。故年岁渐长，而德益高。（范祖禹）[1]

16.8 孔子曰："君子有三畏：畏天命，畏大人，畏圣人之言。小人不知天命而不畏也，狎大人，侮圣人之言。"

【译解】

君子敬畏之事有三件：敬畏天命，不敢违背，日夜戒慎。

---

[1] 可能引自《论语集注》卷八："范氏曰：'圣人同于人者，血气也，异于人者，志气也。血气有时而衰，志气则无时而衰也。少未定、壮而刚、老而衰者，血气也。戒于色、戒于斗、戒于得者，志气也。君子养其志气，故不为血气所动，是以年弥高而德弥邵也。'"又见于《论语精义》卷八下。

因为天命是天赋予人的正确道理（如仁、义、礼、智）。敬畏大人。因为大人者兼有德与位，是保全天命之人。敬畏圣人之言。因为圣人之言传授的是天命。君子敬畏大人、敬畏圣人之言，从根本上来说还是在敬畏天命。

然而由于小人不懂得天命，放纵私欲，违背正道，不敬畏天命。因而，小人也就不知道当以大人为师，于是轻侮大人；不知道当以圣人之言为法，于是把圣人之言当作儿戏。君子之心与小人之心就如这般是有差异的。

【注释】

◎君子：遵循理的人。　◎畏：敬畏。　◎天命、大人、圣人之言：具体说明均见于"译解"。　◎小人：违背理的人。　◎狎：轻侮、轻慢。　◎侮：当作儿戏。

【解说】

本章陈述了君子之心与小人之心的差异。

"三畏"，因为是修己之诚意，所以是当然应有之物。而小人不致力于修身，也不在乎自身的诚意，所以无所畏惧。（尹焞）[1]

16.9　孔子曰："生而知之者上也，学而知之者次也，困而学

---

[1] 可能引自《论语精义》卷八下："尹氏曰：'三畏者，修己之诚当然也。小人不务修身诚己，则何畏之有？'"

之又其次也。困而不学，民斯为下矣。"

【译解】

人的气质各不相同。不用等到学习，一生下来就自然知道道理的人，是最上等的人物。跟别人学过后才知道道理的人，要次其一等。起初并不知道学习，因而不通达道理，为此感到困苦，于是发愤学习的人，又要次一等。要是就算感到困苦也不学习，什么也没觉悟出来，而且还无所谓的人，这是人群之中最下等之人了。

【注释】

◎之：指道理。 ◎困：有不通理之处而感到困苦。 ◎民：意思是人。

【解说】

本章说明了人物有四等。

从生而知之、学而知之到困而学之，虽然其气质并不相同，但在知道道理这一点上则是相同的。故君子以学习道理为贵。困而不学，就成了下等人。（杨时）[1]

16.10 孔子曰："君子有九思：视思明，听思聪，色思温，貌

---

[1] 可能引自《论语集注》卷八："杨氏曰：'生知、学知以至困学，虽其质不同，然及其知之一也。故君子惟学之为贵。困而不学，然后为下。'"又见于《论语精义》卷八下。

思恭,言思忠,事思敬,疑思问,忿思难,见得思义。"

【译解】

君子之所思大略有九件:看到的没有被遮蔽的地方,想一想有没有没看到的地方;听到的没有壅滞之处,想一想有没有没听到的地方;脸上的神色要温和;容貌要恭敬俭约;讲的话要做到心口一致;做事的时候专心一意,毫不怠慢;怀疑的事情询问后再弄明白;发怒的时候,考虑到会招致烦恼,于是压制住情绪;看到有应该得到的东西,想一想从义理上来说是不是该得的,而不要随便收取。

【注释】

◎君子:谓成德之人。　◎明:无所不见。　◎聪:无所不闻。　◎忠:心口一致。　◎敬:专心一意而不怠慢。　◎忿思难:由于一朝之忿而忘乎其身,甚至忘乎其亲,就是因为不认为这是种"难"。　◎思义:希望符合于义理。

【解说】

本章向人们指出了慎思之学。

即便尚未达到悠然从容地切中于道的程度,但也未曾不在时时刻刻之中自我省察,就算有不将义理存于自己心中的人,这类人的数量也很少。这就称之为"思诚"。(谢良佐)[1]

---

[1] 可能引自《论语集注》卷八:"谢氏曰:'未至于从容中道,无时而不自省察也。虽有不存焉者,寡矣,此之谓思诚。'"

16.11 孔子曰："'见善如不及，见不善如探汤。'吾见其人矣，吾闻其语矣。'隐居以求其志，行义以达其道。'吾闻其语矣，未见其人也。"

【译解】

"看到善，如追捕逃亡者却怕追不到一般，生怕得不到善；看到不善，如同不让手指碰到开水一般，生怕自己陷于恶之中。"老夫现在看到有这样的人，在过去又曾经听到过这样的话。"天下无道之时，虽隐居于荒野，却立志以如尧舜者为君，以如尧舜之民为民，追求践行这一志向的道，而且自己坚守这一志向，守之在己；天下有道之时，出来做官以履行君臣之义，立志以如尧舜者为君，以如尧舜之民为民，践行此志于天下。"老夫过去虽曾听过这样的话，却尚未碰到这样的人。

【注释】

◎如不及：追也追不上一般，一心去追求想要得到。 ◎如探汤：将手放到开水中会烫伤，所以谁也不会把手放进开水里。 ◎隐居：不能为世所用而隐遁起来。 ◎行义：出仕以履行君臣之义。 ◎达：通达。广行于天下。

【解说】

本章通过看到笃信而修己之人，因而想看到修己以推及于物之人。

"见善如不及，见不善如探汤"，颜子、曾子、闵子骞、冉伯牛等大概能做到。"隐居以求其志，行义以达其道"，古代的伊尹、姜太公等大概是符合这一标准的。当时，如颜子做得差不多很到位了。可惜他隐而不出，再加上不幸英年早逝，所以孔子才这样说了一通吧。（朱子）[1]

16.12 齐景公有马千驷。死之日，民无德而称焉。伯夷、叔齐，饿于首阳之下，民到于今称之。（诚不以富，亦祇[2]以异。）其斯之谓与？

【译解】

齐景公拥有四千匹马，真是富贵之人啊！然而，他死的时候，没有老百姓称颂他的功德。伯夷、叔齐二位以吃周朝的粟米为耻，饿死在了首阳山下，真是贫困之人啊！可是老百姓直到今天还在称赞他们的事迹。（所谓"被人称颂，不取决于富贵，而是取决于具有异于常人的德"。）这说的大概就是齐景公和伯夷、叔齐的事情了。

【注释】

◎ 驷：四匹马。

---

[1] 可能引自《论语集注》卷八："颜、曾、闵、冉之徒，盖能之矣。……盖惟伊尹、太公之流，可以当之。当时若颜子，亦庶乎此。然隐而未见，又不幸而蚤死，故夫子云然。"

[2] 祇：音 zhī。

【解说】

本章是勉励人们修德。

胡寅认为"其斯之谓与"可能承接的是前面《颜渊》篇中"诚不以富,亦祇以异"一句[1],因此,在这里根据这一说法,将《颜渊》篇中的这句补充在了本章中。因为引用《诗经》中的这一诗句本来就是"断章取义",所以此处的解释和在《颜渊》篇中的解释自然是不同的。[2]

16.13 陈亢[3]问于伯鱼[4]曰:"子亦有异闻乎?"

对曰:"未也。尝独立,鲤趋而过庭。曰:'学《诗》乎?'对曰:'未也。''不学诗,无以言。'鲤退而学诗。他日又独立,鲤趋而过庭。曰:'学礼乎?'对曰:'未也。''不学礼,无以立。'鲤退而学礼。闻斯二者。"

陈亢退而喜曰:"问一得三。闻诗,闻礼,又闻君子之远其子也。"

---

1 参见《论语集注》卷八:"胡氏曰:程子以为第十二篇错简'诚不以富,亦祇以异',当在此章之首。今详文势,似当在此句之上。言人之所称,不在于富,而在于异也。"
2 按,"诚不以富,亦祇以异"原本是《诗·小雅·我行其野》的诗句,在《论语》中首先被引用时,出现在《论语·颜渊第十二》的第十章(12.10),在那章"译解"中对"诚不以富,亦祇以异"的解释是:"实在是不能实现富有,却反而取得了不同的结果。"
3 陈亢:姓陈,名亢,字子禽。他是孔子弟子。
4 伯鱼:孔鲤,字伯鱼。他是孔子的儿子。

【译解】

陈亢向孔子的儿子伯鱼问道:"您与先生是父子关系,和其他的门人是不同的,所以您曾经听闻过什么珍贵的教诲吗?"

伯鱼说:"还没有听过。曾经家父独自站着的时候,鲤(伯鱼的名)疾行通过庭院。家父说:'学习《诗经》三百篇了吗?'我便回答道:'还没有学。'于是家父说:'不学习诗的话,无法通达事理,心气不能平和,与人应答时便不能很好地交谈。'鲤退下后就学习了诗。有一天,又是在家父独自站着的时候,鲤疾行通过庭院。家父说:'学习礼了吗?'我便回答道:'还没有学。'于是家父说:'没有学习礼的话,不明了事物恰到好处的地方,德性不坚定,故而不能很好地立身。'鲤退下后就学习了礼。我只是听闻过这两件事。"

陈亢听过伯鱼的回答,离开后很开心地说道:"我只是问了一件事而已,却能听到对方回答了三件事。我听到了应当学习诗,应当学习礼,还听到了君子与其子保持一段距离而且不会私下厚待其子。"

【注释】

◎异闻:大家没有听闻过的事情。　◎趋:小步快跑。在尊敬的人面前通过时的礼仪。

【解说】

本章展示了圣人立教之法。

陈亢凭借一己私意认为孔子必然会在私下厚待其子，但是却得知孔子教育自己的儿子与教育其他的门人并无区别，因而认为孔子是"远其子"，与其子保持一段距离，可孔子自己绝没有"远其子"之心。

从伯鱼不知道学诗、学礼来看，孔子的确对自己孩子的教育不太上心，而《孟子》中也谈到过，古代交换各自的孩子进行教育，而父子之间，则不会进行教育。[1]

16.14 邦君之妻，君称之曰"夫人"，夫人自称曰"小童"；邦人称之曰"君夫人"，称诸异邦曰"寡小君"；异邦人称之亦曰"君夫人"。

【译解】

一国之君即诸侯，他的妻子，国君称她为"夫人"，夫人自称为"小童"；本国人称其为"君夫人"，对他国称呼时则谦称为"寡小君"；他国人称呼她则和本国人同样都叫她"君夫人"。

【注释】

◎邦君：谓诸侯。　◎夫人：意思是帮扶自己的人。　◎小童：谦辞。意思是说自己没有文化，就像小孩子（小童）一样。　◎君夫人："君"是主的意思，主管内政的夫人。　◎寡

---

[1] 参见《孟子·离娄上》曰："古者易子而教之，父子之间不责善。"

小君：因为寡德而从于国君，谦辞。

【解说】

本章是纠正"夫人"名称混乱的状况。

孔安国说："当时诸侯的妻、妾的区别不正确，称号不严谨，所以孔子说话纠正其礼制。"[1] 吴棫说："《论语》中所记载的诸如此类的事情，到底是什么意思呢，也不是很清楚。或许是古代就有这样的称谓，或许是孔子曾经说过这句话，现在都无法考证清楚了。"[2]

---

[1] 可能引自《论语集解》卷八："当此之时，诸侯嫡妾不正，称号不审，故孔子正言其礼也。"

[2] 可能引自《论语集注》卷八："吴氏曰：'凡语中所载如此类者，不知何谓。或古有之，或夫子尝言之，不可考也。'"

阳货第十七

本篇凡二十六章。其中谈到陪臣专权之事有三处。谈性者有三章。其余都是为学修身之事，大多是警戒严切之辞。（熊禾）[1]

17.1　阳货欲见孔子。孔子不见。归孔子豚。

孔子时[2]其亡也，而往拜之。

遇诸涂。谓孔子曰："来！予与尔言。"曰："怀其宝而迷其邦，可谓仁乎？"

曰："不可。"

"好从事而亟失时，可谓知乎？"

曰："不可。"

"日月逝矣，岁不我与！"

孔子曰："诺。吾将仕矣。"

1　可能引自《论语集注大全》卷十七："勿轩熊氏曰：'言陪臣专政者三，春秋之变至此极矣。内三章言性，余皆谓学修身之事，儆戒严切之辞为多。'"
2　时：同"侍"。动词，等待。

【译解】

阳货想让孔子来自己家里进行会面。他大概是想依仗着自己的权势,要孔子帮助自己作乱。然而,孔子坚守道义,没有去会见阳货。于是阳货心生一计,他趁孔子不在家的时候,赠送了猪给孔子。按照自古以来的礼制,大夫馈赠给士礼物的时候,如果士正好不在家,不能在自己家里拜谢大夫的使者而接受赠礼的话,那就该在事后前往大夫家门回礼答拜,这是致谢。所以阳货是想利用这一礼俗迫使孔子到自己府邸来致谢,从而让他跟自己见面。

孔子并不想去拜见阳货,所以他趁阳货不在的时候,前往阳货家回礼致谢。

然而事不凑巧,在路上孔子碰到了阳货。阳货对孔子说:"到这边来一下!老夫想跟你说几句话。"他接着说:"怀抱着谓之为'道德'的治世之宝,却对国家的迷乱状况袖手旁观,这还能被称作是'仁'吗?"

孔子说:"不能被称为'仁'。"

阳货说:"虽然喜欢做济世之事,但却屡次错失机会的,可以被称为'智'吗?"

孔子说:"不能被称为'智'。"

阳货说:"日逝月往,时光不回头。岁月不会因我而稍作停留!如果现在不出来当官做事,打算什么时候出来当官做事呢？要当官做事就在现在咯！"

孔子说："在下知道了。我本来就准备要去当官做事的。"

【注释】

◎归：馈赠。 ◎涂：途。 ◎宝：道德是治国之宝。 ◎迷……邦：不去拯救国家之迷乱。 ◎仁：指救人之事。 ◎从事：做济世之事。 ◎知：指看准时机。 ◎不我与：不与我一起停留。

【解说】

本章揭示了孔子应对小人之道。

阳货是季氏的家臣，名虎。他曾经囚禁季桓子，独揽鲁国国政大权。

阳货说的话都是在非难孔子，是拐弯抹角地希望孔子快点出来为他做事。孔子本来就不是像阳货所说的那样，不想出来做事，只是不想为阳货做事而已。因此孔子顺水推舟，直接按照对方所言之理进行了回答，而不再与对方辩论，就好像完全没有明白阳货所言之本意。（朱子）[1]

17.2 子曰："性相近也，习相远也。"

---

[1] 可能引自《论语集注》卷九："货语皆讥孔子，而讽使速仕。孔子固未尝如此，而亦非不欲仕也，但不仕于货耳。故直据理答之，不复与辩，若不谕其意者。"

【译解】

人的天性,其最初都是相近的,每个人都差不多,但是后来习于善则变善,习于恶则变恶,于是便相距渐远了。

【注释】

◎性:天性。

【解说】

本章说明了应当谨慎对待所"习"。

婴儿出生的时候,发出的呱呱之声在任何地方都是一样的。天性相近与这种情形近似。可是婴儿长大后,言语互不相通,饮食也不相同,有至死而不能相互替代的。因习染不同而相距渐远的情形则与此类似。(胡炳文)[1]

17.3 子曰:"唯上知与下愚不移。"

【译解】

常人因其所习不同,有的人变善,有的人变恶,但只有上智之人与下愚之人,他们的善恶之性较为恒定,不会因其所习而变善或变恶。

---

[1] 可能引自《论语集注大全》卷十七:"云峰胡氏曰:'赤子之生,无有五方,其声一也,性质相近也如之。长则言语不通,饮食不同,有至死莫能相为者,习之相远也如之。'"

【注释】

◎上知：指所谓生而知之者之类。　◎下愚：指困而不学之类。

【解说】

本章举出了不因所习不同而改变之人。

也有说法认为本章同上一章合并为一章，开头的"子曰"二字是衍文而添加在了这里罢了。这一说法颇有道理。

17.4　子之武城，闻弦歌之声。夫子莞尔而笑，曰："割鸡焉用牛刀？"

子游对曰："昔者偃也闻诸夫子，曰：'君子学道则爱人，小人学道则易使也。'"

子曰："二三子！偃之言是也。前言戏之耳！"

【译解】

孔子带着门人前往武城，看到武城的邑人在弹琴唱诗。武城是座城邑，这是孔子的门人子游治理的地方。由于子游以礼乐教导人民，所以邑人弹琴唱诗。孔子听到后，对子游独以礼乐治民感到很高兴，微微笑着，说了句玩笑话："宰杀如鸡一般小的家禽不必使用牛刀吧？"

虽然这听上去好像是在对子游以大道治理小邑进行讥讽，但事实上可能是想用反问的方式来试探一下子游笃信的程度。

子游正面回应道："过去，偃（子游之名）听先生您讲过：'君子（居上而治人者）学习道则培养仁心而爱人，小人（居下而治于人者）学习道则温顺而容易差遣。'因此，学生我才以礼乐教导百姓。"

孔子对子游自信之笃厚感到很是欣赏，他还想解答其他门人的困惑，于是把门人都叫过来，说："各位！今天言偃讲的东西很有道理。老夫刚才的话是在开玩笑啦！虽说是很小的城邑，但也不要认为就可以随随便便治理了。"

【注释】

◎武城：鲁国的小城邑之名。　◎弦歌之声：琴瑟之声与人的歌声。　◎莞尔：微笑。　◎二三子：指陪同跟随孔子的弟子。　◎是：符合道理。

【解说】

本章揭示了礼乐乃为政之本。

礼乐不止是弦歌。弦歌是礼乐的一部分。

朱子说："治有大小，但治理时都必须用到礼乐，所以治理之道是一样的。只是众人多不能运用礼乐来治理，而子游却独能运用。故孔子骤然听闻弦歌之声，对此极为高兴，因而对其进行反问，跟子游开了玩笑。而子游以正理回答，所以孔子又对子游说的话进行了肯定，并说明之前是在开玩笑。"[1]

17.5 公山弗扰以费畔，召，子欲往。

子路不说，曰："末之也已。何必公山氏之之也？"

子曰："夫召我者岂[2]徒哉！如有用我者，吾其为东周乎？"

【译解】

公山弗扰占据费邑反叛季氏，备礼来召孔子。孔子准备应邀前往。

子路对孔子应邀前往一事不太开心，他说："道不能实行，这已经很清楚了，您还是不要去了。又不是说无论如何都必须去公山氏那里。"

孔子说："公山弗扰没有召其他人，而是召我前去，大概不只是表面上行个虚礼而已吧！必定是有意要任用老夫了。假如当下有人任用老夫而授予国政的话，老夫可以去明制度、正名分，在东方鲁国复兴周文王、周武王、周公旦之道了。"

【注释】

◎畔：同"叛"。　◎末：无。　◎岂徒哉：意为不只是

---

[1] 这段话可能引自《论语集注》卷九："治有大小，而其治之，必用礼乐，则其为道一也。但众人多不能用，而子游独行之。故夫子骤闻而深喜之，因反其言以戏之。而子游以正对，故复是其言，而自实其戏也。"
[2] 按，其他版本《论语》在"岂"字前还有一个"而"字，所以一般写作"夫召我者，而岂徒哉"。

表面上行个虚礼进行召见，必定会任用我的。　◎为东周：复兴文武周公（周文王、周武王、周公旦）之道于东方。

【解说】

本章可见孔子不忘天下之心。

公山弗扰又名公山不狃，字子洩。是季氏领地费邑的长官。与阳虎一起囚禁了季桓子，阳虎败亡出奔齐国后，公山弗扰据费邑发动叛乱。

从圣人之心来看，天下没有不可为善之时，也没有不能改过之人，所以孔子打算应公山氏之召而前往。然而，最终没有前往，是因为他知道公山氏必不能改。（程子）[1]

17.6　子张问仁于孔子。孔子曰："能行五者于天下，为仁矣。"

请问之。曰："恭、宽、信、敏、惠。恭则不侮，宽则得众，信则人任焉，敏则有功，惠则足以使人。"

【译解】

子张向孔子请教仁之道。孔子告诉他："能修五种德于己身并行之于天下，即是仁。"

子张又请教五种德的内容。孔子告诉他说："所谓五种德

---

[1] 这段话是程颢所说，可能引自《论语集注》卷九："程子曰：圣人以天下无不可有为之人，亦无不可改过之人，故欲往。然而终不往者，知其必不能改故也。"又见于《河南程氏遗书》卷二十二上。

是：恭、宽、信、敏、惠。'恭'是约束好自己，不流于简慢，所以具备了值得尊敬的威仪，自然没人敢轻侮你。'宽'是心胸宽大，有容得下他人的度量，所以能得众人之心。'信'是不造假、不欺骗，所以人们会信赖自己而不生怀疑。'敏'是不懈怠且勤于做事，所以事业能有成就。'惠'是不薄于仁，所以人皆感恩而乐于为己所用，可以差遣众人。"

【注释】

◎不侮：人不侮慢我。　◎人任：人依赖我。

【解说】

本章列举了五种德的内容，揭示了求仁的窍门。

其他章中门人向孔子"问仁"的场合，一般是写成"某某问仁"，却没有像本章这样写成"问仁于孔子"。对此，有人怀疑这是不是《齐论语》。李郁说："此章与后面提到的'六言''六蔽''五美''四恶'之类都同前后文体不相似。"[1]

17.7　佛肸[2]召，子欲往。

子路曰："昔者由也闻诸夫子，曰：'亲于其身为不善者，君子不入也。'佛肸以中牟[3]畔，子之往也，如之何？"

1　李郁的这段话可能引自《论语集注》卷九："李氏曰：'此章与六言、六蔽、五美、四恶之类，皆与前后文体大不相似。'"
2　佛肸：佛，音 bì；肸，音 xī。人名，详见本章"解说"。
3　中牟（mù）：地名，其具体位置存在争议。或说位于今河北省邯郸、（转下页）

子曰："然。有是言也。不曰坚乎，'磨而不磷[1]'；不曰白乎，'涅而不缁'。吾岂匏[2]瓜也哉？焉能系而不食？"

【译解】

佛肸占据中牟叛乱的时候，派遣使者召孔子去。孔子打算应邀前往。子路阻止他说道："以前我听过先生您的讲话，您曾说：'如果有人亲自去做不善之事，那么君子是不会参加他所在的党类与其同流合污的。'现在佛肸凭借中牟发动了叛乱。这正是所谓亲自去做不善之事。然而，先生您打算应召前往，这又是何道理？恐怕会被其所污吧？"

孔子说："是的。老夫之前是说过这样的话。不过，谈到坚固之物的时候，不是还说过'磨了也不会变薄'吗？谈到白色物体的时候，不是还说过'想要染成黑色也不能染黑'吗？老夫之前说的话是为坚固不足和白色不够者而发的。老夫就算是进入他们的小集团，也绝不会被其所污。况且老夫是个人，不是个葫芦。怎么会像葫芦一样一直挂在一个地方，不吃不喝，做一个在世间的无用之物呢？因此，老夫才想着应邀前往。"

【注释】

◎亲：自己。　◎不入：不加入其集团、党类之中。　◎磷：

（接上页）邢台附近，或说位于今河南省境内鹤壁市附近。

1　磷：音 lìn。

2　匏：音 páo。

变薄。 ◎涅：水中的黑土，用于染出黑色的染料。 ◎淄：黑色。 ◎匏瓜：葫芦。

【解说】

本章体现的依然是孔子不忘天下之心。

佛肸是晋国大夫赵简子领地"中牟"的长官，因赵简子之叛，也据中牟反叛。

也有说法认为匏瓜是星名，如此一来，"吾岂匏瓜也哉？焉能系而不食"一句就被解释为"无法做到就那样一直挂在天上不能吃"。

子路以前听闻到的是君子持身的常规法则。孔子今日所言则让他体会到道之大者的变通之道。可是，孔子在公山弗扰、佛肸召见时，都打算应邀前往，这是由于天下没有不能改变的人，也没有不可以干的事。但孔子最终没有去，则是由于他知道那帮人终究是不会改变的，事情终究也是不会做成的。这一方面是孕育万物之仁，另一方面是知人之智。（张敬夫）[1]

17.8 子曰："由也！女闻六言六蔽矣乎？"对曰："未也。"

---

[1] 张敬夫这段话可能引自《论语集注》卷九："张敬夫曰：'子路昔者之所闻，君子守身之常法。夫子今日之所言，圣人体道之大权也。然夫子于公山、佛肸之召，皆欲往者，以天下无不可变之人，无不可为之事也。其卒不往者，知其人之终不可变，而事之终不可为耳。一则生物之仁，一则知人之智也。'"又见于《癸巳论语解》卷九。

"居！吾语¹女。好仁不好学，其蔽也愚；好知不好学，其蔽也荡；好信不好学，其蔽也贼；好直不好学，其蔽也绞；好勇不好学，其蔽也乱；好刚不好学，其蔽也狂。"

【译解】

孔子喊着子路的名字，跟他说："由！你听说过六言之美德中有六蔽之事吗？"子路站起来回答道："弟子还没有听说过。"

孔子说："好，你坐下！老夫讲给你听。美德必因学而成。即便喜好仁，却不能够好学以明其理，那么心会被蒙蔽，不能看到仁的全貌，会受到诱惑，会被人欺骗。这称为'愚'。即便喜好智慧，却不能够好学以明其理，那么心会被蒙蔽，不能看到智慧的全貌，所以会用心于无用之处，一心想要穷究无法穷尽的事情。这称为'荡'。即便喜好诚信，却不能够好学以明其理，那么心会被蒙蔽，不能见到诚信的全貌，所以会固守小事上的诚信，不顾利害，以至于不仅害人还害己。这称为'贼'。即便喜好直率，却不能够好学以明其理，那么心会被蒙蔽，不能见到直率的全貌，所以会显得过于严苛，而有违人情。这称为'绞'。即便喜好勇敢，却不能够好学以明其理，那么心会被蒙蔽，不能见到勇敢的全貌，一味依靠血气之勇，会冒犯尊长、藐视他人。这称为'乱'。即便喜好刚强，却不

1　语：音 yù。动词，告诉。

能够好学以明其理，那么心会被蒙蔽，不能见到刚强的全貌，就会肆意而为、轻举妄动。这称为'狂'。"

【注释】

◎女：汝。 ◎六言：谓仁、智、信、直、勇、刚。 ◎六蔽：谓愚、荡、贼、绞、乱、狂。"蔽"是指由于被遮掩，只看到物体的一部分而看不到全貌。 ◎居：子路因为孔子问他问题，所以站起来回答，然后孔子又让他返回座位。 ◎仁：就爱人的方面而言。 ◎愚：专注于爱别人而不爱自己。如《雍也》篇中写到的那样，落入到井里，被道理上不存在的东西所蒙骗。[1] ◎知：就观察事物方面而言。 ◎荡：运用智慧失于正道，一味穷究高远之理而不知所止。 ◎信：践行所言而不违。 ◎贼：害人害己。守小信而不顾利害，如尾生[2]守信即其一例。 ◎直：直言不讳。 ◎绞：苛刻而有失人情。如儿子证明"其父攘羊"[3]之类。 ◎勇：果敢。 ◎乱：冒犯尊长、藐视他人。 ◎刚：谓本质坚强。 ◎狂：任意而为、轻举妄动。

---

[1] 参见《论语·雍也第六》(6.24)。
[2] 尾生：先秦时期的人物，据说他和一位姑娘相约于一座桥下，尾生如期而至，可是姑娘却没有来，而这时桥下的河水上涨，尾生却抱着桥下的柱子不肯离去，最后淹死了。事见《庄子·盗跖》。
[3] 其父攘羊：典故出自《论语·子路第十三》(13.18)。

【解说】

本章告诉了子路应该好学修德。

信、直、勇、刚都是就子路之所好而说的;仁、智则是统括天下大道之名目而说的。故将仁、智放在信、直、勇、刚之前。

17.9 子曰:"小子何莫学夫诗?诗可以兴,可以观,可以群,可以怨。迩[1]之事父,远之事君,多识于鸟兽草木之名。"

【译解】

弟子们,为何不学诗,去体味其用词,寻求其真意呢?诗中既记载了善也记载了恶,具备了劝善惩恶之意,所以学习诗,能够激发好善恶恶之心。而且诗中褒善讽恶,所以据此能够考见自己行事之得失。诗人之情,和而不散,所以学习诗能够用在与众人共处之时。诗人之情,怨而不怒,所以学习诗能够用在处理怨恨之时。诗中具备了为子为臣之道,所以学习诗,从近处来说,在家则有益于侍奉其父,从远处来讲,在国则有益于侍奉其君。从其他方面而言,学习诗,会多知道些鸟兽草木之名,能够增广自己的知识。

---

[1] 迩:音ěr。意为近。

【注释】

◎诗:谓"诗三百"。 ◎兴:激发好善恶恶之心。 ◎观:考见得失。 ◎群:由于常不失庄敬之意,所以能与众人共处。 ◎怨:遇事变而生怨,却有忠厚之心而不怨,所以能够应对怨恨。

【解说】

本章阐述了学诗的效用。

学诗之法,尽在本章之中。是读《诗经》之人应当尽心的地方。(朱子)[1]

17.10 子谓伯鱼曰:"女为《周南》《召南》矣乎?人而不为《周南》《召南》,其犹正墙面而立也与?"

【译解】

孔子告诉他儿子伯鱼说:"你学过《诗经》的《周南》和《召南》了吗?一个人要是没学过《周南》和《召南》的话,就如同正对着墙壁站立一样,离得再近,什么东西都看不见,向前一步也迈不出去。"

《周南》和《召南》是《诗经》开头两章的名称,《周南》始于《关雎》终于《麟趾》,《召南》始于《鹊巢》终于《驺

---

[1] 可能引自《论语集注》卷九:"学诗之法,此章尽之。读是经者,所宜尽心也。"

虞》。这两篇谈的都是修身齐家之事。故学习《周南》和《召南》,以正人伦之始,知王化之所基。自修身齐家开始,渐及于远,以至于治国平天下,皆能通其理。《诗经》每一篇都值得学习,但是其中尤其要数《周南》和《召南》最为重要,因此孔子才告诉伯鱼。

【注释】

◎为:学。　◎正墙面而立:此处颠倒了文字,正常语序应是"正面墙而立",正面对着墙站立。

【解说】

本章中孔子告诉了自己的儿子学习《诗经》的重要性。

《周南》《召南》中兼有人情和事理。如果在人情和事理方面有不通之处,那么就算是在家庭之间也会有许多窒碍。所以说"正墙面而立"。(徐岩泉[1])

17.11　子曰:"礼云礼云,玉帛云乎哉?乐云乐云,钟鼓云乎哉?"

【译解】

人们常说到礼,谈到礼,难道那只是在说手执玉帛而已吗?绝不是那样。礼之中有作为其根本的东西,借助玉帛不过

---

[1] 徐岩泉(约晚明时期人),明代学者。

是个形式罢了。人们常说到乐，谈到乐，那仅仅只是把敲奏钟鼓称之为"乐"吗？绝不是那样。乐之中有作为其根本的东西，借助钟鼓不过是个形式罢了。人们忘了礼乐之本，却把作为礼乐之末的玉帛、钟鼓认作是礼乐，这真是可悲啊！

【注释】

◎礼云礼云：重复说了两次，表达了这是人之所常言者。"乐云乐云"也同样是这个用意。　◎玉帛：行礼之时，手上拿着的重要物件。"玉"是五玉（公、侯、伯、子、男五等诸侯所执"桓圭""信圭""躬圭""谷圭""蒲璧"）三帛（诸侯的世子执纁[1]，公之孤执玄，附庸之君执黄）之类。　◎乎哉：反问之辞。　◎钟鼓：乐器之大者。

【解说】

本章是希望人们能够回归礼乐之本。

虔敬行礼时使用玉帛，这是礼。谐和敲奏之时使用钟鼓，这是乐。如果遗忘其本，而专门从事于其末，怎么能说是礼乐呢？不能说是礼乐。（朱子）[2]

1　纁：音 xūn。
2　可能引自《论语集注》卷九"敬而将之以玉帛，则为礼；和而发之以钟鼓，则为乐。遗其本而专事其末，则岂礼乐之谓哉？"

17.12 子曰:"色厉而内荏[1],譬诸小人,其犹穿窬[2]之盗也与?"

【译解】

人一定要表里如一。倘若现在有人面色容貌假装得很有威严,看上去节操坚贞,不屈于外物,可是内心柔弱,可以用利益来诱惑他,可以用危害来吓唬他。用小老百姓来做比方,他鬼鬼祟祟、偷偷摸摸,跟小偷一样,老是怕被别人看出来。

【注释】

◎色厉:外貌威严。　◎内荏:内心柔弱。　◎小人:细民,小老百姓。　◎穿窬之盗:穿墙越壁去偷窃东西的盗贼。

【解说】

本章针对人没有实质的东西却盗取名声而进行告诫、提醒。

本章的"色厉而内荏"是就当时在位的"大人"而言,从而引出拿"小人"即平民做出的比喻。

17.13 子曰:"乡原,德之贼也。"

【译解】

在鄙俗的乡人之中,虽被称赞为谨慎厚道,但却没有被士君子称赞为谨慎厚道的人,似乎他是忠信的,却并非忠信,似

---

1 荏:音 rěn。
2 窬:音 yú。越墙。

乎是廉洁的，却并非廉洁，那种人总是似是而非，反而是败坏真的忠信、廉洁且有害于德的人。

【注释】

◎乡原："原"同"愿"，谓谨厚。"乡"是鄙俗之意。被乡人称赞为"原"，但却未因君子的公论被称赞为"原"。　◎贼：害。

【解说】

本章把防范有损于德的人当作很严重的事。

"乡原"是乡人之愿者。想来那种人追随时俗而迎合污习，以媚于世，所以只是在乡人之中被称为"愿"。孔子认为这似乎是德却并不是德，且反而是在败坏德，故将其看作是有害于德者而深恶痛绝。详见《孟子》末篇（《孟子·尽心下》）。（朱子）[1]

17.14　子曰："道听而说，德之弃也。"

【译解】

天下之善言皆有助于我之德。故听闻善言，必留存于心，体悟于身，方能成就我之德。假如在道路上听闻了，就立刻在路途上说出来，那么就算听闻到了善言也最终不会成为我所拥

---

[1] 这段话可能引自《论语集注》卷九："乡原，乡人之愿者也。盖其同流合污以媚于世，故在乡人之中，独以愿称。夫子以其似德非德，而反乱乎德，故以为德之贼而深恶之。详见孟子末篇。"

有的东西，这是自己在主动放弃德。

【注释】

◎道听而涂说："涂"同"途"。把听到的东西立刻说出来。即所谓"口耳之学"。

【解说】

本章是警醒不能蓄德之人。

君子多知道些前代圣贤的言行，并领会那些言行，以蓄养其德。如果道听途说，因为对身心没有一丁点儿的益处，所以这是在弃德。（王安石）[1]

17.15　子曰："鄙夫可与事君也与哉？其未得之也，患得之；既得之，患失之。苟患失之，无所不至矣。"

【译解】

为人臣者，必有舍身忘己之诚，始可以与之一起侍奉君主。鄙夫庸俗顽劣，怎么能作为同僚与其共事，并一起侍奉君主呢？要是问具体什么原因，那是因为鄙夫在尚未得到富贵权势之时，无论如何都想方设法地要得到，费尽心机，不遗余力；如果已经取得了富贵权势，又为会不会失去这一切而担忧焦虑。假使总是把心思放在会不会失去已有的一切上，那么大

---

[1] 可能引自《论语集注》卷九："王氏曰：'君子多识前言往行以畜其德，道听涂说，则弃之矣。'"

概什么事情都能做出来。从小处来讲，这种人什么不要脸的事情都能去做；从大处来说，这种人弑君弑父之事也下得了手。像这样的人，怎么能作为同僚与其共事，一起侍奉君主呢？

【注释】

◎鄙夫：朱子解释说这是种"庸恶陋劣的称呼"。[1] 这种人为人凡庸、心胸险恶、见识鄙陋、举止粗劣。 ◎之：指富贵权势等。 ◎患得之：意思是"患不得之"。煞费苦心，无所不用其极，而其志在于必得。 ◎无所不至：什么样的事情都干得出来。

【解说】

本章详细列举鄙夫之样态，阐述了事君者当谨慎地与其共事。

胡寅说："许昌的靳裁之[2]曾说过：'士的人品大概有三种：志在道德之人，功名也不能劳累其心；志在功名之人，富贵也不能劳累其心；志仅在于富贵之人，那就是什么事都干得出来的了。志仅在于富贵之人就是孔子所谓的鄙夫了。'"[3]

---

[1] 出自《论语集注》卷九："鄙夫，庸恶陋劣之称。"
[2] 靳裁之（生卒年不详），宋代颍川郡人，年轻时便学习二程之学。他是北宋学者胡安国的老师，而引述靳裁之这段讲话的胡寅则是胡安国的儿子。
[3] 可能引自《论语集注》卷九："胡氏曰：'许昌靳裁之有言曰："士之品大概有三：志于道德者，功名不足以累其心；志于功名者，富贵不足以累其心；志于富贵而已者，则亦无所不至矣。"志于富贵，即孔子所谓鄙夫也。'"

17.16 子曰:"古者民有三疾,今也或是之亡也。古之狂也肆,今之狂也荡;古之矜也廉,今之矜也忿戾;古之愚也直,今之愚也诈而已矣。"

【译解】

古代人有气质之偏的三疾,今天也许都没有了吧。

古代的人有志愿太高者,那是"狂"之疾。然而那种"狂"不过是不拘小节罢了,可是今天的"狂"则是放纵并败坏礼法,所以不是古代的那种"狂"之疾。

古代的人有持己太严者,那是"矜"之疾。然而那种"矜"棱角分明,给人显示的不过是不能随便侵犯罢了,可是今天的"矜"则是恣意行事、暴烈刚恶,与人不和,以至于跟人相争,所以不是古代的那种"矜"之疾。

古代的人有内心昏暗且道理不明者,那是"愚"之疾。然而那种"愚"不过是按照心中所想的直接就去付诸实施罢了,可是今天的"愚"则是挟带私意,任意妄为,乘伪行诈,所以不是古代的那种"愚"之疾。

【注释】

◎疾:指气质失于中正而有所偏执。 ◎或是之亡:也许没有了,但也不能下肯定性的结论。"亡"同"无"。 ◎肆:肆意妄为。不谨于小节。 ◎荡:放纵。败坏法度之貌。流于放纵,背离礼义。 ◎廉:棱角分明。 ◎忿戾:愤戾,怒而违理。恣意行事、暴烈刚恶，与人不和，以至于跟人相争。 ◎直：直率，按照想的付诸实行。 ◎诈：使用策略从而东诓西骗。

【解说】

本章有感于世道风俗衰退，不仅是美德，连"疾"也不如古代，而且还变本加厉，因而对此发出了叹息。

末世更加虚伪。不仅仅是贤者不如古代，百姓的品性被掩蔽起来和不为人知的部分，也与古人不同。（范祖禹）[1]

17.17 子曰："巧言令色，鲜矣仁。"

已见于《学而》篇。

17.18 子曰："恶紫之夺朱也，恶郑声之乱雅乐也，恶利口之覆邦家者。"

【译解】

天下之理有邪与正，邪通常容易胜过正。

拿颜色来说，本来朱色是正色，紫色是间色[2]，可紫色浓艳，为人所喜，结果紫色反客为主，使得朱色失去了原来正色

---

[1] 可能引自《论语集注》卷九："范氏曰：'末世滋伪。岂惟贤者不如古哉？民性之蔽，亦与古人异矣。'"又见于《论语精义》卷九上。
[2] 正色、间色：根据五行学说，五行的水、火、木、金、土，分别对应黑、朱、青、白、黄五种颜色，这五种颜色就是"正色"。而在两种正色之间的颜色称为"间色"。间色分别是紫、红、绿、碧、骝黄。参见《论语注疏》。

的地位。因此，我痛恨紫色取代了朱色。

拿乐曲来说，本来雅乐是正，郑国的音乐是邪，可郑国的音乐听来颇有趣味，故为人所爱，结果雅乐反而被郑国音乐所扰乱。因此，我痛恨郑国音乐扰乱雅乐。

理之是非，以及人之贤愚，本有定论。然而，伶牙俐齿之徒巧舌如簧，颠倒是非贤愚，蛊惑他人，人君如果信任这种人，那么最终会导致国家倾覆。因此，我痛恨凭借巧言利口颠覆别人国家的人。

【注释】

◎朱、紫：就服装的颜色而言。　◎郑声：郑国的音乐，因为淫荡猥亵，能使人愉悦。　◎利口：能说会道，把白说成是黑，黑说成是白的人。　◎覆：倾覆败乱。

【解说】

本章表达了对邪胜于正的厌恶，希望人们严于杜绝此类状况。

天下之理，正胜于邪的通常是少见的，不正而胜的通常是多见的。故圣人痛恨这种状况。利口之人，把对的说成是错的，把错的说成是对的，把贤说成是不肖，把不肖说成是贤。人君假如欣赏这种人并给予信任的话，国家就很容易倾颓覆灭

了。(范祖禹)[1]

17.19 子曰:"予欲无言。"

子贡曰:"子如不言,则小子何述焉?"

子曰:"天何言哉?四时行焉,百物生焉,天何言哉?"

【译解】

孔子说:"老夫打算今后不再用言语施行教化了。"

子贡说:"先生您如果不再用言语施行教化,那么我们这帮弟子又如何去传述先生您的教诲呢?"

孔子说:"天曾经说过什么吗?还不是什么也没有说过吗?然而,春夏秋冬,照样四时流转,从未停顿。鸟兽草木等照样繁衍生息,发荣滋长,不曾稍歇。天曾经说过什么吗?所以说啊,老夫就算不再用言语施行教化,你们不也是可以进行传述的吗?"

【注释】

◎欲无言:意思是不欲以言语教诲。　◎小子:指群弟子。　◎述:传承讲述。

---

[1] 这段话可能引自《论语集注》卷九:"范氏曰:'天下之理,正而胜者常少,不正而胜者常多,圣人所以恶之也。利口之人,以是为非,以非为是,以贤为不肖,以不肖为贤。人君苟悦而信之,则国家之覆也不难矣。'"又见于《论语精义》卷九上。

【解说】

本章阐述了学习者应当从躬身实践当中体认道理。

本章可以和前面《述而》篇中的"吾无隐乎尔"一章合在一起读,或许会发现其中的更深一层的含义。[1]

17.20 孺悲欲见孔子,孔子辞以疾。将命者出户,取瑟而歌,使之闻之。

【译解】

孺悲前来拜访请求面见孔子。孔子说自己生病了,推辞不见。传话的人刚走出门,孔子就拿来瑟弹奏起来,并且还和而歌之,故意让孺悲能听到这声音,从而使他知道自己其实并没有真的生病。这大概也是一种教诲警醒,企图让对方自己有所体悟。

【注释】

◎将命者:接待者,传命者。 ◎出户:走出孔子房间的门。

【解说】

本章中因人施教,表达了警醒告诫之意。

---

[1] 按,"吾无隐乎尔"出自《论语·述而第七》(7.23):"子曰:'二三子以我为隐乎?吾无隐乎尔。吾无行而不与二三子者,是丘也。'"将本章和《述而》篇第二十三章(7.23)合在一起,可以发现孔子不仅认为身教重于言行,而且还认为好的学习,其关键是学习者自己去体悟、实践出来的。

孺悲是鲁国人，曾奉鲁哀公之命，向孔子学习士丧礼[1]。关于孔子为何没有接见他，有人说可能是因为他得罪了孔子，也有人说是因为他没有得到引见介绍。

程子说："这就是孟子所谓的'这是不肯对其进行教诲'（《孟子·告子下》），其实是因为想给予其更深一层的教诲。"[2]

17.21　宰我问："三年之丧，期[3]已久矣。君子，三年不为礼，礼必坏；三年不为乐，乐必崩。旧谷既没，新谷既升。钻燧改火，期[4]可已矣。"

子曰："食夫稻，衣夫锦，于女安乎？"

曰："安。"

"女安，则为之！夫君子之居丧，食旨不甘，闻乐不乐[5]，居处不安。故不为也。今女安，则为之！"

宰我出。子曰："予之不仁也！子生三年，然后免于父母之怀。夫三年之丧，天下之通丧也。予也有三年之爱于其父母乎？"

1　《士丧礼》是《仪礼》中的一篇。讲的是周代的士为父母、妻子、长子所行丧礼的繁文缛节。
2　这段话为程颢之言，可能引自《论语集注》卷九："程子曰：'此孟子所谓不屑之教诲，所以深教之也。'"又见于《河南程氏外书》卷六。而程子引用的孟子之言，则出自《孟子·告子下》："孟子曰：'教亦多术矣，予不屑之教诲也者，是亦教诲之而已矣。'"
3　期：这个"期"如果解释为期间，则读音为 qī；如果解释为一年，则读音为 jī。
4　期：音 jī。同"朞"，一年。
5　乐："闻乐不乐"，第一个"乐"音 yuè，第二个"乐"音 lè。

【译解】

宰我向孔子请教道:"按古代的礼制,人子为父母守丧要三年,但是我的想法是就算是用一年来守丧都觉得太长了。要是陈述其理由的话,我认为礼乐对君子来说,不可须臾离身,但是君子三年守丧,不能行礼,礼必然会遭到毁坏的;三年守丧,不去演奏音乐,那么音乐必然是会遭到废弃的。三年都用在守丧上,如此一来妨碍人们做其他事情。旧的谷子已经吃完,新的谷子也已经丰收,谷物的新旧交替也就是一年时间;钻燧取火,变换四季取火的木头也是一年,所以我觉得人子守丧为期一年就可以结束了。"

孔子说:"三年之丧中,吃粗食,穿粗衣,这是礼,但是你却将三年之丧缩短到一年,一年一过,就立刻开始吃美味的稻米,穿漂亮的锦缎,你的心中没有不安吗?"

宰我说:"弟子并无不安。"

孔子说:"你如果这样心中也无不安,那就可以按照你自己认为的那样做。君子为亲人守丧的时候,哀恸之余,吃了好吃的东西也不会觉得美味,听到音乐也不会觉得开心,无论身在何处,心都有不安。因为心中有所不忍,所以不会一年就结束,而是要服三年之丧。现在如果你觉得亲人故去一年之后,就立刻吃稻米,穿锦缎,心中不会感到不安,那你就那么做好了!"

宰我刚退下出去，孔子怕他还真的以为可以安心那样去做了，于是又说："予（宰我之名）不仁，爱亲人之心如此淡薄！为人之子，出生后要过三年才能离开父母的怀抱，所以守丧必然也要用三年，这也只是勉强报答了一下父母养育我的辛劳。所谓三年之丧，上至天子，下至平民，所有为人子者都是这样守丧。宰予也是人家的儿子，也受到过父母三年之爱吧？如果受到过三年之爱，怎么能停止三年之丧呢？"孔子希望让宰我听到这段话，从而进行反省，能回归其本心。

【注释】

◎三年之丧：前后大约三年，或谓二十五个月，或谓二十七个月。　◎期：一周年。第一个"期"也可解释为期限。　◎没：尽。　◎升：登。丰收。　◎燧：取火的木头。　◎改火：春季钻取榆木与柳木之火，夏季钻取枣木和杏木之火，秋季钻取桑木和柘木之火，冬季钻取槐木和檀木之火，用一年完成一个轮回。[1]　◎已：止。　◎稻：谷之美者。　◎锦：衣之美者。　◎不为：不会去守一年之丧。也有人认为要把"食旨""闻乐""居处"放进去解释。

---

1 按，宇野哲人对"改火"的解释大概源自于《论语集注》卷九中朱子的注释，而朱子的注释则是根据东汉马融引用的《周书·月令》之文。但是宇野哲人的引用漏掉了部分内容，马融引用的《周书·月令》原文是："《周书·月令》有更火之文。春取榆、柳之火，夏取枣、杏之火，季夏取桑、柘（zhè）之火，秋取柞（zuò）、楢（yóu）之火，冬取槐、檀之火。一年之中钻火各异木，故曰改火也。"（《论语集解》卷九）

【解说】

本章论守丧之定制,责备了宰我没有爱亲之心。

尹焞说:"缩短丧期的说法,即便是下愚之人都会以说出这种想法感到羞耻,更何况宰我身在孔子门下,亲炙圣人之学,居然提出这样的问题,这应该是因为心中确实有疑惑,而不是强行要去实行一年之丧。"[1]

17.22 子曰:"饱食终日,无所用心,难矣哉!不有博奕[2]者乎?为之犹贤乎已。"

【译解】

如果吃饱了过着整日闲游的生活,对于应当做的事,却无所用心,那么内心昏暗,志气怠惰,日趋于恶。即便企图进取于德,免于祸患,也是很难的呀!不是有所谓双陆、围棋那样的游戏吗?就算玩那些,尚且胜过什么都不做,也胜过无所用心。

【注释】

◎难矣哉:兼谓进德和免祸。　◎博:双陆。　◎奕:围棋。　◎之:指博奕。　◎已:止。

---

[1] 可能引自《论语集注》卷九:"尹氏曰:'短丧之说,下愚且耻言之。宰我亲学圣人之门,而以是为问者,有所疑于心而不敢强焉尔。'"又见于《论语精义》卷九上。
[2] 奕:其他版本的《论语》中一般写作"弈"。

【解说】

本章是在告诫无所用心的行为。

圣人（孔子）并不是要教人们博弈，而是在极力陈说不可无所用心。（李郁）[1]

17.23　子路曰："君子尚勇乎？"子曰："君子义以为上。君子有勇而无义，为乱；小人有勇而无义，为盗。"

【译解】

子路说："君子崇尚勇吗？"孔子说："君子只崇尚义。于义而言，应当做的事，奋然而起，必然要去干。于义而言，不当做的事，会断然打消念头。勇非君子所崇尚。有身份地位的君子如果只有勇而无义，则任凭其勇，逆乱悖道，犯上作乱。没有身份地位的小人如果只有勇而无义，则会任凭其勇，恣意妄行而为盗。"

【注释】

◎君子：开头的两个"君子"是以德而言，后面的一个"君子"则是就身份地位而言。　◎尚：崇尚。与"上"同义。

【解说】

本章是想让子路向崇尚义的"大勇"迈进。

---

[1] 可能引自《论语集注》卷九："李氏曰：'圣人非教人博弈也，所以甚言无所用心之不可尔。'"

尹焞说："以义为上并加以崇尚，则其勇是大勇。因为子路好勇，所以孔子以此挽救其不足。"胡寅说："怀疑这可能是子路初次面见孔子时的问答。"[1]

17.24　子贡曰："君子亦有恶[2]乎！"

子曰："有恶。恶称人之恶者，恶居下流[3]而讪上者，恶勇而无礼者，恶果敢而窒者。"

曰："赐也亦有恶乎？"

"恶徼[4]以为知者，恶不孙以为勇者，恶讦[5]以为直者。"

【译解】

子贡向孔子请教道："君子虽爱人，但也有憎恶之事吗？"

孔子说："好善恶恶乃人心之正道，所以就算君子也有憎恶之事。君子憎恶那种宣扬他人恶事之人，因为这种人毫不隐讳他人之恶，仁心不够宽厚。君子憎恶那种居于下位而毁谤在上位者的人，因为这种人未因尊者而有所忌惮，没有忠敬之

1　可能引自《论语集注》卷九："尹氏曰：'义以为尚，则其勇也大矣。子路好勇，故夫子以此救其失也。'胡氏曰：'疑此子路初见孔子时问答也。'"按，尹焞之言又见于《论语精义》卷九上。
2　恶：音 wù，动词，厌恶。本章中除"称人之恶者"中的"恶"音 è，作为名词使用，其余的"恶"读音均为 wù。
3　流：经过前代学者的考证，现在一般认为，这个"流"字是衍文。
4　徼：音 jiào。
5　讦：音 jié。

心。君子憎恶那种有勇力而无礼之人,因为这种人不用礼来节制自己,任凭血气悖理犯上。君子憎恶那种行事果断而不通事理之人,因为这种人肆意而妄为。"

孔子借机问子贡说:"赐(子贡之名),你也有憎恶的事情吗?"

子贡回答道:"自然而然明明白白地有所领悟,这是'智',但有人并非如此,那种人窥察他人的模样,借此学到些东西,并将这作为是自己的'智',我憎恶那种人。见义而为,这是'勇',但是有人并非如此,那种人犯上作乱,藐视尊长,干的都是诸如此类不逊之事,并将此作为自身的'勇',我憎恶那种人。无所隐讳,这是'直',但是有人却并非如此,那种人揭发他人的秘密,并将此当作是自己的'直',我憎恶那种人。"

【注释】

◎下流:谓居于下位。 ◎讪:毁谤。 ◎果敢:行事果断。 ◎窒:不通事理。 ◎徼:伺察他人动静。 ◎不孙:不逊。指冒犯在上者、藐视尊者之类的行为。 ◎讦:揭发别人的秘密。

【解说】

本章举出了圣贤之所恶。

杨时说:"由于仁者无不爱之人,所以引起了君子会不会是没有憎恶之事的疑问。子贡因为有这样的想法,所以提出问题以寻求正解。"侯忠良说:"圣贤之所恶就是这个样子。所谓'唯仁者能恶人也'(《里仁》篇)。"[1]

17.25　子曰:"唯女子与小人为难养也,近之则不孙[2],远之则怨。"

【译解】

天下之人,其中唯有女子和小人是难以蓄养的人。如果用恩爱亲近他们,他们会无所忌惮而不逊。如果用威严疏远他们,他们会因忿恨而不再为我所用。实在是一帮不好对付的家伙。

【注释】

◎女子:指婢妾。　◎小人:侍从。奴仆。　◎难养:难以相处。

【解说】

本章阐述了臣子、婢妾难以相处之事。

君子对待臣子、婢妾的时候,如果能以庄严的态度面对他们,用慈爱之心蓄养他们,那么就不会有无礼和怨恨之

---

[1] 可能引自《论语集注》卷九:"杨氏曰:'仁者无不爱,则君子疑若无恶矣。子贡之有是心也,故问焉以质其是非。'侯氏曰:'圣贤之所恶如此,所谓唯仁者能恶人也。'"按,"唯仁者能恶人也"出自《论语·里仁第四》(4.3),原句是:"唯仁者能好人,能恶人。"
[2] 孙:同"逊"。

虞了。(朱子)[1]

17.26 子曰:"年四十而见恶焉。其终也已。"

【译解】

人到了四十岁,应该是明道成德之时。然而,却还受到君子的厌恶,像这样的人一生都未能迁善改过,一辈子也就这样结束了。

【注释】

◎恶:被君子所厌恶。　◎终:仍未有进步。

【解说】

本章勉励人们及时迁善改过。

苏轼说:"这大约也是为了告诫某人而说的话,但是已经不知道具体是对谁说的了。"[2]

---

[1] 可能引自《论语集注》卷九:"君子之于臣妾,庄以莅之,慈以畜之,则无二者之患矣。"
[2] 可能引自《论语集注》卷九:"苏氏曰:'此亦有为而言,不知其为谁也。'"

微子第十八

本篇多记圣贤的"出"与"处"[1](出仕与退隐)。凡十一章。

18.1 微子去之,箕子为之奴,比干谏而死。

孔子曰:"殷有三仁焉。"

【译解】

微子是商纣王同父异母的兄长,名启。"微"是封地之名,"子"是爵位。他见商纣王无道,便屡次进谏,但是未被接纳,于是离开商纣王,尽力避免断绝祖先的宗庙祭祀。箕子是商纣王的叔父,名为胥余。"箕"乃其封地之名,"子"是爵位。箕子进谏商纣王而触怒了他,于是遭到囚禁变成了奴隶。箕子因佯狂而受辱。比干也是商纣王的叔父,对商纣王直言进谏之时,纣王发怒说道:"听说圣人之心有七窍,是真的吗?"于是杀了比干,剖开他的胸膛,看他的心。

---

1 处:音 chǔ。

这三个人的行为事迹虽不相同，但都是出自爱君忧国的至诚之心，这一点都是一样的。离开君王而去的微子，也是希望能让君王有所感悟，而不是忘记了君王；成为奴隶的箕子，等待时机去匡正君主，并非畏惧祸患；死去的比干，是希望用自己的牺牲让君王有所觉悟，并不是要沽名钓誉。故孔子评论道："殷商有三位仁者。"

【注释】

◎之：指商纣王。　◎三仁：这里的仁是指忠君爱国之心。

【解说】

本章就殷商的三位大臣对待变乱的反应，赞许他们的仁。

杨时说："这三个人各自能推行其本心之德，因此孔子说他们是仁。"[1]

18.2　柳下惠为士师，三黜。

人曰："子未可以去乎？"

曰："直道而事人，焉往而不三黜？枉道而事人，何必去父母之邦？"

---

[1] 可能引自《论语集注》卷九："杨氏曰：'此三人者，各得其本心，故同谓之仁。'"又见于《论语精义》卷九下。

【译解】

柳下惠当上了司法官之长，屡次被罢官。

有人说："君子出仕当官，合则留，不合则去，通常都是这样，而你屡次被免官，不被任用，为何还不离开这个国家，前往别国践行道呢？"

柳下惠回答他说："如果不违背正道去为人家做事，那么无论去往哪个国家都免不了会屡次遭到罢黜。假如违背正道去为人家做事，在这个国家也能受到任用，那么又为何必须离开父母之邦（指鲁国）呢？"柳下惠这么说显示了他不能违背正道而屈身折节。

【注释】

◎士师："士"是司法官，"士师"是其长官。　◎三黜：屡次被罢黜。　◎直道：不会违背自己所坚守的东西而随波逐流。　◎父母之邦：谓鲁国。

【解说】

本章记录了柳下惠之"和"且有所守。

柳下惠三次被黜而不离去，其辞气雍容（柔和之貌）就像这样一般，可谓之"和"了。不能违背其道的意愿的确是不可动摇的。这就是《孟子·公孙丑上》所说的"必然依凭其道行

事","而自己不丧失其正道"。(朱子)[1] 本章中原本必定是有孔子评语的,但可能失传了。(胡寅)[2]

18.3 齐景公待孔子曰:"若季氏则吾不能。以季、孟之间待之。"曰:"吾老矣,不能用也。"孔子行。

【译解】

孔子待在齐国的时候,齐景公与其臣下讨论孔子的待遇问题,说:"孔子是鲁国人,寡人虽然也知道鲁公对待鲁国三卿(季孙、叔孙、孟孙)之礼,但是给予孔子鲁国上卿季氏相同的待遇,寡人力不能及。虽说如此,但要是给予他下卿孟氏一样的待遇,又显得太简慢,寡人想以季氏和孟氏之间之礼来对待孔子。"过了不久,又说:"孔子之道大,不能迅速见效。寡人已经老了,来日无多,任用他也不能践行其道了。"孔子听说这些以后,便离开了齐国。

---

[1] 可能引自《论语集注》卷九:"柳下惠三黜不去,而其辞气雍容如此,可谓和矣。然其不能枉道之意,则有确乎其不可拔者。是则所谓'必以其道',而'不自失焉'者也。"
　　朱子所引用的《孟子》的内容见于《孟子·公孙丑上》,原文是:"柳下惠,不羞污君,不卑小官。进不隐贤,必以其道。遗佚而不怨,厄穷而不悯。故曰:'尔为尔,我为我;虽袒裼裸裎于我侧,尔焉能浼我哉!'故由由然与之偕而不自失焉。援而止之而止;援而止之而止者,是亦不屑去已。"
[2] 这段话可能引自《论语集注》卷九:"胡氏曰:'此必有孔子断之之言,而亡之矣。'"

【注释】

◎待：对待。

【解说】

本章记载了孔子离开齐国的事情。

程子说："孔子离开齐国，并不是由于待遇的轻重，只是因为得不到任用才离开的。"[1]

18.4 齐人归女乐。季桓子受之，三日不朝。孔子行。

【译解】

鲁定公十四年[2]，孔子当上了鲁国的司寇，摄行代理宰相之事。三个月下来，鲁国得到了非常好的治理。而齐国人害怕万一鲁国因为任用孔子而成为霸主，自己的国家会首先被吞并，便挑选了齐国会演奏舞乐的美女八十人，赠送给鲁君，希望借此让鲁君沉迷于声色之中，阻碍其用贤之心。当时，鲁国是季桓氏专权，季桓子鼓动鲁君接受下来。君臣一起晏安耽乐，怠忽政事，没有上朝理政长达三日。既然任用了贤人，同时又接受女乐，这是在侮辱贤人。三日不上朝，这是在荒废礼。因为无法跟这样的人共同处理政事，孔子便离开了鲁国。

---

1 可能引自《论语集注》卷九："程子曰：'……孔子去之，盖不系待之轻重，特以不用而去尔。'"
2 鲁定公十四年：公元前 496 年。

【注释】

◎归女乐:"归"是赠送。"女乐"是指妇人演奏音乐。

【解说】

本章记载了孔子离开鲁国的事情。

本篇记载的都是仁者、贤者的出仕和退隐,而以圣人之行调和,这是为了明白中庸之道。(范祖禹)[1]

18.5 楚狂接舆歌而过孔子曰:"凤兮!凤兮!何德之衰!往者不可谏,来者犹可追。已而!已而!今之从政者殆而!"

孔子下,欲与之言。趋而辟之,不得与之言。

【译解】

孔子正打算要前往楚国的时候,有个假装成狂人的叫作接舆的人,唱着歌从孔子的车前经过。他的歌中有如下的内容:"凤鸟啊!凤鸟啊!有道则现,无道则隐,其德隆盛。而像现在身处这样的无道之世,尚且没有隐居起来,德是何等的衰败啊!过去的事情已经无法再劝阻了,但是将来的事情还能赶得上。现在是应该隐居的时候了。放弃吧!放弃吧!身处现在这样的无道之世,从事政治的人有危险了!"他用凤鸟比喻孔子,希望孔子能从无道之世中逃离并隐居起来。

---

[1] 可能引自《论语集注》卷九:"范氏曰:'此篇记仁贤之出处,而折衷以圣人之行,所以明中庸之道也。'"

孔子听到后，走下车想和接舆谈谈，但是接舆疾行而去，避开孔子，孔子没能跟接舆说上话。

【注释】

◎凤：灵鸟，有道则现，无道则隐。 ◎往者：过去的事。 ◎来者：将来的事。 ◎已而："已"是止。"而"是语气助词。 ◎殆：危。 ◎下：下车。也有人说是下堂，不过本书是根据朱子的注来进行解释。 ◎趋：疾行。 ◎辟之："之"指孔子。 ◎与之言："之"指接舆。

【解说】

本章是隐士在讽谏孔子去隐居。

接舆把孔子比作凤鸟，怀疑他的德衰败了，而从接舆希望放弃这无道之世，以及担心从政者危险这两点来看，可以知道他的确是尊崇孔子的。但是接舆的志向是避世隐居、保全自身，所以与希冀济世的孔子相比，两人的旨趣是不同的。（朱子）[1]

18.6 长沮、桀溺耦而耕。孔子过之，使子路问津焉。

长沮曰："夫执舆者为谁？"

---

[1] 可能引自《论语集注》卷九："凤有道则见，无道则隐，接舆以比孔子，而讥其不能隐，为德衰也。来者可追，言及今尚可隐去。……接舆盖知尊孔子，而趋不同者也。"

子路曰："为孔丘。"

曰："是鲁孔丘与？"

曰："是也。"

曰："是知津矣！"

问桀溺。桀溺曰："子为谁？"

曰："为仲由"。

曰："是鲁孔丘之徒与？"

对曰："然。"

曰："滔滔者天下皆是也，而谁以¹易之？且而²与其从辟人之士也，岂若从辟世之士哉！"耰³而不辍⁴。

子路行以告。夫子怃然曰："鸟兽不可与同群，吾非斯人之徒与而谁与？天下有道，丘不与易也。"

【译解】

长沮、桀溺二人在一起耕作。孔子从楚返回蔡的时候，正好从他们旁边路过，他派子路去跟那二位问询一下渡口在哪里。

因为子路下了车，所以孔子便代替子路攥着马车的缰绳。长沮问子路："在那辆车上拉着缰绳的是谁啊？"

子路说："是孔丘。"

---

1 以：同"与"。
2 而：同"尔"。第二人称，你。
3 耰：音 yōu。
4 辍：音 chuò。

长沮问:"是鲁国的孔丘吗?"

子路说:"是的。"

长沮说:"孔丘周游四方,肯定晓得渡口在哪里。估计不用问什么了吧!"

子路因为从长沮那里也打听不到什么,于是转而向桀溺询问。桀溺问:"你是谁?"

子路说:"我是仲由。"

桀溺问:"是鲁国孔丘的弟子吗?"

子路说:"正是。"

桀溺说:"水往低处流而不会返回,天下之人都如这样一般,一天天地趋于乱且奔于恶。既然没有谁任用你,也没有人听从你的论说,那么你打算和谁一起去改恶为善,改乱为治呢?唉,你与其追随孔丘那种避开人的人,还不如追随俺们这样避世而居的人更实在些呐!"说完,在种子上盖上土,又继续耕作起来,最终也没有告诉子路渡口在什么地方。

子路离开他们后,回到孔子身边,把那二人讲的话告诉了孔子。孔子对他们不能理解自己心中的理想感到很可惜,怃然叹息道:"虽然他说'追随避世而居的人更好',但是我们是人类呀,避世而居可以完全不用与人交往了,但是人类怎么也做不到与鸟兽同群。不能和人类同群,我们还打算与谁同群呢?因此,怎么能避世而居,断绝与其他人的来往呢?虽然他说

'因为天下无道,又能与谁一起改变社会呢?'但是假如天下有道的话,老夫也会安于太平不用去费心改变什么了。正是因为现在天下无道,才要出来推行道,努力去改变这一切。"

【注释】

◎耦:在一起耕作。 ◎津:渡口。 ◎执舆:坐在车上执辔。 ◎是知津矣:"是"指孔子。 ◎滔滔:意思是水流而不返。一天天地趋于乱并奔于恶。 ◎皆是也:"是"指"滔滔者"。 ◎辟人之士:指孔子。类似于这个人不可以的话,就投奔到另外一个人那里的意思。 ◎辟世之士:桀溺自己称呼自己。 ◎耰:在种子上盖上土。 ◎怃然:犹如怅然之意,孔子对于长沮、桀溺他们没能理解自己的理想而感到可惜。 ◎斯人之徒:谓人类。

【解说】

本章可以见到孔子试图凭借道来救济天下之心。

长沮和桀溺乃是贤人之隐遁者。

程子说:"因为圣人不敢有忘却天下之心,所以他说的话就会像这样一般。"张载说:"圣人之仁心,就算碰到了无道的状况,也不会放弃天下而不顾。"[1]

---

[1] 可能引自《论语集注》卷九:"程子曰:'圣人不敢有忘天下之心,故其言如此也。'张子曰:'圣人之仁,不以无道必天下而弃之也。'"

18.7 子路从而后。遇丈人以杖荷蓧[1]。

子路问曰:"子不见夫子乎?"

丈人曰:"四体不勤,五谷不分,孰为夫子?"植其杖而芸。

子路拱而立。止子路宿,杀鸡为黍而食[2]之,见其二子焉。

明日,子路行以告。

子曰:"隐者也。"使子路反见之。至则行矣。

子路曰:"不仕无义。长幼之节,不可废也;君臣之义,如之何其废之?欲洁其身,而乱大伦。君子之仕也,行其义也。道之不行,已知之矣。"

【译解】

子路跟随孔子四处周游的时候,跟孔子走散了,落在了后面。有位丈人(老人)以杖担着一种名为蓧的竹器正好走过来,就这样子路碰到了他。

子路问他:"您有没有遇见过在下的先生呢?"

丈人道:"现在是劳动吃饭的时候。你也不动动手脚做做农事,五谷的种类也分不清楚,只知道跟随老师到处远游,你问老夫'有没有遇到过先生呢',老夫连你的先生是哪位都不知道。"这样说完后,他把杖立在田间,去除田里的草,其他什么都没再说。

---

1 蓧:音 diào。
2 食:音 sì。动词,拿东西给人吃。

子路听完丈人的话，拱手而立，以示敬意。丈人让子路留步，邀请他到自己家住下，还杀了鸡，煮了黍米饭给子路吃，又让自家的两个儿子出来拜见子路。丈人用这种方式回应子路之前表达敬意的举动，同时大概也是借此向子路展示避世而居的可乐之处。

第二天，子路出发找到了孔子，并且将此事告诉了他。

孔子说："不是位简单的农夫，而是位贤人隐士。"他命子路回去再找到丈人。大概是想让子路告诉丈人君臣之义。然而，等子路回去找丈人的时候，丈人已经离开不在了。可能丈人早已料到子路接下来会找自己，于是提前离开了。

子路转述孔子之意道[1]："隐居起来，不为君主做事，则无君臣之义。君臣之义、长幼之节，二者皆不可偏废。之前，丈人让两个儿子来拜见我，就此看来，他是懂得长幼之节是不可废弃的，那么君臣之义又怎可以废弃呢？一味地隐遁避世，只图自身的清净，却败乱了君臣间最大的伦常关系。君子出仕并非是因为贪图俸禄、官位，而是为了履行君臣之义，不使之遭到废弃。如当今之世，道不能得到实行，这是我们已经知道了的。但是怎么能因为道不能得到实行，就断绝与人的来往而避世隐居，从此废弃君臣之义呢？"

---

1 按，这里子路说话的对象，皇侃《论语义疏》认为是丈人的二个儿子。

【注释】

◎从：跟随孔子周游天下。　◎丈人：老人。　◎荷：担起。　◎蓧：竹器。　◎四体：四肢。　◎五谷不分：不能区分稻、黍、稷、麦、菽。　◎孰：谁。　◎植：立。　◎芸：除草。　◎拱：拱手。左右手指交合在一起，支撑住拇指，恭恭敬敬。　◎义：君臣之间履行的道德义务。　◎长幼之节：长者与幼者之间履行的道德义务。"节"是阶级。　◎洁其身：独善其身。　◎大伦：谓君臣之义。"伦"是次序、次第之意，谓人之当行之道。

【解说】

本章阐述了孔子认为出仕是为了履行君臣之义的道理。而子路之语是转述孔子之意。

隐士远离俗世，行事高深，故离开俗世就不再返回了；出仕之人，希望实现自己的野心，故沉溺其中不能自拔。前者与鸟兽同群，后者则破决性命之情而贪图富贵。这二者皆会有困惑，所以凭据中庸行事是很困难的。只有圣人没有放弃君臣之义，必行正道。因此，圣人中有的出仕，有的隐居，但终究都不会偏离于道。（范祖禹）[1]

---

[1] 可能引自《论语集注》卷九："范氏曰：'隐者为高，故往而不反；仕者为通，故溺而不止。不与鸟兽同群，则决性命之情以饕富贵。此二者皆惑也，是以依乎中庸者为难。惟圣人不废君臣之义，而必以其正，所以或出或处而终不离于道也。'"又见于《论语精义》卷九下。

18.8 逸民：伯夷、叔齐、虞仲、夷逸、朱张、柳下惠、少连。

子曰："不降其志，不辱其身，伯夷、叔齐与！"

谓柳下惠、少连："降志辱身矣，言中伦，行中虑。其斯而已矣。"

谓虞仲、夷逸："隐居放言，身中清，废中权。"

"我则异于是。无可无不可。"

【译解】

古代被称为逸民的人有七位。这七位分别是：伯夷、叔齐、虞仲、夷逸、朱张、柳下惠、少连。这七人都是怀抱贤才，遁世隐逸之士。

孔子评论道："这些人之中，其立志高远而毫不屈于人的，且其守身廉洁而毫不为世俗所污的，那大概就是伯夷和叔齐了。"

接着他批评柳下惠、少连道："不选择一下就在那位君主手下做官，不等待时机就出来干事，屈志辱身——降低自己的志向、辱没自己的身份——对此也不感到担忧，但是其言谈符合事理，其行为符合众人的思虑。这又和其他人的屈志辱身有所不同。二人的可取之处仅此而已。"

他评价虞仲、夷逸道："这二位隐居遁世，肆言不忌。不过，隐居起来，能洁身自爱而不受玷污，这合乎道之清白；肆言不忌而放弃自我，表示不能被任用，应时变通，这又合乎了道之权宜。"

孔子接下来谈及自己的行为,他说:"这些人做得不够的地方,都是因为其心中存在认为不可之处;做得到的地方,都是因为其心中有认为可行之处。然而,老夫跟他们不一样。可以的时候就是可以,不可以的时候就是不可以,从一开始就不预先把可和不可放在心中。"

【注释】

◎逸民:怀揣贤才而遁世之人。 ◎不降其志:不屈其志。指若没有遇到圣明之君则不出仕之类的情况。 ◎不辱其身:清洁自身的行为,使其不受玷污。 ◎伦:义理的次第。 ◎虑:人们思虑相同之处。 ◎隐居:遁世而不出仕。 ◎放言:肆意妄言而无所顾忌。 ◎身中清:承接"隐居"而言。"清"是不污浊。 ◎废中权:承接"放言"来谈。"废"是废弃不用,"权"是因应时间、场合,从而做出适宜的处置。

【解说】

本章是孔子评论逸民进而谈及自己的行为。

伯夷、叔齐、柳下惠在前面的篇章中已经出现了。虞仲即仲雍,同泰伯一样是逃入荆蛮的人。夷逸、朱张,名不见经传,出身不明。少连是东夷人。

逸民七人之中,孔子没有评论朱张,有说法认为这是因为他理应在夷逸之后,却被落下了,也有说法认为朱张的行为与孔子相同，因此未予评论。被落下了的看法大约是正确的。

七人各自守住一种节义，但是孔子则既没有可，也没有不可，因而常常适于可，这一点又是与逸民之辈不同的。（尹焞）[1]

18.9 大师挚适齐，亚饭干适楚，三饭缭适蔡，四饭缺适秦。鼓方叔入于河，播鼗[2]武入于汉，少师阳、击磬襄入于海。

【译解】

因为鲁国国政混乱，礼崩乐坏，担任太师之官的挚离开鲁国前往了齐国。太师一离开，此后相继离开的人就多了。国君第二次用膳时奏乐的官员，名叫干的，前往了楚国。国君第三次用膳时奏乐的官员，名叫缭的，前往了蔡国。国君第四次用膳时奏乐的官员，名叫缺的，前往了秦国。击鼓的官员名叫方叔的，进入了河内之地。摇动小鼓的官员名叫武的，进入了汉中之地。少师之官名叫阳的，和敲击磬的官员名叫襄的，逃入了海岛中。

【注释】

◎大师：乐官之长。　◎亚饭、三饭、四饭：在古代，国

---

[1] 可能引自《论语集注》卷九："尹氏曰：'七人各守其一节，而孔子则无可无不可，此所以常适其可，而异于逸民之徒也。'"

[2] 鼗：音 táo。

君用膳的时候，演奏音乐为进餐助兴。"亚饭"是第二次用膳时奏乐的官员。三饭、四饭准此。王在平旦、昼、晡（四点左右）以及暮四个时段进膳，称为四饭，诸侯虽然是进行三饭，但从本章可以发现鲁侯竟然也是四饭。　◎入河："入"是一旦去了就不回来了。"河"是河内。　◎播鼗："鼗"是拨浪鼓。小鼓两旁有耳，持鼓柄摇晃则可使两旁的耳敲击鼓发出声响。"播"是摇动。　◎汉：汉中。　◎少师：协助太师的官员。　◎海：海岛。

【解说】

本章记载了鲁国礼乐崩坏，乐人纷纷离开鲁国的事情。朱子认为此章未必是孔子所言。

周朝衰落，音乐废弛，孔子自卫国返回鲁国，一度试图改变这一状况。其后，伶人贱工知道了音乐之正。等到鲁国更加衰落了，三桓僭越妄为，自太师以下都知道出走四方，逾河蹈海以避乱。圣人短时间内的帮助，其功业教化就已经如这般了得。孔子说："苟有用我者，期月而已可也。"（《子路》篇）这看来不是句空话。（张载）[1]

---

[1] 可能引自《论语集注》卷九："张子曰：'周衰乐废，夫子自卫反鲁，一尝治之。其后伶人、贱工识乐之正。及鲁益衰，三桓僭妄，自大师以下，皆知散之四方，逾河蹈海以去乱。圣人俄顷之助，功化如此。如有用我，期月而可。岂虚语哉？'"

18.10 周公谓鲁公曰:"君子不施其亲,不使大臣怨乎不以。故旧无大故,则不弃也。无求备于一人!"

【译解】

鲁公伯禽接受分封之初,周公旦训诫鲁公说:"治国以忠厚为本。因为君子把亲族当作与自己同根同源者,所以笃爱于亲,不会遗弃亲人。大臣不堪其任就会离开你,大臣在其位期间,要信任他,不要使他因为没有受到任用而产生怨恨。故旧之家因为其先辈有功德,所以只要没有严重的奸恶逆乱,就不要抛弃他们。人没有全能之辈,依据其所长来任用人,不要要求一个人无所不能,不要去求全责备。"

【注释】

◎施:遗弃。 ◎以:用。 ◎故旧:就世世代代为臣之家而言。 ◎大故:大逆。

【解说】

本章阐述了君子以忠厚之心待人。

"周公"即周公旦,"鲁公"是周公旦之子伯禽,是第一个被分封在鲁国的人。

这是伯禽受封后前往封国之时,周公旦的训诫之辞,鲁人传诵,久而不忘。或者可能是孔子曾经为其门下的弟子

讲到过。（胡寅）[1]

18.11 周有八士：伯达、伯适[2]、仲突、仲忽、叔夜、叔夏、季随、季骢[3]。

【译解】

过去，在周朝昌盛之时，一代又一代地教育人材，使得贤人辈出，一家之中出了八位英才。他们是：伯达、伯适、仲突、仲忽、叔夜、叔夏、季随、季骢。这不只是一门之庆事，实际上也是国家之光荣。可惜呀！现如今已经看不到像这样人材辈出、彬彬济济的盛况了。

【注释】

◎周：谓周初昌盛之时。　　◎士：谓有才德之人。

【解说】

本章是追思周初人才济济的盛况。

关于这里的"八士"，郑玄[4]说是周成王时期的人，刘向[5]

---

[1] 可能引自《论语集注》卷九："胡氏曰：'此伯禽受封之国，周公训戒之辞。鲁人传诵，久而不忘也。其或夫子尝与门弟子言之欤？'"
[2] 适：音 kuò。
[3] 骢：音 guā。
[4] 郑玄（127—200），字康成，北海高密（今山东高密）人，东汉末年著名的经学家。早年师从经学大师马融。郑玄遍注群经，学术成就颇高。
[5] 刘向（公元前77—公元前6年），原名更生，字子政，世称刘中垒。汉代文学家、文献学家。著作有《新序》《说苑》《列女传》等，而《战国策》是他所编纂。

说是周宣王时期的人。大概一位母亲一次生两个孩子,生了四次,于是产下了"八士"。然而,现在也无法考证清楚了。(朱子)[1]

---

[1] 可能引自《论语集注》卷九:"或曰'成王时人',或曰'宣王时人'。盖一母四乳而生八子也,然不可考矣。"

子张第十九

本篇所记皆孔门弟子之言。而以子夏的为最多，子贡居其次。在孔子的门下，自颜子以下颖悟聪明的，没人比得上子贡。自曾子以下笃实的，没人比得上子夏，所以特地详细记录了他们的事迹。凡二十五章。

19.1 子张曰："士见危致命，见得思义，祭思敬，丧思哀，其可已矣。"

【译解】

士崇尚正确立身的高尚节操。如果见到国君或自己的父亲身处危难，就算不能免除他们的危难，自己也豁出性命去救助；见到可以得到的利益，就算得不到，也思考在道理上是否当取；进行祭祀时，心怀敬意，如同祭祀的对象就在自己眼前一般，竭尽诚意；守丧的时候，心怀哀戚，极尽悲痛之情，大节无所亏。如果能做到以上几点，那么姑且可以谓之为士了。

【注释】

◎士：一般民众中之优秀者。　◎致命：奉献出自己的生命。　◎义：考虑在道理上是否该得到。

【解说】

本章阐述了为士之人，立身应有之大节。

子张所讲的这四点是身为士者立身之大节。四点之中，即使其中有一个没有做到的话，其余的部分做得再好，也不值得去看了。所以子张认为士能这样做的话，作为上而言做得也就差不多到位了。（朱子）[1]

19.2　子张曰："执德不弘，信道不笃，焉能为有？焉能为亡？"

【译解】

事物之理存于天下的是道，践行道并领悟于身的是德。如果守道而弘扬光大，则众德集聚，德不局限于一种；信道而笃实，则志向节操坚确不移，道不会遭到废弃。假如人守道而不能弘扬光大，满足于一善而已，则德孤；假如信道不笃，常怀疑虑，则道废，像这样的人是不能被世间承认的。

【注释】

◎执德不弘："执德"是以量而言。"不弘"是说量小。

---

[1] 可能引自《论语集注》卷十："四者立身之大节，一有不至，则余无足观。故言士能如此，则庶乎其可矣。"

◎不笃：志向节操不坚定，疑惑而摇摆不定。　◎焉能为有？焉能为亡："焉"训读为"いずくんぞ"[1]。"亡"训读为"無し"[2]。虽存在于世上，也不受世人所重；虽不在世上，也不为世人所轻。总之，其存在不被世人所承认。

【解说】

本章向人们展示了弘德之学。

弘而不笃，则容受太广，以后随着别人一起越轨放逸，反而不能守住正理；笃而不弘，则只是确信一种说法，可能不了解其他方面。这二者应当放在一起说明。（朱子）[3]

19.3　子夏之门人问交于子张。

子张曰："子夏云何？"

对曰："子夏曰：'可者与之，其不可者拒之。'"

子张曰："异乎吾所闻。君子尊贤而容众，嘉善而矜不能。我之大贤与？于人何所不容？我之不贤与？人将拒我。如之何其拒人也？"

【译解】

子夏的门人向子张请教交友之道，大概他是想先听听子张

1　按，"いずくんぞ"意思是"怎么""如何"。
2　按，"無し"的意思就是"无""没有"。
3　可能引自《论语集注大全》卷十九："若信道不笃，则容受太广，后随人走作，反不能守住正理；信道笃而不弘，则是确信其一说，而或至于不通，故须着并说。"

的说法，然后折中一下吧。

子张说："子夏是怎么说的？"

子夏的门人回答道："子夏说：'可以交往的朋友就交往，不可以交往的朋友便拒绝，不要再与之交往。'"

子张说："那跟我所听到的不一样。我听说：'君子尊敬有德的贤者，也能容纳普通的民众，不会抛弃他们。对于有一善可取之人，便嘉许对方；对于无善可取又没有才能之人，也会哀矜对方，不会断绝与对方的交往。'总之，可以交往的人，本来就可与之交往，而不可与之交往的人，也不要拒绝人家。虽然子夏说不可以交往的人就拒绝，但是自己是作为大贤拒绝人家呢？抑或是自己是作为不贤者拒绝人家呢？假如自己是大贤的话，能够以自己之所'可'去化人之所'不可'——用自己好的地方去改变别人不好的地方，又怎么会接受不了别人呢？而假如自己不贤的话，因为自己是'不可'的，别人会首先拒绝我，又怎么可能轮到我来拒绝别人呢？与朋友交往之中，如子夏说的那样拒绝别人的情况大概是不会发生的。"

【注释】

◎可者：益友。　◎与之：与之交往。　◎不可者：损友。　◎拒之：拒绝而不交往。　◎容：包容。　◎嘉善：若有一善可取者则给予称扬。　◎何所不容：必然不会拒绝人。

【解说】

本章体现了子夏和子张在交友之道上的不同之处。

子夏之所言过于狭隘,子张听到后,对子夏的说法进行批评也在情理之中。但是,子张之所言又有过于高尚之弊——大贤虽然于人无所不容,但是对于大逆不道之人还是应当绝交;如果自己不贤,虽然不能拒绝别人,但是对于损友还是应当敬而远之。学习者对此不得不好好考察一番。(朱子)[1]

19.4 子夏曰:"虽小道,必有可观者焉。致远恐泥,是以君子不为也。"

【译解】

即便是一技一艺的小道,也必有至理寓于其间,资于世用,有可观之处。然而,将其推而广之,运用到治理国家那样远大的事业中,则恐怕会有滞碍不通之处。因此,君子用心于修己治人之大道,而不会去学习一技一艺之小道。

【注释】

◎小道:谓各种技艺。皆圣人之所作,乃道之一端。朱子认为是指农业、医术、卜筮之类。 ◎致:推广。 ◎远:远

---

[1] 可能引自《论语集注》卷十:"子夏之言迫狭,子张讥之是也。但其所言亦有过高之病。盖大贤虽无所不容,然大故亦所当绝;不贤固不可以拒人,然损友亦所当远。学者不可不察。"

大的事业，治理天下国家之事。　　◎泥：停滞不前。

【解说】

本章阐述了君子不学小道。

百家众技，如同耳、目、鼻、口一般，这些器官分别是用来听得清楚、看得透彻、嗅得真切、尝得明白，各自有各自的功能，但不能彼此通用，相互替代。虽然百工众技不是没有可观之处，但是如果推及于远大的事业，恐怕不能通用了。故而，君子不会学习小道。（杨时）[1]

19.5　子夏曰："日知其所亡，月无忘其所能，可谓好学也已矣。"

【译解】

这里有一个人，他每日自勉，知道自己还有未知之事，还有未做之事；每月自省，没有忘掉自己已经知道的、已经做过的，那么由于其心一时一刻也没有离开学习，所以真可谓是好学了。

【注释】

　　◎所亡：尚不知道、尚未做到的地方。"亡"同"无"。　　◎日、

---

[1] 可能引自《论语集注》卷十："杨氏曰：'百家众技，犹耳目鼻口，皆有所明而不能相通。非无可观也，致远则泥矣，故君子不为也。'"又见于《论语精义》卷十上。

月：每日、每月之意。

【解说】

本章劝人好学向上。

好学者日日自新,而不会丢掉已经学到的。(尹焞)[1]

19.6 子夏曰:"博学而笃志,切问而近思,仁在其中矣。"

【译解】

学习者广泛地学习以增广见闻,志向笃定,心无旁骛,期望必有所得,若能就切合自身的事细致入微地向师友请教,思考切近自身的东西,虽然还不能直接当作是仁,但是心不外驰,存在于内心的东西自然圆通,所以不求仁而仁可以自得。

【注释】

◎笃志:专心致志而无他求。 ◎切问:询问切己之事。 ◎近思:不去考虑高远的道理,而追求切近在己之事。

【解说】

本章向人们揭示了求仁的方法。

学习的东西不广泛,则不能遵守约束。志向不笃定,则不能努力于践行。对在于自身的东西能够切问、近思,则自然至

---

[1] 可能引自《论语集注》卷十:"尹氏曰:'好学者日新而不失。'"又见于《论语精义》卷十上。

于仁。(程子)[1]

博学而志向不笃定,那么学得再多也没有成就;广泛地询问各种问题,思考的问题又不切实际,那么花了力气却没有功绩。(苏轼)[2]

19.7 子夏曰:"百工居肆以成其事,君子学以致其道。"

【译解】

各种工匠,在官府制作器物的作坊中,一心一意地干活,完成他们的工作。君子勤学求道,以求达到道的极致。

【注释】

◎百工:各种工匠。 ◎肆:政府开设的器物作坊,让工匠在官府进行工作,木匠、泥瓦匠等都在"肆"中干活。 ◎致:极。

【解说】

本章是希望人们通过学习以至于道。

工匠不在"肆"中,则会把注意力放在其他事物上,技艺就不可能精湛。君子不去学习,被外部诱惑所吸引,志向就不坚定了。尹氏(尹焞)说:"学习就是为了让道达到极致。百

---

[1] 此为程颢之语。可能引自《论语集注》卷十:"程子曰:'……学不博,则不能守约。志不笃,则不能力行。切问近思在己者,则仁在其中矣。'"又见于《河南程氏外书》卷六。
[2] 可能引自《论语集注》卷十:"苏氏曰:'博学而志不笃,则大而无成;泛问远思,则劳而无功。'"

工居于肆，必能专心致力于把自己的工作完成。因此，君子在学习上，不可不知道要努力的地方。"我以为这二种说法要综合起来，其意义才算完整。（朱子）[1]

19.8 子夏曰："小人之过也必文[2]。"

【译解】

君子有了过错，必然会迅速改正，但是小人有过错，却惧怕改正，必然会文饰其过，自欺欺人。

【注释】

◎小人：不善之人。　◎文：做得好像没有过错一般，修饰表面以掩饰过错。

【解说】

本章是在告诫文过饰非的行为。

《卫灵公》篇出现过："过而不改是谓过也。"[3] "文过"比"不改过"程度要更厉害。这加重了过错。

19.9 子夏曰："君子有三变：望之俨然，即之也温，听其言

---

1 可能引自《论语集注》卷十："工不居肆，则迁于异物而业不精。君子不学，则夺于外诱而志不笃。尹氏曰：'学所以致其道也。百工居肆，必务成其事。君子之于学，可不知所务哉！'愚按：二说相须，其义始备。"
2 文：旧音 wèn。动词，掩饰。
3 出自《论语·卫灵公第十五》（15.29）。

也厉。"

【译解】

君子将盛德积于中,光辉发于外,在容貌言语之间,从他人看来有三种变化:从远处遥望,似乎庄严而不可冒犯;走到其身边,感觉温和亲切,似乎不是那么庄严;听其所言,义正辞严,是非分明,又似乎不是那么温和。

【注释】

◎三变:从他人的视角看来有三种变化,而君子自己却是无心的。 ◎俨然:庄严。容貌庄严。 ◎温:面色温和。 ◎厉:语辞严正,不改易是非。

【解说】

本章讲述了君子容貌言语的三种变化。

本章的"君子"未必一定是指孔子,但是如果不是孔子,那就没人能做到这些。故而程子说:"其他人如果俨然了则不温和,如果温和了则不严正,唯有孔子全能做到。"[1]

19.10 子夏曰:"君子信而后劳其民,未信则以为厉己也。信而后谏,未信则以为谤己也。"

---

[1] 可能引自《论语集注》卷十:"程子曰:'他人俨然则不温,温则不厉,惟孔子全之。'"又见于《河南程氏遗书》卷六。

【译解】

君子在与上上下下的人交往之中，以信为本。役使民众时，因为平日里具有爱护自己人民的诚意而受到人民的信任，所以之后可以让人民服劳役。由于人民已经感受到其爱，从而忘记了服劳役的辛苦。假如尚未受到人民的信任，就遽然让人民服劳役的话，人民会认为你是在虐待折磨他们。

侍奉君主，因为平日以忠君之诚意而受到君主的信任，所以之后可以直言以谏其君。由于君主已感受到其忠，因而会接纳其谏言。假如尚未受到君主的信任，就遽然向君主进谏，由于君主还没有认识到那诚意，只会觉得其言逆耳，以为是在诽谤他。

所以，事上使下之际，不可不知首先应当做什么。

【注释】

◎君子：就在位而言，上有君，下有民。　◎信：诚意满满则受人民信赖。　◎厉：病。

【解说】

本章阐述了事上使下之道。

"信"是在役使人民、侍奉君主之前发生的。假如役使人民而人民认为你是在折磨他们，进谏君主而君主认为你是在诽

谤他,那都是因为自己的诚意尚有不足。(张栻)[1]

19.11 子夏曰:"大德不逾闲,小德出入可也。"

【译解】

德之大者,例如忠、信、孝、悌,必须守之勿失,丝毫不可违背其规则。如果人能够首先确立其德之大者,那么像语默动静那般的小事,即便都不合理,也没有什么危害。

【注释】

◎大德:指的是像三纲五常之类的重要的德。 ◎闲:阑,栅栏。阻止物体出入的设施。指人应当坚守的规则。 ◎小德:相对于大德而言,指日常的语默动静之类。 ◎出入:偏离规则,全都不符合规则。

【解说】

本章是针对把心思放在小节而忽视大节的人说的。

本章用来观察别人是适用的,但是用这种标准来宽宥自己,则会有弊端。

19.12 子游曰:"子夏之门人小子,当洒扫、应对、进退,则可矣,抑末也。本之则无,如之何?"

---

[1] 可能引自《论语集注大全》卷十九:"南轩张氏曰:'信在使民谏君之先。若使民而民以为厉己,谏君而君以为谤己,是在我孚信未笃而已。'"

子夏闻之曰："噫！言游过矣！君子之道，孰先传焉？孰后倦焉？譬诸草木区以别矣。君子之道，焉可诬也？有始有卒者，其惟圣人乎！"

【译解】

子夏之学笃实，所以先是从浅近之处入手。子游不懂这些，就讥讽地说道："道有本末，不可一味地致力于末而忘乎其本。看看子夏的门人弟子们，干起扫地洒水、应对宾客、应答进退等，学得很好，有可圈可点之处。然而，这些是末节小事。试着探寻道之大本的话，则根本做不到了。怎么说是好呢？"

子夏听到后，叹息道："哎呀！言游（言是子游的姓）说错了。君子诲人之道是有顺序次第的，并非是要把本末之中的某一项放在首位去传授，也并非是要把本末之中的某项放在后面而倦于教授。由于受教者程度存在高低的差别，所以与之相应的教育方法也就不会是一成不变的。譬如根据草木的大小种类加以区分，才能做好相应的分类。君子诲人之道又怎么能不考虑受教者的程度、不确定好教育的顺序，而一概强行以高远之事欺罔门人弟子们呢？如果说从扫地洒水、应对宾客、应答进退之类的末节小事以至于诚意、正心之大本，这些全都具备了，而且没有必要按照顺序次第之先后给予教诲，假如有这样的人存在的话，那也唯有生知安行的圣人而已了，怎么能用这些去责备门人弟子们呢？圣人以下的人物，根据其程度的不同，教诲之道有所差别，是理所当然的。所以要先向门人弟子们教授扫地洒水、应对宾客、应答进退的末节小事。子游的讥讽是错的。"

【注释】

◎门人小子："小子"是指众位弟子。　◎洒扫：洒水扫除之事。　◎应对：应答宾客。　◎进退：谓进退之法。　◎抑：转折词。　◎无：未能做到。　◎如之何：不可之意。　◎噫：叹息之声。　◎倦：倦怠而不施教。　◎区：种类。　◎诬：欺骗。把尚未达到某种水平的人当作达到了的人来对待。　◎始：指"本"。　◎卒：指"末"。

【解说】

本章中针对子游讥讽子夏弟子的言论，子夏解释说教诲人是有顺序次第之先后的。

君子诲人是有顺序的，先传授小的、浅近的，然后再教授大的、高远的。而不是先传授浅近的、小的东西，然后就不再教授远大的东西了。（程子）[1]

19.13　子夏曰："仕而优则学，学而优则仕。"

---

[1] 可能引自《论语集注》卷十："程子曰：'君子教人有序，先传以小者近者，而后教以大者远者。非先传以近小，而后不教以远大也。'"又见于《河南程氏遗书》卷八。

【译解】

做官以践行其所学,学习到的东西则作为做官的基础。出仕和学习,道理相同而事情有异。故而做事的人,先做好本职工作,而后才顾及其他。

所以做官而有位之人,专心于自己的职责而不他顾,如果尚有余力,则通过学习以弄清楚事物之理,据此作为当官之资。尚未出仕做官而勤于学习之人,则专心致志于学习,不要轻率地出来做官,等学有余力之后再出仕做官,以践行其所学。

【注释】

◎优:有余力。

【解说】

本章说明了仕与学应当先完成其各自所侧重的方面。

当官而后再学习,则有助于其为官之处越发地深;学习而后再当官,则验证其所学之处越发地广。(朱子)[1]

19.14 子游曰:"丧致乎哀而止。"

【译解】

子女在为父母守丧之时,因为想到的只是竭尽哀痛之情并达到了极点,所以不会去崇尚文饰。

---

[1] 可能引自《论语集注》卷十:"仕而学,则所以资其仕者益深;学而仕,则所以验其学者益广。"

【注释】

◎致：极尽。

【解说】

本章阐述了丧以哀为本的道理。

《八佾》篇中提到"丧与其易也宁戚"，这和《礼记·檀弓上》说的："不若礼不足而哀有余"是一个意思。

19.15　子游曰："吾友张也，为难能也。然而未仁。"

【译解】

我的朋友子张有过于高强的才干，能做别人难以做到的事情。然而，诚意不足，缺乏人情，所以尚未达到仁。

【注释】

◎张：子张。　◎难能：指别人难以做到的。

【解说】

本章是子游在评价子张。

下一章中，曾子也不认可子张之"为仁"。

19.16　曾子曰："堂堂乎张也，难与并为仁矣。"

【译解】

容貌堂堂、一表人才的子张，把力气花在外貌上，而且自负甚高，既不能借助他人的辅助而实现仁，也不能辅助他人做到仁。

【注释】

◎堂堂：容貌之盛。

【解说】

本章中曾子在规正子张的缺点。

子张是外在有余而内在不足，所以孔子的门人都不赞许其为仁。孔子说过："刚、毅、木、讷近仁。"（《子路》篇）宁愿外在的不足，也做到内在有余，那样就差不多能做到为仁了。（范祖禹）[1]

19.17 曾子曰："吾闻诸夫子：人未有自致者也，必也亲丧乎！"

【译解】

我曾经从先生那里听闻到如下这段话："常人未受到他人的激励，就不可能会有真情感发流露出来，从而达到极致。只有亲人之丧是人的真情流露，不用等别人的激励和劝说。"

【注释】

◎夫子：指孔子。　◎致：尽其极致。

---

[1] 可能引自《论语集注》卷十："范氏曰：'子张外有余而内不足，故门人皆不与其为仁。子曰：刚、毅、木、讷近仁。宁外不足而内有余，庶可以为仁矣。'"又见于《论语精义》卷十上。

【解说】

本章阐明了丧礼乃出自本心之诚。

人在其他事情上,也许不能做到竭尽其力,但对于亲人之丧,怎么能不竭尽其力呢?假如对此不能尽力的话,那么对于什么事情还能尽力呢?对此能尽力的话,那么对于其他事情也能推及其心,由此及彼了。(张栻)[1]

19.18 曾子曰:"吾闻诸夫子:**孟庄子之孝也,其他可能也;其不改父之臣与父之政,是难能也。**"

【译解】

我曾经从先生那里听闻到如下这段话:"孟庄子孝敬亲人,其他孝行都容易做得到。只是他能够使用父亲任用的老臣,坚守父亲施行过的政策而不做改动,这类孝行确实是不容易做到的。"

【注释】

◎政:施政。　◎难能:为之不易。

【解说】

本章讲述了继承父亲的事业、践行父亲志向的孝。

---

[1] 可能引自《论语集注大全》卷十九:"南轩张氏曰:'人于他事未能自尽,于亲丧其可不自尽乎!若于此不能自尽,则何事能尽?若于此能自尽,则于其他,亦推是心而已。'"

"孟庄子"名速,是孟献子之子,孟庄子是鲁国大夫。

《学而》篇有"三年无改于父之道,可谓孝矣"。《中庸》中提到"孝就是善于承继先人的志向,善于传承先人的事业"。[1]孔子因此才赞美道:"是难能也。"

19.19　孟氏使阳肤为士师。问于曾子。曾子曰:"上失其道,民散久矣。如得其情,则哀矜而勿喜!"

【译解】

鲁国大夫孟氏任命曾子的弟子阳肤为士师(司法官之长)。阳肤向老师曾子请教士师之道。曾子告诉他:"现在居于百姓之上的人搞错了役使人民、教导人民之道,所以在上者与民众的情义乖离,互相之间不亲近,这种状况从很久以前就开始了。人民触犯了法律,这可能是由于饥寒所迫不得已而为之,不然就是不知道自己是犯了罪而去做的。假如治理刑狱时能够了解百姓触犯法律的实际情况,考虑到百姓是因为不得已才犯了法,抑或是自己不知道才犯了法,继而怜悯他们,而不是凭借自己的聪明,为得知了实情而沾沾自喜。"

【注释】

◎散:上下情义乖离,不相维系。民意离散。　◎情:犯

---

[1] 出自《中庸》:"子曰:'……夫孝者,善继人之志,善述人之事者也。'"

罪的实际情况。　◎哀矜：怜悯。

【解说】

本章阐述了听讼之道。

民之离散，都是因为役使百姓无道，教化百姓没有基础。所以，百姓犯法，如果不是迫不得已，那就是因为溺于无知。故而，得知实情的时候，要哀怜同情百姓，不要因为是凭借自己的聪明查知了实情而感到喜悦。（谢良佐）[1]

19.20　子贡曰："纣之不善，不如是之甚也。是以君子恶居下流，天下之恶皆归焉。"

【译解】

虽然殷纣王被认为是十恶不赦的坏人，但是他的不善并没有到达无以复加的程度。只是纣把自身置于不善的境地，而居于天下下流的地方，于是如同众流会汇聚于低洼之处一般，人们将各种恶都归集到纣的身上。所以，君子不行不善，厌恶居于下流。处于下流的话，天下之恶都会归集到自己身上了。要以纣为借鉴，不得不有所警醒。

---

[1] 可能引自《论语集注》卷十："谢氏曰：民之散也，以使之无道，教之无素。故其犯法也，非迫于不得已，则陷于不知也。故得其情，则哀矜而勿喜。"又见于《论语精义》卷十上。

【注释】

◎下流：地形卑下而众流汇集之处。比喻人的身上有了污贱的行为，那就是恶名汇集的地方。

【解说】

本章解释了不可将自身置于不善的境地。

子贡说这些，是希望人们常常自我警醒，不要完全将自己置于不善的境地，而不是说纣本来没有罪却被无端地套上了恶名。（朱子）[1]

19.21 子贡曰："君子之过也，如日月之食焉；过也，人皆见之；更也，人皆仰之。"

【译解】

君子的过错，就像日食、月食一样。犯下了的过错，无法文饰其非、隐而藏之，所以人人都能看得见。改正了的话，就回到了没有过错的状态，人人都会仰慕他。恰如太阳、月亮在日食、月食的时候会出现一段时间的亏缺晦暗，不过当太阳、月亮重新放射出光辉，人人都会仰视之。"

【注释】

◎日月之食：指日食、月食。　◎更：改。

---

[1] 可能引自《论语集注》卷十："子贡言此，欲人常自警省，不可一置其身于不善之地。非谓纣本无罪，而虚被恶名也。"

【解说】

本章阐述了君子能改过。

"人皆见之",这是因为君子不文饰其非、掩藏其过失。日食、月食过后很快就恢复其本来面目了,无损于其光辉明亮。故君子改正错误时没有犹豫,德则愈发光耀灿烂。(张栻)[1]

19.22 卫公孙朝问于子贡曰:"仲尼焉学?"

子贡曰:"文武之道未坠于地,在人。贤者识[2]其大者,不贤者识其小者。莫不有文武之道焉。夫子焉不学?而亦何常师之有?"

【译解】

卫国大夫公孙朝问子贡:"仲尼(孔子)对天下的事物无所不通,他到底是跟什么样的老师学到的呢?"

子贡说:"先生传承的是周文王、周武王之道,现在周文王、周武王之道尚未衰亡,仍在流传之中。才智卓绝的贤者记住了道之大端,而才智拙劣的不贤者则记住了道之末节。因此,普天之下,周文王、周武王之道无处不在。先生他有时是从贤者那里学习了道之大端,有时是从不贤者那里学习了道之

---

1 可能引自《论语集注大全》卷十九:"南轩张氏曰:'人皆见之者,君子不文饰掩蔽其过。日月之食,旋而复矣,无损其明也。故君子改过不吝,而德愈光焉。'"
2 识:本章中的两个"识"均音 zhì。

末节,而无论去往何处,都未曾中断过学习。如此一般,才做到了学有大成。并没有什么所谓固定的老师。"

【注释】

◎仲尼:孔子的字。 ◎文武之道:谓周文王、周武王的谟(谋略)训(教导)、功绩、礼乐制度之类。 ◎未坠于地:未丧失。 ◎识:记。

【解说】

本章陈述了孔子学问之所从来。

所谓"在人",其"人"之中可能有老子、苌弘[1]、郯子[2]、师襄[3]之徒,也可能有太庙中的官吏。

19.23 叔孙武叔[4]语大夫于朝曰:"子贡贤于仲尼。"子服景伯以告子贡。

子贡曰:"譬之宫墙,赐之墙也及肩。窥见室家之好。夫子之墙数仞,不得其门而入,不见宗庙之美、百官之富。得其门者或寡矣。夫子之云,不亦宜乎!"

---

1 苌(cháng)弘:字叔,又称苌叔,蜀人。他是掌管周王室天文历术的人。孔子曾拜访过苌弘,向他请教关于音乐方面的问题。
2 郯(tán)子:春秋时期郯国(在今山东境内)的国君。他讲求仁义,治国有绩。孔子曾向他求教。
3 师襄:春秋时期鲁国(一说卫国)的乐官,孔子曾跟他学琴。
4 叔孙武孙:鲁国大夫,叔孙氏是三桓之一。名州仇,"武"是其谥号。

【译解】

鲁国大夫叔孙武叔在朝廷上跟众位大夫们说:"人人都称仲尼是圣人,但是子贡比起仲尼来要更胜一筹。"

子服景伯(鲁国大夫)看上去显得有些不服气,于是把叔孙武孙说的话告诉了子贡。

子贡听后说道:"如果把先生他与赐(子贡之名)的为人比作屋外的墙,赐的墙也就是和肩膀差不多一般高。从墙外可以窥见墙内建筑物好的地方。参悟我的道从浅近处也容易发现得了。而先生的墙则有数仞(一仞为周代的七尺长,约为1.4米)之高,从大门进去方才能看到墙内的东西。假如不能找到其门而进入的话,那就看不到墙内的宗庙之美、百官之富(多人并列)了。参悟先生的道要从很深刻的地方开始,不是容易参透的。然而,当今这世上能找寻到先生之门而入者少之又少,所以那位大人这样说不也就在情理之中了吗?"

【注释】

◎宫墙:屋外的墙。 ◎宗庙之美、百官之富:"宗庙"是宫室,"百官"在宗庙之中。"美"是比喻道德的光辉,"富"是比喻道德充实。 ◎夫子:"夫子之墙"的"夫子"是指孔子,而"夫子之云"的"夫子"是指叔孙武孙。

【解说】

本章解释了孔子是常人不能了解的。

有种说法认为叔孙武叔说这些,是想告诉朝臣们,希望让他们都不要任用孔子。还有人认为叔孙武叔说这些不只是不了解孔子,而且也不了解子贡,这种看法也是颇有道理的。

19.24 叔孙武叔毁仲尼。子贡曰:"无以为也!仲尼不可毁也。他人之贤者,丘陵也,犹可逾也;仲尼,日月也,无得而逾焉。人虽欲自绝,其何伤于日月乎?多见其不知量也。"

【译解】

叔孙武叔诋毁孔子。子贡晓谕道:"不可诋毁仲尼!仲尼本来就是无法诋毁的。要是拿其他人的贤来作个比方的话,其他人可比作丘陵,所谓丘陵,其最高处可以被逾越;但仲尼是太阳、月亮,是怎么也无法逾越的。纵使人们诋毁他,想要自绝于仲尼,试问人又怎么可能损伤太阳、月亮般高尚的道德呢?真要是那样做的话,表露出来的恰恰是人的盲目无知,不知道自己的分量轻重。所以不可诋毁仲尼!"

【注释】

◎无以为也:不得诋毁。　◎丘陵:比喻高度有限。　◎日月:比喻至高无极。　◎自绝:诋毁并自绝于孔子。　◎多:适。　◎不知量:自己不知道自己的分量轻重。"其不知量",表露出来的是自己的愚昧。

【解说】

本章赞美了圣人道德的崇高。

就算是孔子这样具有圣德之人也免不了遭人诋毁,所以其他的人受到诋毁也是自然的了。志道者不可因毁誉而动摇本心。

19.25 陈子禽谓子贡曰:"子为恭也。仲尼岂贤于子乎?"

子贡曰:"君子一言以为知,一言以为不知。言不可不慎也。夫子之不可及也,犹天之不可阶而升也。夫子之得邦家者,所谓立之斯立,道之斯行,绥之斯来,动之斯和,其生也荣,其死也哀。如之何其可及也?"

【译解】

陈子禽对子贡说:"你把仲尼又是比作数仞宫墙,又是比作太阳、月亮,但是你这应该是在努力做到恭敬,以表达对老师的谦逊吧!仲尼怎么能比你好呢?他比不上你的。"

子贡责备陈子禽道:"君子评论人的时候,一句话切中道理,那就会被人家认为是'智';一句话失理,则会被人家认为是"不智"。因为'一言'关系到智与不智,所以说话不可不慎重。要是说'仲尼怎么能比你贤能'之类的话,就会被人们认为是'不智'的。"

子贡又进一步说明他不可能比得上孔子,他说:"先生的道德之高尚，无人能及，打个比方，这就好比是你没法架设通往天上的阶梯来登天一般。先生他假如能得到国家，作为王者的辅佐，治理国家，其功业绝不会是很小的。正所谓要是树立人民的生业，人民的生业就会确立；要是引导教化人民，人民便会遵循他的教化；要是能安定人民，远方之民也会前来归附于他；要是用德来感动民心，人民就会和谐亲睦；先生活着的时候，人们都以其为荣，莫不尊崇；先生离世的时候，人们都会哀悼他，如同失去了自己的亲生父母一样。其感化之神速，又深入人心者就像这样一般，所以我怎么可能比得上先生道德之高尚呢？"

【注释】

◎为恭：恭恭敬敬，对老师谦卑恭逊。 ◎知……不知：指人们认知的明与不明。 ◎夫子：指孔子。 ◎阶：梯。 ◎所谓：这个"所谓"一直管到"其死也哀"。 ◎立：树立生活之道。 ◎道：教化。 ◎行：从。 ◎绥：安。 ◎来：归附。 ◎动：以德使之感动。 ◎和：和睦。 ◎荣：与有荣焉，莫不尊之亲之。

【解说】

本章责备了陈子禽不能谨于言，还说明了孔子之"不可及"。

看看子贡称赞圣人的话语，可以想见子贡在晚年时期进求德，大约极尽高尚远大之处了，假如孔子拥有国家的话，以德感动人民，其速度比用鼓锤击鼓、物体投射出阴影和东西发出声响都要迅速得多，人们因为德而发生变化，但不知道为什么会发生变化。人大概是无法离开圣人了，离开了则有不能理解的东西。要是圣人进入了不可知的神人之境（参照《孟子·尽心下》）[1]，这几乎是思考了并努力去做也难以企及的了。（谢良佐）[2]

---

[1] 按，参见《孟子·尽心下》："可欲之谓善，有诸己之谓信，充实之谓美，充实而有光辉之谓大，大而化之之谓圣，圣而不可知之之谓神。"
[2] 可能引自《论语集注》卷十："谢氏曰：'观子贡称圣人语，乃知晚年进德，盖极于高远也。夫子之得邦家者，其鼓舞群动，捷于桴鼓影响，人虽见其变化，而莫窥其所以变化也。盖不离于圣，而有不可知者存焉。此殆难以思勉及也。'"又见于《论语精义》卷十上。

尧曰第二十

本篇凡三章。

20.1 尧曰:"咨!尔舜!天之历数在尔躬。允执其'中'。四海困穷,天禄永终。"

舜亦以命禹。

曰:"'予小子履,敢用玄牡,敢昭告于皇皇后帝:有罪不敢赦。帝臣不蔽。简在帝心。'朕躬有罪,无以万方;万方有罪,罪在朕躬。"

周有大赉[1],善人是富。"虽有周亲,不如仁人。百姓有过,在予一人。"

谨权量,审法度,修废官,四方之政行焉。兴灭国,继绝世,举逸民,天下之民归心焉。

所重民食、丧、祭。

---

1 赉:音 lài。

宽则得众，信则民任焉[1]**，敏则有功，公则说。**

【译解】

　　古时候，帝尧禅位给舜的时候，嘱命他说："啊！你，舜呀！天意昭昭，帝王相继的顺序现在落在你身上了。承天之命而坐上了帝王之位，这可不是容易的事情。如果诚信地秉持无过无不及的中庸之道去治理人民，那么四海升平，人民幸福，则可以永葆天命，但是假如不能秉持中庸之道，弄得四海之内人民困穷，那么上天赋予你作为君王的荣华富贵也将永远断绝，不再会是你的了。对此不可不深以为鉴。"

　　舜禅位给禹的时候，也用这番话嘱命禹。

　　因为禹的后代桀无道，殷商的汤王兴兵讨伐了桀，承接帝王相继的顺序坐上天子之位。汤告诉诸侯们说："我先前讨伐桀的时候，曾向天帝请命道：'我履，斗胆以黑色的公牛当做祭祀的牺牲，冒昧而明白清楚地向伟大的天帝报告：夏桀无道，获罪于天，因而讨伐他，不敢擅自赦免他。天帝之臣乃天下之贤人，我不敢隐藏掩蔽，必会加以任用。有罪者也好，贤者也罢，简选他们都将遵从天帝之心，绝不敢掺杂一己私意。'现在成为了天子，责任甚重。假如我有过失的举动，做了获罪于天的事，那是我自己招来的，与天下万方的臣民没有关系；

---

[1] 按，"信则民任焉"一般认为是衍文。

假如天下万方的臣民有了过失，犯下罪过，那也是因为我统治失道，其罪责都在我一个人身上。"由此可知商汤公平待人，厚于责己，薄于责人。

汤王的后代商纣王暴虐无道。取代商纣王，膺承天之历数并拥有天下的是周武王。周武王取代商纣王之后，他向天下之人分发财物和粟米，让善人也富有起来。赏赐善人就如这样一般公平。周武王讨伐商纣王的时候，誓师道："虽然商纣王身边有很多至亲之人，但是信念不统一，离心离德，比不上我们周朝臣工之中仁人众多，信念一致，同心同德，所以讨伐商纣王必然能够获胜。现在人民都对于不讨伐商纣王有怨言，从而责备我，因此我下定决心要兴兵讨伐商纣王。"为了人民而去讨伐暴虐无道之君就像这样一般果断。

周武王平定天下后，统一了称重的"权"和测量容积的"量"，希望让欺诈之事无法发生；详细地检讨礼乐制度的增减改废，使之各得其所；恢复荒废的官职机构，使得四方之政令大为畅行。前代帝王的子孙虽然还在，可是国家已经灭亡的，就重新扶助他们复兴故国；国家虽然还在，但嫡系的子孙断绝的，就寻找到该家族有血缘关系的成员，延续那个国家的命脉，选拔任用被商纣王罢免了的贤人，于是乎天下之民纷纷归心于周。

治理国家方面最为重视的是百姓的吃饭、丧葬和祭祀之事。吃饭是养育生者，丧葬是送走亡人，祭祀则是报本，借此可以树立人伦，醇厚风俗。

总之，尧舜二帝，以及夏商周三代的圣王之治，不出宽、信、敏、公四点。因为心宽则有容纳别人的度量，那么人人归附而得众人之心；施行政令有信义，那么君主和人民不会相互欺骗，而人民就会信赖君主；自己勤于政事而不懈怠，那么任何事情都能实行，于是会有功绩；好恶赏罚公平，不掺杂一己之私意，那么天下之民就会心悦诚服。能够总结出这四点，就是"中"。帝王治世之道不过就是这些。

【注释】

◎咨：嗟叹之声。啊。 ◎历数：帝王相继的顺序。 ◎允：信，诚实。 ◎其中：道之无过无不及之处。中庸之道。 ◎天禄：天赋予的作为君主的荣华富贵。 ◎永终：永久地断绝。 ◎曰予小子履："曰"提示的是商汤在说话。所谓"予小子"是面对上天时，显示自己谦卑的用词。"履"是商汤的名。 ◎玄牡：黑色的公牛，是作为祭祀的供品用的。 ◎昭：明。 ◎皇皇后帝：对天帝的尊称。"皇皇"意思是大。"后"意思是君。 ◎有罪：指夏桀。 ◎帝臣：天帝之臣的意思，指天下之贤人。 ◎不蔽："蔽"是不举用。 ◎简在帝心：遵从天帝之心，简选有罪者、有德者，而不掺杂私意。 ◎万方：谓天下之民。 ◎大赉：大举赏赐东西予天下之民。"赉"

训读为"たまう"。[1]因为是普遍地、广泛地赏赐于天下,所以说是"大"。　◎善人是富:让善人变得富足。"周有大赉"和"善人是富"二句又有别解。　◎周亲:至亲。　◎过:咎责。　◎予一人:天子自称之辞。　◎谨权量:"谨"是均一,不让不规范的得到实行。"权"是秤。"量"是升、斗。　◎审法度:仔细认真地考虑是否应该改革、是否应该废除、是否应该增加、是否应该减少,从而做出适当的安排。"法度"是礼乐制度。　◎修废官:"修"是恢复职位,任用贤者。　◎四方:谓诸侯之国。　◎灭国:子孙在而国家已经灭亡。　◎绝世:嫡传子孙断绝了。　◎逸民:被商纣王罢免而未被任用的贤人。　◎任:委托。　◎敏:勤奋敏捷。　◎说:悦。

【解说】

本章阐述了二帝三王之道。

朱子说:"'兴灭国,继绝世'是讲分封黄帝、尧、舜、夏、殷商的子孙,'举逸民'是说释放囚禁中的箕子[2],恢复商容[3]之位。"[4]

杨时说:"《论语》这部书中都是孔子精深微妙的金玉良

---

[1] 按,"たまう"的意思是赏赐,授予。动词。
[2] 箕子:参见本书《微子第十八》(18.1)的"译解"中的解说。
[3] 商容:殷商的贤臣,后遭到商纣王的罢免。周武王灭商后,恢复其位。
[4] 可能引自《论语集注》卷十:"兴灭继绝,谓封黄帝、尧、舜、夏、商之后。举逸民,谓释箕子之囚,复商容之位。"

言，其门下弟子传承守护《论语》，以明达圣人之道。所以在《论语》的最后一篇，详细记载了尧、舜嗟叹嘱命之言，商汤王、周武王誓师之意，以及施行于政事者，以此说明圣人之学所传授的内容唯有'执中'之事而已。总之，据此可以明晰《论语》二十篇的大旨。《孟子》在最后一篇中也历叙了尧、舜、汤、周文王、孔子相继传承的顺序，也都是这个意思。"[1]

20.2　子张问于孔子曰："何如斯可以从政矣？"

子曰："尊五美，屏四恶，斯可以从政矣。"

子张曰："何谓五美？"

子曰："君子惠而不费，劳而不怨，欲而不贪，泰而不骄，威而不猛。"

子张曰："何谓惠而不费？"

子曰："因民之所利而利之，斯不亦惠而不费乎？择可劳而劳之，又谁怨？欲仁而得仁，又焉贪？君子无众寡，无小大，无敢慢。斯不亦泰而不骄乎？君子正其衣冠，尊其瞻视，俨然人望而畏之，斯不亦威而不猛乎？"

---

[1] 可能引自《论语集注》卷十："杨氏曰：'《论语》之书，皆圣人微言，而其徒传守之，以明斯道者也。故于终篇，具载尧舜咨命之言，汤武誓师之意，与夫施诸政事者，以明圣学之所传者，一于是而已。所以著明二十篇之大旨也。《孟子》于终篇，亦历叙尧、舜、汤、文、孔子相承之次，皆此意也。'"又见于《论语精义》卷十下。

子张曰:"何谓四恶?"

子曰:"不教而杀,谓之虐;不戒视成,谓之暴;慢令致期,谓之贼;犹之与人也,出纳之吝,谓之有司"。

【译解】

子张向孔子请教道:"弟子如何做才能够去从政呢?"

孔子说:"尊崇五种美,摒除四种恶,便能够从政了。"

子张说:"什么叫作'五种美'呢?"

孔子说:"君子办理政事,施惠于人,却不耗费自己的钱财,这是第一种美。虽然役使他人,让其劳动,但是对方却感到很开心而且没有怨恨,这是第二种美。虽然有所欲求,但是没有向人索取,没有被说成贪婪,这是第三种美。虽然泰然处事,悠然自得,但是不会做骄纵肆意之事,这是第四种美。虽然有威严,但是却没有粗暴凶猛的地方,这是第五种美。"

子张说:"施惠于人而不耗费自己的钱财,这是什么道理呢?"

孔子借这个机会顺便把五种美都说明了一下:"山岳、流水都是大自然的馈赠。这些都是民众的利益。如果能就这些可以使民众获利的东西创设适当的制度,让民众有利可图,使人民免于饥寒,那么这不就是施惠于民,而又不用耗费自己的钱财吗?役使人民是为了增进国家的利益、人民的福祉,如果选择人民能够忍受的劳动强度的工作去干,人民心悦诚服,还会去怨恨谁呢?希望自己的仁德影响及于天下而能竭尽其仁德，从人民那里分毫不取，怎么会被认为是贪婪呢？君子不论人数的众寡，事情的大小，以敬为主，不敢轻侮，这不也就是泰然自得而不骄纵肆意吗？君子端正自己穿在身上的衣服和戴着的帽子，使自己展现出来的仪容外表（观物的仪态）庄重，持身严谨，让人望而生畏，这不也就是具有威严而不粗暴凶猛了吗？"

子张说："所谓'四种恶'指的又是什么呢？"

孔子说："如果为政者想着不要让民众作恶，平时就一定要教导民众。假如平时不教育人民去为善，一旦有人作恶，立刻将其处决，这是残酷不仁的，可以称之为'虐'，这是第一种恶；任何事开始之前，首先要进行告诫，然后才可以逐渐地督责其功，不先给予告诫，立刻就要检视其功绩，这是在搞突然袭击，这称之为'暴'，这是第二种恶；发出的命令应当要严谨明确，然而发布命令的时候很缓慢，到了后来却定下期限，苛责其实行，这是故意坑害民众，这称之为'贼'，这是第三种恶；在给予有功者赏赐的时候，应当直接给予赏赐，但是出手时却显得很吝啬，犹犹豫豫地，这种行为就像掌管钱财的官吏很抠门，像'有司'（掌管财物收支的官吏）而不像人君，这称之为第四种恶。"

【注释】

◎尊：奉行之意。　　◎屏：除去。　　◎不费：不耗费自己的钱财。　◎不贪：人家不会说我贪婪。　◎民之所利：指从山岳河流中获取的自然资源的利益。　◎利之：指定立田亩制度，教授农业牧畜之类的事情。　◎择可劳：为了国家、为了民众而选择民众能够去干的事情。　◎众寡：以人而言。　◎小大：以事而言。　◎慢：轻侮。　◎瞻视：谓观看东西的仪容。　◎俨然：有威严的样子。　◎畏：敬畏。　◎虐：谓残酷不仁。　◎戒：告诫。　◎暴：匆忙，而不是逐渐地、慢慢地。　◎致期：定下期限，苛责其实行。　◎贼：坑害、祸害。　◎犹之：解读为"均之"。迟早，终归是要。　◎吝：舍不得，吝啬，犹犹豫豫地。　◎有司：官吏。此处是指掌管出纳的官吏。因为保管的是君主的东西，自己不敢擅自做主，也不能及时出纳，这些对于职卑位低的官吏来说都是很自然的事情。

【解说】

本章详述了从政之道。

孔子告诉问政之人的东西已经很多了，但是还从来没有过像本章这样完备的，因此被记录了下来。而且在谈论帝王之治一章的后面紧接着就安排了这一章，据此也可以想见孔子为政的方法了。（尹焞）[1]

---

[1] 可能引自《论语集注》卷十："尹氏曰：'告问政者多矣，未有如此之备者也。故记之以继帝王之治，则夫子之为政可知也。'"又见于《论语精义》卷十下。

20.3 子曰[1]:"不知命,无以为君子也。不知礼,无以立也。不知言,无以知人也。"

【译解】

人有吉凶祸福,这都是命。命是与生俱来的,对此人力无可奈何。如果人知道命,相信命,安于命,那么即便是面对利害关系时,也不会动摇本心,这样身为君子也无所愧疚。假如不知道命,不相信命,不安于命,那么见到危害就会避开危害,见到利益就会追逐利益。这是在追求万分之一的好运,是希望苟且免于祸害的小人,如何能被称为君子呢?

礼是用来约束自己的。如果人能知礼并遵守礼的话,便会德性坚定,有所自持。假如不知礼,不遵守礼,那就失去了耳目听闻以及手足放置应该依据的标准,会受到外物的动摇、迷惑。这样又怎么能做到有所自持呢?

言是人的心声。通过言语的得失,能够了解人心的邪正。假如听取他人的言谈却不能知道其得失之所由来,那么就无法辨别人的邪正了,这样又怎么能够了解别人呢?

因此,人知天命、知礼、知言是非常重要的。能知道这三件事,上则通天,内则成己,而且人人都可以获得修己之要诀。

---

1 按,本章的"子曰"在有的版本《论语》中作"孔子曰"。

【注释】

◎知命:"命"是命运。不仅仅是要知道,还要相信命,安于命。 ◎知礼:知道礼并且遵守礼。礼是人应当履行的一切规定。 ◎立:不为外物所动摇,自立自持。 ◎知言:听人之言,从而推知出自何种心思。

【解说】

本章揭示了人应当知道的重要原则。

能知道这三个原则,那么成为君子的条件也就具备了。孔子的弟子把这些记录了下来放在《论语》的最后,不是没有用意的。学习者从少年时期开始读《论语》,如果到了老年还没发现对自己有用的一句话,只是在埋首功名利禄之中度过了一生,那不就是在侮辱圣人之言了吗?像这样的人是孔子的罪人,不可不深以为念,要经常放在心头深刻思考啊!(尹焞)[1]

---

1 可能引自《论语集注》卷十:"尹氏曰:'知斯三者,则君子之事备矣。弟子记此以终篇,得无意乎!学者少而读之,老而不知一言为可用,不几于侮圣言者乎?夫子之罪人也,可不念哉!'"又见于《论语精义》卷十下。

附 录

孔子年表

本年表参考《史记》《乡党图考》《论语新解》及方诗铭《中国历史纪年表》编写。

公元纪年	鲁国纪年	事件
公元前551年	鲁襄公二十二年	冬十月,孔子生于昌平乡陬邑阙里
公元前550年	二十三年	父叔梁纥故去
公元前547年	二十六年	戏陈俎豆
公元前542年	三十一年	鲁襄公薨,公子稠立,是为鲁昭公
公元前534年	鲁昭公八年	娶亓(qí)官氏为妻
公元前533年	九年	为委吏,生子孔鲤
公元前532年	十年	为司吏
公元前531年	十一年	始教于阙里
公元前529年	十三年	母颜氏卒
公元前525年	十七年	学官于郯子
公元前518年	二十四年	至周问礼访乐,同年返回鲁国。孟僖子卒,嘱咐儿子向孔子学礼。鲁国内乱,季平子与孟氏、叔孙氏三家共攻鲁昭公,昭公败,奔于齐。流亡国外直至去世
公元前517年	二十五年	孔子出奔齐国,鲁国内乱。时齐国为齐景公(杵臼)当政

公元前 516 年	二十六年	齐景公打算把尼溪田封给孔子，被晏婴阻止。孔子返回鲁国
公元前 514 年	二十八年	鲁昭公流亡至晋国
公元前 510 年	三十二年	鲁昭公在晋国去世。鲁定公继位
公元前 505 年	鲁定公五年	季平子卒，季桓子继位
公元前 502 年	八年	鲁国季氏家臣阳虎叛乱
公元前 501 年	九年	阳虎出逃齐国。公山弗扰叛乱，召孔子，卒不往。孔子出任中都宰
公元前 500 年	十年	任司空，进位为司寇。鲁定公与齐景公会于夹谷，史称"夹谷之会"，孔子担当鲁国傧相
公元前 498 年	十二年	堕费、堕郈，鲁国大治。齐人赠鲁定公女乐
公元前 497 年	十三年	孔子离开鲁国，前往卫国，开始周游列国。卫灵公接见孔子。孔子居卫十月，离开卫国，路经匡（地名），"畏于匡，过蒲"，返回卫国
公元前 496 年	十四年	孔子这年先是在卫国，谒见南子。然后离开卫国，经过曹国，到访宋国，为躲避宋国的权臣桓魋的骚扰，前往郑国，离开郑国后，又到达陈国
公元前 495 年	十五年	鲁定公薨，鲁哀公继位。孔子在陈国
公元前 494 年	鲁哀公元年	孔子离开陈国，前往卫国
公元前 493 年	二年	孔子从卫国前往陈国。卫灵公薨。卫出公立
公元前 492 年	三年	孔子受到宋国权臣向魋（即桓魋）的威胁，孔子曰："天生德于予，桓魋其如予何？"孔子在陈。季桓子卒，季康子召冉求，孔子让冉求回到鲁国
公元前 491 年	四年	孔子自陈前往蔡，困于陈蔡之间，断粮近一周，史称"陈蔡之厄"。时楚国国君为楚昭王

公元前490年	五年	孔子在楚国的蔡地
公元前489年	六年	孔子往返于蔡。楚昭王卒。孔子离开楚,前往卫,停留数月
公元前485年	十年	孔子在卫,亓官氏卒
公元前484年	十一年	冉求为季氏与齐战,有功。孔子返回鲁国
公元前483年	十二年	孔子的儿子孔鲤卒
公元前482年	十三年	颜子(又称颜渊、颜回)卒
公元前481年	十四年	陈恒(又称田恒、田常、田成子、陈成子)弑齐简公,立齐平公。孔子斋戒三日,请求鲁哀公讨伐陈恒,鲁哀公让孔子问季孙氏等鲁国权臣
公元前479年	十六年	子路死于卫国父子争夺国君之位的内乱。夏四月己丑,孔子卒

出版后记

本书原名《论语新释》,首次出版于1929年,出版后即广受日本读者欢迎,1980年由讲谈社重新出版刊行,至2016年已重印63次。

宇野哲人是日本著名汉学家,终生从事汉学学术研究与普及,曾为现今日本德仁天皇进讲《论语》近六年。本书作为宇野哲人先生普及汉学的努力之一,并非如同普通《论语》注释作品那样,仅是对原典文字的翻译,在本书占比极重的"译解"和"解说"部分,作者凭借多年对汉学的精深钻研,用通俗、文雅的语言,深入浅出地将圣人之意化为我们日常生活中的点滴,可谓是对《论语》的活学活用,使本书充满了生活气息与人情味。而译者刘栋先生准确流畅的译文,也使本书极具可读性。

本书《论语》原文注释主要参考朱熹《论语集注》一书。需要注意的是,日版原书中《论语》原文只有句读,且个别文字与中国一般通行版本略有不同,为尽可能保留作者原意,在编辑过程中沿用日文版《论语》原文与句读，并由译者根据文意添加标点符号。

为进一步帮助读者理解，中译本译者刘栋先生编写了一份《孔子年表》放在了附录中。另外本书在编辑过程中添加了脚注，对一些人名、地名、字句等进行了详细的解释说明。本书的脚注主要为译者所加，个别编者所加脚注标有"编者注"字样。

《论语读本》与《孟子读本》《老子读本》《庄子内篇读本》《墨子读本》《孙子读本》组成了"讲坛社·诸子的精神"系列，介绍了轴心时代的诸子精神，展现了中华文明的精神底色。

服务热线：133-6631-2326　188-1142-1266

服务信箱：reader@hinabook.com

后浪出版公司

2019 年 9 月

图书在版编目（CIP）数据

论语读本 /（日）宇野哲人著；刘栋译. -- 北京：
北京联合出版公司，2020.3（2021.10 重印）
ISBN 978-7-5596-3881-6

Ⅰ.①论… Ⅱ.①宇… ②刘… Ⅲ.①儒家②《论语》—通俗读物 Ⅳ.① B222.2-49

中国版本图书馆 CIP 数据核字 (2020) 第 012276 号

《RONGO SHINSHAKU》
© Shigehiko Uno 1980
All rights reserved.
Original Japanese edition published by KODANSHA LTD.
Publication rights for Simplified Chinese character edition arranged with KODANSHA LTD. through KODANSHA BEIJING CULTURE LTD. Beijing, China.
本书由日本讲谈社正式授权，版权所有，未经书面同意，不得以任何方式作全面或局部翻印、仿制或转载。

本书中文简体版由银杏树下（北京）图书有限责任公司出版发行。

论语读本

著　　者：[日] 宇野哲人
译　　者：刘　栋
出 品 人：赵红仕
选题策划：后浪出版公司
出版统筹：吴兴元
编辑统筹：梅天明
特约编辑：王　璐　李　梅
责任编辑：牛炜征
营销推广：ONEBOOK
装帧制造：墨白空间

北京联合出版公司出版
（北京市西城区德外大街83号楼9层　100088）
北京天宇万达印刷有限公司印刷　新华书店经销
字数 351 千字　787 毫米 ×1092 毫米　1/32　19.5 印张
2020 年 3 月第 1 版　2021 年 10 月第 4 次印刷
ISBN 978-7-5596-3881-6
定价：66.00 元

后浪出版咨询(北京)有限责任公司常年法律顾问：北京大成律师事务所　周天晖　copyright@hinabook.com
未经许可，不得以任何方式复制或抄袭本书部分或全部内容
版权所有，侵权必究
本书若有质量问题，请与本公司图书销售中心联系调换。电话：010-64010019